国家社科基金项目"医疗保险体系隐性负债、基金负债与财政压力评估"(11CGL072)研究成果

医疗保险体系
YILIAO BAOXIAN TIXI

YILIAO BAOXIAN TIXI YINXING FUZHAI
JIJIN FUZHAI YU CAIZHENG YALI PINGGU

医疗保险体系隐性负债、基金负债与财政压力评估

胡宏伟◎著

人民出版社

前　言

随着人口快速老化、医疗费用不断膨胀，加之其他经济社会因素的影响，医疗保险基金运行安全面临挑战，医疗保险基金债务风险问题日益引起关注。但是，长期以来，关于社会保险隐性负债和基金债务的研究，更多集中在养老保险研究领域，虽然，董朝晖、宋世斌等学者围绕医疗保险体系隐性债务的研究具有一定开创性意义，在很大程度上丰富了该问题的研究，但总体上，学术界对医疗保险体系隐性负债、基金债务问题的关注较少，特别是与医疗保险体系债务风险的重要性和迫切性相比，既有研究显然不够充分，需要进一步加强和丰富。另外，考虑到我国政策环境与经济社会环境快速变化的实际情况，已有的少数定量研究滞后于现实情况变动，有必要结合医疗保险政策、人口政策等各类新变化、新趋势，对部分关键性参数及其变动趋势重新设定，提升评估、预测结果的科学性与准确性。

本研究的目标是在当前制度框架设定和外在环境不变（或既定趋势）情况下，评估和预测我国基本医疗保险体系的隐性负债、基金债务和对应的财政负担状况，包括评估、预测城镇职工基本医疗保险、城乡居民基本医疗保险（城镇居民基本医疗保险、新型农村合作医疗整合）、整个基本医疗保险体系的隐性负债、基金债务，并评估、预测相应的财政负担状况；同时，在对重要单项政策效应模拟、理论探讨的基础上，针对医疗保险体系债务风险提出综合改革建议，即医疗保险体系核心制度应对基金债务风险的综合改革框架。另外，本研究还讨论了配套体系协同改革的建议（包括外在环境和支撑条件改革）。

本研究的核心内容包括如下几个方面：第一，相关概念梳理、界定、比较，人口预测、医疗收支等模型的构建，以及具体参数设定的依据和调整说明等，这一部分内容奠定了本研究的概念、模型基础。第二，基本医疗保险体系的隐性负债和基金债务评估，其中包括评估我国城镇职工基本医疗保险的隐性负债和基金债务，评估我国城乡居民基本医疗保险的隐性负债和基金债务，以及评估我国整个基本医疗保险体系的隐性负债和基金债务。第三，医疗保险体系对财政形成的压力评估，主要是评估政府财政（社保风险）兜底责任与补贴所造成的财政负担，以及对应的财政压力状况。第四，以应对和削减医疗保险体系基金债务风险为目标的综合改革建议，包括医疗保险核心制度改革框架（在对单项政策效应模拟、讨论的基础上，提出综合改革框架）的建议，以及配套体系的改革建议（包括外在环境、支撑条件两个方面的协同改革）。在具体研究过程中，本研究综合使用了文献研究法、调查研究法、精算模拟法、统计计量分析方法等。

根据上述研究内容，本研究在具体章节安排上包括五章：第一章，导论。主要是对本项目研究作总体说明，包括对项目研究背景、问题提出、研究目标、研究重难点和创新点的说明，以及对研究框架、研究方法的简要介绍。第二章，评估准备。包括概念、模型与参数设定等内容，主要介绍医疗保险体系隐性负债、基金债务和财政压力评估的准备工作，特别是对具体概念、模型、参数的设定进行详细阐述，为后续评估、测算提供理论基础和基本模型构架。第三章，医疗保险体系债务评估。包括城镇职工基本医疗保险隐性负债、基金债务、计划终止时债务评估，城乡居民基本医疗保险隐性负债、基金债务评估，基本医疗保险体系隐性负债、基金债务评估，并对评估、预测结论进行归纳、总结。第四章，医疗保险体系政府财政压力评估。评估和预测我国基本医疗保险体系财政负担规模和相应的压力水平。第五章，医疗保险体系债务风险应对综合改革建议。以应对和削减医疗保险体系债务风险为切入点提出综合改革建议，包括医疗保险体系核心制度改革（在对单项政策效应模拟、讨论的基础上，提出综合改革框架），以及配套体系（包括外在环境和支撑条件）协同改革。

本研究的主要结论和贡献包括如下几个方面：

第一，我国医疗保险体系债务规模庞大、债务风险较高。评估结果显示，在中方案下，我国基本医疗保险体系的隐性负债总规模为40.38万亿元，2016年、2035年、2050年当年新增隐性负债分别为0.659万亿元、1.150万亿元、1.409万亿元。同样，在中方案下，我国基本社会医疗保险体系基金债务总规模为47.03万亿元，2016年、2030年、2050年当年新增基金债务规模分别为0.717万亿元、1.392万亿元、1.507万亿元。综上可见，我国基本医疗保险体系整体债务规模庞大，不论隐性负债和基金债务都规模较大，医疗保险基金面临巨额债务风险，基金安全和可持续性面临巨大挑战。

第二，我国基本医疗保险体系的债务风险呈加速累积趋势。评估结论显示，我国基本医疗保险体系隐性负债和基金债务风险均随时间快速增长，债务风险不断累积，且呈加速增长趋势，至2050年，医疗保险体系基金总债务高达47.03万亿元，当年新增1.507万亿元。这一结论在城镇职工基本医疗保险和城乡居民基本医疗保险中也具有稳健性。另外，城乡居民基本医疗保险整合后统一筹资水平，为降低城乡居民基本医疗保险当年新增债务的加速度提供了机会和可能，但不会改变城乡居民基本医疗保险债务风险总规模膨胀的趋势。

第三，2030年是医疗保险制度改革重要的时间窗口。评估、预测结果显示，由于人口结构等因素的变化，2030年以后，我国基本医疗保险体系债务风险加速度显著提高，累计风险和当年新增风险均显著提升。这一结论凸显了改革的迫切性，也指明了改革的重要时间窗口。2030年对于我国基本医疗保险体系改革而言是一个关键的时间点，在此之前，我国应尽快调整和完善现有基本社会保险体系（制度框架、筹资水平、待遇设定等）和外在支撑环境（医疗卫生服务体系、药品生产供应体系、法律和财政支持体系等改革），为应对债务风险突变加速做好准备。在此时间窗口之后，应对医疗保险体系债务风险的压力显著增大。

第四，在整个基本医疗保险体系债务风险结构中，城镇职工医疗保险所蕴含的债务风险占比最高。评估结果显示，城镇职工医疗保险在整个医疗保险体系债务风险中居于主导地位：在整个医疗保险体系隐性负债构成中，城镇职工医疗保险隐性负债占比均超过了66%；在整个医

疗保险体系基金债务构成中，城镇职工医疗保险基金债务占比保持在
55%以上。这表明，城镇职工医疗保险是整个医疗保险体系债务风险的
主要来源，造成这一结果的可能原因，既包括城镇职工医疗保险的制度
设计特征（如退休老年人不缴费），也包括历史转轨的债务承接，是各
种历史、现实因素综合效应的结果。

第五，我国基本医疗保险体系基金债务规模通常情况下显著高于隐
性负债规模。综合对比评估结果发现，在通常情况下，我国基本医疗保
险体系的基金债务规模显著高于隐性负债规模，这一结论在整个基本社
会医疗保险体系，以及城镇职工医疗保险和城乡居民医疗保险的结果评
估中都是较为稳健的。这表明，在人口快速老化、医疗费用不断攀升的
大背景下，青年人占比降低，基本社会医疗保险缴费人数不断下降，医
疗保险体系费用支出不断上升，在现有的制度框架和设定下，进入医疗
保险体系的新人，由于自身缴费与支出不能平衡（存在隐性负债），这
些新人进入现有医疗保险体系后，不但不能减少，反而会加剧体系中既
有的债务风险。这也表明，在当前制度框架设定和外在环境不变（或
既定趋势）情况下，无法通过扩大基本医疗保险覆盖面、纳入更多新
人的方式来解决医疗保险体系债务风险问题。

第六，基本医疗保险体系造成的财政负担规模庞大、财政压力水平
较高。政府是基本医疗保险体系的最终信用责任人，一定意义上将对基
本医疗保险体系承担"兜底"责任，另外，政府还对基本社会医疗保
险给予财政补贴。所以，基金债务风险（政府"兜底"责任）和对医
疗保险的财政补贴，共同构成了基本医疗保险体系财政负担的主要来
源。以中方案为例，2016年、2035年、2050年对应财政负担占GDP的
比例，分别为1.386%、1.790%、1.723%，占财政支出的比例分别为
5.326%、5.968%和5.744%。在2030年左右的一段时间，基本医疗保
险体系对我国财政所造成的压力可能会达到一个高点，这个时候整个财
政的当年压力达到最大值，基本医疗保险体系对当年财政的冲击也会达
到一个峰值。

所以，一方面，我国基本医疗保险体系债务规模庞大，对国家经济
发展和财政支出造成较大压力；另一方面，与国际上医疗保险制度带来

的财政压力相比,以及与我国 GDP 中医疗卫生总费用占比相比,基本上我国基本医疗保险体系的财政压力仍然在可控范围之内。当前的迫切任务是,利用人口变动和经济社会发展留给我们的宝贵时间窗口,尽快完善医疗保障体系、卫生服务体系、药品生产流通体系等方面,重点目标是控制医疗费用不合理的快速增长,争取在 2030 年以前改革取得实效。所以,加速推进一个协同并进、全面深入的医疗改革方案是关键。

第七,在科学评估单项制度改革效应的基础上,提出了应对医疗保险体系债务风险的综合改革建议。本研究对近年社会热议的单项改革政策进行了评估和讨论,包括以增收为目标的单项政策(延迟退休年龄、提高缴费水平、终身缴费),以节流为目标的单项政策改革(强化医疗保险引导医改作用、加强基金监督管理、三医联动改革等),以及体系变革为目标的单项政策(建立统一国民医疗保险、提高统筹层次)。单项政策分析结论表明,在特定条件下,单项政策改革对削减医疗保险体系债务风险作用显著,但是,部分单项政策并不具有现实可行性,彻底实施(或仅依靠)某一单项政策改革,可能会面临财政资金、政府管理水平、民众接受程度甚至伦理问题等约束。所以,应借鉴各单项政策中合理成分,构建一个应对医疗保险基金债务风险的综合框架。

以应对和削减医疗保险体系债务风险为切入点,本研究提出了一个综合改革框架,包括核心制度改革和配套体系改革两大方面。核心制度改革的框架包括目标设定、核心内容,其中,核心内容包括制度框架改革与完善、内容设计改革与完善,还讨论了条件允许时可以推动的一些改革政策。配套体系改革建议主要包括外在环境、支撑条件两个方面的协同改革,分别论述了医疗卫生服务体系综合改革、法制与财政支持体系改革。

当然,由于本研究团队普遍年轻,在研究能力和研究经验方面还有不足,所以,研究报告可能还存在很多待完善之处。第一,由于部分数据获取困难或限制,一定程度上影响了分析的精细程度。比如,医保碎片化导致我国存在大量的统筹单元,但由于缺乏公开数据,无法获得每个统筹单元的具体数据,本研究采取了以典型调查地区数据均值替代等办法予以弥补,这可能会制约分析的精细程度。第二,由于负责人和团队成员较为年轻，在研究水平和研究经验方面存在不足，对项目推进过程中的现实困难缺乏充分估计，而我国经济社会的复杂性（如医保系统碎片化、统筹单元间差异大、人群结构性差异显著、政策环境变化快等），给研究工作带来了很多挑战。虽然团队已经竭尽全力，但限于知识、能力、经验和条件，研究仍可能存在诸多不足。但本团队在未来会继续跟进和深化这一研究命题，增进能力、克服各种局限，争取在未来取得更多、更深入的研究成果。

目　录

第一章 导 论

　　本章将对整个研究的基本内容进行介绍。具体而言，本章主要包括两个方面的内容：第一节将重点介绍本研究的选题背景、研究目标、研究意义，另外，还将对整个研究的重点、难点和创新点进行介绍；第二节将对整个研究的框架进行介绍，还将对研究过程中使用到的主要方法进行说明。

第一节　研究综述

　　本节将首先介绍研究背景，回顾我国基本医疗保险体系的发展历程，描述基本医疗保险制度发展现状，介绍我国基本医疗保险体系债务风险现状，并在此基础上，对本研究的核心命题进行介绍。此外，还将对研究的目标和意义进行说明。最后，本节将对整个研究的重点、难点和创新点进行介绍。

一、研究背景与问题提出

　　下文将介绍本研究的宏观背景，主要包括两个方面：一方面，基于文献资料梳理，回顾几项主要基本医疗保险的历史演进，并描述几项主要基本医疗保险现状；另一方面，还将重点对我国基本医疗保险体系的债务风险进行论述。

（一）研究背景

1. 我国医疗保险体系发展历程及现状

2016 年，我国城乡居民基本医疗保险整合工作开始，从这个意义上说，我国基本医疗保险体系由原来的三大基本医疗保险（城镇职工基本医疗保险、城镇居民基本医疗保险、新型农村合作医疗）格局，正在逐步转变为两大基本医疗保险（城镇职工基本医疗保险、城乡居民基本医疗保险）格局。[①] 随着基本医疗保险体系在构架与功能方面日益完善，基本医疗保险体系基本上实现了全面覆盖，对分散国民健康风险、提升应对健康风险的能力，发挥了积极作用。

1）我国基本医疗保险体系的发展历程

下文将分别回顾我国三项基本医疗保险的发展历程。

（1）我国城镇职工基本医疗保险发展历程简要回顾

我国城镇职工基本医疗保险（前期称为劳保医疗），大体上可以分为五个大的历史发展阶段，这五个历史阶段，构成了城镇职工基本医疗保险发展的完整历程。

第一阶段：传统公费和劳保医疗制度（1951—1978 年）。

在这一阶段，我国传统的公费医疗制度和劳动保险制度经历了建立、发展、调整等时期。1951 年，《中华人民共和国劳动保险条例》颁布，初步确定了企业职工的基本医疗待遇和筹资方式，规定"工人与职员因工负伤，在医院或医疗所进行诊治时，其全部诊疗费、药费、住院费、住院时的膳费及就医路费，均由企业行政方面或资方负担"[②]。此后，随着劳动保险条例的逐步实施，到 1953 年，《劳动保险条例实施细则修正草案》公布试行，这通常被视为劳保医疗正式建立的开端。此后，随着不同政策的先后出台，劳保制度正式在全国范围内建立。

---

① 2016 年 1 月 3 日，国务院印发《关于整合城乡居民基本医疗保险制度的意见》（国发〔2016〕3 号），这标志着我国国家层面的城镇居民基本医疗保险、新型农村合作医疗制度整合工作正式启动，整合成为城乡居民基本医疗保险。由于是回顾我国基本社会医疗保险体系发展历程，所以，在下文中仍然分为城镇职工基本医疗保险、城镇居民基本医疗保险、新型农村合作医疗三个方面分别论述。

② 《劳动保险条例》，新华网，http：//news. xinhuanet. com/ziliao/2004 - 12/17/content _ 2347271. htm，2012 年 1 月 8 日。

在同一时期，针对国家工作人员医疗保障的需要，我国逐步建立起公费医疗制度，其代表性的文件是《关于全国各级居民政府、党派、团体及所属事业单位的国家工作人员实行公费医疗预防的指示》（1952年6月），这一文件的实施往往被视为公费医疗制度正式建立。[①] 公费医疗制度覆盖范围主要是国家机关工作人员，包括机关、党派、团体、军队、科教文卫等单位。[②] 《国家工作人员公费医疗预防实施办法》（1952年8月）、《关于公费医疗的几项规定》（卫生部，1953年1月），又分别明确了公费医疗的经费来源、享受待遇等，并将覆盖范围扩大，包括了大学生和乡镇干部。此后，随着后续一系列制度文件的出台，我国公费医疗制度大范围建立起来。

劳保医疗和公费医疗制度针对的是不同人群，均是具有一定福利意义的医疗保障制度，二者存在共同性，也存在差别，随着劳保医疗逐步转变为城镇职工基本医疗保险，二者的差别日益显著。

在计划经济时期，劳保医疗经历了几个大的发展阶段。具体包括初步发展、停滞、恢复发展阶段，而原有国家劳保制度在整个发展过程中，逐步退化为单位保障（企业保险）。[③] 单一的企业保险格局，限制了更大范围内的互助共济，影响了劳保医疗的保障水平和分散风险能力，造成了不同单位劳保医疗待遇的差异，给劳保医疗的发展带来了较大冲击。

从1975年开始，国家开始逐步纠正"文化大革命"带来的影响，逐步调整和恢复劳动保险制度。从1975年至1978年，国家劳动总局设立，轻工部、财政部、国家劳动总局、交通部先后发布多项通知，内容都涉及了劳保医疗和公费医疗，一定程度上恢复了两项制度。

总的来看，对这一时期劳保医疗、公费医疗的评价应当包括两个方

---

① 姚力：《新中国城镇职工医疗保障制度的历史考察》，《党的文献》2010年第3期，第94—99页。

② 王璠、马颖、江启成：《国家城镇医疗保障制度的进程、问题及对策》，《中国初级卫生保健》2005年第2期，第16—17页。

③ 原有国家劳保医疗彻底退化为企业保险的标志性事件是，1969年2月，财政部发布《关于国营企业财务工作中的几项制度的改革意见（草案）》，规定"国营企业一律停止提取劳动保险金，原在劳动保险金开支的劳保费用，改在营业外列支"。

面。一方面，劳保医疗和公费医疗的建立意味着我国城市建立了正式的医疗保障制度体系，企业职工和机关事业单位工作人员有了正式的医疗风险分散机制，为职工个人和家庭主要成员提供了必要的制度保障；另一方面，也应该看到，由于特定的经济社会背景，这一时期的劳保医疗、公费医疗保障水平仍然较为有限，基本仅能保障职工和其他人员最为基本的医疗消费。但是，无论如何，这一时期的医疗保障制度建设开启了我国持续医疗保障制度建设的序幕。

第二阶段：企业与地方自发性改革（1979—1992 年）。

在这一阶段，部分地方和企业自发开展了多项养老保险改革尝试。由于在原有劳保和公费医疗保障制度下，国家包揽过多，国家财政负担压力大，同时，也是为了修复"文化大革命"中遭受冲击的医疗保险制度，缓解单位保障给企业打来的压力，部分地区和企业开始了改革摸索。

1982 年之后，我国开始逐步加强劳保医疗和公费医疗的研究、改革工作，召开了一系列会议，也出台了一系列文件，开启了传统劳保医疗改革。专门讨论劳保医疗、公费医疗改革问题的做法对全国范围内的改革起到了很好的影响，一定程度上推动了全国范围内劳保医疗、公费医疗的研究和改革工作。

从改革的重点来看，这一时期的改革探索可以大体上分为前后两个阶段。在前一个阶段，主要改革内容是对原有医疗保险制度的机制性改革，主要是通过探索共付制来完善既有医疗保障体系的激励约束作用，改革与探索的短期目标就是要控制当时医疗费用快速膨胀，培养群体合理控制费用的意识，缓解当时的保障支出资金压力。在后一阶段，部分地区进行新的医疗保险模式的探索性改革，主要是引入个人账户和医疗费用社会统筹模式，在辽宁、吉林、湖北、湖南、海南、重庆等地，开展了多项试点工作，在海南的国家社会保障综合改革试点，其基本思路是建立社会统筹基金和个人账户。1992 年是这一阶段的重要年份，部分关键性的改革文件在这一年产生。1992 年，《关于企业职工医疗保险制度改革的设想（征求意见稿）》（劳动部）、《国务院关于职工医疗制度改革的决定（讨论稿）》（国家体改委）两个文件出台，推动了关于企业职工医疗保险改革的大讨论，也直接推动了部分地区医疗保险改革的实践行动。

这一时期的改革具有地方性和自发性的特点，主要体现为地方和企业有积极的动力进行试点改革探索，而改革的目的也是以控制医疗费用过快增长、建立医患双方互相制约的费用分担机制为核心。改革在一定意义上带来了新的进展，不论是改革的思路还是改革的实践效果，都更加明确了。一方面，从改革思路来看，相关部门对未来城镇职工基本医疗保险改革的方向更加明确了，本质上发挥了统一社会各界认识的作用；另一方面，从实践效果来看，少数地区的改革实践也的确抑制了医疗费用快速膨胀，实践效果和经验积累为后续更高层面的制度改革奠定了经验基础。

但是，由于这一阶段的改革基本是少数地区、企业的自发改革，改革的规范性、稳定性、科学性等也都存在不足，这一阶段的探索并没有从根本上改变传统医疗保险的固有问题。第一，这一阶段自发性的改革探索实施范围较小、作用程度有限，未能从全局上遏制医疗费用膨胀风险。"从1978年到1997年，全国职工医疗费用由原来的27亿元增长到774亿元，增长了将近28倍，平均年增长率为19%，而同期财政收入只增长6.6倍，平均年增长率为11%。"[①] 第二，由于改革在地域和群体范围方面的有限性，既有的医疗保障体系无法对城镇中体制外人群的医疗保障需求给予回应，规模日益增长的体制外人群缺乏基本医疗保险，这一问题亟待解决。第三，缺乏顶层设计和科学模式的地方自发性探索，无法从根本上解决我国基本医疗保障改革根本模式问题，迫切需要在全国范围内确定医疗保险改革的根本方向和基本模式。

第三阶段：试点改革探索（1993—1997年）。

20世纪80年代的改革探索，虽然在一定程度上缓解了传统职工医疗保险的固有问题，但是，这种改革探索在涉及体制变革方面是非常有限的，也无法从根本上解决面临的问题。与此同时，经济体制改革在这

---

① 黄晓光：《试论我国城镇职工基本医疗保险的改革》，《南京医科大学学报（社会科学版）》2001年第2期，第126页。

一阶段大幅推进，医疗保险体制改革相应地也再次提上日程。在这一阶段，城镇职工基本医疗保险制度改革的主要内容是试行统账结合的制度模式，而统账结合试点工作的推进，也标志着我国未来新的医疗保险制度模式处于孕育之中。

在这一阶段，深圳市所启动的改革实践具有典型性和特殊的积极意义，自此以后，由国家相关部门主导的一系列代表性城市的试点工作陆续拉开，我国进入了国家积极布局试点改革的阶段。1993年，《关于职工医疗保险制度改革试点意见的通知》（劳动部）发布，明确了职工医疗保险试点改革的要点：要适应市场体制、要三方共同合理分担筹资、要覆盖全体职工、要提升社会化程度。[①] 1993年11月，《中共中央关于建立社会主义市场经济体制若干问题的决定》发布，在筹资主体和来源方面，要求单位、个人共同负担，在积累方式方面要求建立社会统筹与个人账户相结合。[②] 在这一阶段的试点改革中，值得一提的是1994年开始的镇江、九江试点，通常也被称为"两江模式"。两江试点改革具有鲜明的模式特色，也被称为"三通道"式改革模式，而且，改革在降低国家和个人医疗保险负担方面起到了一定积极效果。

随着试点工作的进一步推开，加入试点工作的地方扩展到20多个省份40多个城市，很多城市的改革积累了宝贵的模式经验。这些地方改革模式为我国城镇职工基本医疗保险改革模式的最终确立奠定了参考和选择的基础。

1997年，十五大进一步提升了医疗保障制度改革的重要性，将其纳入五项重大改革之内，另外，十五大还明确要求建立规范的社会保障体系。

第四阶段：职工医疗保险建立与完善（1998—2009年）。

1998年是我国城镇职工基本医疗保险发展历史上的重要时间点。1998年3月，劳动和社会保障部成立，标志着中央对社会保障统一管

---

① 《劳动部关于职工医疗保险制度改革试点意见的通知》，http：//www. law - lib. com/law/law_ view. asp? id＝9871，2012年1月6日。

② 《中共中央关于建立社会主义市场经济体制若干问题的决定》，人民网，http：//www. people. com. cn/GB/shizheng/252/5089/5106/5179/20010430/456592. html，2001年4月30日。

理体制的形成，这为医疗保险改革与发展奠定了坚实的组织基础。在经过广泛的征求意见和酝酿之后，1998年12月14日，国务院正式颁布《关于建立城镇职工基本医疗保险制度的决定》，我国开启了全面建立城镇职工基本医疗保险时代。《关于建立城镇职工基本医疗保险制度的决定》是一个重要的历史文件：第一，其确定了我国医疗保险制度的根本改革思路，明确了我国究竟要建立什么样子的医疗保险制度；第二，其扩展了原有劳保医疗的保障范围，要求覆盖全体职工，这扩大了基本社会医疗对不同类型劳动者的保障作用；第三，其明确了改革的根本模式，即"社会统筹+个人账户"，这对我国基本社会医疗保险体系改革影响较为深远。

截至2000年，全国各地基本上都建立了新型城镇职工基本医疗保险制度。2002年8月12日，《关于加强城镇职工基本医疗保险个人账户管理的通知》（劳动和社会保障部）重点对个人账户的内容、形式、管理等方面进行了明确，城镇职工基本医疗保险的框架与模式进一步确定下来。

此后，国家出台了多个文件，推进城镇职工基本医疗保险改革与发展，有力推动了城镇职工基本医疗保险在全国范围内规范建立。另外，这一阶段还推动了部分国有企业医疗保险属地化管理、军人退役医疗保险制度、灵活就业人员参加医疗保险、农民工参加医疗保险等改革工作。

第五阶段：新医改阶段（2009年至今）。

2009年4月6日，《中共中央国务院关于深化医药卫生体制改革的意见》发布，要求"进一步完善城镇职工基本医疗保险制度，加快覆盖就业人口，重点解决国有关闭破产企业、困难企业等职工和退休人员，以及非公有制经济组织从业人员和灵活就业人员的基本医疗保险问题"① 等内容。我国开始进入新一轮医改阶段。

2009—2011年，三年新医改告一段落，我国医疗卫生改革取得了一定成绩，特别是在医疗保险的覆盖范围、保障水平等方面，三大基本

---

① 《中共中央国务院关于深化医药卫生体制改革的意见》，中华人民共和国中央人民政府网，http://www.gov.cn/jrzg/2009-04/06/content_ 1278721. htm，2009年4月6日。

医疗保险体系格局建立，城镇职工基本医疗保险在这一阶段取得了较大发展。此后，国家不断深化医改，中央和地方不断出台新的改革政策，城镇职工基本医疗保险取得了更长足发展。截至2015年年底，城镇职工基本医疗保险参保人数2.89亿人，2015年当年筹资总额为9084亿元，支出总额为7532亿元，城镇职工基本医疗保险在保障职工医疗卫生服务需求与健康方面发挥了日益重要的作用。

（2）我国城镇居民基本医疗保险发展历程简要回顾

纵观我国城镇居民基本医疗保险的发展历程，基本上可以分为三个大的阶段，即试点推广阶段（2007—2009年）、改革完善阶段（2009—2016年）、城乡居民基本医疗保险整合（2016年至今）三个阶段。

第一阶段：试点推广（2007—2009年）。

改革开放以来，随着经济社会结构的变动，原有医疗保障制度的缺陷逐步凸显出来，城镇居民（主要是城镇非职工人群）没有对应的医疗保险制度覆盖，很多人裸露于疾病风险之下。为了改变这一现状，建立覆盖城镇居民的基本社会医疗保险制度势在必行。2007年，中共中央发布文件《国务院关于开展城镇居民基本医疗保险试点的指导意见》，我国正式开启城镇居民基本医疗保险试点建设。由于国家政策和财政资金的大力支持，我国城镇居民基本医疗保险制度推广速度较快。

2009年启动的新一轮医改方案中提出，"扩大基本医疗保障覆盖面，三年内，城镇居民基本医疗保险覆盖全体居民，参保率提高到90%以上，提高基本医疗保障水平，逐步提高城镇居民基本医疗保险的筹资标准和保障水平，规范基本医疗保障基金管理"[①]。此后，一系列改革意见和配套实施方案发布，不断完善制度设计、提升制度保障待遇、提高制度管理水平。[②] 在这一阶段，城镇居民基本医疗保险制度覆盖范围快速扩展，保障水平不断提升、保障能力逐步增强。

[①] 《中共中央国务院关于深化医药卫生体制改革的意见》，中华人民共和国中央人民政府网，http://www.gov.cn/jrzg/2009-04/06/content_1278721.htm，2009年4月6日。

[②] 这一时期代表性的制度文件包括《中共中央国务院关于深化医药卫生体制改革的意见》（中发〔2009〕6号）、《国务院关于印发医药卫生体制改革近期重点实施方案（2009—2011）的通知》（国发〔2009〕12号）、《做好2010年城镇居民基本医疗保险工作的通知》（人力资源和社会保障部、财政部联合下发）等。

第二阶段：改革与完善（2009—2016 年）。

同样，2009 年 4 月 6 日发布的《医药卫生体制改革近期重点实施方案》标志着新一轮医改工作正式启动，方案中明确对城镇居民基本医疗保险制度建设提出了目标要求和改革内容，这一时期的城镇居民基本医疗保险制度得到了快速发展。2009—2011 年新一轮医改收官，城镇居民基本医疗保险基本上实现了全面覆盖，制度规范性和保障能力得到了进一步提高。

在这一阶段，《中华人民共和国国民经济和社会发展第十二个五年规划纲要》《国务院关于印发"十二五"期间深化医药卫生体制改革规划暨实施方案的通知》《中共中央国务院关于深化医药卫生体制改革的意见》等文件规划了城镇居民基本医疗保险发展、改革的目标和实施方案，大幅推进了城镇居民基本医疗保险制度的完善。[①]

第三阶段：城乡居民基本医疗保险阶段（2016 年至今）。

2016 年 1 月 3 日，国务院印发《关于整合城乡居民基本医疗保险制度的意见》（国发〔2016〕3 号），标志着国家层面的城镇居民基本医疗保险、新型农村合作医疗制度整合工作正式启动，该《意见》明确提出了改革内容和时间表。其中，明确要求制度整合要达到"六个统一"，同时，要求"理顺管理体制、提升服务效能、精心组织，确保整合工作平稳推进"，要求"2016 年 6 月底前对整合城乡居民基本医疗保险工作作出规划和部署，明确时间表、路线图，健全工作推进和考核评价机制，严格落实责任制，确保各项政策措施落实到位，各统筹地区应于 2016 年 12 月底前出台具体实施方案"。[②] 在这样的政策背景下，各地纷纷出台改革办法，整合城乡居民基本医疗保险制度、理顺城乡居民基本医疗保险关系。我国城乡居民基本医疗保险发展进入新的历史

---

① 《国民经济和社会发展第十二个五年规划纲要》，http：//www. moa. gov. cn/fwllm/jjps/201103/t20110317_ 1949003. htm；《国务院关于印发"十二五"期间深化医药卫生体制改革规划暨实施方案的通知》，http：//www. moh. gov. cn/tigs/s8340/201309/644e0cb3fe9440da8b0a5d585decdf38. shtml；《中共中央国务院关于深化医药卫生体制改革的意见》，ht-tp：//www. gov. cn/test/2009-04/08/content_ 1280069. htm。

② 《关于整合城乡居民基本医疗保险制度的意见》（国发〔2016〕3 号），http：//www. gov. cn/zhengce/content/2016-01/12/content_ 10582. htm。

阶段。

（3）我国农村合作医疗发展历程简要回顾

回顾我国合作医疗发展历史，可以将其分为六个大的阶段，分别是萌芽与初步发展阶段（20世纪四五十年代）、推广与普及阶段（20世纪50年代末至70年代末）、衰落与解体阶段（20世纪80年代）、新型农村合作医疗大发展时期（2003年至2016年）、城乡居民基本医疗保险阶段（2016年至今）。

第一阶段：萌芽与初步发展阶段（20世纪四五十年代）

20世纪三四十年代，陕甘宁边区成立卫生合作社，这可以被视为合作医疗的萌芽。新中国建立后，农村地区医药普遍缺乏，农民医疗和健康状况亟待改善。在这种背景下，我国东北零星开展了带有自发、合作性质的医疗卫生服务提供尝试。截至1956年，随着农业合作化达到高潮，中国农村合作医疗制度初步确立。1956年6月30日，《高级农业生产合作社示范章程》界定了高级合作社的功能定位，明确了合作集体对成员承担医疗保障的责任，这就为全国各地合作社推动农村合作医疗奠定了政策基础。

综合来看，这一时期的合作医疗发展具有如下几个方面的特征：第一，这一时期的合作医疗基本上是一种成本低、保障水平较低的医疗保障模式，这与当时农村地区的经济和医疗卫生状况密切相关；第二，全国开展合作医疗的地方相对较少，全国范围内很多地区都还没有推广农村合作医疗，这与整个农村合作化的进度紧密相关；第三，这一时期的合作医疗总体上仍然是自发的形式和模式，制度规范性不强，这也导致不同地区在具体保障模式方面差别较大，亟待出台专门文件进行推动和规范；第四，这一时期的农村合作医疗对农村居民健康改善有积极作用，一定程度上缓解了农村医疗卫生服务缺乏的局面，提升了农村居民的健康水平。

第二阶段：推广与普及阶段（20世纪50年代末至70年代末）。

纵观我国农村合作医疗发展历史，其与农村合作化进程紧密相关，随着我国农村合作化的基本完成，农村合作医疗也进入到了推广与普及的阶段。20世纪50年代中期，我国农村合作化改造基本完成，人民公社成为了农村重要的政治、经济和社会组织，从而为农村合作医疗的发展提供了扎实的经济、组织保障，我国农村合作医疗此后得到了快速发展，并于20世纪70年代末实现了基本普及。

1968年，《人民日报》刊登《深受贫下中农欢迎的合作医疗制度》，宣传了当时的农村合作医疗典型（乐园公社），这篇报道得到了毛泽东的肯定，此后，农村合作医疗普及进入了加速阶段。20世纪70年代中期，我国农村合作医疗进入鼎盛时期，有近85%的农村开展了合作医疗。

概括来说，当时的农村合作医疗发展具有显著特征：第一，特定的政治氛围推动了农村合作医疗大发展；第二，农村合作社具有政治、经济、社会的多重功能，其为合作医疗大发展奠定了坚实基础；第三，农村合作医疗基本实现了普及，对满足农村居民医疗服务需求、保障农村居民健康发挥了积极作用，农村合作医疗发展进入了辉煌时期，取得了举世瞩目的成就。

第三阶段：衰落与解体阶段（20世纪80年代）。

20世纪80年代以来，我国进入了改革开放时期，农村和城市经济体制改革加快。在农村，家庭联产承包责任制推广，农村经济资源和生产组织方式重构，农业生产焕发生机。但是，农村经济体制改革直接削弱了农村合作医疗的经济基础，加之政策环境发生变化，原有政治动员力度下降，合作医疗的经济基础和政治环境都发生了大的改变。另外，20世纪80年代的财政体制改革，实际上造成了各类资源向城市集中，农村在整个资源分配体系中占比相对下降。这都造成了农村合作医疗制度的覆盖范围、保障能力快速下降。到了20世纪80年代末，我国农村合作医疗覆盖范围降低到不足5%。[①]

应该看到，这一时期农村合作医疗衰落给农村带来了很大的负面影响，农村居民失去了最为基本的医疗保障制度，而由于贫困，相当数量的农村居民并没有能力支付相对昂贵的医疗费用，甚至很多人会小病拖

---

① 乔益洁：《中国农村合作医疗制度的历史变迁》，《青海社会科学》2004年第3期，第65—67页。

成大病，给家庭带来灾难性的医疗支出。总体上，这一时期的农村合作医疗制度快速瓦解，直接影响了农村居民医疗卫生服务使用和农村居民的健康状况。

第四阶段：重建与恢复（20 世纪 90 年代）。

农村合作医疗制度的衰落给农村医疗卫生状况带来了很大冲击，也带来了一系列的社会问题。在这种背景下，20 世纪 90 年代，中央政府相关部门和一些地方政府纷纷开始努力探索，主张要恢复建立合作医疗制度。所以，20 世纪 90 年代也被称为"第二次合作医疗"时期。[1]

1986 年，我国向世界卫生组织承诺"2000 年人人享有卫生保健"，此后，整个 20 世纪 90 年代出台了大量旨在提升医疗保健可及性和水平的相关政策，与 80 年代放任自流的状况形成了鲜明对比。在各地的积极尝试中，地方合作医疗制度也有一定程度的恢复。但是，总的来看，这一阶段合作医疗的恢复程度非常有限，恢复重建工作进展缓慢。

第五阶段：新型农村合作医疗时期（2003—2016 年）。

我国农村医疗卫生工作的状况也一定程度上影响了我国医疗卫生的公平和绩效。《世界卫生报告（2000 年）》认为中国医疗卫生整体绩效、筹资公平性都排名靠后，是筹资最不公平的国家之一。[2] 这是这一阶段我国农村合作医疗改革的大背景。

为了从根本上改善农村居民医疗卫生服务状况，国家开始考虑从宏观制度框架层面重新建立农村合作医疗制度。2003 年 1 月 10 日，《关于建立新型农村合作医疗制度的意见》发布，我国决定开始试点建立新型农村合作医疗制度，并力争在 2010 年基本实现全面覆盖。该《意见》还对制度的筹资、管理、服务供给等方面进行了说明。此后，我国政府出台了一系列政策文件，新型农村合作医疗的保障水平大幅提升，而且，基本上实现了全面覆盖。

2009 年，我国开启了新一轮医改。《中共中央国务院关于深化医药卫

---

① 伍凤兰：《中国农村合作医疗的制度变迁》，武汉大学博士学位论文，2008 年，第 50 页。

② 顾昕、高梦滔、姚洋：《诊断与处方：直面中国医疗体制改革》，社会科学文献出版社 2006 年版，第 128 页。

生体制改革的意见》发布是新一轮医改启动的重要标志，该《意见》要求"全面实施新型农村合作医疗制度，逐步提高政府补助水平，适当增加农民缴费，提高保障能力"①。2009—2011年，新一轮医改收官，我国新型农村合作医疗在覆盖范围、保障能力方面得到了一定程度的提高。

总的来看，这一阶段是我国新型农村合作医疗制度的建立和大发展时期，新型农村合作医疗制度的建立和发展，基本解决了农村缺乏基本医疗保障的难题，对保障和提升农村居民的健康水平起到了重要作用。

第六阶段：城乡居民基本医疗保险（2016年至今）。

2016年，我国开始城乡居民基本医疗保险整合工作，对于农村合作医疗制度而言，这也意味着进入了一个新的历史时期。

2016年1月3日，国务院印发《关于整合城乡居民基本医疗保险制度的意见》（国发〔2016〕3号），标志着我国国家层面的城镇居民基本医疗保险、新型农村合作医疗制度整合工作正式启动，该《意见》明确提出了改革内容和时间表。其中，明确要求制度整合要达到"六个统一"，同时，要求"理顺管理体制、提升服务效能、精心组织，确保整合工作平稳推进"，要求"2016年6月底前对整合城乡居民基本医疗保险工作作出规划和部署，明确时间表、路线图，健全工作推进和考核评价机制，严格落实责任制，确保各项政策措施落实到位，各统筹地区应于2016年12月底前出台具体实施方案"。② 在这样的政策背景下，各地纷纷出台改革办法，整合城乡居民基本医疗保险制度、理顺城乡居民基本医疗保险关系。我国城乡居民基本医疗保险发展进入新的历史阶段。

在整合城乡居民基本医疗保险的政策背景下，各地农村合作医疗和城镇居民基本医疗保险整合速度加快，部分地区制度整合甚至实现了"七统一"的整合目标，我国基本医疗保险体系改革发展进入了新的阶段。

当然，城乡居民基本医疗保险整合过程中仍然面临一系列挑战，亟待应对。国务院发布《关于整合城乡居民基本医疗保险制度的意见》，基本上

---

① 《中共中央国务院关于深化医药卫生体制改革的意见》，中华人民共和国中央人民政府网，http：//www.gov.cn/jrzg/2009-04/06/content_1278721.htm，2009年4月6日。

② 《关于整合城乡居民基本医疗保险制度的意见》（国发〔2016〕3号），http：//www.gov.cn/zhengce/content/2016-01/12/content_10582.htm。

解决了两项制度政策整合的问题，是一个巨大的历史进步，基本上扫清了两项制度整合的障碍。当然，此次整合也有一些遗留问题，特别是对管理权并未做明确界定，这也可能会一定程度上影响后续的制度运行。

2）我国基本医疗保险体系发展现状

当前，我国已经形成了制度框架较为完整、覆盖范围较为广泛的基本医疗保险体系，发展现状可以概括为如下两个方面。

第一，基本医疗保险的体系框架建立。我国三大基本医疗保险所构成的基本医疗保险体系形成，已经基本实现了国民的全面覆盖。三大基本医疗保险分别针对不同的目标人群，城镇职工基本医疗保险主要保障城镇职工（在职和退休）的基本医疗卫生需求，城镇居民基本医疗保险主要保障城镇非职工（居民，主要是城镇职工基本医疗保险未覆盖的老人、儿童、灵活就业人员、无业者等）的基本医疗卫生需求，而新型农村合作医疗主要保障农村居民的基本医疗卫生需求。三大制度各司其职，有不同的功能定位，共同构成了我国基本社会医疗保险体系。另外，随着城乡居民基本医疗保险整合工作的推进，城乡居民基本医疗保险必将在保障国民基本医疗卫生需求方面发挥更为积极的作用。

第二，三大基本医疗保险保障水平和保障能力不断提升。从发展来看，三大基本医疗保险保障水平不断提升、制度管理日益规范、制度公平状况改善，在保障国民应对健康风险冲击方面发挥了积极作用。截至2015年年底，"全国参加城镇基本医疗保险人数为66582万人，比上年末增加6835万人。其中，参加职工基本医疗保险人数为28893万人，2015年筹资总额为9084亿元，支出总额为7532亿元，全国平均名义补偿比例为81.9%，部分地区名义补偿比例约为95%。参加城镇居民基本医疗保险人数为37689万人，2015年筹资总额为2109亿元，支出总额为1780亿元，全国名义补偿比例为64.6%，部分地区名义补偿比例较高"①。"截至2015年年底，全国参加新型农村合作医疗人口数达6.7亿人，参合率为98.8%。2015年度新型农村合作医疗筹资总额达

① 资料整理自人力资源和社会保障部：《2015年度人力资源和社会保障事业发展统计公报》，http://www.mohrss.gov.cn/SYrlzyhshbzb/dongtaixinwen/buneiyaowen/201605/t20160530_240967.html，2016年5月30日。

3286.6 亿元，支出总额为 3468 亿元。"①

表 1-1　我国基本医疗保险体系历史回顾与发展现状

	制度定位	历史阶段回顾	发展现状
城镇职工基本医疗保险	保障城镇职工（在职、退休）基本医疗卫生需求	1. 传统公费和劳保医疗制度：1951—1978年（具体包括城镇劳保医疗和公费医疗的确立和初步发展阶段，"文化大革命"冲击后逐步蜕变为"单位保险"，1975—1978逐步调整、恢复职工劳保医疗制度） 2. 企业与地方自发性改革：1979—1992年。部分地方与企业自发开展了多种医疗保险改革尝试 3. 试点改革：1993—1997年。国家开始试点"国家统筹+个人账户"的医疗保险制度改革 4. 城镇职工基本医疗保险建立与完善：1998—2009年。1998年，劳动和社会保障部成立，以更强的组织力度推进城镇职工基本医疗保险制度改革 5. 新医改阶段：2009年至今。2009年至今，国家启动新医改，城镇职工基本医疗保险制度改革进入新阶段，"进一步完善城镇职工基本医疗保险制度"纳入新医改内容	截至2015年年底，城镇职工基本医疗保险参保人数2.89亿人；2015年筹资总额为9084亿元，支出总额为7532亿元；全国平均名义补偿比例为81.9%，部分地区名义补偿比例约为95%
城镇居民基本医疗保险	保障城镇居民（非城镇职工基本医疗保险覆盖，主要是非城镇职工基本医疗保险覆盖的老人、儿童、灵活就业人员、无业者等）基本医疗卫生需求	1. 试点推广：2007—2009年。2007年，国家在79个城市试点推行城镇居民基本医疗保险。 2. 改革与完善：2009—2016年。由于新医改推进，以及城镇居民基本医疗保险自身完善需要，2009年至今，城镇居民基本医疗保险制度不断发展、完善 3. 城乡居民基本医疗保险：2016年至今。2016年1月3日，国务院国发〔2016〕3号印发《关于整合城乡居民基本医疗保险制度的意见》，标志着我国国家层面的城镇居民基本医疗保险、新型农村合作医疗制度整合工作正式启动。城乡居民基本医疗保险发展进入新的历史阶段	截至2015年年底，城镇居民基本医疗保险参保人数3.77亿人；2015年筹资总额为2109亿元，支出总额为1780亿元；全国名义补偿比例为64.6%，部分地区名义补偿比例较高

① 资料整理自中华人民共和国国家卫生和计划生育委员会：《2015年我国卫生和计划生育事业发展统计公报》，http://www.nhfpc.gov.cn/guihuaxxs/s10748/201607/da7575d64fa04670b5f375c87b6229b0.shtml，2016年7月20日。

	制度定位	历史阶段回顾	发展现状
新型农村合作医疗	保障农村居民基本医疗卫生需求	1. 萌芽与初建：20 世纪 40 年代末至 50 年代中期。20 世纪三四十年代，陕甘宁边区成立卫生合作社；新中国成立之初少数地方开始合作医疗探索，1956 年 6 月 30 日，《高级农业生产合作社示范章程》 2. 推广与普及：20 世纪 50 年代末至 70 年代末。农村合作医疗大发展，取得了辉煌成就，我国农村合作医疗覆盖率高达 84.6% 3. 衰落与解体：20 世纪 80 年代。农村经济体制改革启动，合作医疗制度瓦解；20 世纪 80 年代中期，覆盖率减至 5% 4. 重建与恢复：20 世纪 90 年代。地方政策频繁出台，尝试恢复农村合作医疗制度；1990 年开始，国家出台大量政策恢复农村合作医疗，但实际恢复程度有限 5. 新型农村合作医疗：2003—2016 年。2003 年开始试点推行新型农村合作医疗制度，新型农村合作医疗制度在这一时期基本实现了全覆盖 6. 城乡居民基本医疗保险：2016 年至今。2016 年 1 月 3 日，国务院国发〔2016〕3 号印发《关于整合城乡居民基本医疗保险制度的意见》，标志着我国国家层面的城镇居民基本医疗保险、新型农村合作医疗制度整合工作正式启动。城乡居民基本医疗保险发展进入新的历史阶段	截至 2015 年底，新型农村合作医疗参保人数为 6.7 亿人；2015 年度新型农村合作医疗筹资总额达 3286.6 亿元（其他口径显示为 3500 亿元），支出总额为 3468 亿元

注：公费医疗未做列述；资料来源于各年度卫生统计年鉴、公报、研究论文（专著）等。

2. 我国基本医疗保险体系债务风险严峻

上文回顾了我国基本医疗保险体系的发展历史，也对当前我国基本医疗保险体系的发展现状进行了论述，以城镇职工基本医疗保险、城乡居民基本医疗保险（城镇居民基本医疗保险、新型农村合作医疗）为主体的基本医疗保险体系，在保障我国国民基本医疗需求、降低国民患病风险等方面，发挥了积极作用。

医疗保险基金是整个医疗保险制度的基础与核心，医疗保险制度的稳定运行和可持续，离不开医疗保险基金的稳定和可持续，所以，医疗保险基金的可持续性和债务风险问题，是评价我国基本医疗保险制度体系健康、高效、可持续的核心与关键。如果没有足额、稳定、可持续的保险基金，整个医疗保险体系的运行就会陷入瘫痪，社会医疗保险的作用将无从发挥。本研究的核心议题就是关注我国基本医疗保险基金的债务风险问题。

应该看到，我国基本医疗保险体系基金安全面临各类严峻挑战，较为突出的表现为医疗保险基金的可持续性面临严重挑战，医疗保险基金的债务风险严重。从公开数据来看，我国部分地区医疗保险基金入不敷出，甚至债务风险严峻；从发展趋势来看，未来相当多的统筹地区都面临基本医疗保险基金债务风险的问题，未来仍然会有相当数量的统筹单元（区域）出现基金赤字，相应的赤字规模还可能进一步增大。另外，人口老龄化、制度运行障碍、经济社会环境变化等，一定意义上给医疗保险基金带来了影响和冲击，这些人口结构、外在环境等方面的影响，进一步凸显了基本医疗保险体系的债务风险。

（1）基本医疗保险基金赤字问题严重

近年来，我国医疗保险基金支出压力增大，部分地区赤字问题日益严重。根据公开资料显示，2013 年，我国有 225 个统筹地区的职工医疗保险基金当期收不抵支，108 个统筹地区的居民医疗保险基金当期收不抵支；而 2014 年，对应的收不抵支统筹地区分别为 185 个、137 个。同样，医疗保险基金累计收不抵支的统筹地区也达到了一定数量，这是非常值得关注的。

与此同时，还应该注意到，我国累积的巨量医疗保险资金中，有相当数量的医疗保险基金是个人账户基金，而由于个人账户资金的属性，这些基金基本上不能够被作为统筹基金使用，这也降低了沉淀资金的使用效率。

（2）基本医疗保险基金可持续性面临多重挑战

上文已经论述到，我国相当数量的统筹地区，面临严峻的基金赤字风险，这给医疗保险基金的可持续性和医疗保险基金的社会保护功能带来了严峻挑战。与此同时，我国医疗保险基金仍然面临其他各类挑战，而这些挑战如果处理不当，则可能会有进一步放大基金债务风险的可能。

第一，老龄化程度不断加深。2010 年，我国开始进入老龄化社会，

60岁以上人口占比达到了13.3%，预计2020年这一数字将上升到17.8%，而2050年则可能超过30%。"考虑到老年人的医疗支出远高于在职人员（通常是在职人员支出的4倍），当前，占参保人员25%的退休人员，整个医疗费用支出占到了总额的65%。"（何文炯、李建军、刘柏惠，2016）总的来看，我国老龄化存在系统老龄化的特征，面临人口快速老化、未富先老等问题，意味着我国医疗卫生费用支出将快速膨胀，而社会和家庭的医疗卫生负担则日趋严重。

第二，我国医疗费用支出增速较快。一方面，近年我国医疗保险基金的待遇支付水平不断提升，住院和门诊补偿待遇提高较快；另一方面，从住院率、门诊率、次均费用等指标来看，我国医疗支出居高不下，甚至有大幅增长的趋势。职工基本医疗保险和居民基本医疗保险的住院率都有大幅提升，2010—2014年翻了近一番（职工基本医疗保险人群住院率2010年为11.69%，2014年为15.37%，而居民基本医疗保险人群住院率2010年为4.53%，2014年为8.91%）。"近年来就诊人次激增和人均医疗费用节节攀升（2014年全国就诊人次达到76亿人次，全国年人均就诊近6次；人均住院费用7832.3元，同比上涨5.2%），有的一线城市年人均就诊已达十二三次，已超过美国等发达国家（地区）。"（王东进，2016）医疗费用的快速增长已经让医疗保险基金不堪重负。

第三，基本医疗保险制度框架设计很可能会进一步加剧医疗保险基金债务风险。虽然我国基本医疗保险制度整合速度加快，但是，总的来看，我国的基本医疗保险制度仍然面临区域分割、人群分割、管理分割等问题，制度的碎片化较为严重；基本医疗保险统筹层次仍然较低，制约了在更大范围的风险分散，少数地区已经出现了较为严重的赤字风险；而医疗费用控制相对乏力，包括医疗服务供给方改革在内的各类改革相对滞后，支付方式改革推进也遇到了各种挑战，这些都限制了费用控制的实际效果；另外，地方医疗保险管理水平参差不齐，制度之间的公平性、协同性有待改进。上述既有问题，都可能会放大医疗保险基金债务风险。

第四，医疗卫生服务体系改革不够充分。当前，公立医疗机构改革未能彻底扭转营利倾向，公立医疗机构公益性不足；社会资本办医仍然面临各种现实困难和限制，公立医疗机构垄断问题较为严重，医疗卫生服务市场竞争不足；优质医疗资源配置失衡，基层医疗卫生服务体系薄弱，无法充分发挥"守门人"作用，大医院不愿意放、基层接不住，最终导致分级诊疗无法真正形成。医疗卫生服务体系改革不够充分、效果不够理想，与医疗保险改革发展无法形成合力，最终制约了改革的实际效果。

第五，经济发展进入新常态，财政压力大。从宏观来看，我国经济发展进入了新常态，整个经济增速下降，中央和地方财政收入增收的压力增大，很多地方财政收入大幅下降，基本医疗保险的财政保障能力下降。同时，由于经济发展速度下降，企业经营环境严峻，就业状况堪忧，这都影响了基本医疗保险筹资，一定程度上影响基本医疗保险基金的可持续性。

第六，生态环境、生活方式等因素影响。由于快速工业化、城镇化，配套的环境保护、环境治理机制未能充分建立，环境污染、食品安全、饮水安全等问题增大了我国居民的疾病风险，特别是癌症等疾病给国民带来了相当大的医疗卫生负担。另外，由于生活方式问题，我国国民的慢性病发病率呈上升趋势，且有年轻化的倾向，慢性病导致的健康损害和疾病负担会增加相应的医疗卫生支出，进而威胁医疗保险基金的可持续性。

综观全国，我国基本医疗保险体系面临较为严重的债务风险和压力，部分地区已经出现了当期基金赤字和累积基金赤字问题，而且，整个医疗保险基金的可持续性也受到人口老龄化、医疗费用增速快、基本医疗保险制度缺陷、医疗卫生服务体系局限、经济增长降速、环境恶化、生活方式等方面的冲击，基金可持续性压力较大。可以预见，除非我国基本医疗保险制度基本框架发生显著改变，否则，在现有环境和制约因素不变的条件下，我国基本医疗保险体系将面临严峻的债务风险。

（二）问题提出

文献回顾发现，关于隐性负债和基金债务的话题，往往仅局限在养老保险研究领域，仅有较少的研究谈及医疗保险体系的隐性负债、基金债务问题。下文将首先回答一个核心问题，即为什么医疗保险体系中也存在隐性负债、基金债务问题。

随着人口快速老化和医疗费用不断膨胀，医疗保险基金运行安全面临挑战，医疗保险基金债务问题日益引起关注。保险基金债务可以分为隐性负债和基金债务两个维度，其中，隐性负债反映的医疗保险系统的静态债务风险，反映静态封闭人口系统中一代人的医疗保险费用收支状况，是以这些人的一生为测算时段的医疗保险基金对应的缴费和支出差额的现值。而基金债务则不同，是在动态人口系统中进行测算，是在考虑新进入和退出（死亡）医疗保险体系的人口前提下，整个保险体系最终实际债务的现值总和。隐性负债和基金债务最大的区别在于基于的人口系统不同，基金债务允许新人加入医疗保险体系。

保险基金的隐性负债和基金债务问题，在医疗保险体系中之所以没有像在养老保险体系中那样引起重视，主要是因为，传统的养老保险隐性负债和基金债务强调代际之间的补偿矛盾，即下一代人口缴费难以满足当代人的养老需要，而医疗保险体系则较为复杂。虽然个人账户具有个人权益积累的作用，同时，职工基本医疗保险中，规定退休年老职工不需要继续缴费参保，这都意味着医疗保险也存在长期的、代际间的平衡问题。但是，总的来看，医疗保险仍然具有较为明显的当期权利与义务对称的特征，特别是城镇居民基本医疗保险、新型农村合作医疗，由于制度设计主要考虑统筹基金保障，缺乏足够的长期积累制度设计，所以，这两大制度更被视作当期平衡。也正是基于这个原因，相当数量的学者认为医疗保险不会（或不可能）出现隐性负债问题。

但是，事实上，在既有制度设计不变，筹资水平（缴费率）不变或难以大幅提高的前提下，由于人口快速老化、医疗费用不断膨胀，医疗保险体系也面临严重的隐性负债和基金债务风险。另外，各项具体医疗保险制度的制度设计问题，也会增加基金债务风险。城镇职工基本医疗保险中，由于部分退休老年人不缴费，随着老龄化加剧，未来可能激化缴费人口的总缴费与补偿总费用之间入不敷出的矛盾，而缴费率不可能一味提升以满足收支平衡，收不抵支的隐性负债和基金债务风险都可能出现；城镇居民基本医疗保险和新型农村合作医疗中，可能出现既有筹资、补贴水平无法满足医疗支出需要，从而在未来形成较大赤字的问题。上述问题都表明，在人口老龄化和医疗消费增长背景下，现有制度设计和框架，可能蕴含制度性的隐性负债和基金债务问题，需要引起关注。特别是，社会保障待遇具有显著的"刚性"特征，如果总筹资水平随经济降速、人口结构老化而下降，相应的医疗保险报销待遇很难同步下降，"以收定支"面临各类现实挑战，所以，我国医疗保险体系隐性负债和基金债务不可避免。

然而，由于传统观念限制和认识局限，医疗保险体系的隐性负债和基金债务问题长期未能引起足够关注，其受关注程度远远比不上养老保险隐性负债问题。而事实上，不论是我国"看病贵、看病难"的现状，还是人口快速老化、医疗费用快速增长的趋势，都要求对医疗保险基金的安全性更加重视，尽早应对可能出现的基金债务风险。所以，进一步深化对医疗保险基金隐性负债和基金债务风险的认识，特别是对基本医疗保险体系的债务风险进行评估，尤为必要。

正是基于上述背景，本研究将运用人口学、保险学和精算模拟等方法，在当前制度框架设定和外在环境不变（或既定趋势）假设下，对我国医疗保险体系的隐性负债和基金债务进行评估和预测，还将评估医疗保险基金债务风险可能带来的公共财政压力，并提出了一系列预防和应对医疗保险体系基金债务风险的对策建议。

二、研究目标与研究意义

（一）研究目标

本研究的最终目标是在当前制度框架设定和外在环境不变（或既定趋势）情况下，基于模型构建和参数设定，评估、预测我国基本医疗保险体系的隐性负债和基金债务（规模、结构），以及基本医疗保险对政府财政形成的压力，并根据评估、预测结果，提出应对我国基本医疗保险体系债务风险的综合建议。本研究首先将分险种评估不同险种的隐性负债、基金债务，进而评估整个基本医疗保险体系的隐性负债、基金债务；同时，对由于基金债务、政府财政补贴等原因造成的政府财政负担和财政压力进行评估；最后，在研究结论基础上，提出应对我国基本医疗保险体系债务风险的综合改革建议。

具体而言，本研究的研究目标主要包括如下三个方面。

1. 目标1：评估、预测我国基本医疗保险体系隐性负债和基金债务

评估、预测我国两大基本医疗保险（城镇职工基本医疗保险、城乡居民基本医疗保险）基金隐性负债和基金债务规模，是本研究的核心目标之一。本研究将利用相关模型，运用人口统计、精算模拟等方法，基于理论与现实情况，作出假设并设定相应指标参数，评估基本社会医疗保险体系的债务风险。具体将评估城镇职工基本医疗保险的隐性负债、基金债务和计划终止时债务，评估城乡居民基本医疗保险的隐性负债、基金债务，以及评估全国基本医疗保险体系总体的隐性负债和基金债务。

2. 目标2：评估、预测政府财政负担和相应的压力水平

考虑到国家财政是基本医疗保险体系的最终责任人，医疗保险体系的债务风险和补贴会对财政形成压力。本研究将基于基本医疗保险体系债务风险评估，进一步测算基本医疗保险体系给我国财政带来的负担和相应的压力水平。

基本医疗保险体系对政府形成的财政压力主要由基金债务风险和政府补贴支出构成，所以，政府对基本医疗保险体系的补贴（主要是城乡居民基本医疗保险，即整合前的城镇居民基本医疗保险、新型农村合作医疗），以及基本医疗保险体系的基金债务（政府是最后兜底责任人），两项加总的债务规模将对政府财政形成负担和压力。同时，本研究还在低、中、高三个实际补偿方案情况下，对相应财政压力水平进行评估。评估、预测政府相应的财政负担和压力水平，是本研究的重点之一。

3. 目标3：探讨单项政策的效应，并提出综合改革建议

在基本医疗保险债务风险评估和财政压力评估结论基础上，以削减医疗保险体系债务风险为切入点，提出应对我国医疗保险体系债务风险的综合改革方案。包括医疗保险核心制度改革框架的建议（在对单项政策效应模拟、讨论基础上提出综合改革框架），以及配套体系的改革建议（包括外在环境、支撑条件两个方面的协同改革）。

（二）研究意义

本研究的核心是对我国基本医疗保险体系的债务风险进行评估，并有针对性地提出应对医疗保险体系债务风险的综合改革方案，本研究具有突出的理论意义和现实意义。

1. 理论意义

第一，有助于认识和了解医疗保险体系隐性负债和基金债务问题。保险基金的隐性负债问题，在医疗保险体系中之所以没有像在养老保险体系中那样引起重视，主要是因为，相当数量的学者认为医疗保险是当期收支平衡，不会（或不可能）出现隐性负债问题。但是，上文已经论述到，在既有制度设计不变、筹资水平（缴费率）不变或难以大幅提高的前提下，由于人口快速老化、医疗费用不断膨胀、保障待遇"刚性"特点，医疗保险体系也面临严重的隐性负债和基金债务风险。另外，各项具体医疗保险制度的制度设计问题，也会增加基金债务风险。城镇职工基本医疗保险中，由于规定部分退休老年人不缴费，随着老龄化加剧，未来可能激化缴费人口的总缴费与补偿总费用之间入不敷出的矛盾，而缴费率不可能一味提升以满足收支平衡，收不抵支的隐性负债和基金债务风险都可能出现；城镇居民基本医疗保险和新型农村合作医疗可能出现既有筹资、补贴水平无法满足医疗支出需要，从而在未来形成较大赤字的问题。上述问题都表明，在人口老龄化和医疗消费增长背景下，现有制度设计和框架，可能蕴含制度性的隐性负债和基金债务问题，需要引起关注。特别是，社会保障待遇具有显著的"刚性"特征，如果总筹资水平随经济降速、人口结构老化而下降，相应的医疗保险报销待遇很难同步下降，"以收定支"面临各类现实挑战，所以，我国医疗保险体系隐性负债和基金债务不可避免。

本研究将有利于学术界和其他领域更多关注社会医疗保险体系内的隐性负债和基金债务问题，有利于在看待和应对这一问题方面取得更多的共识。

第二，将有助于后续学者进一步深化这方面的研究。本研究在评估、预测社会医疗保险体系隐性负债和基金债务过程中，对计算过程中的关键系数和参数进行了详细的论证分析，对参数取值的依据做了详细说明，并根据政策环境和条件变化，对相关参数进行了调整和优化。比如，本研究中对生育率的设定，充分考虑了单独二孩、全面放开二孩的政策效应，死亡率则是利用 Lee-Carter 模型进行了校正；在不同险种缴费率、补偿比例设定方面，本研究调查、访谈了全国 100 多个地区，基于调查结果计算了平均城镇职工基本医疗保险缴费比例，基于全国 15 个典型地区调查结果，估算了城镇居民基本医疗保险、新型农村合作医疗的筹资水平，另外，本研究还基于公开数据采集、调查访谈、报告文献梳理等，确定了城镇职工基本医疗保险、城乡居民基本医疗保险（城镇居民基本医疗保险、新型农村合作医疗）的实际补偿比例。本研究在评估过程中，对各类政策环境变动、实际情况进行了充分论证与考虑，大力度优化了参数设定选取的科学性，并对选取的依据进行了详细说明。本研究的上述特征，不仅提升了整个评估、预测的科学性，也为后续学者继续深化该研究提供了数据和参考思路。

2. 现实意义

第一，有助于为政府相关部门制定政策提供决策参考。正如上文所述，长期以来，学术界和相关部门对医疗保险领域可能存在的隐性负债问题未能给予充分重视，而近些年的相关研究虽然取得了一定突破，但限于量化研究相对较少，以及我国政策环境变化快、参数设定具有一定时滞性，这也限制了少数量化分析结果的准确性。本研究在测算过程中，对模型中设定的参数进行科学论证，特别是对政策变化的效应等进行充分考虑（如全面放开二胎政策、实际缴费水平、实际补偿比例等），提升了本研究在隐性负债和基金债务评估方面的准确性。相应研究结论有助于社会各界客观、准确地了解和认识这一问题，也可以为政府制定政策提供更为可靠的决策参考。

第二，本研究提出的综合政策改革方案具有一定的现实参考价值。在量化评估的基础上，本研究还围绕如何更好地应对我国基本医疗保险基金债务风险问题，提出了综合改革框架建议。其中，对核心政策体系变革进行了详细论述，包括对部分社会关注的单项政策进行效应模拟，在此基础上提出了应对债务风险的综合框架建议。同时，还提出了配套体系改革，主要包括外在环境、支撑条件两个方面的协同改革，分别论述了医疗卫生服务体系综合改革、法制与财政支持体系改革。

三、研究重点、难点、创新点

（一）研究重点、难点

概括来说，本研究过程中有如下几个方面的重点和难点。

第一，对我国基本医疗保险体系隐性负债、基金债务进行评估。一方面，评估、预测可参考的前期研究成果并不多。学术界有关保险债务风险的讨论，基本上都集中在了养老保险领域，仅有少数研究涉及医疗保险隐性负债问题。另一方面，整个测算过程涉及的步骤繁多、内容广泛，模型、参数、数据、路径等，都需要开展大量分析、论证、采集等具体工作。比如，评估要充分考虑不同险种差异、人群结构差异、不同统筹单元差异等，而且还要考虑参数的变化趋势，特别是各类社会政策变化产生的影响效应，这些都将增加测算的难度。

第二，部分关键系数的采集和论证。总和生育率、医疗费用增速、实际补偿比例等一系列关键参数的采集、论证，是本研究的重点、难点之一，也是本研究的重要贡献。我国基本医疗保险隐性债务问题的研究之所以困难，关键参数的采集困难是重要的制约。

一方面，我国正处在剧烈的改革时期，时代背景导致我国政策变革速度快、影响幅度大，这增加了评估的难度。例如，人口规模与结构的预测，是医疗保险债务测算的基础，但是，人口预测受到近些年单独二孩、全面放开二孩政策的连续冲击，会对短期内的人口出生率带来较大影响，如果不充分考虑、评估这种影响，会影响最终医疗保险体系债务评估预测结论的科学性。

另一方面，我国经济社会的复杂性也增加了研究的困难。由于我国体量庞大、情况复杂，经济社会系统，特别是对应的医疗保险政策体系较为复杂，这增加了评估的难度。例如，我国基本医疗保险体系包括城镇职工基本医疗保险、城乡居民基本医疗保险（城镇居民基本医疗保险、新型农村合作医疗）两大社会保险，分别覆盖城镇职工和城乡居民两大人群，而公费医疗则覆盖少数中直和少数地方省直系统的工作人员，不同险种的实际补偿水平不同，而且，在不同地区形成了大大小小若干个相对独立的统筹单元，每个统筹单元内的实际缴费率都存在差异。所以，我国政策系统与社会结构的复杂性，增加了数据采集和评估测算的难度。

第三，评估基本医疗保险体系的财政负担和压力。政府是基本医疗保险体系的信用承担者。从政府对基本医疗保险所承担的财政（负担）责任来源看，主要包括两个部分：一是基本医疗保险体系带来的债务风险，债务风险带来潜在财政负担；二是国家财政对基本医疗保险体系给予的各类补贴和支持。就政府对基本医疗保险的财政补贴而言，具体包括政府对城乡居民基本医疗保险（城镇居民基本医疗保险和新型农村合作医疗）的政府财政补贴（包括对特殊困难人群参保的全额补贴和对普通人群参保的部分补贴），以及财政对公费医疗转入和将转入城镇职工基本医疗保险那部分人的补贴。总的来看，评估基本医疗保险体系对政府财政带来的压力，是本研究的重点、难点问题之一。

第四，提出综合性应对政策框架。一方面，本研究在提出对策建议之前，对部分可能实施的热点单项改革政策（主要包括增收、节流、体系性改革三个方面的政策）进行了效应评估和探讨，并基于分析结论，提出综合性改革框架建议，以及配套体系改革建议。

（二）研究创新点

对本研究的创新点进行归纳，可以概括为如下几个方面。

第一，研究选题和内容设计有一定创新性。本研究紧扣基本医疗保险体系债务风险这一命题，重点围绕基本医疗保险体系隐性负债、基金债务的评估，在选题角度和内容安排方面具有一定创新性。由于学术界对该问题关注不足，本研究可以进一步丰富既有研究的不足。[①] 另一方面，本研究充分考虑隐性负债、基金债务、财政负担、政策模拟等重要研究内容，并且，对相应内容的研究确定了细致的研究计划，包括模型构建、参数设定、评估维度、结构分析等方面。综上所述，本研究在选题和内容设计方面有一定的创新性。

---

① 已有关于保险基金隐性负债和基金债务的研究大多集中在养老保险领域，医疗保险领域关于隐性负债和基金债务的研究明显不足，仅有董朝晖、宋世斌等学者做了开创性的研究。

第二，研究在参数设定方面具有一定的科学性、创新性。本研究利用医疗保险债务风险模型，对纳入分析的参数进行了充分的论证和调整，在参数设定方面具有一定的科学性和创新性。

一方面，本研究在测算过程中，充分考虑了我国基本医疗保险体系的结构性差异，特别是客观考虑了基本医疗保险覆盖的各个人群，基于各个人群的规模、结构，以及相应险种的实际缴费、补偿水平，采用分别计算的方法，提升了计算结果的科学性。并且，在测算过程中，充分考虑了公费医疗、进城农村居民两个特殊群体的现状和未来结构变动趋势，客观解决了保险整合、重复参保等影响测算结果准确性的问题。

另一方面，本研究在部分参数设定方面进行了详细的论证和分析。前文已经论述，本研究花费了大量时间采集数据，包括采集公开数据、内部数据，并对典型地区相关工作人员和专家学者进行访谈，在生育率、死亡率、城市化率、现有公费医疗覆盖人口、进城农村居民参合人口规模、住院实际补偿比例、门诊补偿比、不同人群医疗花费、医疗费用增速等关键参数指标方面，都花费了一定人力、财力、物力进行数据采集，并进行反复论证。特别是参数设定充分考虑了政策的改革效应（如全面放开二孩、城乡居民基本医疗保险整合等政策），提升测算的科学性和准确性，这是本研究在科学性和创新性方面的重要体现。这些指标参数的采集、论证，也将为后续学者开展进一步开展相关研究提供参考。

第三，模拟评估政策效应具有一定的创新性。制定应对医疗保险体系债务风险的对策建议，就必须充分预期到相应政策可能带来的影响。本研究对近年热议的一些单项改革政策进行了效应评估和探讨，将具体的单项政策分为了增收、节流和体系变革三个层面。其中，在增收层面，本研究主要分析了延迟退休年龄、提高缴费水平和延长缴费年限至终身三个单项政策的改革效应；而在节流方面，则主要探讨了强化医疗保险引导医改作用、加强基金监督管理、三医联动改革等政策影响；在体系变革方面，则对建立统一的国民医疗保险、提高统筹层次展开讨论。分析方式包括模拟评估和质性探讨两类。单项政策效应的模拟、讨论深化了对于该项政策实际效应的理解，具有一定的创新性，也为后文综合政策改革建议的提出奠定了基础。

第二节 研究框架及研究方法

本节将介绍本书的研究框架和研究方法。首先，将简要介绍本研究的主要框架，具体包括研究思路和主要研究内容的安排。其次，对本研究中使用的方法进行简要介绍，主要包括文献研究、调查研究、模拟精算、统计计量四类研究方法。

一、研究框架

本研究遵循较为规范的评估、测算研究路径：介绍研究背景（选题背景及关注问题）→评估准备（模型、方法、参数、数据等）→评估测算（保险体系隐性负债、基金债务、财政压力评估）→对策建议（核心政策框架改革及配套体系改革）。

整个研究中，背景介绍、评估准备等都是本研究评估工作的前提和基础，而评估测算则是本研究的核心内容，对策建议是在前期研究结论基础上，围绕应对医疗保险体系债务风险提出的综合性框架建议。

总的来看，本研究的主要内容包括如下几个部分。

第一部分，导论。是对整个研究的概括性说明。一方面，对整个项目研究进行综述，包括研究背景与问题提出，研究目标与研究意义，研究重点、难点和创新点；另一方面，介绍研究思路和研究方法，主要是介绍研究的思路与框架，对几个关键的研究模块进行介绍，同时，对本研究将要使用的研究方法进行介绍。

第二部分，对评估准备工作进行说明。这一部分主要是为下文的评估做好准备，将首先对相关概念进行介绍和梳理，同时，在构建模型的基础上，重点对主要的参数设定进行论述。一个较为重要的内容是对人口规模和结构进行预测，这其中将充分考虑生育率、死亡率、城镇化率等方面参数的变动调整，对政策调整的影响进行充分论证，从而确保参数选择的科学性。

第三部分，医疗保险体系债务风险评估测算。分险种分别计算城镇职工基本医疗保险、城乡居民基本医疗保险两项保险制度的隐性负债和基金债务水平，分高、中、低三个方案，测算相应医疗保险隐性负债和基金债务的累计水平和当年新增水平，以及计划突然终止时的债务规模；最后，在加总获得整个基本医疗保险体系隐性负债和基金债务水平的基础上，得到整个债务评估预测的结论。

第四部分，基本医疗保险体系财政压力评估预测。由于国家是整个社会保障和社会福利体系的最后责任人和"兜底"者，所以，医疗保险体系债务和政府对医疗保险体系的补贴，共同构成了政府的财政负担。在对评估数据进行介绍的基础上，首先对财政支出进行预测，并在加总政府财政补贴和基金债务负担基础上，评估政府对基本医疗保险体系承担的债务负担，以及对应的财政压力，主要测算财政负担占财政支出水平比重和占 GDP 比重两个指标。

第五部分，提出应对医疗保险体系债务风险的综合改革建议。首先，在核心制度改革方面，在对主要单项改革政策（近年热议的单项改革政策）的效应进行模拟、探讨的基础上，提出核心制度改革的综合改革框架，包括综合改革框架的目标和对应的核心政策内容；其次，本研究还进一步对与核心制度改革相协同的配套体系改革提出建议，配套体系改革建议主要包括外在环境、支撑条件两个方面的协同改革，分别论述了医疗卫生服务体系综合改革、法制与财政支持体系改革。

本研究的主要框架如图 1-1 所示。

二、研究方法

本研究中使用的主要研究方法包括文献研究法、调查研究法、精算模拟法、统计计量法。

第一，文献研究法。在收集、整理国内外重要文献资料的基础上，对本研究涉及的系列核心概念进行介绍，并进行必要比较；基于文献梳理，选择需要使用的模型、优化将要使用的参数，其中，重点将对参数

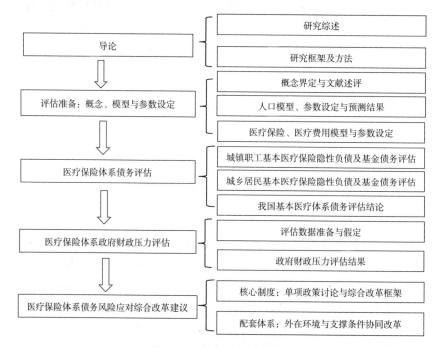

图 1-1 本书研究框架图

优化和选择进行论述。

第二，调查研究法。首先，考虑到我国医疗保险制度碎片化的现状，本研究将通过调研典型地区，特别是调查典型的城镇职工基本医疗保险统筹单元和城乡居民基本医疗保险（城镇居民基本医疗保险、新型农村合作医疗）统筹单元，通过收集对应的实际缴费水平（比例、额度），同时，利用访谈法，与相关工作人员和专家学者进行访谈，最终获得关于代表性区域保险、医疗消费等方面的数据和资料。在收集调查数据基础上，本研究还利用统计、计量分析，对数据进行整理、测算、预测，从而为本研究的评估、预测奠定数据基础。另外，本研究还利用（半）结构访谈法，围绕人口政策调整、医疗保险整合、公费医疗改革、医疗保险实际补偿待遇等诸多问题，访问了领域内的专家学者和相关部门的工作人员，访谈结论支撑了本研究部分关键参数的设定和调整。

第三，精算模拟法。本研究将在模型设计、参数指标、社会调查等内容基础上,使用人口统计、精算模拟等方法,这些方法主要使用在人口规模、结构预测以及医疗保险债务风险测算等方面。这是本研究测算部分的核心方法。

第四,统计计量分析方法。本研究在评估测算、趋势预测等方面,使用了统计分析方法和计量分析方法,主要包括统计描述、趋势分析等统计运算方法。在具体研究中将使用到 Excel、Stata 等软件,作为统计测算、模拟评估的软件工具。

第二章　评估准备：概念、模型与参数设定

本章旨在为后文基本医疗保险体系债务风险评估进行准备和说明，具体将介绍本研究所要使用到的概念、模型和参数，对部分关键参数的论述和说明是本章的重点内容。

本章包括三节：第一节为概念界定与文献述评，主要是在界定研究概念的基础上，系统梳理已有相关研究；第二节为人口模型、参数设定与预测结果，重点对人口预测中使用到的方法和参数进行说明；第三节为医疗保险、医疗费用模型与参数设定，将在建立医疗保险、医疗费用模型基础上，重点对部分参数设定依据进行论述。

第一节　概念界定与文献述评

本节主要分为概念界定、文献述评两个方面的内容，目的是为后文奠定研究基础。概念界定将主要比较隐性负债和基金债务的异同，而文献述评则会系统梳理相关研究，并对已有研究进行归纳、评价。

一、概念界定

下文将介绍和对比隐性负债、基金债务、计划终止时债务的概念。①

---

① 本节概念界定与文献述评来源于胡宏伟、张小燕：《医疗保险体系隐性负债：概念、规模、因素与化解方式——一个基于国内外研究的述评》，《广西经济管理干部学院学报》2012年第3期，第6—15页。

（一）医疗保险中的隐性负债

"隐性债务最初是会计术语，一般是指没有记录在资产负债表面，但是随着时间的推移或者某种因素的改变最终会显性化的债务。"[1] 隐性负债具有典型的"隐性"特征，并与显性基金债务紧密相连：一方面，隐性负债是"隐性"的，是不显性化、不易被观察的，同时，当具备一定条件时，隐性债务会显性化，二者之间存在这种条件转化关系。

目前，隐性负债问题在养老保险中得到的关注远远超过医疗保险，养老保险关于隐性负债的问题研究时间较长、内容较多。罗伯特·霍尔茨曼（Robert Holzmann，1998）认为隐性负债主要包括三个层次："计划终止时债务（Accrued-todate liabilities）、当前参保人口债务（Current workers and pensioner's liabilities）、开放系统债务（Open-system liabilities）。"[2] 哈娜·波兰克瓦（Hana Polackova，1998）提出，"从政府负债角度来看，政府面临着显性负债、隐性负债、直接负债和或有负债"[3]。另外，国际上关于隐性负债的讨论大多集中在养老保险转轨过程中的债务问题。国内学者在研究过程中借鉴了国外学者关于隐性负债的概念。王燕等（2011）认为，"隐性负债是指一个养老金计划向职工和退休人员提供养老保险金的承诺，等于计划在今天即将终止的情况下，所有必须付给当前退休人员的养老金的现值加上在职职工已积累、并必须予以偿付的养老金权利的现值"[4]。宋世斌（2010）认为，"当前社会医疗保险采取现收现付模式，只求当年体系内收支平衡，没有为退休参保人员准备医疗费用储备，中老年职工未来缴费和补偿之间形成的缺口就是隐性负债"[5]。宋世斌（2009）指出，由于这种负债是"由国

① 汪朝霞、梁君林：《诠释与模拟：养老金隐性债务及其显性化》，《人口与发展》2008年第3期，第47—51页。

② Hana, Polackova, Brixi, 1998, "Contingent Government Liabilities：A Hidden Risk for Fiscal Stability", World Bank Policy Research Working Paper.

③ 杨一心：《职工医疗保险历史债务研究》，浙江大学硕士论文，2010年，第3页。

④ 王燕、徐滇庆、王直、翟凡：《中国养老金隐性债务、转轨成本、改革方式及其影响——可计算一般均衡分析》，《经济研究》2001年第5期，第3—12页。

⑤ 宋世斌：《我国社会医疗保险体系的隐性债务和基金运行状况的精算评估》，《管理世界》2010年第8期，第169—170页。

家信用保证，被称为隐性负债"①。

相对于养老保险中关于隐性负债的研究，医疗保险隐性负债的研究明显不足。造成这一现状的一个原因是，相当一部分学者认为医疗保险强调当期平衡，不存在跨期的债务承诺问题。但是，前文已经论述到，由于人口老龄化、医疗卫生费用快速增长、制度待遇刚性等原因，医疗保险也可能会产生隐性负债，出现基金债务风险。

在关于医疗保险体系隐性负债为数不多的研究中，学者董朝晖的研究具有一定的开创意义。董朝晖（2004）认为，"虽然医疗保险追求当期平衡，但医疗保险关系却是长期契约，在职人员缴费会积累退休后的权益，这就形成了保险计划对参保人的债务，而这种债务并不体现在账面上，是隐性的"，所以，医疗保险隐性负债是指"在没有基金积累的情况下，保险计划对未到期保单的责任"。②

所以，隐性负债（债务）是不体现在账面上的、以契约为基础的债务形式，由国家或制度承担信用责任、保障制度内实现代际间平衡的债务，其本质上是国家或制度对所有历史累积权益应承担的债务责任（承诺）。医疗保险隐性负债是在现有制度设定或外在要素约束不变的情况下，由于人口、医疗费用等原因，导致保险系统中一代人无法满足自身医疗收支平衡，出现收支差距（现值）。

（二）医疗保险中的基金债务

与隐性负债的"隐性"特征对应，基金债务更多强调其"显性"的特征。基金债务对应的是"开放系统"的债务。与隐性负债中强调当前系统（封闭系统）中一代人不同，基金债务强调的是在"开放系统"中的债务情况，是在考虑动态人口下，医疗保险累计的实际收支平衡状况，即在允许"新人"加入现有保险体系的情况下，保险体系一定时间段内收支差的现值。

---

① 宋世斌：《我国医疗保障体系的债务风险及可持续性评估》，经济管理出版社 2009 年版，第 70 页。

② 董朝晖：《我国医疗保险改革中的隐性债务及解决途径探讨》，《中国卫生经济》2004年第 7 期，第 46—47 页。

从上述界定可知，保险的基金债务更加接近于保险体系的实际债务水平，基金债务规模的大小一定程度上可以直接反映保险基金的实际运营状况，基金债务规模的大小将直接影响保险体系的可持续运营。从基金收支平衡角度来看，保险基金债务可以分为隐性负债和基金债务两种类型。隐性负债和基金债务都是反映体系内保险收支差的现值水平，但不同的是，隐性负债强调的是在封闭系统中，仅考虑体系中已经存在的人（不考虑新人进入），保险体系中保险基金收支差的现值水平；而基金债务则强调的是开放系统中，即有"新人"加入的情况下，保险体系中保险基金收支差的现值水平。

保险基金的隐性负债和基金债务问题，在医疗保险体系中之所以没有像养老保险体系中那样引起重视，主要是因为，传统的养老保险隐性负债和基金债务强调代际之间的补偿矛盾，即下一代人口缴费难以满足上一代人的养老需要，而医疗保险体系较为复杂，特别是城镇居民基本医疗保险、新型农村合作医疗被视作同代人费用收支当期平衡，所以，通常很多学者认为社会医疗保险不会（或不可能）出现隐性负债问题。但是，事实上，在既有制度设计和筹资水平（缴费率或补贴）不变，或难以大幅提高的前提下，由于人口快速老化、医疗费用不断膨胀、社保待遇具有"刚性"特征，社会医疗保险体系也面临严重的隐性负债和基金债务风险。另外，各项具体社会医疗保险制度的制度设计局限，也会增加基金债务风险。在城镇职工基本医疗保险中，由于部分退休老年人不缴费，未来可能进一步激化缴费人口的总缴费与补偿总费用之间入不敷出的矛盾，收不抵支的隐性负债和基金债务风险都可能出现；城镇居民基本医疗保险和新型农村合作医疗中，可能出现既有筹资、补贴水平无法满足医疗支出需要（包括在趋势上的收支不平衡），从而在未来形成较大的赤字。所以，在人口老龄化快速加剧、医疗消费迅猛增长背景下，现有制度设计可能蕴含制度性的隐性负债和基金债务问题，我国医疗保险制度体系仍然面临基金债务风险。

（三）医疗保险中的计划终止时债务

上文论述了隐性负债和基金债务的概念，下文将简要介绍计划终止时债务的概念。① 另外，本研究还将对比三个概念的差异。

在对医疗保险的计划终止时债务的研究中，首先应当对医疗保险系统隐性负债的不同层次与相关概念进行说明。基于罗伯特·霍尔茨曼（Robert Holzmann，1998）关于隐性负债层次的观点，结合本研究的目标，本书对隐性负债、基金债务和计划终止时债务进行了界定和比较。

第一，计划终止时债务，指的保险计划终止时，制度中"老人"与"中人"所积累的相应权益，即保险计划终止时，所有已经退休的人群（老人），以及处于工作状态中、尚未达到退休年龄的人群（中人），两类人群所积累历史权益的总和（历史债务）。结合我国医疗保险实践，1998 年《国务院关于建立城镇职工基本医疗保险制度的决定》（国发〔1998〕44 号）发布，这被视为传统劳保医疗、公费医疗终止的标志，原有劳保医疗和公费医疗逐步纳入城镇职工基本医疗保险，这一制度转轨将原有隐性债务凸显，在制度转轨（终止）的那一刻，国家作为最后责任人对制度中"老人""中人"所应当承担的债务，就是计划终止时的债务。在本书中，我们将研究以 2010 年为时点的计划终止时债务，是 2010 年时仍然存在的（剩余的）、计划终止后政府应承担的债务规模。

第二，当前参保人口债务，指的是在不考虑新加入者的情况下，假设按照当前的医疗保险支付与缴费方式继续运行，直至参保人口全部死亡，医疗保险系统所产生的债务规模。从理论上来讲，计划终止时债务内含于当前参保人口债务，是其一部分。当前参保人口债务，即为本研究所重点讨论的"隐性负债"。

第三，开放系统债务，指的是在考虑新加入者的情况下，纳入新加入者未来所积累医疗保险权益与未来缴费后，医疗保险系统呈现的债务规模。是"新人""中人""老人"医疗保险实际总收支差的现值，是显性债务。对于这一层次的债务，本研究将其称为"基金债务"。

考虑到各地对医疗保险基本都设定了最低缴费年限，本研究中，计

---

① 计划终止时债务的研究并不是本研究的核心议题，是应评审专家的建议而增加的，相应概念、模型和测算也会按照隐性负债、基金债务的要求而说明。

划终止时的债务是在制度转型过程中，医疗保险体系中的"老人"与难以满足医疗保险制度规定的"最低缴费年限"的"中人"，由于对制度没有贡献或贡献不足，所导致的在大病统筹与个人账户方面产生的历史债务。具体而言，对于计划终止时债务可以进行以下表示：医疗保险体系中的计划终止时债务 = "老人"享受的全部大病统筹待遇和个人账户资金划拨的现值+"中人"退休以后享受的部分大病统筹待遇和个人账户资金划拨的现值。①

二、文献述评

下文将对有关医疗保险体系隐性负债和基金债务的相关研究进行文献综述，对该问题所涉及的基本概念和框架进行阐释，并为后续研究和分析奠定基础。②

长期以来，学术界对于保险基金隐性负债和基金债务的研究大都集中于养老保险领域，很少有研究考虑医疗保险体系的隐性负债和基金债务，董朝辉在 2002 年和 2004 年的研究成果，宋世斌在 2008 年、2009 年、2010 年的研究成果是为数不多的研究医疗保险体系隐性负债和基金债务的佳作，特别是宋世斌教授的研究，为分析医疗保险体系隐性负债和基金债务奠定了基础。但是，总体上，学术界对于医疗保险体系隐性负债和基金债务的关注仍然是不充分的，既有的关注程度与医疗保险体系债务风险的严重程度和迫切程度相比，是远远不够的；另外，考虑到我国政策环境变化快的特点，一些关键性政策的变革（如全面二孩政策、医疗保险体系整合等），可能会导致整个医疗保险体系债务风险发生大的改变，研究需要与时俱进。

（一）医疗保险体系隐性债务概念界定

首先对医疗保险体系隐性负债概念进行介绍。如前文所述，"隐性债务最初是会计术语，一般是指没有记录在资产负债表面，但是随着时

---

① 计划终止时债务计算过程中"老人"和"中人"的概念将在后文中进行详细介绍。
② 本节文献综述部分来源于胡宏伟、张小燕：《医疗保险体系隐性负债：概念、规模、因素与化解方式——一个基于国内外研究的述评》，《广西经济管理干部学院学报》2012 年第3 期，第6—15 页。

间的推移或者某种因素的改变最终会显性化的债务"①。换言之，隐性债务在初级阶段，存在隐藏性和滞后性，往往不容易被发现，但是随着时间的推移和社会现实的变化，隐性债务显性化，其影响开始显现。刘然、王刚（2002）指出我国的隐性债务主要包括国有企业和金融系统债务，以及中央主管部门、政策性银行和地方政府债务、社会保障缺口这三大项。②本研究所要探讨的隐性债务主要是指社会保障的缺口。

养老保险领域隐性债务问题的研究是目前学术界研究的热点和重点。对于养老保险隐性债务的概念界定，罗伯特·霍尔茨曼（Robert Holzmann，1998）的定义较为全面，他认为隐性债务包括三个层次（上文概念界定时已经说明）。③哈娜·波尔瓦克（Hana Polackova，1998）具体从政府负债的角度提出，政府面临着四种类型的负债，包括显性负债、隐性负债、直接负债和或有负债，在此基础上，他提出养老金制度转轨未来可能出现的养老金支付缺口是一种直接隐性负债。④房海燕（1998）认为，"隐性债务是特定时点累积的对政府部门索取养老金的权利价值减去历年滚存的基金余额，是承诺的现收现付制所固有的"⑤。王晓军（2002）认为，"社会养老保险隐性债务是指现收现付制养老金计划终止时养老金计划参与者应得养老金权利的现值"⑥。周渭兵（2002）认为，"社会养老保险隐性债务是指整个公共养老保险参加者的精算积存负债的未积累部分"⑦。张思锋（2006）认为，"社会养老

① 汪朝霞、梁君林：《诠释与模拟：养老金隐性债务及其显性化》，《人口与发展》2008年第3期，第47—51页。

② 刘然、王刚：《要防范隐性债务风险》，《经济论坛》2002年第6期，第43页。

③ Hana, Polackova, Brixi, 1998, "Contingent Government Liabilities: A Hidden Risk for Fiscal Stability", *World Bank Policy Research Working Paper*.

④ 杨一心：《职工医疗保险历史债务研究》，浙江大学硕士学位论文，2010年，第3页。

⑤ 房海燕：《对我国隐性公共养老金债务的测算》，《统计研究》1998年第4期，第61—63页。

⑥ 王晓军：《对我国养老金制度债务水平的估计与预测》，《预测》2002年第1期，第29—32页、40页。

⑦ 周渭兵：《我国公共养老金问题的精算分析》，《统计研究》2002第1期，第42—44页。

保险隐性债务是指在旧的养老保险制度终止的条件下，某一特定时点'老人'与'中人'已积累的并必须偿付的养老金现值之和"[1]。王燕等（2011）认为，"隐性债务是指一个养老金计划向职工和退休人员提供养老保险金的承诺，等于计划在今天即将终止的情况下，所有必须付给当前退休人员的养老金的现值加上在职职工已积累、并必须予以偿付的养老金权利的现值"[2]。

　　医疗保险隐性债务和养老保险隐性债务类似，主要也是来源于现收现付制度。由于医疗保险隐性债务不如养老保险隐性债务总额巨大，因此往往被忽视，学界对其的研究相对较为匮乏。在为数不多的研究文献中，针对医疗保险隐性债务的概念，董朝晖做了比较详细的界定。董朝晖（2004）认为，社会保险的隐性债务的产生及其规模与其筹资模式紧密相关，他认为医疗保险基金在现收现付制度下追求当期平衡，不存在与参保人等量的基金积累，而参保人与保险计划之间建立的是长期的甚至是终身的契约关系，当前参保人缴纳的保费多数转化为他们退休后享受医疗保险的权益，因此，保险计划对他们负有不表现在保险基金账面上的债务，即为隐性债务，从保险财物管理角度简而言之，医疗保险隐性债务是指"在没有基金积累的情况下，保险计划对未到期保单的责任"[3]。可见，董朝晖较好地从医疗保险隐性债务的形成原因角度阐释了医疗保险隐性债务的概念。在此基础上，董朝晖（2004）还指出，"现收现付制下保险基金的当期保费收入就可能无法兑现参保人的当期权益，保险计划将出现账面上的赤字，称为隐性债务的显性化"[4]。此外，仇雨临（2005）从医疗保险制度的发展角度指出，医疗保险制度建立在原公费医疗、劳保医疗制度基础上，不存在基金的积累和沉淀，对于实行新制度时已经退休的"老人"来说，他们的医疗保险基金就

---

[1]　张思锋等编著：《社会保障精算理论与应用》，人民出版社2006年版，第138页。

[2]　王燕、徐滇庆、王直、翟凡：《中国养老金隐性债务、转轨成本、改革方式及其影响——可计算一般均衡分析》，《经济研究》2001年第5期，第3—12页。

[3]　董朝晖：《我国医疗保险改革中的隐性债务及解决途径探讨》，《中国卫生经济》2004年第7期，第46—47页。

[4]　董朝晖：《我国医疗保险改革中的隐性债务及解决途径探讨》，《中国卫生经济》2004年第7期，第46—47页。

构成了一笔"隐性债务"。① 随着研究的深入和发展，宋世斌（2010）在区分了医疗保险隐性债务和基金债务概念基础上，提出"当前的社会医疗保险采用现收现付模式，只要求当年体系内收支平衡，没有为退休参保人准备未来的医疗费用储备，导致中老年职工未来费用补偿与保险筹资之间形成缺口，这就是医疗保险体系未来的债务，称为隐性债务（医疗保险隐性债务＝中老年参保人未来缴费总额—其未来医疗保险补偿总额）"②。而医疗保险中的基金债务是指"在考虑到新参保人的情况下，医疗保险系统未来医疗支出的精算现值，其计算方法是在包括新参保人的情况下，系统未来医疗支出的精算现值与未来缴费精算现值之差"③。

（二）医疗保险体系隐性债务规模测算

下文对医疗保险体系隐性负债规模测算进行梳理和说明。部分学者对保险的基金债务规模测算开展了研究，特别是对养老保险的债务规模进行了测算。养老保险隐性债务的规模测算是化解养老保险压力，促使养老保险制度可持续发展的前提和基础。早在1996年，世界银行就委派了专家对我国养老保险制度改革进行调研，并提出了一个题为《中国：养老金制度改革》（China：Pension System Reform）的研究报告，报告通过精算研究发现，按照1994年人民币币值计算，中国养老保险隐性债务规模占 GDP 比重的 46%—69%，即 20127 亿元到 30221 亿元。④ 之后，政府部门也多次对我国养老保险隐性债务进行测算。国务院体改办宏观司《中国养老保险隐性债务研究》课题组，分5种方案和3种投资回报率（4%、6%、8%），对养老保险隐性债务进行测算，得到了从18301亿元到108260亿元不等的15种不同测算结果。⑤ 劳动

---

① 仇雨临：《基本医疗保险应正视人口老龄化》，《中国社会保障》2005 第 1 期，第 27—28 页。

② 宋世斌：《我国社会医疗保险体系的隐性债务和基金运行状况的精算评估》，《管理世界》2010 年第 8 期，第 168—170 页。

③ 宋世斌：《我国医疗保险体系的债务风险及可持续性评估》，经济管理出版社 2009 年版，第 72 页。

④ 李丹：《中国养老金隐性债务偿付机制研究》，复旦大学博士学位论文，2009 年，第 7 页。

⑤ 何晖：《基于政府责任的养老保险隐性债务问题研究》，湘潭大学硕士学位论文，2006 年，第 14 页。

和社会保障部《中国养老保险基金测算》课题组，综合运用匡算法和精算法对我国养老保险隐性债务进行了测算，结果显示债务总额为28753.34亿元。[①] 凯恩和帕拉西奥斯（Kane 和 Palacios，1996）测算了多个国家的封闭人群养老金债务，并且比较了人口结构转变因素下和不同养老保险制度运行时间条件下隐性债务的规模，结果显示，养老保险隐性债务占 GDP 的比重为 63%。[②] 房海燕（1998）在不考虑提前退休和伤残脱退等条件假定下，运用给付配置精算成本法，测算出了 1997年我国隐性公共养老金债务规模约为 17998 亿元。[③] 贾康等（2007）假设现行的养老保险制度为静态（即没有新人加入）的情况下，分别建立了在职"中人"债务、退休"中人"债务、"老人"债务以及养老保险金隐性总债务估算模型，测算结果显示我国 2007 年养老保险隐性债务为 1.08 万亿元。[④] 彭浩然等（2009）在区分养老保险隐性债务三种定义的基础上，利用精算模型对我国养老保险转轨过程中的当前参保人口债务和开放系统债务进行了测算。从以上研究不难发现，由于对隐性债务概念理解、计算口径、模型选择和参数假设的不同，具体的测算结果也存在一定的差异，但是都说明了中国养老保险隐性债务规模庞大的现实问题。

医疗保险隐性债务规模的测算相较养老保险起步晚，因此研究非常少，其具体的规模尚不明确。宋世斌（2009）分别对医疗保险体系隐性债务和基金债务规模进行了测算，结果显示，以 2010 年为测算时点的医疗费用缺口（即隐性债务）约为 100 万亿元，如果按照现行医疗保险制度实行全覆盖，未来 80 年内医疗保险体系累积的基金赤字可达到 300 万亿元到 800 万亿元。[⑤] 张人旭（2008）基于对医疗保险隐性债

①　劳动和社会保障部：《中国养老保险基金测算课题组中国养老保险基金测算报告》，《社会保险研究》2001 第 5 期，第 3—21 页。

②　Cheikh Kane, Robert Palacios, 1996, "The Implicit Pension Debt", *Finance & Development*, 33（2），pp. 36-38.

③　房海燕：《对我国隐性公共养老金债务的测算》，《统计研究》1998 年第 4 期。

④　贾康、张晓云、王敏、段学仲：《关于中国养老金隐性债务的研究》，《财贸经济》2007 年第 9 期，第 15—21 页。

⑤　宋世斌：《我国医疗保险体系的债务风险及可持续性评估》，经济管理出版社 2009 年版，第 2 页。

务的层次划分，利用精算方法，根据具体的情境假设，对城镇居民基本医疗保险制度的隐性债务也进行了具体的测算分析。[①] 此外，以具体一个地区为例，测算该地区的医疗保险隐性债务也是学术界研究的方向之一。董朝晖（2002）具体对镇江市职工医疗保险隐性债务进行了专项研究，主要是应用"突然终止"法计算了镇江医疗保险改革后新制度从旧制度继承的隐性债务的规模，以及参加医疗保险改革的人群在新制度下将面临的医疗保险资金的缺口。[②] 杨一心（2010）运用缴费时段配比的方法，构建了估算"老人"、退休"老人"以及在职"中人"职工医疗保险历史债务的精算模型，并以杭州市为例，测算结果表明2010年职工医疗保险历史债务现值规模约为 715.95 亿元。[③] 宋世斌、张人旭、李致炜（2008）测算了广东省全部城镇人口（封闭人口），测算结果表明，"广东省的医疗保险隐性债务比较严重，按 2010 年的测算时点算，约为 2 万亿元到 5 万亿元"。[④] 可见，虽然全国医疗保险体系隐性债务的具体规模并不确定，但是，医疗保险隐性债务作为威胁基金平稳运行的重要因素和体现，其加重了医疗保险基金出险压力是非常明确的，而且，有研究表明，这种压力将会持续 30 多年，因此，医疗保险体系隐性债务问题不容忽视。[⑤]

（三）医疗保险体系隐性债务影响因素

下文对医疗保险体系隐性负债影响因素进行文献梳理。综合相关研究发现，医疗费用的快速增长和人口快速老龄化是加快医疗保险体系隐性债务显性化的重要因素。医疗保险体系隐性债务显性化加快，直接推高了医疗保险基金债务负担，医疗保险基金面临严重的资金压力。梳理

---

① 张人旭：《我国城镇居民医疗保障"隐性债务"问题研究》，中山大学硕士学位论文，2008 年，第 1 页。

② 董朝晖：《镇江市职工医疗保险隐性债务及其解决方案探讨》，北京大学硕士学位论文，2002 年，第 10 页。

③ 杨一心：《职工医疗保险历史债务研究》，浙江大学硕士学位论文，2010 年，第 29—59 页。

④ 宋世斌、张人旭、李致炜：《广东省社会医疗保险隐性债务及医疗保险基金运行的精算分析》，2008 年国际应用统计学术研讨会。

⑤ 《参保人员老龄化对医疗保险基金的压力与对策》，江苏人力资源和社会保障网，http://www.jshrss.gov.cn/ylsybx/yblt/200711/t20071129_14192.htm，2011 年 8 月 31 日。

国内外相关文献发现，医疗（保险）费用膨胀、人口老龄化对医疗保险体系可持续性影响显著，本研究也将重点梳理这两个方面的因素。[1]

1. 影响因素之一：医疗费用增长与动因

医疗费用长期刚性增长是医疗保险制度可持续性面临的风险之一。据《2010 年中国卫生统计年鉴》数据显示，我国自 1990 年到 2009 年，卫生总费用由 747.39 亿元增长为 17204.81 亿元。医疗费用持续攀高，严重威胁了我国医疗保险基金的平稳运行。而了解医疗费用增长的影响因素，可以为有效控制医疗费用提供方向指导。

医疗费用的增长受制于多种因素。经济因素是其中最根本的因素。综观国内外学者的研究，主要是集中在利用数据资料分析国内生产总值（GDP）对医疗费支出的影响，通过探求医疗支出的收入弹性来确定医疗费用与经济增长之间的关系。纽豪斯（Newhouse，1977）基于 13 个 OECD 国家的横截面数据资料，研究发现，超过 90% 的医疗费用的变化可以由收入解释，医疗支出的收入弹性在 1.26—1.33 之间，此外，非收入因素对医疗支出的作用并不显著。[2] 纽豪斯的观点很快遭到了学者的质疑，质疑主要集中在两个方面。其一，有学者质疑医疗保健属于奢侈品的论断，提出医疗保健收入弹性并不是大于 1 的观点。帕金等（Parkin 等，1987）、希提瑞斯和波斯奈特（Hitiris & Posnett，1992）、何平平（2006）、彭海艳等（2006）的研究均认为医疗保健是必需品，收入弹性小于 1 或者约为 1。[3][4][5][6] 其二，纽豪斯的研究结论认为非收

---

① 当然，除了医疗卫生费用攀升、人口结构老龄化两个影响因素之外，制度结构等因素也是导致医疗保险体系面临债务风险原因，本书概不赘述。

② Newhouse, 1977, "Medical-care Expenditure: A Cross-national Survey", *The Journal of Human Resources*, 12 (1), pp. 115-125.

③ David Parkin, Alistair McGuire, Brian Yule, 1987, "Aggregate Health Care Expenditures and National Income: Is Health Care A Luxury Good?", *Joural of Health Economics*, 6 (2), pp. 109-127.

④ Theo Hitiris, John Posnett, 1992, "The determinants and effects of health expenditure in developed countries", *Journal of Health Economics*, 11 (2), pp. 173-181.

⑤ 何平平：《经济增长、人口老龄化与医疗费用增长——中国数据的计量分析》，《财经理论与实践》2006 年第 2 期，第 90—94 页。

⑥ 彭海艳、伍晓榕：《中国医疗卫生费用增长的实证分析》，《经济与管理》2006 第 9 期，第 13—16 页。

入因素对医疗支出的作用并不显著。事实上，Leu（1986）从制度层面考察影响医疗支出的决定性因素，研究发现政府医疗支出比例、城市化程度、老龄人口比例等非收入因素对卫生费用也有显著影响。[①] 李致炜等（2008）运用广义线性模型研究表明，收入、年龄、性别及社会保障程度对医疗支出具有显著影响。[②] 随着研究深入发展，学者们开始认识到在不满足平稳性条件下，单纯使用 OLS 进行时间序列分析可能会引起"伪回归"，为此，发展了协整检验、建立误差修正模型等研究方法。默西和乌波洛（Murthy 和 Ukpolo，1994）运用单位根检验、协整检验和误差修正模型，对美国 1960—1987 年的时间序列数据进行研究，研究发现人口年龄结构和执业医师数量对美国医疗保健支出有重要影响。[③] 汉森（Hansen，1996）运用协整方法研究发现，大部分 OECD 国家的真实人均卫生费用与真实人均 GDP 之间不存在长期的关系。[④] 此外，杰维尔（Jewell，2003）、克莱门特（Clemente，2004）还运用了最新的面板单位根检验和结构突变法对 OECD 国家的数据进行了分析和研究，研究表明，这些国家的真实人均卫生费用与人均 GDP 之间存在协整关系。[⑤⑥] 除了从定量角度展开研究，也有学者从定性角度展开研究。陶春海（2010）从微观经济学和制度经济学角度，对影响我国医疗费用过度增长的原因进行了分析，从微观经济学角度来看，人口老龄化、消费者就医消费标准提高、消费者收入水平提高，影响了医疗服务的需

① Leu, R. E., 1986, "The Public-Private Mix And International Health Care Costs", *Journal of Health Economics*, 79（2），pp. 251-277.

② 李致炜、宋世斌：《城镇居民基本医疗保险中的医疗费用分析及预测》，《统计与决策》2008 年第 16 期，第 72—74 页。

③ N. R. Vasudeva Murthy, Victor Ukpolo, 1994, "Aggregate Health Care Expenditure in the United States: Evidenve from Cointegration Tests", *Applied Economics*, 26（8），pp. 797-802.

④ Paul Hansen, Alan King, 1996, "The Determinants of Health Care Expenditure: A Cointegration Approach", *Journal of Health Economics*, 1（1），pp. 127-137.

⑤ Todd Jewell, Junsoo Lee, Margie Tieslau, Mark C. Strazicich, 2003, "Stationarity of Health Expenditures and GDP: Evidence from Panel Unit Root Tests with Heterogeneous Structural Breaks", *Journal of Health Economics*, 22（2），pp: 313-323.

⑥ Jesus Clemente, Carmen Marcuello, Antonio Montanes, Fernando Pueyo, 2004, "On the International Stability of Health Care Expenditure Functions: Are Government and Private Functions Similar?", *Journal of Health Economics*, 23（3），pp: 589-613.

求，而供给者工资的提高、高新诊疗技术的广泛应用、医院对利益的追求以及医患之间的矛盾日益尖锐，影响医疗服务的供给，而从制度经济学角度来看，主要是交易成本、初始成本以及报酬递增影响了医疗费用的增长。[①] 王延中（2008）从市场和市场主体两个角度分析了医疗保险费用不合理增长的根源，指出由于信息不对称、第三方支付效应和医方过失成本分担，以及医疗技术的成本、收益难以评估等，引起医疗保险体系中的市场失效，以及需方、供给方等的道德风险，是导致医疗保险费用膨胀的根源。[②]

从以上医疗费用影响因素的分析不难发现，实际上，影响医疗费用迅速增长的因素可以归纳为两个方面。其一，合理性因素，即医疗消费需求、疾病谱、人口结构、新技术等因素变化；其二，非合理性因素，即激励机制、管理办法等机制不够完善，即由于制度缺陷或制度实施低效率而导致的不合理增长。显而易见，后者对医疗费用迅速增长的贡献率远高于前者。

国内外学者针对医疗费用控制方式的研究也主要是针对后者，主要是从宏观和微观两个视角展开。宏观视角方面，主要是从医疗保险制度全局出发，探索医疗费用的控制方式，包括医疗费用的结算方式、付费方式、审核方式等。陈葵（2005）从医疗保险制度可持续发展视角出发，提出应建立科学的单元结算模式、实行按病种预付（DRG）的医疗保险付费方式，同时，应审核医疗服务使用情况、推动医疗产业化等。[③] 陆燕春（2003）结合我国国情，也提出要建立按人头预付和按病种预付的医疗补偿模式，以及通过推动医疗产业化提高服务质量，从而有效抑制医疗费用持续增长。[④] 微观视角方面，主要是就具体的医疗费

---

① 陶春海：《我国医疗费用过度增长的经济分析》，《江西财经大学学报》2010 年第 3 期，第 11—15 页。

② 王延中等：《中国卫生改革与发展实证研究》，中国劳动社会保障出版社 2008 年版，第 280—284 页。

③ 陈葵：《有效控制医疗费用快速增长实现医疗保险制度健康发展》，载《医疗保险优秀论文集》，2005 年，第 115—119 页。

④ 陆燕春：《有效控制医疗费用的快速增长》，《上海金融》2003 年第 1 期，第 42—44 页。

用控制内容提出针对性的建议。王亚平、俞志辉（2005）从"统账结合"模式下按项目付费的条件出发，构建了医疗保险费用控制指标。[1]周伟东（2005）基于医疗消费者、医疗服务提供者和药品流通、管理环节等因素出发，提出要加强慢性病的预防，加大医疗卫生系统和药品生产销售领域的改革力度，加强医用材料的规范管理，同时，应开展卫生技术评估等。[2]

　　总的来看，国内外学者都意识到了控制医疗费用过快增长是增强医疗保险基金可持续性的关键之一，医疗费用过快的、无节制的增长，加大了在支付环节亏空医疗保险基金的风险。而从当前国内外医疗卫生发展的实际状况来看，经济增长、制度安排、技术进度等因素都在不同程度的推高医疗卫生费用，医疗卫生费用增长是必然趋势。

　　2. 影响因素之二：人口老龄化的效应

　　人口年龄结构的老化，会引起缴费群体结构的变化，特别是带来疾病谱的转变和医疗费用的高速增长，给医疗保险基金带来了巨大压力，加快医疗保险基金隐性负债规模膨胀以及隐性债务显性化。因此，考察人口老龄化对医疗保险的影响、深入理解人口老龄化与医疗支出的关系，有助于拓宽研究思路，在人口老龄化程度不断升高的大背景下有针对性地提出化解医疗保险债务的方式。

　　人口老龄化对医疗保险制度的影响主要体现为其冲击了医疗保险基金收支平衡，减少了医疗保险基金缴费、增加了医疗保险基金支出。贾洪波、李国柱（2006）指出，快速人口老龄化对医疗保险制度提出了巨大挑战，表现在减少基金收入方面主要是劳动适龄人口减少，降低了缴费人数，而表现在增加基金支出方面主要是老年人本身抵御疾病风险能力差，加之慢性病威胁等，患病率明显高于其他群体，促使老年基本医疗保险金支出增加。[3] 霍根（Hogan 等，2001）研究发现，在美国，

---

　　① 王亚平、俞志辉：《医疗保险费用控制指标构建的探讨和初步应用》，载《医疗保险优秀论文集》，2005年，第120—125页。

　　② 周伟东：《浅析医疗费用的增长及控制——兼析宜兴市医疗费用的增长及控制机制》，载《医疗保险优秀论文集》，2005年，第120—125页。

　　③ 贾洪波、李国柱：《人口老龄化对城镇基本医疗保险制度的挑战》，《中国医学伦理学》2006年第5期，第77—84页。

近 30 年来，65 岁以上老年人去世前一年的医疗保险费用占全国全部医疗费用的 27%—31%。[1] 海曼（David N. Hyman，2005）研究指出，随着人口老龄化的快速发展，到 2003 年，美国老年医疗保险制度的支出占 GDP 的比重可能达到 5%。[2] 在我国，邓大松、杨红燕（2003）通过假定人均医疗费用支出额与人均工资额之间保持稳定比例关系，构造了人口赡养率（退休人口/在职人口）模拟预测人口老龄化的趋势，测算了 2000—2050 年间基本医疗保险制度费率增长状况，得出了老龄化对医疗保险筹资费率影响的具体数值。[3] 黄成礼（2004）采用"增长因子"法分析了以人口老龄化为代表的人口因素的变化对卫生费用增长的影响及变化趋势，尤其是通过对老年人口卫生费用占 GDP 的比例的预测，发现人口老龄化对中国卫生费用增长的影响不容忽视，未来老年人口的卫生费用将成为卫生总费用中份额最大的一部分。[4] 王晓燕、宋学锋（2004）利用三个模型，通过对在职职工加权人均支出增长率、年平均工资增长率、老年负担比和基金投资率四个因素做出假定，分析了人口老龄化对医疗保险基金平衡能力造成的影响，结果显示在 2019 年整个基金会入不敷出。[5] 彭俊、宋世斌、冯羽（2006）以广东省珠海市为例，运用精算方法从参保人个人层次和基金整体层次，建立了医疗保险基金的收支平衡测算的研究模型，研究预测，受老龄化影响，按现行医疗体系，医疗保险统筹基金将在 2020—2050 年间入不敷出。[6] 李军（2008）通过有关计量模型，利用 2000 年全国人口普查数据，深入分析了人口老龄化条件下我国城镇老年人口的医疗费用支出的情况，重

---

[1] Hogan, C., Lunney, J., Gabel, J., and Lynn, J., 2001, "Medicre beneficiaries cost of care in the last year of life", *Health Affairs*, 20 (4), pp. 188-195.

[2] David N. Hyman., 2005, *Public Finance*: *A Contemporary Application of Theory to Policy*, eighth edition, Thomson Learing Press.

[3] 邓大松、杨洪燕：《老龄化趋势下基本医疗保险筹资费率测算》，《财经研究》2003 年第 12 期，第 39—44 页。

[4] 黄成礼：《人口老龄化对卫生费用增长的影响》，《中国人口科学》2004 年第 4 期，第 36—43 页。

[5] 王晓燕、宋学锋：《老龄化过程中的医疗保险基金：对使用现状及平衡能力的分析》，《预测》2004 年第 6 期，第 5—9 页。

[6] 彭俊、宋世斌、冯羽：《人口老龄化对社会医疗保险基金影响的实证分析——以广东省珠海市为例》，《南方人口》2006 年第 2 期，第 5—11 页。

点研究了缴费率、退休年龄及收缴率对医疗保险基金的收支作用，考察了人口老龄化对社会统筹医疗基金收入的影响，就此提出要建立健全全国性城镇医疗保险服务网络，适当提高缴费率、收缴率，并适当推迟退休年龄等措施，确保我国城镇医疗保险基金运行的动态平衡。① 何文炯（2009）通过研究参保人群的年龄结构，探讨人口老龄化对医疗保险基金的影响，研究发现，如果继续实行现有的医疗保险制度，医疗保险统筹基金将在 15 年后出现亏空。②

从以上分析易见，人口老龄化对医疗保险基金的影响十分重大。因此，在分析医疗保险基金债务风险的过程中，人口老龄化是不容忽视的考量因素之一。

（四）医疗保险体系隐性债务化解方式

综观我国有关医疗保险体系债务风险的研究成果，其中关于如何化解医疗保险体系债务风险的内容主要涵盖两个大的方面：一方面是要确认政府在医疗保险体系债务风险化解过程中的主导地位，另一方面是要综合利用多种手段和工具来化解既有的债务风险。

1. 政府在债务化解过程中的主导地位

绝大部分学者认为，医疗保险体系隐性债务在很大程度上是医疗保险制度转轨的产物，认为政府理应承担主要责任，政府是制度转轨成本的兜底者。而政府在医疗保险领域需要承担的责任主要包括制度设计与立法、基金管理与风险防控、财政兜底等几个方面。政府应在充分认识医疗市场现实需求的基础上，结合医疗市场发展的内在规律，区分好政府、社会和市场的责任，在明确自身职责定位的基础上，积极履行职责，提高政府干预能力。相比国际上大多数国家，我国居民承担着较重的医疗负担，政府和社会在医疗费用分担等方面的作用仍然存在不足。以 2007 年为例，在 OECD 国家中，政府承担卫生总费用最高的为卢森堡，占到 90.9%，大部分国家政府承担的比例都在 70% 以上，其中政府承担最少的为美国和墨西哥，分别为 45.5% 和 45.4%，即便如此，

---

① 李军：《人口老龄化与我国城镇医疗保险基金收支趋势》，《国家行政学院学报》2008年第 2 期，第 66—69 页。

② 何文炯：《参保人群能变年轻吗》，《中国医疗保险》2009 年第 8 期，第 33—36 页。

也高于我国（2007 年我国政府承担比例仅为 22.3%）。[①] 相反，在我国卫生总费用构成中，居民个人支出始终是最主要的部分，以 2009 年为例，卫生总费用构成中政府卫生支出占 27.2%、社会卫生支出占 34.6%、个人卫生支出占 38.2%。[②]

明确政府责任是改善医疗市场环境，促进医疗市场发展的内在要求。而在化解医疗保险隐性负债和基金债务方面，政府应当充当主导地位，整个医疗保险体系的债务风险的最终兜底者应当是国家，而且，面对庞大的医疗保险体系债务风险，也只有政府有能力、资源和手段开展综合应对，所以，政府在社会医疗保险债务风险化解中应当仁不让（董朝晖，2004；宋世斌等，2006；宋世斌等，2009；朱俊利、赵鹏飞，2015；温劭君、宋世斌，2013；胡宏伟、张小燕，2012；彭俊等，2006；李军，2008；何文炯，2009）。宋世斌（2009）更是结合我国社会医疗保险市场特点指出，政府介入有利于降低医疗保险领域的"逆向选择"和"道德风险"，有利于节约交易费用和管理费用，有利于保证社会医疗保险制度承担的风险合理分散，促进医疗保障体系平稳运行，最大限度地满足广大居民的医疗服务需求。[③]

2. 综合运用多种方法和工具化解医疗保险债务风险

由于养老保险隐性债务问题一直得到学术界关注，很多学者提出的债务化解方案也是针对养老保险，但主要的化解方式和工具也适用于医疗保险债务。韦玮等（2006）通过分析目前我国养老保险隐性债务偿还政策设计上存在的一些问题，提出政府应该是偿还隐性债务的责任承担者，国有资产和政府财政资金应发挥重要作用。[④] 金红磊（2010）进一步指出调整财政支出结构、开征社会保障税、变现部分国有资产、适当提高法定退休年龄，加强养老保险基金的投资的运行和监管等，是化

---

① 数据来源：《2010 年中国卫生统计年鉴》。

② 数据来源：《2010 年中国卫生统计年鉴》。

③ 宋世斌：《我国医疗保障体系的债务风险及可持续性评估》，经济管理出版社 2009 年版，第 9—15 页。

④ 韦玮、刘永涛、潘瑞：《养老保险隐性债务的偿还及其政策探讨》，《经济体制改革》2006 年第 2 期，第 144—147 页。

解我国养老保险隐性债务的现实选择。① 夏鹰和潘广云（2002）、李明镇（2001）均认为解决隐性债务问题应通过增加养老保险的收入和减少养老保险的支出两个方面入手，其中增收方面主要强调要加强财政补充等。②③

在医疗保险债务风险化解方面，部分学者也提出了较为全面的建议。彭俊、宋世斌、冯雨（2006）从人口老龄化角度提出，基本医疗保险基金可能出现的支付缺口实际上是政府对参保人群中退休职工的一种历史责任，主张政府发挥财政作用，主动化解债务风险。④ 宋世斌（2009）进一步指出政府应该提高对医疗保险体系隐性债务的重视程度，逐步提高统筹层次，尽快实现医疗保障体系城乡并轨。⑤ 除了从隐性债务责任主体角度研究化解方式外，董朝晖（2004）在总结深圳、苏州等地成功经验的基础上指出，"首先，政府必须在这个过程中承担应有的责任；其次，资金的主要融资途径是财政拨款和国有资产划拨"⑥。而其他学者则主要围绕开源、节流两个方面提出了政策建议探讨，包括延迟退休年龄、参保者终身缴费、提高缴费率、加大费用收缴力度、完善医疗保险制度、划拨国有资产、完善多元化缴费模式、完善管理运营、完善卫生服务体系、改革医疗支付方式等（董朝晖，2004；宋世斌等，2006；宋世斌等，2009；朱俊利、赵鹏飞，2015；温劭君、宋世斌，2013；杨一心，2010；刘晓婷、杨一心，2010；彭俊等，2006；李军，2008；何文炯，2009）。

---

① 金红磊：《如何化解我国养老保险的"隐性债务"》，《经济导刊》2010 年第 7 期，第 30—32 页。

② 夏鹰、潘广云：《社会养老保险制度改革中隐性债务问题及对策》，《东北财经学学报》2002 年第 5 期，第 41—44 页。

③ 李明镇：《历史债务怎么还？——关于社会养老保险制度改革中的隐性债务问题及对策》，《人口研究》2001 年第 3 期，第 40—46 页。

④ 彭俊、宋世斌、冯羽：《人口老龄化对社会保险基金影响的实证分析——以广东省珠海市为例》，《南方人口》2006 年第 2 期，第 5—11 页。

⑤ 宋世斌：《我国医疗保险体系的债务风险及可持续性评估》，经济管理出版社 2009 年版，第 179—183 页。

⑥ 董朝晖：《我国医疗保险改革中的隐性债务及解决途径探讨》，《中国卫生经济》2004 年第 7 期，第 46—47 页。

（五）研究述评

基于上文研究文献梳理，关于隐性负债和基金债务，国内外学者的研究取得了一定进展，特别是在养老保险领域研究较为充分。但是，总的来看，既有研究仍然存在如下几个方面的不足。[①]

第一，医疗保险领域相关研究有待加强。梳理既有文献可知，学者们对养老保险领域的隐性负债关注较多，但对医疗保险领域的隐性负债关注却显著不足。然而，随着我国老龄化程度不断加深、医药费用不断膨胀，我国医疗保险隐性负债和基金债务问题将会日益严重，医疗保险基金的可持续性面临挑战，亟待加强相关的研究工作。

第二，既有研究有待进一步深化。在为数不多的有关医疗保险隐性负债的研究中，虽然有宋世斌、董朝晖等学者为代表的少数佳作。但是，总体上而言，既有研究仍然侧重理论和质性分析，定量的测算研究不足。另一方面，部分测算囿于数据、参数设定等因素，也存在不准确、滞后于实际状况等问题。

第三，既有研究对政策变动回应不足。在医疗保险隐性负债的定量研究中，对政策环境等方面参数的变化考虑不足，部分假设和参数设定滞后于现实状况变化。比如，既有研究没有考虑我国放开二胎政策对生育率的影响，没有考虑城镇居民基本医疗保险与新型农村合作医疗的整合，没有考虑部分地区城镇职工基本医疗保险实际缴费比例较高的事实，没有考虑公费医疗并入城镇职工基本医疗保险的现实进程，等等。由于我国处在新一轮深化改革时期，近年来各项改革力度和程度都不断加大，如果债务风险测算不回应这些新近的政策变动，将影响分析测算的科学性和准确性。

第四，对基本社会医疗保险体系造成的财政压力评估研究不足。有关基本社会医疗保险体系造成财政压力的研究不够充分，对其来源、结构、水平等都缺乏足够的量化测算，这制约了对该问题的研究深度和关注程度。

---

① 胡宏伟、张小燕：《医疗保险体系隐性负债：概念、规模、因素与化解方式——一个基于国内外研究的述评》，《广西经济管理干部学院学报》2012年第3期，第6—15页。

正是基于上述背景，本研究在构建医疗保险债务模型基础上，基于最新的政策变化和现实情况，综合包括人口规模与结构、地方缴费实际比例、制度整合效应，以及收入增长、医疗花费等多个方面的参数设定，分别对我国各项基本社会医疗保险体系的隐性负债和基金债务进行评估，进而评估对应的财政负担，并将在对单项改革政策进行模拟、探讨的基础上，提出综合性的改革建议。

第二节 人口模型、参数设定与预测结果

本节将重点介绍本研究使用的人口模型，以及相应的参数设定依据，并对本研究估算的人口预测结果进行介绍。

近些年，我国基本形成了三大基本社会医疗保险的格局。[①] 2015年年底发布《国务院关于整合城乡居民基本医疗保险制度的意见》，将城镇居民基本医疗保险与新型农村合作医疗两项制度整合，构建统一的城乡居民基本医疗保险，而且，为改革设定了时间表，要求原则上应当在2017年完成制度整合。[②] 这意味着我国传统的三大基本医疗保险将整合成为两项基本医疗保险，基本上覆盖了除部分机关事业单位（当前，仅有少数中直和少数省份省直机关单位是公费医疗）之外的所有人口。

随着社会经济的发展，人口老龄化趋势加快，医疗费用不断攀升，这都给医疗保险基金的收支平衡造成了很大的压力。由于各种原因，医疗保险支出不断膨胀，如果超出了基金支付能力，医疗保险基金就会出

---

① 对于城镇居民基本医疗保险和新型农村合作医疗的保险性质，学术界仍然存在一定争论，部分学者认为，鉴于这两个制度对于国家财政补贴的依赖性，个人缴费和医疗保障水平并不对应，具有显著的福利特征。本研究肯定两大医疗计划的福利性质，但是，也认为两个计划具有日益显著的保险特征，特别是在计划体系的运行方面，基本上实行的是完整的保险运营机制。所以，本研究将三大医疗计划均界定为医疗保险，也是为了研究方便。

② 《国务院关于整合城乡居民基本医疗保险制度的意见》（国发〔2016〕3号），ht-tp：//www. gov. cn/zhengce/content/2016-01/12/content_ 10582. htm。

现亏空，此时，如果支出具有"刚性"、无法被有效遏制，就只能通过提高缴费水平的方式来平衡收支，这就会导致保险缴费比例被不断抬高。但是，无限度提高保险筹资缴费水平是不可能的，在特定的经济发展水平、社会管理体系下，保险筹资水平的提升更不能是随意、无限度的。因为社会稳定和政治考量是社会保障制度设计的重要基础。过高的缴费水平必然会降低个人当期可支配收入，会给个人其他方面的支出形成挤压，进而影响生活质量。快速攀升的支出与增速有限的缴费并存，这是很多国家医疗保险制度面临的现实困境，而实际中，并不能简单地通过提高缴费筹资水平的方式来化解债务风险，而且，过多、过快提升医疗保险缴费水平甚至可能会影响社会和谐稳定。如何在维护社会稳定与经济发展的前提下有效地化解医疗保险体系的债务风险，这是很多国家正在面临的研究挑战。

总的来说，本研究将紧扣我国基本社会医疗保险体系债务风险评估与应对这一研究选题，建立人口、医疗保险、医疗费用相关模型，基于宏观、微观数据，设定关键参数，利用人口统计、精算模拟等方法，评估我国基本社会医疗保险体系的隐性负债和基金债务水平，评估基本社会医疗保险体系对政府财政形成的压力，并有针对性地提出化解医疗保险体系债务风险的综合建议。

一、人口模型及参数设定

人口规模预测是整个评估、测算的基础。根据研究需要，本研究将以 2010 年第六次全国人口普查数据为基年数据，基于生命表和各类人口参数设定，对静态和动态人口进行预测。静态人口预测结果将为评估医疗保险体系隐性负债奠定基础，而动态人口预测结果将为评估医疗保险体系基金债务奠定基础。

在人口预测之前，下文将首先介绍人口模型和主要参数设定，包括介绍新生人口测算、生存人口测算等内容，并对基年人口结构、城镇化率、生育率、死亡率、性别比例等假设进行说明、论证。

（一）人口模型

根据研究需要，本研究将以 2010 年为基年，使用人口移算方法，预测我国人口 2010—2050 年间的变动趋势，预测结果包括人口总规模和对应结构（性别、年龄等）。下文将首先介绍、比较新生人口测算和生存人口测算。

表 2-1　人口模型说明

	公式	参数	其他说明
新生人口（当年新出生的人口）	$B_t = \sum_{x=15}^{49} L_{t,x}^f f_{t,x}$	B_t 是在第 t 年当年新出生的人口；$L_{t,x}^f$ 是 t 年时 x 岁的人数，$f_{t,x}$ 是对应年龄段妇女生育率	加总计算当年新出生人口总数，并可以结合新生婴儿性别比等，确定当年男、女新出生人口数
生存人口（以特定生存概率，存活到下一年的人口）	$L_{t+1,x} = P_{x-1} L_{t,x-1}$	$L_{t,x-1}$ 表示 t 年的人口数；P_{x-1} 表示对应人口生存到下一年的概率；$L_{t+1,x}$ 表示下一年的人口数	计算时将分性别计算

（二）主要参数设定

上文对本研究中新生人口和生存人口测算模型进行了介绍，下文将介绍两个模型中的相应参数，主要是这些参数的取值假定和依据。其中，最为重要的是生育率。在我国，实际总和生育率水平一直存在争议，本研究将在综合各方资料和观点的基础上，对我国实际总和生育率进行设定，包括基年设定和趋势设定。同时，本研究对总和生育率的设定充分考虑了单独二孩、全面放开二孩的政策冲击，最大程度提升了总和生育率设定的科学性。

1. 基年人口分布

本研究测算是以 2010 年为基年，具体将利用 2010 年的人口普查数据，作为整个人口预测的基础。①

---

① 本研究将 2010 年设定为测算基年，主要是考虑数据原因。2010 年开展的第六次全国人口普查，为本研究人口统计和保险精算提供了相对较新、较权威的人口数据。

表2-2是第六次全国人口普查数据按性别、分年龄的呈现。①

表2-2　2010年中国分性别人口分布

年龄（岁）	女性（人）	男性（人）	年龄（岁）	女性（人）	男性（人）	年龄（岁）	女性（人）	男性（人）
0	6325235	7461199	34	10112568	10576456	68	3836444	3904424
1	7082982	8574973	35	10369084	10817432	69	3831018	3884879
2	7109678	8507697	36	11216336	11690644	70	3664807	3724605
3	6978314	8272491	37	11706855	12283353	71	3149541	3116177
4	6973835	8246206	38	12067901	12662559	72	3443988	3449237
5	6743986	7988151	39	12274679	12937116	73	3194562	3149307
6	6770018	8034452	40	13404096	13993123	74	3116046	2964127
7	6136861	7292300	41	12232606	12723691	75	2941930	2690547
8	6243397	7423559	42	13249932	13782610	76	2721332	2454168
9	6522622	7726203	43	10499534	10856214	77	2662187	2420196
10	6623549	7830808	44	11759118	12253040	78	2271134	1983724
11	6413156	7522558	45	11710059	12252515	79	1976691	1730224
12	7110572	8288987	46	11488631	11867147	80	2020745	1716514
13	7064032	8161000	47	13168361	13803796	81	1558898	1257795
14	7429876	8463924	48	9850286	10224798	82	1545235	1212683
15	8499586	9524898	49	5600798	5628162	83	1272428	964710
16	8995340	9795181	50	6891832	7205176	84	1058390	765800
17	10014541	10760828	51	6213967	6624865	85	975341	672819
18	10010718	10744556	52	8047709	8570000	86	813574	530641
19	10464099	11079367	53	8929153	9422827	87	656292	408984
20	13825863	14201091	54	8307276	8540366	88	534597	324282
21	13198894	13357755	55	8637336	8973192	89	452314	263084
22	12193044	12281148	56	8756892	8981235	90	359823	193982
23	12819413	12876542	57	7994855	8099033	91	244595	126484
24	11366731	11292037	58	8014345	8153588	92	193519	94157

---

① 通常，在进行国家人口预测时，人口国际迁移常常被忽略，主要是因为中国国际人口迁移规模非常小，与庞大的国内人口基数相比，国际人口迁移的规模可以忽略不计。

年龄（岁）	女性（人）	男性（人）	年龄（岁）	女性（人）	男性（人）	年龄（岁）	女性（人）	男性（人）
25	9963699	9969984	59	6826108	6875890	93	142574	66717
26	9829885	9879292	60	6701178	6917026	94	106924	49532
27	9679225	9801611	61	6339122	6690003	95	81254	36268
28	11050548	11271599	62	5557673	5719180	96	62225	28664
29	9653457	9914552	63	5298828	5492805	97	46603	22045
30	9323642	9604727	64	4936055	5015412	98	36334	18355
31	9724876	10141582	65	4509145	4564266	99	25847	12384
32	9565041	9909833	66	4249556	4391409	≥100	27082	8852
33	8890254	9289224	67	3938648	4003493	总计	650481765	682329104

资料来源：国务院人口普查办公室：《中国2010年人口普查资料》，中国统计出版社2012年版。

2. 生育率

我国的生育率水平受政策冲击比较大，特别是受到近些年逐步放开二胎的影响，包括单独二孩和全面放开二孩带来的影响和冲击，在人口预测时应该得到充分考虑。本研究在阐释生育率基本概念的基础上，梳理了关于总和生育率的争论，并且，在综合相关学者专家意见的基础上，充分考虑了二孩政策的影响，对2010—2050年的总和生育率进行了调整。

（1）概念

生育率是人口学中重要的概念，温勇（2006）指出，生育率"是特定区域内妇女在育龄期平均生育孩子的数量，生育率又可以分为一般生育率、分年龄组生育率、总和生育率、终身生育率等"[1]。宋世斌（2009）指出，"总和生育率是测算生育孩子数量的重要参数，反映的是一群妇女一生中累计的生育数量，具体呈现为不同年龄妇女的不同生育率分布，是不同年龄育龄妇女生育率的和"[2]。

---

[1] 温勇、尹勤：《人口统计学》，东南大学出版社2006年版。

[2] 宋世斌：《我国医疗保障体系的债务风险及可持续性评估》，经济管理出版社2009年版。

（2）总和生育率水平的争论

下文将重点介绍本研究计算基年总和生育率设定的水平和依据。长期以来，关于我国总和生育率的实际水平一直存在争论，这些争论某种程度上也给社会公众带来了困扰，一定程度上影响了国家对于人口生育政策的调整。总的来看，关于总和生育率的数字一直分为两条主线：一方面，各类普查、抽样调查的结果显示，总和生育率水平不断下降，1995 年 1% 人口抽查结果为 1.46，2000 年第五次全国人口普查结果为 1.22，2005 年小普查结果为 1.33，2010 年第六次全国人口普查结果为 1.18；另一方面，国家计生部门公布的总和生育率则基本稳定，约为 1.8 左右，同时，2010 年第六次全国人口普查后，主管部门公布的总和生育率水平为 1.64。正是由于调查数据与官方公布结果的巨大差异，也进一步推动了关于总和生育率的争论。总的来看，关于我国总和生育率水平的争论大体分为三类不同的观点：第一种观点认为中国的总和生育率大约在 1.2 左右，与第六次全国人口普查数据统计结果基本相当，代表学者包括梁中堂、易富贤等；第二种观点认为，中国 2010 年的总和生育率约为 1.4，代表学者包括王丰、王广州、蔡泳等；第三种观点认为中国总和生育率约为 1.64，与国家相关部门公布数据接近，代表学者包括翟振武等。[1]

由于权威公开数据的缺乏（特别是第一手人口调查数据），以及各类因素的干扰，对于中国实际总和生育率的争论从未停止，但大部分人都相信，过低或过高的总和生育率估计结果都难以获得更多人信任。2010 年第六次全国人口普查结果显示总和生育率为 1.18，但是，该数据并没有被人口主管部门采用，而且，相当数量的学者认为该数据存在一定的误差。如蔡昉（2015）认为，普查是有误差的，总的来说 2010 年的总和生育率不会是 1.18，也许是 1.4，也有可能为 1.6。[2] 中国人民大学教授宋健（2015）认为调查和普查存在人口漏报的问题，2010 年总和生育率 1.18 是偏低的，将漏报率补上去，经过手段测算，大概

---

① 上述数据和内容引自叶桐：《生育率迷思》，《第一财经日报》2014 年 2 月 28 日。

② 蔡昉：《全面二孩将使中国总和生育率回归正常值》，中国经济网，http://www.ce.cn/xwzx/gnsz/gdxw/201511/17/t20151117_7027034.shtml，2015 年 11 月 17 日。

会在 1.5 和 1.65 左右。^① 中国人口与发展研究中心副主任刘鸿雁（2015）认为第六次全国人口普查数据处于较低水平，在联合国人口司的预测里，中国的总和生育率应该在 1.6 左右。^② 乔晓春也认为 2010 年的总和生育率为 1.6 是可信的（乔晓春，2014）。

中国社科院《经济蓝皮书：2015 年中国经济形势分析与预测》认为我国的总和生育率其实并不高，约为 1.4。而国家卫生计生委公布的数据显示 2014 年的总和生育率为 1.5—1.65 之间。复旦大学公共政策与社会发展学院教授王丰（2005）认为，现在的总和生育率在 1.4—1.5 之间。翟振武（2015）指出，2012 年我国育龄妇女的总和生育率约为 1.499，2013 年提高至 1.513，2014 年又提高至 1.579。基于人口普查和其他统计数据，统计局公布的总和生育率较低，分别为 1.18（2010 年）、1.04（2011 年）、1.26（2012 年）、1.24（2013 年），我国的生育率水平不容乐观。此外，部分国外机构也估计了中国总和生育率约为 1.55（维基百科）、1.60（美国中央情报局）。蔡昉（2015）经过分析认为，我国总和生育率应该大体在 1.8 左右。而乔晓春（2014）认为，即使全面放开二胎，随着社会的发展，总和生育率在释放高潮之后也不会保持稳定，而是会逐步下降，因为未来青年的生育意愿会大大缩减。

（3）本研究对 2010—2050 年总和生育率的设定

本研究收集整理了国内外关于中国总和生育率的文献，并访谈（面谈、电话、邮件等形式）了国内多位人口学家，在综合既有资料和专家观点的基础上，本研究认为，将起始点 2010 年的总和生育率设置为 1.6 是比较合适的，这是多数学者专家都赞同的观点。

另外，从趋势来看，我国人口总和生育率的总体趋势必然是下降的，即使有我国近年生育政策的调整（单独二孩、全面放开二孩）的影响，这些政策会在短期内发生影响，但不会改变总和生育率下降的根

---

① 《国家卫计委："我国已进入低生育率陷阱"说法无依据》，中国经济网，http://finance. ifeng. com/a/20150713/13834722_ 0. shtml，2015 年 7 月 13 日。

② 《国家卫计委："我国已进入低生育率陷阱"说法无依据》，中国经济网，http://finance. ifeng. com/a/20150713/13834722_ 0. shtml，2015 年 7 月 13 日。

本趋势，这一点可以从多个国家的生育率变迁趋势得到佐证。比如，日本和韩国，20 世纪 90 年代放开生育政策后，其总和生育率逐步下降到了 1.2—1.3 之间，而我国台湾地区 2013 年的总和生育率则降至 1.065。所以，从长远来看，即使短期内由于单独二孩、全面放开二孩的政策冲击，人口生育意愿会有所回升，但是，这种补偿性的生育会集中在三四年内释放完毕，之后，总和生育率仍然会呈下降趋势。考虑到中国未来生育率下降的总体趋势，以及 2050 年我国的经济社会发展预期，本研究采用乔晓春（2014）的观点，认为未来中国的总和生育率会不断下降，并将 2050 年的总和生育率设置为 1.3。

综合考虑总和生育率下降的总体趋势，以及 2013 年实行单独二孩政策的影响，设定 2013 年、2014 年和 2015 年的总和生育率为 1.5。2015 年 10 月 29 日，中共十八届五中全会公报宣布"全面实施一对夫妻可生育两个孩子政策"[①]。2016 年全面放开二孩政策的实施会对中国总和生育率带来影响，导致生育率回升。2016—2019 年总和生育率的变化情况，本研究主要采用了乔晓春（2014）最新的研究结论，认为全面放开二孩政策出台后，会在短期内达到一个生育高潮，生育高潮在政策实施后的四年内释放完毕，四年内补偿性释放的程度分别为 20%、35%、25% 和 20%，之后，总和生育率继续呈下降趋势。[②]

所以，综合各方资料和专家建议，本研究设定 2010 年的总和生育率为 1.6，之后下降至 2013 年的 1.5，2013—2015 年总和生育率维持 1.5 不变，2016—2019 年总和生育率分别设定为 1.92、2.17、2.01、1.92，并从 2020 年开始呈逐渐下降的趋势，一直到 2050 年达到 1.3。

（4）基年生育率设定

在推算特定年份生育率时，也往往需要借助总和生育率的变化水平和基年生育率。本研究中特定年份生育率的测算则采用了如下公式进行计算：

[①] 《中国共产党第十八届中央委员会第五次全体会议公报》，《人民日报》2015 年 10 月 30 日，第 1 版。

[②] 乔晓春：《实施"普遍二孩"政策后生育水平会达到多高？——兼与翟振武教授商榷》，《人口与发展》2014 年第 6 版，第 2—15 页。

$$某年生育率 = 基年生育率 \times \frac{该年度总和生育率}{基年总和生育率}$$

上文介绍了总和生育率确定的依据，下文将介绍基年人口生育率的推算过程。考虑到 2010 年第六次全国人口普查数据公布的育龄妇女分年龄生育率数据具有较好的权威性，本研究将结合上文设定的调整后总和生育率（1.6），以及 2010 年人口普查公布的 15—49 岁育龄妇女分年生育结构，按同比例分解的思想，计算基年（2010 年）15—49 岁育龄妇女分年龄生育率，并将其作为基年的生育率数据基础。结果见表 2-3。

表 2-3　2010 年中国分年龄生育率分布

年龄（岁）	生育率（‰）	年龄（岁）	生育率（‰）
15	0.15	33	48.80
16	1.16	34	43.26
17	4.32	35	35.65
18	11.34	36	30.54
19	19.40	37	25.13
20	46.52	38	20.81
21	77.18	39	16.00
22	96.08	40	14.56
23	124.61	41	10.32
24	133.47	42	10.60
25	123.35	43	7.72
26	121.00	44	6.87
27	107.47	45	6.51
28	115.85	46	5.74
29	98.29	47	6.64
30	80.53	48	7.45
31	72.45	49	5.01
32	65.22	—	—

3. 婴儿性别比

婴儿性别比是人口预测的重要基础指标，即出生婴儿在男女性别方面的分布。婴儿性别比的计算公式为：

$$婴儿性别比 = \frac{男婴出生数}{同期女婴出生数} \times 100$$

我国婴儿性别比总体偏高，且呈逐年下降趋势。2003 年抽样调查显示婴儿性别比为 119，2005 年 1% 抽样调查结果为 118.58，第五次全国人口普查为 117（宋世斌，2009）。[①] 自然状态下，婴儿性别比常常会在 103—107 之间（亦有 105—107 之说）。如果婴儿性别比较高，很可能是由于人们对孩子性别偏好所带来的选择和干预的结果。事实上，由于传统性别观念的束缚，我国部分农村地区、贫困地区性别比例偏高。当然，随着经济社会发展，特别是人们对出生性别偏好的调整，我国婴儿性别比也会呈下降趋势。

另外，本研究也充分考虑了放开二胎政策对婴儿性别比的影响，认为这一政策会加快婴儿性别比的下降。当然，考虑到传统观念的影响，特别是部分农村、贫困地区的经济、社会现状，会一定程度上抑制政策降低婴儿性别比的积极效应。在综合统计年鉴数据和多方研究成果的基础上，本研究以统计年鉴公布的 2010 年第六次全国人口普查的婴儿性别比 118.08 为起点，设定 2010 年我国 0 岁婴儿的男女性别比为 118.08，并随年份呈下降趋势，于 2030 年下降到 115，于 2050 年下降到 110，婴儿性别比在两个时间阶段内呈线性下降趋势。[②]

表 2-4　未来 40 年中国性别比及分性别生育概率预测

年份	性别比	生男概率	生女概率	年份	性别比	生男概率	生女概率
2010	118.08	0.54	0.46	2031	114.83	0.53	0.47
2011	117.93	0.54	0.46	2032	114.65	0.53	0.47
2012	117.77	0.54	0.46	2033	114.48	0.53	0.47
2013	117.62	0.54	0.46	2034	114.3	0.53	0.47

[①]　上述数值总体呈下降趋势，但由于统计口径和方法原因，公布的数据可能存在波动和偏差。下文计算起点的婴儿性别比设定，仍然选用最为权威的第六次全国人口普查数据。

[②]　此处预测与宋世斌（2009）等的预测假设基本一致，这一婴儿性别比例趋势变动的设定是比较合理的。

年份	性别比	生男概率	生女概率	年份	性别比	生男概率	生女概率
2014	117.46	0.54	0.46	2035	114.13	0.53	0.47
2015	117.31	0.54	0.46	2036	113.95	0.53	0.47
2016	117.16	0.54	0.46	2037	113.78	0.53	0.47
2017	117	0.54	0.46	2038	113.6	0.53	0.47
2018	116.85	0.54	0.46	2039	113.43	0.53	0.47
2019	116.69	0.54	0.46	2040	113.25	0.53	0.47
2020	116.54	0.54	0.46	2041	113.08	0.53	0.47
2021	116.39	0.54	0.46	2042	112.9	0.53	0.47
2022	116.23	0.54	0.46	2043	112.73	0.53	0.47
2023	116.08	0.54	0.46	2044	112.55	0.53	0.47
2024	115.92	0.54	0.46	2045	112.38	0.53	0.47
2025	115.77	0.54	0.46	2046	112.2	0.53	0.47
2026	115.62	0.54	0.46	2047	112.03	0.53	0.47
2027	115.46	0.54	0.46	2048	111.85	0.53	0.47
2028	115.31	0.54	0.46	2049	111.68	0.53	0.47
2029	115.15	0.54	0.46	2050	111.5	0.53	0.47
2030	115	0.53	0.47				

4. 死亡率

死亡率的建模与测算关系到生存概率的计算，以及人口规模和结构的预测。本研究基于吴晓坤、王晓军（2014）的研究，即利用 Lee-Carter 模型方法，估算 2010—2050 年我国死亡率的变动。

相对于传统预测方法，Lee-Carter 模型由于结合了泊松再抽样方法，一定程度上调整了预测过程中的不确定性，预测结果的可靠性和精确性更高。① 在具体测算过程中，将基于基年我国分性别、年龄人口数

---

① 本研究使用了吴晓坤、王晓军（2014）的相关设定，具体见吴晓坤、王晓军：《中国人口死亡率 Lee-Carter 模型的再抽样估计、预测与应用》，《中国人口科学》2014 年第 4 期，第 27—34 页。

据，利用 Lee-Carter 模型，预测我国人口死亡率变动。

本研究关于死亡率的选择具有两个方面的优势：第一，本研究利用了第六次全国人口普查人口数据，所以，本研究预测的数据基础是较新且权威的。第二，死亡率预测选用了吴晓坤、王晓军（2014）的思路和结果，与其他研究估计的死亡率相比，更好地考虑、调整了模型和参数的不确定性，预测结果更加科学准确。相应结果见本书附录。

二、人口预测结果

在上文人口模型和参数设定基础上，以 2010 年为基础，分别预测我国静态人口规模和动态人口规模，为第三章我国医疗保险体系隐性负债和基金债务评估做准备。结果见下文。

（一）静态人口模型下的人口预测

首先测算静态人口规模。基于上文人口预测参数的设定，以 2010 年第六次全国人口普查人口数据为预测起点，在人口系统封闭状态（没有新人进入）假设下，利用人口移算法，本研究预测 2010—2050 年我国封闭人口状况下的变动情况，预测结果见表 2-5（限于篇幅，人口预测结果选择每 10 年列示）。

表 2-5　未来 40 年静态人口预测结果

（单位：万人）

	年龄段	2010 年	2020 年	2030 年	2040 年	2050 年
男性人口	0—4 岁	4106	0	0	0	0
	5—14 岁	7873	4092	0	0	0
	15—24 岁	11591	7841	4078	0	0
	25—34 岁	10036	11510	7800	4059	0
	35—44 岁	12400	9905	11384	7730	4022
	45—54 岁	9414	12034	9655	11131	7584
	55—64 岁	7092	8835	11415	9253	10750
	65—74 岁	3715	6062	7846	10398	8630
	75—84 岁	1720	2357	4318	6027	8381
	85—94 岁	273	569	982	2213	3562
	95 岁+	12	34	106	253	754

续表

	年龄段	2010 年	2020 年	2030 年	2040 年	2050 年
女性人口	0—4 岁	3447	0	0	0	0
	5—14 岁	6706	3439	0	0	0
	15—24 岁	11139	6694	3436	0	0
	25—34 岁	9779	11111	6686	3433	0
	35—44 岁	11878	9729	11075	6673	3428
	45—54 岁	9021	11725	9643	11004	6644
	55—64 岁	6906	8744	11465	9497	10886
	65—74 岁	3693	6298	8183	10909	9170
	75—84 岁	2003	2712	5040	6911	9516
	85—94 岁	448	847	1363	2972	4546
	95 岁+	25	74	203	443	1253
总计		133277	124612	114678	102906	89126

从预测结果可以看出，在没有新人加入的情况下，整个系统中的人口老龄化比例不断抬升。在静态假设下，由于没有新出生人口的加入，所以会出现一些年龄段的人口为 0 的情况。而随着整个封闭人口年龄结构的不断老化，医疗保险体系内缴费人群在逐步减少，医疗保险基金的筹集能力不断下降。同时，由于老年人是医疗费用花费的重要人群，老年人口占比提升、高龄人口占比提升，必然会进一步加速医疗费用的膨胀。也就是说，在封闭人口结构下必然会出现医疗保险基金增速减缓、支出加速的矛盾。

因此，在封闭人口假设下，仅考虑个人终身缴费与花费的纵向平衡，在既定的医疗保险筹资、补偿模式下，随着人口结构老化程度的不断提升，医疗保险体系的债务风险必然会被不断抬升。

图 2-1 和图 2-2 是未来 40 年我国人口的静态预测结果图，由于是封闭人口，没有新的人口加入，所以，总人口规模是不断下降的。从不同年龄结构的人群占比来看，65 岁及以上的老年人口占比不断提升，

劳动人口占比不断下降，由于封闭人口中没有新人出生，所以，0—14岁人口占比不断下降并最终为零。从封闭人口预测结果来看，人口结构将不断老化，这必然带来医疗卫生支出负担不断提升，劳动人口规模和缴费规模双下降，加大医保基金的可持续风险。

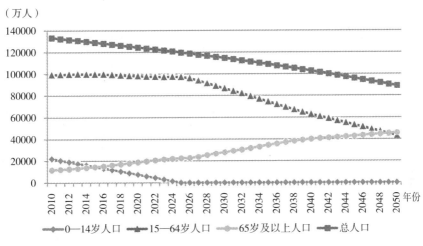

图 2-1　未来 40 年中国人口状况静态预测结果

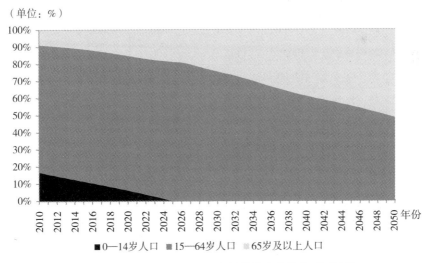

图 2-2　未来 40 年中国人口年龄结构变化静态预测结果

（二）动态人口模型下的人口预测

与静态人口不同，动态人口预测考虑新人加入，是开放系统状态下的人口预测，是实际状况下的人口变动。根据基年（2010年）的全国人口及其分布，充分考虑生育率、婴儿性别比、死亡率等参数，动态预测未来特定时间段内全国人口规模和结构。结果见表2-6（限于篇幅，人口预测结果选择每10年列示）。

从表2-6可以看出，由于动态人口考虑了新人出生，整个人口年龄结构的老化速度远低于静态人口结构，动态人口预测结构更贴近现实人口结构变动。

与静态人口预测结果一致，可以发现，随着时间推移，动态人口预测结果中的人口老龄化程度不断提升，到2050年峰值时我国老龄化率将超过30%，约占三分之一，老龄化程度非常高。

表2-6　未来40年动态人口预测结果

（单位：万人）

	年龄段	2010年	2020年	2030年	2040年	2050年
男性人口	0—4岁	4106	5553	3509	3072	2762
	5—14岁	7873	8562	9858	6635	6156
	15—24岁	11591	7841	8536	9835	6623
	25—34岁	10036	11510	7800	8502	9804
	35—44岁	12400	9905	11384	7730	8440
	45—54岁	9414	12034	9655	11131	7584
	55—64岁	7092	8835	11415	9253	10750
	65—74岁	3715	6062	7846	10398	8630
	75—84岁	1720	2357	4318	6027	8381
	85—94岁	273	569	982	2213	3562
	95岁+	12	34	106	253	754

	年龄段	2010 年	2020 年	2030 年	2040 年	2050 年
女性人口	0—4 岁	3447	4753	3043	2719	2500
	5—14 岁	6706	7242	8468	5783	5481
	15—24 岁	11139	6694	7234	8463	5781
	25—34 岁	9779	11111	6686	7230	8461
	35—44 岁	11878	9729	11075	6673	7222
	45—54 岁	9021	11725	9643	11004	6644
	55—64 岁	6906	8744	11465	9497	10886
	65—74 岁	3693	6298	8183	10909	9170
	75—84 岁	2003	2712	5040	6911	9516
	85—94 岁	448	847	1363	2972	4546
	95 岁+	25	74	203	443	1253
总计		133277	143191	147812	147653	144906

进一步，图2-3和图2-4清晰地展示了在动态人口模型下，我国未来总人口及不同年龄人口的规模与趋势变化。从中可以发现，未来40年，我国总人口规模呈现先升后降的趋势，在缓慢上升至2036年人口规模峰值后，逐渐趋于平稳；同时，0—14岁的人口以及15—64岁的人口规模都在不断下降，其占比也在相应下降，而65岁及以上人口规模则在不断上升，其占比也呈加速上升趋势。

人口预测结果表明，我国人口老龄化趋势在不断加剧，人口红利逐步消失，我国社会养老负担不断加剧。人口老化加速必然会影响医疗保险体系的基金平衡，未来缴费人口规模下降，老年人口规模和占比加速上涨，会导致医疗花费支出大幅上升，从这个意义上讲，我国现有医疗保险体系和卫生服务体系需要加快改革，以应对人口老龄化的冲击和影响。

（三）人口预测结果的比较分析

下文将进一步对人口预测结果进行比较分析，具体而言，将首先介

（万人）

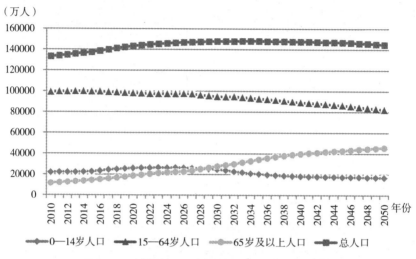

图 2-3　未来 40 年全国人口状况动态预测结果

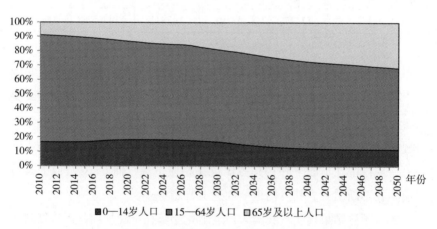

图 2-4　未来 40 年全国人口年龄结构变化动态预测结果

绍本研究人口预测的科学性，其次通过对比其他人口预测结果，进一步论证上述结论。

1. 本研究人口预测的科学性

本研究基于经典人口预测模型，利用人口移算方法，预测了 2010—2050 年我国人口规模变动状况。与既有研究比较，本研究人口预测的科学性主要体现在两个方面：新的权威数据使用、参数科学设定。

第一，新的权威数据使用。本研究以 2010 年为测算基年，使用了第六次全国人口普查的数据作为整个人口预测的基础和起点。第六次全国人口普查是距今最近的一次全国最大范围的人口调查，数据的真实性、全面性、权威性具有良好的保障，这为本研究的人口测算奠定了科学基础。而且，本研究在使用人口普查数据时，分年龄、分性别、分城乡数据的结构性使用，也提升了预测的精度。

第二，参数科学设定。本研究在参数设定方面进行了细致而科学的讨论，并选择了相对最优的参数设定方案，特别体现在生育率、死亡率等参数的设定过程方面。在生育率设定方面，本研究充分考虑了 2013 年单独二孩政策、2016 年全面二孩政策的冲击，借鉴乔晓春（2014）的研究成果，较为科学地设定了动态生育率；在死亡率方面，本研究借鉴了吴晓坤、王晓军（2014）的研究，利用 Lee-Carter 模型，充分考虑各参数的不确定性，所得到的死亡率更为科学、符合实际情况。此外，本研究对婴儿性别比的选定，也比较、参考了其他学者的研究成果。总之，本研究在参数选择、设定方面进行了大量的细致研究，这些都提升了本研究的科学性。

2. 与其他人口预测结果对比

上文已经论述了本研究人口预测的科学性、合理性，下文将进一步通过与既有人口预测结果对比，对本研究人口预测结果的科学性做进一步说明。

由于我国人口生育政策在 2013 年和 2015 年有两次大的调整，分别从政策上放开单独二孩和全面二孩，这种政策变化本质上影响了人口出生率，必然也会影响人口预测结果。所以，在既有的人口预测中，没有考虑二孩政策变动的预测结果其可信性相对较低，不具有比较的参考价值。所以，本研究人口预测结果所要重点对比的对象是既有的、考虑了二孩政策（或预测中至少提到考虑了计划生育政策调整）的人口预测结果。

本研究的计算结果表明，动态人口模型中，我国在 2036 年会达到人口峰值，为 14.80 亿，在 2050 年会达到 14.49 亿。本研究与《中国人口发展报告》（2011）、王广州等（2012）、易富贤与苏剑（2014）、国家卫计委（2003）、翟振武等（2014）、陈卫（2006）的预测结果相比，一方面，本研究整个人口规模预测的趋势与主要研究基本一致；另一方面，预测人口的峰值规模居中，峰值出现时点也居中。也就是说，如果把所有考虑了二孩政策的人口预测结果视为不同的人口预测方案，如高、中、低方案，本研究的结果，不论是人口规模峰值、峰值出现时点等，在所有预测方案构成的"区间分布"内，都居于中间水平，这从侧面佐证了本研究的科学性。而且，综合前文关于本研究预测科学性的说明（特别是关于最新数据和最新参数的使用），可以判定本研究的人口预测结果具有科学性和可信性，可以作为后续医疗保险基金债务研究的测算基础。

表 2-7 与其他人口预测结果对比

研究	主要结果	来源
《中国人口发展报告》(2011)	在全面二孩的影响下，2030年左右总人口会达到15亿左右	《中国人口发展报告2011/12：人口形势的变化和人口政策的调整》，中国发展出版社，2012年10月
王广州、张丽萍(2012)	在单独二孩和全面二孩的共同作用下，未来人口峰值大概在14.39亿左右	王广州、张丽萍：《到底能生多少孩子？——中国人的政策生育潜力估计》，《社会学研究》2012年第5期
易富贤、苏剑(2014)	高方案来看，2020年达到第一个峰值为13.95亿，2050年将会达到12.40亿；在2.1生育率下，2040年达到第一个峰值为14.71亿，2050年为14.62亿	易富贤、苏剑：《从单独二孩实践看生育意愿和人口政策2015—2080年中国人口形势展望》，《中国发展观察》2014年第12期
翟振武等(2014)	总人口在单独二孩政策的影响下，在2030年会达到14.53亿，2050年会达到13.85亿	翟振武、张现苓、靳永爱：《立即全面放开二胎政策的人口学后果分析》，《人口研究》2014年第2期
陈卫(2016)	全国总人口2029年达到峰值，约为14.42亿，此后缓慢下降。如保持1.8的生育水平，2050年我国总人口会减少到13.83亿	陈卫：《中国未来人口发展趋势：2005—2050年》，《人口研究》2006年第4期。
国家卫计委(2003)	总和生育率为1.8时，在2038年人口达到峰值，为14.83亿，2050年为14.40亿	中国互联网新闻中心：《2001—2050年全国总人口变动情况预测》，http://www.china.com.cn/chinese/renkou/569757.htm

第三节　医疗保险、医疗费用
模型与参数设定

本节旨在介绍医疗保险模型、医疗费用模型，在概括性介绍医疗保险与医疗费用模型的基础上，本研究还将分别介绍城镇职工基本医疗保险债务测算模型和城乡居民基本医疗保险债务测算模型。另外，本节还将对相关模型中的参数设定进行介绍。本章关于上述模型的介绍，将为后文医疗保险体系隐性债务估算奠定基础。

一、医疗保险、医疗费用模型及说明

下文将介绍本研究使用到的主要模型，参数设定以及相应的依据。为了清晰地说明医疗保险债务测算模型情况，在个人隐性负债模型处，还将分别介绍个人和整个医疗保险体系的债务情况。[①]

（一）债务模型介绍

下文将分别对隐性负债模型、基金债务模型进行介绍。

基于上文对隐性负债的界定，个人医疗保险隐性负债就是个人终身缴费与医疗保险补偿之间差的现值；同理，整个医疗保险系统的隐性负债就是所有系统中所有个人隐性负债之和。个人医疗保险隐性负债、医疗保险体系隐性负债都是医疗保险收支差的现值。而基金债务模型则是考虑了"新人"加入后，即在动态人口预测结果基础上，整个医疗保险体系的开放债务，是在人口开放的医疗保险体系中所有人筹资与补偿差的现值之和。

基本医疗保险债务模型和对应的参数说明详见表2-8。

[①]　本研究关于医疗保险债务、医疗费用等模型参考了宋世斌（2009）的相关模型。

表 2-8　隐性负债模型说明

	模型	参数
个人隐性负债	$D_a = \sum\limits_{x=a}^{d} (c_x^{X+t_0-a} u^{X+t_0-a} - G_x^{X+t_0-a})(1+i)^{a-X} p_{x-a}^a$	a 是测算时点参保人的年龄，t_0 是测算点，d 为最大寿命，D_a 表示在测算时点的隐性负债，C_x^t 表示 t 年 x 岁的人的医疗费用，u^t 表示 t 年时的医疗费用补偿比，G_x^t 表示 t 年 x 岁的人的平均缴费，当参保人退休后 $C_x^t = 0$，p_{x-a}^a 表示 a 岁的人活到 x 岁的概率，$C_x^{X+t_0-a} u^{X+t_0-a}$ 表示参保人 x 岁时的医疗费用补偿；i 是利率，用于后期计算折现因子。$(C_x^{X+t_0-a} u^{X+t_0-a} - G_x^{X+t_0-a})\ (1+i)^{a-X}$ 表示参保人 x 岁时的医疗费用补偿与缴费之差折算到测算时点的值。$\sum\limits_{x=a}^{d}(C_x^{X+t_0-a} u^{X+t_0-a} - G_x^{X+t_0-a})(1+i)^{a-X} p_{x-a}^a$ 是对折算值再求期望，这就是隐性负债
医疗保险系统隐性负债	$D' = \sum\limits_{a=0}^{d} D_a$ $= \sum\limits_{a=0}^{d}\sum\limits_{x=a}^{d}(C_x^{X+t_0-a} u^{X+t_0-a} - G_x^{X+t_0-a})(1+i)^{a-X} p_{x-a}^a$ 或 $D = \sum\limits_{t=t_0}^{t_0+d}\sum\limits_{x=0}^{d} L_x^t C_x^t u^t (1+i)^{t_0-t} - \sum\limits_{t=t_0}^{t_0+d}\sum\limits_{x=0}^{d} L_x^t G_x^t (1+i)^{t_0-t}$	L_x^t 表示医疗保险体系中 t 年时 x 岁的人在 t_0 年就已经参保的人口总数。根据上面已有的人口模型我们可以知道：$L_x^t = L_{x-1}^{t-1} * p_{x-1} = L_{x-1}^{t-1} * (1-q_{x-1}) p_{x-1}$ 表示 $x-1$ 岁的人活到 x 岁的概率，q_{x-1} 则表示 $x-1$ 岁的人的死亡率。
基金债务模型	$D = \sum\limits_{t=t_0}^{t'}\sum\limits_{x=0}^{d} L_x^t C_x^t u^t (1+i)^{t_0-t} - \sum\limits_{t=t_0}^{t'}\sum\limits_{x=0}^{d} L_x^t G_x^t (1+i)^{t_0-t}$	D 表示整个医疗保险体系延续到 t' 年产生的基金债务，L_x^t 就是开放的医疗保险体系在 t 年时 x 岁的参保人口。需要注意的是，如果将 t' 改成 t_0+d，则公式是一样的，仅 L_x^t 表示的人口不一样而已。隐性负债计算中，L_x^t 表示在测算时已经参保的那部分人，基金债务计算中，L_x^t 表示在原来的基础上还加上了新参保人口的人口数

（二）模型基础参数设定

下文将进一步介绍表 2-8 模型中所要用到的基础参数设定，这些基础参数是医疗保险、医疗费用模型测算过程中使用到的基本参数，也是后文中城镇职工基本医疗保险、城乡居民基本医疗保险债务测算的参数设定。

1. 人均医疗费用

（1）人均医疗费用模型说明

医疗费用是影响医疗保险支出的重要因素，如果医疗费用快速膨胀，医疗保险的实际支出水平也必将随之提升。本研究的核心在于预测医疗保险体系统筹基金的运行平衡情况，在医疗保险支出方面，需要计算人均医疗支出（住院和门诊）。但由于住院和门诊的补偿水平不同，因此，需要分开分别测算人均住院费用和人均门诊费用。

然而，我国公开数据中并没有人均住院、人均门诊费用，仅有次均住院费用和次均门诊费用，所以，只能结合次均费用、诊疗人次和相应保险覆盖人口，计算不同险种覆盖人群的人均住院费用和人均门诊费用。同时，由于我国公开数据中包括了不同险种人口的分性别次均住院费用和门诊费用，所以，本研究在计算人均住院和人均门诊费用时，也将分险种、分性别进行计算。

表 2-9 所示模型为计算人均医疗费用支出（分住院、门诊费用）的广义模型。

表 2-9 人均医疗费用模型与参数

模型	参数
$E_i = (MIP_i \times nIP_i)/NP_i$	E_i 表示第 i 组平均每个患者的住院费用或门诊费用； MIP_i 表示第 i 组次均住院费用或次均门诊费用； nIP_i 表示第 i 组年住院人次数或门诊人次； NP_i 为第 i 组参保总人口

表 2-9 中的模型为广义模型，在具体的医疗费用预测过程中，我们还将分性别、分险种来分别计算个人医疗卫生支出，同时，在个人具体支出结构方面，还将分住院和门诊进行计算，并根据住院、门诊的不

同补偿比例，来计算统筹基金相应的具体支出水平。需要说明的是，nIP_i、NP_i两个参数的取值都依据人口预测结果，因为住院人次和门诊人次是人口乘以相应的住院率和门诊率计算得出；NP_i是对应险种的参保人口，其计算过程涉及人口预测结果、城镇化率、就业率等参数，具体计算过程见下文城镇职工基本医疗保险、城乡居民基本医疗保险债务模型中关于参保人口测算的说明。

计算不同性别的人均住院费用和人均门诊费用，从而获得反映个人当年平均医疗费用状况，为医疗保险补偿测算奠定基础。

（2）人均医疗费用参数取值说明

下文将着重对人均医疗费用指标进行补充说明。

首先，检索、获取相关数据，特别是基年分城乡、分性别的住院与门诊率。[①] 其次，关于三大险种各自的次均住院费用和次均门诊费用，本研究采用了2008年中国卫生服务调查研究中的数据，并依据卫生费用增长与收入增长的弹性系数进行预测至2010年（弹性系数预测见下文"医疗费用与人均收入增长趋势"部分）。[②] 在上述基础上，求出2010年度分险种、分性别的人均住院费用和人均门诊费用。

需要说明的是，因为不同险种的参保人员经济水平及生活质量存在一定的差异，因此，不同人群的就医行为模式可能存在差别，导致医疗花费不同，在2010—2016年城乡居民基本医疗保险未整合之前，三大险种都有其对应的次均住院费用和次均门诊费用。根据城乡居民基本医疗保险整合的政策，2017年开始，城镇居民基本医疗保险和新型农村合作医疗整合成统一的城乡居民基本医疗保险，会一定程度上影响相应覆盖人群的补偿比例。但是，由于城乡居民的异质性和就医行为的相对

---

① 住院率、门诊率的数据采用分城乡设定，其中，农村居民人均住院费用、人均门诊费用计算过程中，使用农村居民住院率、就诊率，城镇职工和城镇居民人均住院费用、人均门诊费用的计算过程，都采用城镇的数据，如城镇住院率、城镇就诊率。

② 2016年1月12日，国务院发布《关于整合城乡居民基本医疗保险制度的意见》，要求各统筹地区要于2016年12月底前出台具体实施方案，也就是说将在2017年基本实现城乡居民基本医疗保险的整合工作。本研究测算跨度为2010—2050年，包括三大基本医疗保险时期，也包括城乡居民基本医疗保险整合后的时期，所以，在测算时，针对城乡居民基本医疗保险整合的政策变革，主要将测算时间分为整合前后两个阶段分别说明。此处在具体信息描述和参数说明时，仍然沿用了三大基本医疗保险体系的说法。

稳定性，相当一段时间内，城镇居民和农村居民对应的人均住院费、门诊费仍然会存在差别。所以，在实际计算过程中，本研究仍然将城镇居民和农村居民的卫生费用变化状况分开计算、预测。

为了更加全面地反映医疗费用增速情况，本研究在测算医疗费用与 GDP 增速弹性系数基础上，设定了高、中、低三种不同增速，在文中分别命名为三种情形，即较差情形、一般情形、较好情形。通过设定不同医疗费用增速方案，来反映不同测算口径。本研究预测得出的分险种、分性别的人均住院费用、人均门诊费用结果详见本书附录。[1]

预测结果显示，不同险种、不同性别、不同情形下，人均住院费用和人均门诊费用均随经济增长而提高，同时，女性的住院、门诊费用均高于男性。研究预测结果与历次国家卫生调查统计结果趋势基本一致。

2. 人均收入水平

由于医疗保险筹资水平与人均收入水平密切相关，测算医疗保险体系债务状况，也需要考察人均收入水平状况。[2] 因此，估测医疗保险体系筹资水平的变化趋势，就需要采集、预测农村居民、城镇居民、城镇职工的收入水平和收入变动趋势。

通过检索统计年鉴、劳动统计年鉴等公开资料，获得我国各省份的职工工资收入、农村居民纯收入、城镇居民可支配收入，并根据东、中、西三大区域的划分，结合相应人口规模加权平均，获得每个区域内的加权平均职工工资收入、农村居民纯收入、城镇居民可支配收入水平。对于农村居民，本研究假定其缴费增幅与相应人均纯收入水平增幅保持一致；对于城镇居民，本研究假定其缴费增幅与相应人均可支配收入增幅保持一致；对于城镇职工，由于其缴费职工工资收入水平比例保

---

① 课题组在典型地区调查时，访谈了部分地区医疗保险工作人员和医院工作人员，对医疗费用增长情况进行了了解，也对比了本研究测算的住院费用、门诊费用增长情况与10—15年的实际增长情况，发现二者基本一致，在趋势和增幅方面较为接近。这表明，本研究测算的住院费用及门诊费用增幅是符合实际情况的，测算是可信的。

② 城镇职工基本医疗保险的缴费是与职工收入水平直接挂钩的，是工资收入的特定比例，而城乡居民基本医疗保险（包括城镇居民基本医疗保险和农村居民基本医疗保险）的缴费标准制定也充分考量了城镇居民和农村居民的收入水平。

持稳定，其缴费水平的增幅与工资水平增幅保持一致。

本研究采集了 2005—2015 年《中国统计年鉴》《全国年度统计公报》《劳动统计年鉴》等方面的数据，并重点考察了 2010—2015 年相应的数据，同时，还结合宋世斌（2009）相关研究中关于人群收入增幅的假定，设定 2010—2030 年，农村居民收入增幅水平从 13% 下降到 6%，之后保持不变至 2050 年，城镇职工工资收入、城镇居民可支配收入增幅水平从 12% 下降到至 6%（2010—2030 年），之后保持 6% 不变至 2050 年。对照分析结果表明，2010—2015 年三大险种的实际缴费水平与本研究预测的缴费水平基本保持一致，也证明了研究设定的合理性。

3. 医疗费用增长趋势

考虑到医疗费用增速与收入水平之间的关系，本研究在预测医疗费用增长率时，将结合医疗费用增长率与收入水平增长率的相对关系来进行计算。

结合以往十年的数据，本研究发现，卫生总费用的增长率，与人均住院费用（结合次均住院费用和人群住院率计算，详见前文公式）和人均门诊费用（结合次均门诊费用和人群就诊率计算，详见前文公式）的增长率基本一致，所以，本研究在实际计算过程中，将使用卫生总费用增长率来替代人均住院费用和人均门诊费用的增长率。

在卫生费用增长率与收入水平增长率关系的计算过程中，本研究借鉴了王超群、李珍（2013）的做法，引入卫生消费弹性系数，使卫生费用的变化随着 GDP 的改变而改变，也就是说，卫生费用的增长率在（相对）固定弹性系数的作用下会随着 GDP 同步变化，即卫生消费弹性系数乘以 GDP 增长率就是卫生总费用增长率。而前文已经说明，人均住院费用、人均门诊费用与卫生总费用的增长趋势基本一致，本研究将使用卫生总费用增长率来替代人均住院费用和人均门诊费用的增长率。

本研究结合 2001—2011 年的卫生费用及 GDP 数据，利用统计软件进行回归分析，得到卫生消费弹性系数为 1.04。为了使数据更具科学性和可信度，结合王超群、李珍的理论，本研究将卫生消费弹性系数设置为 1、1.04、1.09 三个值，并将这三个数值所代表的卫生费用的增长情况，设定为较好、一般、较差三种情形，并将在后文基金债务预测过程中充分考虑三种情形。[①]

计算卫生费用增幅过程中，2010—2014 年使用了真实增幅，从2015 年开始，在卫生费用增幅过程中，本研究将分别计算三种情形：在较好情形（低增速）下，卫生消费弹性系数为 1，此时设定我国人均住院费用、人均门诊费用的增长率随着 GDP 的增长同步增长，表明次均费用和患病率的综合效应较好（总费用增长幅度较低）；在一般情形（中增速）下，卫生消费弹性系数为 1.04，人均医疗费用增幅高于 GDP增幅；在较差情形（高增速）下，卫生消费弹性系数为 1.09，人均医疗费用增幅将进一步升高。

由于我国目前仍处于经济相对快速发展阶段，即使在新常态下，经济增速仍然会保持中高速水平。本研究设定，2015 年我国的 GDP 增长率为 6.9%，此后以每年降低 0.1% 的速度线性递减，直到 2050 年达到3.4%。关于 GDP 增幅的设定与论证依据，详见本书第四章。

4. 缴费水平

我国不同医疗保险制度在筹资水平、筹资方式等方面存在显著差别，城镇职工基本医疗保险采用的是固定比例缴费方法，而城乡居民基本医疗保险（城镇居民基本医疗保险、新型农村合作医疗）采用的则是固定金额的缴费方法。不论是固定比例缴费还是固定金额缴费，由于我国制度的碎片化特点，同一制度在不同统筹区域内的筹资水平也存在差别。城镇职工基本医疗保险，一般原则上以地级市为统筹单位，各地缴费率由于社会背景的差异而有所不同。[②] 同样，城镇居民基本医疗保险和新型农村合作医疗的缴费水平在不同地区也存在显著差别（部分地区新型农村合作医疗并未实现市级统筹），不同经济社会发展水平的

---

① 王超群、李珍：《中国未来卫生总费用增长趋势及应对措施——与 1970—1990 年OECD 国家的比较》，《社会保障研究（北京）》2013 年第 2 期，第 96—108 页。

② 初步调查显示，不同地区的城镇职工基本医疗保险缴费比例差别非常大，从工资总额的 7%—12% 不等，部分地区，如北京等地，其职工医疗保险缴费比例已经远远高于国家原来规定的 8%（6%+2%）。

地区在缴费水平设定方面存在显著差别。

但是，由于我国基本医疗保险体系包括三大基本医疗保险制度（城乡居民基本医疗保险整合完成之前），而三大基本医疗保险制度在各个地方又高度碎片化，在不同地区，各个制度的统筹层次存在较大差别，地区之间制度也存在较大差别，所以，三大制度、不同地区、不同统筹层次的作用叠加，实质上造成我国医疗保险制度体系已经碎片化成为上千个独立的风险统筹单元。在每个风险统筹单元中，城镇职工基本医疗保险的缴费率虽然基本上都是按照国家建议标准（6%+2%）筹资，但不同地区的实际缴费率却存在差别，城乡居民基本医疗保险的缴费也呈现上述特点，特别是一些地区的新型农村合作医疗制度，其统筹水平仍然停留在县级，这又进一步增加了我国医疗保险制度体系风险统筹单元的数量。如果调查每个风险统筹单元的缴费水平、补偿水平、居民收入水平等数据，本研究将面临极大的工作量，远超研究团队能力，工作将无法开展。所以，本研究在考虑到城镇职工基本医疗保险、城乡居民基本医疗保险（城镇居民基本医疗保险、新型农村合作医疗）缴费、补偿水平全国范围内大部分地区基本一致的前提下，采用了调查典型地区的办法，通过选取典型城市（分东、中、西），调查城镇职工基本医疗保险、城乡居民基本医疗保险（城镇居民基本医疗保险、新型农村合作医疗）相应的缴费和补偿水平，并计算对应的均值，作为相应区域的代理水平。这样的计算思路是科学、合理的，虽然，有一定数量地区在缴费、补偿水平上与国家指导标准存在差别，但是，一方面，大部分地区的缴费、补偿标准基本一致，同时，我们调研中典型城市的选取也充分考虑了不同情况的城市，对一些缴费、补偿标准差别较大的城市都有所覆盖，这也一定程度较好地保证了本研究计算缴费、补偿水平的合理性。另外，我们在调研、计算过程中，还访谈了多位专家和相关部门工作人员，对调查结果进行判断和验证，验证表明我们的测算方法和相应结果具有科学性。

这里将主要介绍三个险种实际筹资水平设定的思路，具体计算结果详见后文城镇职工基本医疗保险债务模型、城乡居民基本医疗保险债务模型。第一，城镇职工基本医疗保险，本研究将选取全国 100 多个典型城市，调查其当前具体执行的缴费比例，并对典型地区的缴费比例计算均值，以平均缴费率水平作为全国平均缴费率水平的代理值，用于后期城镇职工基本医疗保险基金的债务水平（详见下文城镇职工基本医疗保险债务模型，本研究调查了 100 多个城市的缴费率，并基于调查结果计算了城镇职工基本医疗保险平均缴费比例）。第二，城乡居民基本医疗保险（城镇居民基本医疗保险、新型农村合作医疗）筹资水平的设定，也将基于典型地区调查进行计算。考虑我国城镇居民基本医疗保险、新型农村合作医疗筹资水平存在东、中、西区域差别，但区域内基本一致的特点，本研究将从东部、中部、西部选取典型地区，分区域计算典型地区内筹资水平均值，作为对应区域、对应险种筹资的代理水平。（详见城乡居民基本医疗保险债务模型参数说明，本研究在东部、中部、西部共计选取了 15 个典型城市，并依据调查结果分别计算了东、中、西部城镇居民基本医疗保险、新型农村合作医疗对应的平均筹资水平）[①]

由于本研究关注的是医疗保险体系的隐性负债和基金债务问题，计算债务水平的设定条件是在现有制度模式和既定变动趋势下展开的，所以，在本研究测算债务的过程中，将设定城镇职工基本医疗保险缴费比例固定不变，其实际缴费水平随城镇职工工资收入水平的变动而变动；而城乡居民基本医疗保险（城镇居民基本医疗保险、新型农村合作医疗），由于其是按国家金额而不是按收入比例筹资，其筹资金额也会随收入增长、经济水平发展和医疗费用状况而调整，所以，本研究设定城乡居民基本医疗保险（城镇居民基本医疗保险、新型农村合作医疗）的筹资水平增长幅度分别与城镇居民可支配收入、农村居民纯收入增长幅度基本保持一致，并考虑居民筹资标准不是每年调整，所以设定为每

---

① 我们遵循的是国家在西部大开发后对东中西部的重新划分，具体为，东部：北京，天津，河北，辽宁，上海，江苏，浙江，福建，山东，广东，海南；中部：山西，吉林，黑龙江，安徽，江西，河南，湖北，湖南；西部：内蒙古，广西，重庆，四川，贵州，云南，西藏，陕西，甘肃，青海，宁夏，新疆。后文中东、中、西部地区的划分均以此为依据。

5 年调整 1 次。① 相应测算详见下文关于两个保险模型设定的说明。

5. 医疗费用补偿比

（1）实际补偿比例的确定

由于我国医疗保险基金支付制度是共付制，医疗保险统筹基金在支付时仅支付患者花费的一定比例，所以，医疗保险基金补偿比的水平就与医疗保险基金的实际支出水平密切相关。过高的补偿比能够让被保险人受益，但也可能会造成医疗保险基金支出压力大，甚至会积累巨大的基金债务风险，进而危及制度可持续性；而过低的补偿比，被保险人得到的实际补偿水平会相对较低，甚至无法满足最基本的实际需要，也无法体现保险的保障作用。所以，保险制度补偿比的设定不仅关系到保险制度本身的完善，更加关系到被保险人获得的待遇水平，以及医疗保险的债务风险水平。

但是，补偿比例（水平）又分为名义补偿水平和实际补偿水平，名义补偿水平仅是在目录限定范围内、符合政策（目录）的补偿，而实际补偿水平是患者患病总支出中实际获得补偿的水平（或比例）。所以，在具体计算医疗保险债务水平时，实际补偿水平更有现实意义，本研究在评估、预测医疗保险体系债务水平时，将使用实际补偿水平（比例）。

本研究主要通过如下三个方面来确定我国主要医疗保险的实际补偿水平：第一，通过检索公开资料，特别是人社部、卫计委公布的公开统计资料，收集或计算不同保险的实际补偿比例；第二，访谈相关部委、地方政府相关部门的部分工作人员，进一步获取、验证不同险种相应的实际补偿比例；第三，访谈部分专家，进一步获取、验证不同险种相应的实际补偿水平。②

---

① 考虑城乡居民基本医疗保险整合，按照文件要求，2016 年开始推进整合工作，2017 年 1 月基本实现两项制度整合，制度、管理等基本上可以实现一致，但筹资标准允许有 2—3 年整合期。本研究设定原城镇居民基本医疗保险筹资增幅与城镇居民可支配收入增幅保持一致，原新型农村合作医疗筹资增幅与农村居民人均纯收入增幅保持一致。同时，考虑标准调整并非每年进行，所以本研究设定为每 5 年调整 1 次。

② 本研究检索的公开资料包括卫生统计年鉴、人社部公报，以及相关部委网站的统计数据和中国卫生发展绿皮书等，主要包括：于德志：《医改专题研究》，人民卫生出版社 2013 年 3 月版；李滔：《中国卫生发展绿皮书——医改专题研究（2015）》，人民卫生出版社 2015 年 12 月版。另外，本研究在写作、修改过程中，还访问了数十位相关部门工作人员和专家学者，并对这些专家学者的观点进行了汇总。

根据公开数据整理和访谈结果，本研究基本上确定了三大险种当前的实际补偿比例。在住院费用补偿方面，城镇职工基本医疗保险的实际补偿比例平均约为75%，城镇居民基本医疗保险的实际补偿比例平均约为57%左右，新型农村合作医疗的实际补偿比例平均约为55%。[①] 同时，考虑到地区差异和制度变动，本研究还将设定相应实际补偿比例区间，以上文补偿比例为基准，设定补偿比例的上限和下限，上限、下限的确定也参考了不同地区的补偿比例区间数据，以及相关部门工作人员和部分专家的建议。本研究将城镇职工基本医疗保险的实际补偿水平区间设定为65%—85%，中间值为75%。由于城乡居民基本医疗保险需要考虑到制度整合问题（按要求，2017年整合完成），所以，城镇居民基本医疗保险、新型农村合作医疗两项基本医疗保险实际补偿比例的设定，2017年前后采取了不同中间值的设定方法。对于城镇居民基本医疗保险而言，2010—2014年使用实际补偿比例为55%（实际数据），2015—2016年使用实际补偿比例为57%（实际数据），新型农村合作医疗在2010—2016年使用实际补偿比例为55%（实际数据）；按照整合要求，2017年，城镇居民基本医疗保险和新型农村合作医疗整合成统一的城乡居民基本医疗保险之后，城乡居民基本医疗保险实际补偿水平的中间值选为57%，并上下浮动10%，作为实际补偿水平的上界、下界，即采用47%、57%、67%三个水平，测算我国医疗保险体系在现有制度框架下的债务水平。[②] 由于本研究是评估在现有制度框架和设定条件下的保险基金债务风险，

① 2008年第四次全国卫生服务调查结果显示，职工医疗保险住院实际补偿比为63.2%，居民医疗保险实际补偿比为49.3%，新型农村合作医疗实际补偿比最低，仅33.7%。2008—2015年，我国三大基本医疗保险实际补偿比例一直处于提升阶段，目前三大基本医疗保险的实际补偿比约75%（城镇职工基本医疗保险）、57%（城镇居民基本医疗保险）、55%（新型农村合作医疗），而且，近年基本保持稳定。

② 汇总相关公开数据，并结合相关部门工作人员、专家的观点，城镇居民基本医疗保险和新型农村合作医疗的门诊政策范围内补偿比例达到50%，住院政策范围内补偿比例为70%—75%；而且，从当前政策要求来看，社会医疗保险的保障水平稳步提高，城镇职工基本医疗保险、城镇居民基本医疗保险和新型农村合作医疗政策范围内住院费用支付比例分别达到80%、70%和75%。当然，这些数字和文件都是名义补偿比例，由于存在补偿目录、起付线、封顶线等限制，实际补偿比例是显著低于以上水平的，而本研究在计算医疗保险费用补偿时，使用的则是实际补偿比例而非名义补偿比例。

所以，上述补偿比例的设定是整个计算的重要参数。[1]

（2）实际补偿比例区间范围设定的合理性

关于医疗保险补偿，还有两个方面需要引起重视。第一，人对医疗卫生服务需求无限增长与医疗保险保障范围、水平的有限性之间的矛盾。应该看到，由于人对健康的追求，对医疗服务内容、项目的追求是无止境的，另外，由于存在利益激励，医疗卫生服务机构在扩大服务供给内容和数量方面也是动力充足的。所以，随着经济社会发展，民众所获得的实际医疗卫生服务内容和水平都将是持续扩展的。然而，由于我国经济发展进入新常态，医疗保险制度补偿的内容和水平大幅扩展的可能性都是相对有限的，这就决定了医疗保险制度所覆盖的内容和水平不可能无限制地扩展，而是相对会受到一些约束。这就形成了人对医疗卫生服务需求的无限增长，与医疗保险保障范围和水平的有限性之间的矛盾。第二，实际补偿比与政策补偿比的差异。对于本研究的评估和预测而言，实际补偿比的意义更为重要，实际补偿比与政策补偿比之间存在差别，政策补偿比是在政策规定内的（通常是目录内）项目的补偿，而实际补偿比则是补偿额度占总的医疗花费的比例，二者存在较大差异，如果衡量一个保险制度的实际保障水平，实际补偿比更加客观、有效。

也正是由于存在上述两个差异，让我们有理由相信，我国医疗保险的实际补偿比例水平未必一定是不断上升的，也存在下降可能，如果民众的医疗卫生服务需求和费用增长过快，而医疗保险补偿政策跟进滞后，必然就会导致实际补偿比例降低，这种可能性是很大程度上存在的。所以，本研究所设定的实际补偿比例的范围区间是科学、合理的，以当前的实际补偿比例为中等水平，上下各浮动 10 个百分点作为变动

---

① 如果对比城镇职工医疗补偿水平，城乡居民基本医疗保险实际补偿比的设定是相对较低的，但这是当前的实际情况，也是合理的。一方面，这真实反映了当前我国医疗保险补偿的实际情况；另一方面，考虑到筹资与补偿的均衡，由于城乡居民基本医疗保险筹资普遍偏低，其实际补偿水平不可能与城镇职工基本医疗保险相同。结合我国经济社会发展实际情况，特别是筹资水平的实际状况，本研究设定的实际补偿比区间是较为合适的，其中，城镇职工基本医疗保险的实际补偿比例约为75%，而城乡居民基本医疗保险实际补偿比例约为57%（与原城镇居民基本医疗保险一致），并上下浮动各 10 个百分点，作为补偿比例区间预测方案。

区间，应该可以涵盖制度实际待遇变动的区间。当然，考虑到社会公众的认知，制度政策范围内的补偿比例是不会降低的。

另外，还有一个问题需要强调，城乡居民基本医疗保险的实际补偿比例远低于城镇职工基本医疗保险的补偿比例。从表面来看，这似乎存在不合理、不公平的问题，但是，如果考虑到保险制度强调权利与义务的统一，就可以理解两大基本社会保险制度的补偿水平差异。由于城乡居民基本医疗保险的实际缴费水平远低于城镇职工基本医疗保险，而且，由于参保人群的差异（有无固定工资性收入是其中一个重要差异），这种趋势会长期存在，所以，城乡居民基本医疗保险的实际补偿水平在长期内都会低于城镇职工基本医疗保险。当然，城乡居民基本医疗保险实际补偿水平低，主要体现在补偿目录范围和补偿水平两个方面，从制度补偿比（名义补偿比）来看，城乡居民基本医疗保险的制度补偿比例与城镇职工基本医疗保险的政策补偿比例差异会相对较小，补偿比例差异缩小的趋势是确定的。但是，本研究关注的是实际补偿比例，从实际补偿比例的差异、差异存在的长期性和医疗费用增长的持续性来看，本研究设定城乡居民基本医疗保险实际补偿比例，以及城乡居民基本医疗保险实际补偿比例与城镇职工基本医疗保险实际补偿比例的差异，都是较为合理的。

当然，本研究的目标也是我们设定对应实际补偿比例的重要原因。由于本研究关注的是我国基本医疗保险体系的隐性负债与基金债务，是测算在现有制度框架待遇不变情况下，按照当前人口、环境、社会变化，整个医疗保险体系将会积累的债务风险，所以，我们测算的一个重要前提就是"现有制度框架待遇不变"，这也是本研究在测算过程中设定相对固定实际补偿比例区间的重要原因。另外，也应该看到，我国城镇职工基本医疗保险、城乡居民基本医疗保险（城镇居民基本医疗保险、新型农村合作医疗）的名义补偿比例已经相当高了，部分地区城镇职工基本医疗保险名义补偿比例已经达到90%，医疗保险补偿比例进一步提高的可能性相对较小、空间有限，因为过高的补偿比例意味着降低了共同支付的约束，保险会变为福利，从而对被保险人的医疗卫生服务利用造成过度激励。综上所述，本研究对城镇职工基本医疗保险、城乡居民基本医疗保险（城镇居民基本医疗保险、新型农村合作医疗）实际补偿比例的设定，是较为合理的。

（3）门诊补偿的说明

我国基本社会医疗保险主要补偿的是住院和大病，虽然在部分地区，部分门诊慢病、门诊大病和少数普通门诊费用会得到补偿，但是，门诊补偿在整个补偿金额中占比是较小的部分。[1] 而且，由于不同险种、不同统筹单元的实际补偿规定千差万别，所以，本研究通过公开资料梳理全国门诊平均实际补偿水平，发现目前我国门诊实际平均补偿费用比例大约为 29.44%，并将这一比例作为门诊实际补偿比例值的代理数据。[2] 需要再次强调，由于本研究测算的是我国医疗保险体系的隐性负债和基金债务，保险债务测算的假设是在当前制度不变的条件下，所以，在债务测算时，模型中住院、门诊实际补偿比例的参数设定，以当前采集到的实际数据为基础进行设定，而不是以这些参数的可能变动为基础进行参数设定。

二、城镇职工基本医疗保险债务模型部分参数补充说明

前文已经对我国基本社会医疗保险债务模型及相应参数设定进行了说明，下文将进一步针对城镇职工基本医疗保险部分参数设定进行补充

---

[1] 《深化医药卫生体制改革 2014 年工作总结和 2015 年重点工作任务的通知》内容显示，城镇职工基本医疗保险统筹基金支付住院、门诊大病，个人账户支付门急诊；城镇居民基本医疗保险和新型农村合作医疗，没有个人账户，统筹基金支付住院、门诊大病和普通门急诊。另外，由于我国制度的碎片化和分割化，各地制度千差万别，并非所有地区的部分门诊慢病、门诊大病等都可以获得补偿，从目前经验来看，仅有部分推行了门诊统筹的地区和部分改革典型地区，门诊补偿工作推进得较好。

[2] 根据公开资料检索、实地调查结果，以及相关部门工作人员和部分专家的访谈，并非所有地区都允许统筹基金补偿门诊，而且，门诊统筹地区也通常仅是基金支付门诊慢病和门诊大病，基金并不补偿门急诊等门诊费用。同时，就全国来看，门诊支出在整个医疗保险基金支出中的占比是非常低的，以湖北省为例，相应的比例约为 20%。所以，虽然相关部门政策规定，符合政策的门诊补偿比例可以达到 50%，但是，由于政策规定较为严格、目录较窄，以及大部分地区都设了门诊补偿年封顶线（如湖北部分地区就设定门诊年补偿金额封顶线为 200 元/人），所以，门诊的实际补偿水平并不高，公开资料显示平均水平为 29.44%，接近 30%。相应资料数据参见李滔：《中国卫生发展绿皮书——医改专题研究（2015 年）》，中国人民卫生出版社 2015 年版。

说明。参数补充说明主要是针对不同险种，进一步对参保人口、缴费水平进行具体化。

（一）部分参数补充说明

1. 城镇化率

党的十八大以来，我国进入了新一轮改革阶段，医疗保险制度在近年变革较大。在2010—2016年，我国主要有三大基本医疗保险（城镇职工基本医疗保险、城镇居民基本医疗保险、新型农村合作医疗），分别覆盖了不同人群。按照国家城乡居民基本医疗保险整合的要求，2017年开始，城乡居民基本医疗保险整合建立，我国的基本医疗保险体系变为仅包括城镇职工基本医疗保险制度和城乡居民基本医疗保险制度，形成两大基本社会医疗保险的格局。[①]

但是，应该看到，不同群体在收入、消费、就医习惯、医疗可及性等方面仍然存在异质性，特别是城乡之间，差别较为显著，所以，为了更加准确地估计医疗保险体系的收入、支出，就需要对人口结构进行预测，特别是人口的城乡结构进行预测。[②] 为了分别预测我国人口城乡分布的规模，本研究将采用城镇化率这一指标，利用城镇化率的预测结果，进而推算城市和农村的人口规模。随着经济发展，我国未来城镇化率必然呈现出不断提升的趋势，本研究将基于我国城镇化率的预测，进而推算城乡人口分布状况。

需要强调，本书为了确定城镇职工、城镇居民、农村居民三大群体的规模，需要使用名义城镇化率和实际城镇化率两个指标，两个指标将有助于后文中三大人群规模的确定，后文中还将综合使用名义城镇化率、实际城镇化率、参加新型农村合作医疗人口等指标，来推算在城市工作但参加新型农村合作医疗的人口规模，而这部分人口规模将影响后

[①]　覆盖机关事业单位的公费医疗制度本质上并不是医疗保险制度。

[②]　考虑到收入、消费、就医习惯、医疗可及性等方面，本研究在后续医疗保险体系债务测算过程中，基本上秉持了"三大人群、两大保险"的思路，即计算时分别同时考虑城镇职工、城镇居民、农村居民三个人群，以及城镇职工基本医疗保险、城乡居民基本医疗保险两个险种。另外，本研究在评估2010—2016年间保险基金债务时，由于这一时期城乡居民基本医疗保险尚未全面整合，计算过程中仍然需要考虑三大保险，即仍然要分别预测城镇职工基本医疗保险、城镇居民基本医疗保险和新型农村合作医疗。

文中三大人群规模的准确预测（具体计算步骤将在本书第三章计算过程中详细说明，此处仅作简要说明）。

《中国统计年鉴 2010》显示，2010 年我国城镇化率已经达到 49.95%，在之前的 15 年间，平均每年以 1 个百分点的速度增长。[①] 梳理发达国家城镇化的规律，城镇化通常包括慢、快、慢三个阶段。对于这一过程，高春亮、魏后凯（2013）在对城镇化率既有预测的基础上，综合使用城镇化"S"型曲线拟合方法、经济模型法以及城乡人口比增长率法，对我国城镇化率进行综合预测，认为在 2020 年我国城镇化率将达到 60.34%，2030 年达到 68.38%，2040 年达到 75.37%，2050 年达到 81.63%。[②] 与对应时期的城镇化率实际数据相比，高春亮、魏后凯（2013）的预测结果比较符合我国城镇化率发展的实际趋势，同时，其他人的预测也显示了类似的结论。[③]

因此，本研究综合发达国家城镇化规律和我国城镇化进程，选择使用了高春亮、魏后凯（2013）的预测结果，设定城镇化率呈线性增长，从 2010—2050 年，达到 81.63%，中间线性变化。[④] 具体而言，2010 年我国城镇化率已经达到了 49.70%，2020 年我国城镇化率将达到 60.34%，2030 年达到 68.38%，2040 年达到 75.37%，2050 年达到 81.63%（具体历年数据见本书附录）。

2. 参保人口测算步骤

确定城镇职工基本医疗保险的参保人口及其变动趋势，是整个城镇职工基本医疗保险债务规模预测的前提和基础，本研究对城镇职工基本医疗保险参保人口的测算主要分为如下四个基本步骤。

---

① 国家统计局：《中国统计年鉴 2010》，http：//www. stats. gov. cn/tjsj/ndsj/2010/indexch. htm。

② 高春亮、魏后凯：《中国城镇化趋势预测研究》，《当代经济科学》2013 年第 4 期，第 85—90 页、127 页。

③ He J., Kuijs L., 2007, "Rebalancing China's Economy-Modeling A Policy Package", *World Bank China Research Paper*, 7；潘文卿、李子奈、张伟：《21 世纪前 20 年中国经济增长前景展望——基于供给导向模型与需求导向模型的对比分析》，《预测》2001 年第 3 期，第 1—4 页。

④ 本研究在作出这一假定时，参考了发展中国家和发达国家的城市化水平，主要发达国家城市化的历程，以及城市化率与经济社会发展阶段的相关性。在综合多种因素分析的基础上，本研究做出了相应的假设，采用了高春亮等的假定。

1）第一步：城乡人口规模和结构预测

（1）计算名义城市人口

根据前文已有人口模型和对应参数，以及城乡人口分布趋势等参数设定，测算 2010—2050 年我国城乡人口规模和趋势分布，实际计算中还将包括分性别、分年龄的结构预测结果。需要说明，此处测算的城乡人口规模是名义人口规模，名义城镇人口中包括了部分在城市务工的农村居民。

（2）扣除在城市工作、生活但仍参加新型农村合作医疗的农村居民人口

在城镇职工基本医疗保险覆盖人群规模的计算过程中，仍然需要考虑到在城市工作生活的农村居民的影响，由于我国存在大量农村居民长时间在城市工作、生活，如果我们简单地以名义城镇化率作为参加城镇职工基本医疗保险的人群基础，可能就会忽视这个人群中相当规模农村居民可能并没有参加城镇职工基本医疗保险、而是参加新型农村合作医疗的现实。正是基于上述原因，本研究将要扣除名义城市人口中这部分在城市工作、生活但参加新型农村合作医疗的农村居民人口规模。

第一，确定在城市工作、生活且参加新型农村合作医疗的人口规模。本研究主要通过对比参加新型农村合作医疗的人数与名义农村人口数，获得在城市务工、生活的农村居民数量规模，并用城市名义人口减去在城市生活的、参加新型农村合作医疗的农村居民。具体而言，本研究利用 2010—2014 年新型农村合作医疗参合人口与农村名义人口进行对比，得到各年在城市工作、生活但仍然参加新型农村合作医疗的人口规模。

第二，设定劳动年龄人口结构比例和就业率。基于民政部开展的中国流动人口调查和卫计委主持的流动人口动态监测数据的历年数据，我们确定了流动人口的年龄结构分布，其中，劳动年龄人口约占 75%，非劳动年龄人口约占 25%，同时，劳动年龄就业人口比例约为 90%（《中国流动人口发展报告》中为 89.3%）。① 依据流动人口年龄结构和

---

　　① 民政部主持的国家重大招标项目"中国城乡困难家庭社会政策支持系统"，支持了流动人口子项目的调查，该调查从 2011 年持续至今，特别是近年发布的报告对流动人口有较好的数据描述；同时，国家卫计委已经持续多年开展流动人口动态监测，并发布对应的数据分析报告。本研究综合了两个报告中的数据结果，综合使用了关于流动人口年龄分布和就业率两个数据指标，具体指标取值采取了均值取整的做法。

就业人口比例，就可以判断流动人口中有正式工作或灵活就业人员的规模和比例。

第三，设定这部分人群中工作人口逐步纳入城镇职工基本医疗保险的趋势。考虑到我国对社会保障管理工作的逐步加强，被城乡居民基本医疗保险覆盖的在城市工作、生活的人群（主要是原新型农村合作医疗覆盖）将逐步纳入城镇职工基本医疗保险，即这部分人中正式就业的人口都参加城镇职工基本医疗保险。本研究设定这部分人群中的工作人口将于2030年全部并入城镇职工基本医疗保险，规模减少呈线性变化。①

第四，计算这部分人群中各年度将继续被城乡居民基本医疗保险覆盖的人口规模，以及"剩余"的将被城乡居民基本医疗保险覆盖的人口规模。

注意，本研究将首先在城镇名义人口中，扣除在城市工作、生活但仍参加新型农村合作医疗的农村居民人口，便于下文按照劳动年龄人口比例测算城镇户籍人口中参加城镇职工基本医疗保险和城乡居民基本医疗保险的各自规模。测算之后，将在城市工作、生活但仍参加新型农村合作医疗（2017年后为城乡居民基本医疗保险）人口中逐步（分年度）将纳入城镇职工基本医疗保险的人口（后文计算的），加总到城镇职工基本医疗保险人口中，将其余人口（分年度）纳入城乡居民基本医疗保险人口（后文计算的）中。另外，需要注意的是，这部分人口在2017年城乡居民基本医疗保险整合之前被新型农村合作医疗覆盖，在2017年城乡居民基本医疗保险整合之后被城乡居民基本医疗保险覆盖。

① 长期以来，由于我国三大基本医疗保险在人群覆盖设计方面存在差异，特别是新型农村合作医疗强调以家庭为单位参保，而农村居民进城务工以后，通常被要求在工作单位参加城镇职工基本医疗保险，这也就造成了部分人口存在重复参保问题。本研究在分析时也考虑到了重复参保人群。但是，由于这部分人群相对规模较小，且随着保险制度的规范，这部分人数呈下降趋势。特别是城乡居民基本医疗保险整合以后，一定程度上也必然会降低重复参保可能性，重复参保的比例可能会在未来两大保险体系稳健运行基础上逐步下降为零。特别是在城市工作的农村居民，随着社会保障管理的日益严格，这部分人群被纳入城镇职工基本医疗保险、城乡居民基本医疗保险的实际比例将不断提高，逐步被"消化"掉。

2）第二步：人口分布的分区域预测

首先，确定东、中、西部地区人口占总人口比重的变动趋势。以2010年东、中、西三大区域人口占总人口比重为基值，结合2002—2015年三大区域人口占比的变化趋势，假定其在2010—2050年成线性变化，并在2050年后区域人口分布占比基本保持稳定，进而确定三大区域人口占比的变动趋势。其次，基于前文已经预测的人口规模、结构分布数据，结合动态的分区域人口占比，计算相应的区域人口规模和结构变动趋势。

3）第三步：预测劳动年龄人口规模

在第三步，本研究将预测劳动年龄人口中参加城镇职工基本医疗保险的人口规模，具体将分为几个连续的步骤。

（1）确定城镇职工基本医疗保险覆盖人群的年龄分布

考虑到我国城镇职工劳动年龄的实际情况，本研究假定城镇职工基本医疗保险覆盖年龄为20—60岁、20—50岁，其中，20岁是覆盖人口年龄下限，退休年龄分别为60岁（男性）、50岁（女性）。[①] 当确定了城镇职工基本医疗保险覆盖的劳动年龄人口年龄分布后，还需要进一步考虑劳动参与率、就业人口中城镇职工基本医疗保险参保率，才能最终确定城镇职工基本医疗保险覆盖的年龄人口。

（2）确定实际就业人口

并非所有劳动年龄人口都将就业，由于失业率、劳动类型等因素，仍然有部分劳动年龄人口无法就业或不被视为就业。本研究利用2010年第六次全国人口普查数据中的分性别、分年龄劳动参与率，该比例的计算是已经扣除各年龄段人口中学生、军人、失业者和无劳动能力者等在相应劳动年龄人口中的占比，并分性别、分年龄计算相应的劳动参与率。本研究基于劳动年龄人口数据和分性别、分年龄劳动参与率，计算出分性别、分年龄的实际就业人口。

---

① 据公开资料显示，当前，我国目前法定的退休年龄是男职工年满60周岁、女干部年满55周岁、女工人年满50周岁。从事井下、高空、高温、繁重体力劳动和其他有害健康工种并在这类岗位工作达到规定年限的职工，男性年满55周岁、女性年满45周岁退休。本研究将退休时间统一设定为男性60岁、女性50岁。

（3）当前仍被公费医疗覆盖就业人口纳入城镇职工基本医疗保险的设定

《国务院关于建立城镇职工基本医疗保险制度的决定》（国发〔1998〕44号）开启了我国劳保医疗、公费医疗改革为城镇职工基本医疗保险的历史进程，截至目前，我国大部分地区机关事业单位原有的公费医疗制度已经完成改革，相应人群已经被覆盖到地方的城镇职工基本医疗保险中，而且，公费医疗覆盖人口并入城镇职工基本医疗保险是我国整个公费医疗改革的发展趋势。但是，资料显示，我国当前仍有3省的省直机关和中央在京国家机关、部分直属单位，仍然实行的是公费医疗制度；根据公开资料检索、判定，这部分人的规模大概在217万人左右。[①]

考虑到社会各界对于医疗保险多轨制不公平性的批评，以及当前我国各项社会制度改革加速的现实情况，特别是机关事业单位养老保险改革的成功经验，本研究认为，公费医疗并入城镇职工基本医疗保险的趋势不可逆转。正是基于上述原因，本研究设定，剩余的三个省的省直机关和中央在京国家机关、部分直属单位的公费医疗仍然将继续改革，截至2025年，全部纳入城镇职工基本医疗保险。相应人口规模和占比呈线性趋势下降，至2025年所有当前被公费医疗覆盖的人群都将全部纳入城镇职工基本医疗保险。

另外，考虑到城镇职工基本医疗保险覆盖范围的进一步扩展，保险实际覆盖率100%的目标将会实现，同时，也考虑到我国人群分布、经济状况、就业形态等因素的影响，假定从现在到2030年，就业人口中未参保人群占比将会逐步线性降低为零。

4）第四步：预测老年人口中城镇职工基本医疗保险覆盖人口规模

由于本研究关注的医疗保险体系的债务规模，还需要考虑老年人的

---

① 2015年3月10日，人力资源和社会保障部副部长胡晓义在记者会上表示：现在只有3省的省直机关和中央在京的国家机关和事业单位没有参加职工医疗保险。本研究团队进一步检索、调查确认，目前仅有广东、山东、湖北三省的省直机关，以及中央在京国家机关、部分直属单位未取消公费医疗，进一步通过《中国劳动统计年鉴》《中国人口统计年鉴》和人社部网站等公开资料渠道，确定这部分人群规模约为217万人（在职），对应的退休人群规模约为72万人，总人群规模占全国人口比重约为2.2‰。

医疗缴费和医疗支出，所以，确定不同险种覆盖人群过程中，还应当确定老年人中被不同险种覆盖的人群规模。

考虑到制度改革具有人群延迟效应，老年人群中城镇职工基本医疗保险覆盖人群占比在制度改革之初可能与劳动年龄人口中城镇职工基本医疗保险覆盖人群占比有所区别，但是，两个比例会保持逐步接近的趋势。本研究假定，当前至 2030 年，老年人群中城镇职工基本医疗保险覆盖人群占比会逐步线性趋近劳动年龄人口中城镇职工基本医疗保险覆盖人群占比，并基本保持一致。

城镇职工基本医疗保险覆盖人口预测结果详见本书附录。

3. 缴费率测算

影响城镇职工基本医疗保险缴费的因素主要包括缴费率和职工工资水平，前文在医疗保险与医疗费用模型处，已经对城镇职工工资收入和趋势资料的获取进行了说明，此处将进一步说明缴费率的确定。

1998 年，国务院发布《关于建立城镇职工基本医疗保险制度的决定》，我国开启了城镇职工基本医疗保险制度建设，也确定了我国城镇职工基本医疗保险的基本架构：第一，在制度结构方面，城镇职工基本医疗保险采用"社会统筹+个人账户"模式；第二，在缴费水平方面，"以职工工资为基础，单位缴费占比为6%，个人缴费占比为2%，单位缴费的30%及职工缴费划入参保者的个人账户，其余资金进入统筹基金"；第三，从支出范围来看，统筹基金主要支付大病、住院等大额费用报销，而门诊主要用于门诊、慢病等支出的补偿。[①]

根据这一制度规定，各地区都出台了城镇职工基本医疗保险缴费实施准则，而在制度后续运行中，由于人口、经济、医疗消费等多种因素的影响，很多统筹地区的实际缴费比例都有所调整，部分地区的缴费比例提到了较高水平。由于我国制度碎片化的特征，全国有成百上千个统筹单元，而且，不同统筹单元内城镇职工基本医疗保险的缴费比例可能差别很大。如果调查每个风险统筹单元的缴费水平，本研究将面临极大

---

① 胡苏云：《健康与发展：中国医疗卫生制度的理论分析》，《社会科学》2005 年第 6 期，第 64—71 页。

的工作量，远超研究团队能力，工作将无法开展。所以，本研究将选取全国100多个典型城市，调查其当前具体执行的缴费比例政策，并对典型地区的缴费比例计算均值，以平均缴费率水平作为全国平均缴费率水平的代理值，用于后期分析城镇职工基本医疗保险基金的债务水平。通过对全国100多个典型城市的实地调研，通过计算均值，得到企业缴费率为7.6%左右，70%进入了统筹账户，最终进入统筹账户的缴费比例就是5.32%左右。所以，本研究设定企业为城镇职工缴纳的、纳入统筹账户并最终形成医疗保险统筹基金的比例为5.32%。本书附录中列示了部分调研城市的缴费率设定。[①]

（二）债务模型具体化

此处将在前文论述的医疗保险体系隐性负债和基金债务模型基础上，进一步具体化城镇职工基本医疗保险债务模型设定，便于城镇职工基本医疗保险债务测算工作的操作。

根据隐性负债的概念定义，基于上文医疗保险债务模型的设定，测算城镇职工基本医疗保险隐性负债。

第一步，测算未来补偿规模现值。基于医疗费用水平、增长率和补偿水平，确定预测期内补偿总水平的现值。

$$C = \sum_{t=2010}^{2050} \sum_{x=20}^{100} C_x^t \, u^t \, L_x^t \, (1+i)^{(2010-t)}$$
$$C_x^t = C_{x-1}^{t-1} * (1+k_t)$$

其中，k_t 为费用增速设定，其他参数见前文。

第二步，测算未来筹资规模现值。基于工资水平、增长率、缴费比例，测算预测期内总筹资水平的现值。

$$W = \sum_{t=2010}^{2050} \sum_{x=20}^{r} W_x^t \, c^t \, L_x^t \, (1+i)^{(2010-t)}$$
$$W_x^t = W_{x-1}^{t-1} * (1+j_t)$$

其中，r 为退休年龄，j_t 为工资增长率，其他参数见前文。

第三步，计算城镇职工基本医疗保险债务风险。在前文公式和数据

---

① 由于本研究关注的是医疗保险体系的隐性负债和基金债务，都是针对统筹基金而言的，所以，本研究计算中主要关注纳入统筹基金的缴费比例。

基础上，计算城镇职工基本医疗保险隐性负债、基金债务规模。

其中，基于静态人口预测结果，可以首先计算城镇职工基本医疗保险隐性负债，其公式如下：

$$D' = \sum_{t=2010}^{2050} \sum_{x=20}^{100} C_x^t u^t L_x^t (1+i)^{(2010-t)} - \sum_{t=2010}^{2050} \sum_{x=20}^{r} W_x^t c^t L_x^t (1+i)^{(2010-t)}$$

其中，C 表为实际补偿比，W 为缴费，L_x^t 为对应年份参保人数，其他参数见前文。

另外，基于动态人口，可以进一步计算城镇职工基本医疗保险基金债务，其公式如下：

$$D = \sum_{t=2010}^{2050} \sum_{x=20}^{100} C_x^t u^t L_x^t (1+i)^{(2010-t)} - \sum_{t=2010}^{2050} \sum_{x=20}^{r} W_x^t c^t L_x^t (1+i)^{(2010-t)}$$

基金债务是隐性负债的显性化，是更加接近实际情况的医疗保险体系债务。

（三）计划终止时债务参数说明

下文将进一步介绍城镇职工基本医疗保险计划终止时的债务模型和测算步骤。①

1. 计划终止时债务基本债务模型

《国务院关于建立城镇职工基本医疗保险制度的决定》（国发〔1998〕44 号）是城镇职工基本医疗保险制度全面建立的起点，也标志着我国传统劳保医疗和公费医疗制度向城镇职工基本医疗保险制度转变。而制度转轨必然产生转轨债务，特别是在传统公费医疗和劳保医疗制度下，职工并没有缴费，而转轨后的制度仍然保留了部分现收现付制度，在制度转轨时已经退休的"老人"对新的制度和基金并没有贡献，而"中人"对新建立的制度也仅有部分贡献。国家作为医疗保险制度的最后责任人，应当承担这部分债务。所谓计划终止时的债务，也就是2000 年城镇职工基本医疗保险制度开始普遍实施时，制度转轨过程中

---

① 计划终止时债务的研究并不是本研究的核心议题，是应评审专家的建议而增加的，但本研究对研究设定、参数选取等都进行了科学论证，确保估算计划终止时债务的准确性。另外，本研究中关于计划终止时城镇职工基本医疗保险的债务模型，参考了杨一心：《职工医疗保险历史债务研究》，浙江大学硕士学位论文，2010 年。本研究在测算过程中将估算范围扩展到了全国，并且，对相应参数设定进行了论证和优化。

"老人"和"中人"在原有制度中已经积累的养老权益的现值总和。在本书中，我们将研究以 2010 年为时点的计划终止时债务，是 2010 年时仍然存在的（剩余的）、计划终止后政府应承担的债务规模。

根据上文界定，本研究假设 1999 年 12 月 31 日为制度的转轨时间，2000 年 1 月 1 日全面实行新制度，转轨时间前退休的视为"老人"；在此时点之后参加工作、进入城镇职工基本医疗保险系统的人，被视为"新人"。"老人"所积累的历史债务主要由两部分组成，一方面是在发生医疗费用支出时，"老人"所享受到的医疗保险统筹基金的补偿；另一方面则是其个人账户每月所得到的统筹基金的划拨；这些均为"老人"所享有的医疗保障待遇，也是其在医疗保险体系中的历史债务内容。①

考虑到在城镇职工基本医疗保险实际运行中各地都设定了最低缴费年限，所以，对于"中人"，研究将其定义为城镇职工基本医疗保险制度转轨以前参加工作、制度转轨以后退休且实际缴费年限达不到最低缴费年限的参保人员。"中人"的历史债务同样由统筹部分和个人账户部分共同构成，但需要注意的是，由于"中人"在医疗保险基金中能够做出贡献（缴纳一定年份保费），同时也会享有一部分的权益，因此，其统筹部分与个人账户部分并非全部属于历史债务。因此，在计算"中人"的历史债务时，需要将其债务进行技术处理。在实际的测算过程中，本研究借鉴了何文炯（2009）在养老保险历史债务计算过程中所使用的"基于参保时段配比"的思想，通过"中人"的实际缴费年限，来计算其在医疗保险中的具体债务。②

另外，本研究的测算时点为 2010 年，测算的是 2010 年时计划终止后政府应承担债务的剩余规模，所以，还要区分"在职中人"和"退休中人"的概念。在职中人是 2010 年尚未退休的"中人"，退休中人

① 事实上，制度转轨中的"老人"从城镇职工基本医疗保险中获得了这部分待遇，而这部分待遇本来应当由原制度承担，而国家作为原制度的信用承担者和最后责任人，应当由国家承担。

② 何文炯、徐林荣、傅可昂等：《基本医疗保险"系统老龄化"及其对策研究》，《中国人口科学》2009 年第 2 期，第 74—83 页。

是 2010 年已经退休的"中人"，后文将分别计算在职中人和退休中人的债务。

进一步构建总体历史债务的测算模型。在模型构建之前，设定两个假设，对模型进行完善。第一，研究假定 2000 年为医疗保险的转轨时间；第二，研究基于政策梳理与对相应民政部门官员的访谈，并借鉴杨一心（2010）的设定，将城镇职工基本医疗保险的最低缴费年限设定为 20 年，这符合我国大多数地区的情况。[1]

基于这两个假设，研究认为第 k 年城镇职工基本医疗保险的计划终止时债务总额为：

$$D_k = D_1^k + D_2^k + D_3^k$$

D_k 是计算时点的计划终止时债务总额；D_1^k 计算时点计划终止时"老人"债务总额；D_2^k 计算时点时"退休中人"债务总额；D_3^k 计算时点计划终止时"在职中人"债务总额。

因此，在计算时点（2010 年），城镇职工基本医疗保险的计划终止时债务的现值可以表示为：

$$D' = \sum_{k=1}^{N} (D_k * v_k)$$

其中，D' 表示原医疗保险计划终止时历史债务的总现值，v_k 表示第 k 年的折现因子；$k = N$ 时，表示历史债务全部消化完毕。

2. 第 k 年"老人"计划终止时算法

如上文所述，"老人"债务包括统筹支出和个人账户的划拨。[2]

$$D_1^k = D_{11}^k + D_{12}^k$$

其中，D_{11}^k 表示"老人"债务中统筹支出部分；D_{12}^k 表示"老人"债务中的个人账户划拨部分。

具体而言，对于"老人"债务中的统筹部分计算方法如下：

---

[1] 本研究中关于计划终止时城镇职工基本医疗保险的债务模型参考了杨一心：《职工医疗保险历史债务研究》，浙江大学硕士学位论文，2010 年。

[2] 本研究中关于计划终止时城镇职工基本医疗保险的债务模型参考了杨一心：《职工医疗保险历史债务研究》，浙江大学硕士学位论文，2010 年。本研究在测算过程中将估算范围扩展到了全国，并且，对相应参数设定进行了论证和优化。

$$D_{11}^k = \sum_{j=r+k}^{\omega} L_{11j}^k \, C_{11j}^k$$

其中，L_j^k 表示第 k 年 j 岁的"老人"人口数量，C_j^k 表示第 k 年 j 岁"老人"的统筹基金补偿支出，ω 表示 2010 年"老人"生存的极限年龄，r 表示 2010 年"老人"的最低年龄。

对于"老人"债务中的划入个人账户部分计算方法如下：

$$D_{12}^k = \sum_{j=r+k}^{\omega} L_j^k \, b_j^k$$

其中，b_j^k 表示第 k 年 j 岁"老人"的个人账户划拨支出。

3. 第 k 年退休"中人"计划终止时债务算法

如上文所述，退休"中人"债务包括统筹支出和个人账户的划拨两部分构成。①

$$D_2^k = D_{21}^k + D_{22}^k$$

其中，D_{21}^k 表示退休"中人"债务中统筹支出部分；D_{22}^k 表示退休"中人"债务中的个人账户划拨部分。

对于退休"中人"债务中的统筹部分计算方法如下：

$$D_{21}^k = \sum_{j=r+k}^{r+10+k} \frac{j-k-45}{20} L_{21j}^k \, C_{21j}^k, \ t=(45，50)$$

其中，L_{21j}^k 表示第 k 年 j 岁的退休"中人"人口数量，C_{21j}^k 表示第 k 年 j 岁退休"中人"的统筹基金补偿支出，r 表示 2010 年退休"中人"的最低年龄，t 分别取值为 40 或 50，分别表示女性和男性能够满足最低缴费年限的年龄（按照男性职工 60 岁退休，女性职工 50 岁退休，2000 年算起，2010 年时退休"中人"的最低年龄分别为男性 50 岁、女性 40 岁）。

基于参保时段配比的思路，计算"中人"退休时的待遇。以第一批退休"中人"为例，当 2001 年退休时，其实际缴费年限为 1 年，同时视同缴费年限为 19 年（最低缴费年限设定为 20 年），因此，在制度

---

① 本研究中关于计划终止时城镇职工基本医疗保险的债务模型参考了杨一心：《职工医疗保险历史债务研究》，浙江大学硕士学位论文，2010 年。本研究在测算过程中将估算范围扩展到了全国，并且，对相应参数设定进行了论证和优化。

转型的过程中，按照参保时段配比的思路，其视同缴费年限占最低缴费年限比例为 19/20，进而确定其享受退休后待遇的 19/20。对于下文在职"中人"，缴费年限的配比思路也是这样，下文不再赘述。

对于退休"中人"债务中的划入个人账户部分计算方法如下：

$$D_{22}^k = \sum_{j=r+k}^{r+10+k} \frac{j-k-t}{20} L_{21j}^k b_{21j}^k, \quad t = (45，50)$$

其中，b_{21j}^k 表示第 k 年 j 岁退休"中人"的个人账户划拨支出。

4. 第 k 年在职"中人"计划终止时债务算法

对于在职"中人"，根据前文设定，本研究将其定义为 2000 年 1 月 1 日前参加工作，2010 年尚未退休，且缴费未达到最低缴费年限（20 年）的人员。[①] 其债务同样包括统筹支出和个人账户划拨两部分：

$$D_3^k = D_{31}^k + D_{32}^k$$

其中，D_{31}^k 表示在职"中人"债务中统筹支出部分；D_{32}^k 表示在职"中人"债务中的个人账户划拨部分。其中需要注意的是，由于职工基本医疗保险的历史债务是一种隐性负债，因此在职工退休前，其债务仍然未显性化。因此，在测算时，2010 年的债务为 0，同时，在计算当年历史债务时，也仅计算当其未来处于退休状态时的债务，即在职"中人"中，未来退休时所应偿还的历史债务。

因此，对于在职"中人"中，未来退休人员债务中的统筹部分计算方法如下：

$$D_{31}^k = \sum_{j=r+k}^{r+10+k} \frac{j-k-t}{20} L_{31j}^k C_{31j}^k, \quad t = (45，50)$$

其中，L_{31j}^k 表示第 k 年 j 岁的在职"中人"人口数量，C_{31j}^k 表示第 k 年 j 岁在职"中人"的统筹基金补偿支出，r 表示 2010 年在职"中人"的最低年龄，t 分别取值为 40 或 50，分别表示女性和男性能够满足最低缴费年限的年龄。

对于在职"中人"债务中的划入个人账户部分计算方法如下：

---

① 本研究中关于计划终止时城镇职工基本医疗保险的债务模型参考了杨一心：《职工医疗保险历史债务研究》，浙江大学硕士学位论文，2010 年。本研究在测算过程中将估算范围扩展到了全国，并且，对相应参数设定进行了论证和优化。

$$D_{32}^k = \sum_{j=r+k}^{r+10+k} \frac{j-k-t}{20} L_{31j}^k b_{31j}^k, \quad t = (45, 50)$$

其中，b_{31j}^k 表示第 k 年 j 岁退休"中人"的个人账户划拨支出。

5. 计划终止时债务的计算流程图

图2-5展示了本研究在测算城镇职工基本医疗保险计划终止时债务规模的流程。由于具体测算思路前文已经进行了部分论述，此处不再赘述。

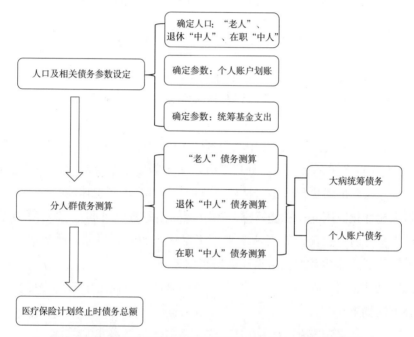

图2-5　城镇职工基本医疗保险计划终止时债务的计算流程图

6. 相关参数说明

下文进一步对计算城镇职工基本医疗保险计划终止时债务的相关参数进行说明。①

（1）参保人数

计划终止时债务主要计算的是"老人"与"中人"积累的历史债

---

① 本研究中关于计划终止时城镇职工基本医疗保险的债务模型参考了杨一心：《职工医疗保险历史债务研究》，浙江大学硕士学位论文，2010年。本研究在测算过程中将估算范围扩展到了全国，并且，对相应参数设定进行了论证和优化。

务（权益）。模型中"老人"的规模是既定规模，在测算计划终止时债务的过程中不会发生变化，在数据中表现为 2010 年的时点上，男性年龄在 70 岁及以上、女性年龄在 60 岁及以上的城镇职工基本医疗保险覆盖老年人口。模型中"中人"的范围则是在 2010 年时点，男性年龄在 50 岁以上、女性年龄为 40 岁以上的人口。①

（2）个人账户划账比率

根据我国城镇职工基本医疗保险的相关规定，在计算医疗保险的历史债务时，需要考虑划拨到医疗保险"老人"和"中人"个人账户中的资金，这也是历史债务的一个重要组成部分。而统筹基金划入个人账户资金的规模主要由人口规模、划账基数和划账比例三个参数确定。

由于现行职工基本医疗保险的相关文件中并没有规定统一的划账基数、划账比例，各地方对划账基数、划账比例有不同的设定方式。通过检索部分典型地区公开资料，并访谈有关部门工作人员和部分学者，研究发现当前对于个人账户资金的划账，各地制度主要通过两个途径来确定划账基数、划账比例：第一，以退休人员养老金平均水平为划账的基数，按照一个确定的比例来进行划账，代表性城市包括沈阳、南京、杭州、西安等地方；第二，部分地区以当地（或全省）平均工资作为划账基数，设定固定比例进行划账，如北京、上海、梅州等地方。所以，总的来看，当前我国退休人员医疗保险个人账户划拨，主要包括两种情况：一个是以在岗职工工资为划账基数，一个是以退休人员养老金平均水平为划账基数。

分析职工平均工资和老年金水平的历史数据，本研究发现 2010 年以后，职工工资与养老金增长的同步性日益增强。在 2010 年以前，我国各地方的职工工资与养老金的关系不算"紧密"，主要是由于二者增

①　在城镇职工基本医疗保险中，需要考虑到"中人"的数量可能会随着职工医疗保险的"扩面"有所增长，这就需要对"中人"数量的增长趋势进行估计。根据本研究对各地方职工基本医疗保险"扩面"政策的梳理，发现近年来城镇职工基本医疗保险"扩面"重点在于对进城务工人员、部分年纪较轻的民营、私企的从业人员等群体，多数属于医疗保险系统中的"新人"群体，因此，可以认为在城镇职工基本医疗保险"扩面"过程中，"中人"的增幅是有限的。因此，本研究在对"中人"的人口进行测算时，假定"中人"的人口在转轨后保持稳定（自然死亡率），形成的是一个封闭的人口系统。

长方式不同，职工工资与经济增长基本同步，而养老金水平提升则具有政策波动性，常常是政府政策作用的结果。所以，从结果来看，职工工资和养老金变动紧密性不算很高。然而，2010 年以后，特别是近几年，随着国家提出"让老年人公平享有改革发展成果"，更加重视老年人的分配和社会保障问题，养老金与经济发展和职工工资增长挂钩，逐步实现了同步增长。正是考虑到职工工资与养老金的同步关系，以及职工工资数据更容易获取，所以，本研究选用职工工资作为评估的划账基数。

在确定以职工平均工资作为划账基数后，研究需要进一步确定个人账户划账比率，来计算医疗保险统筹基金对退休人员个人账户划账所导致的债务。由于划账比例和划账基数紧密相关，本研究根据公开资料梳理了部分地区的划账基数和划账比例的方式，同时，考虑到养老金与职工工资之间的关系，在综合相关部门工作人员和专家建议的基础上，本研究设定如下划账比例方案：70 岁以上的退休人员，个人账户的划拨标准为平均工资的 3.5%，70 岁以下的退休人员，个人账户划拨标准为平均工资的 3%；同时考虑到各地个人账户划拨标准的差异，分别将标准上下浮动 0.5%，作为个人账户划拨标准的上限与下限；最后形成两个年龄段个人账户划拨的高、中、低三个方案。

表 2-10　部分地区退休人员个人账户划账标准规定

地点	划账标准	来源
杭州	以本人上年退休费或基本养老金为上账基数按 70 周岁以下（不含 80 周岁）5.8%、70 周岁以上 6.8% 的比例	《杭州市基本医疗保障办法》
沈阳	本人实际退休费 50 周岁以下（含 50 周岁）为 4.6%、51 周岁至 60 周岁（含 60 周岁）为 5.2%、61 周岁至 70 周岁（含 70 周岁）为 5.8%、71 周岁以上为 6.4%	《退休人员个人医疗保险账户划转政策调整》
西安	按退休养老金的 5% 划入	《西安市城镇职工基本医疗保险管理办法》

续表

地点	划账标准	来源
绵阳	以本人上年退休费或基本养老金为上账基数按 80 周岁以下（不含 80 周岁）4.4%、80 周岁以上 4.6%的比例	《绵阳市城镇职工基本医疗保险管理办法》
梅州	当地平均工资的 3.5%	《关于调整城镇职工基本医疗保险退休人员个人账户划账办法的通知》
马鞍山	为上年度全市在职工月平均社会保险缴费工资为基数，70 周岁以下为 4%、70 周岁及以上为 4.5%	《机关事业单位社会保险缴费方式和退休人员医疗保险个人账户划账方式调整相关政策解读》

（3）计划终止时债务的其他参数

需要说明，在计算计划终止时债务的过程中，职工医疗补偿水平、人均收入水平与医疗费用的增长率等参数，与前文在计算隐性负债时的设定保持一致，此处不再赘述。

三、城乡居民基本医疗保险债务模型部分参数补充说明

上文论述了我国城镇职工基本医疗保险债务模型部分参数补充设定和债务模型的具体化说明，下文将进一步针对城乡居民基本医疗保险的部分参数设定进行补充说明，并对债务模型具体化。城乡居民基本医疗保险的参数补充说明将重点对参保人口测算过程、居民缴费水平进行说明，并对城乡居民基本医疗保险债务模型进行具体细化。

（一）部分参数补充说明

1. 参保人口测算步骤

2016 年 1 月 12 日，国务院发布《关于整合城乡居民基本医疗保险制度的意见》，城乡居民基本医疗保险整合工作开启。[1] 由于本研究的测算时段从 2010 年开始，在 2010—2016 年之间，城镇居民基本医疗保险和新型农村合作医疗仍然是按照其各自系统分别运行，因此，我们仍然要对城镇居民基本医疗保险和新型农村合作医疗的参保人口规模进行

---

① 《关于整合城乡居民基本医疗保险制度的意见》（国发〔2016〕3 号），http://www.gov.cn/zhengce/content/2016-01/12/content_ 10582. htm。

分类预测评估。①

由于 2017 年城乡居民基本医疗保险制度整合，"制度整合允许 2—3 年过渡期"，城乡居民基本医疗保险实现筹资标准统一，所以，设定 2020 年城乡居民筹资标准实现统一。② 由于本研究测算时点为 2010 年（贴现时点），所以，计算隐性债务时将包括两个阶段，一个阶段是城乡居民基本医疗保险制度整合之前的债务，一个阶段是城乡居民基本医疗保险制度整合之后的债务。整合之前债务水平的计算，需要分别计算这一时期城镇职工基本医疗保险、新型农村合作医疗的债务风险水平，并加总。此外，由于本研究考虑到城乡居民在收入水平、医疗行为、优质医疗资源可及性等方面的差异，整个计算过程中将城镇居民和农村居民视为两个相对独立的人群，在医疗消费等方面设定不同参数，分别计算债务，之后再加总得到城乡居民基本医疗保险体系总的债务。所以，本研究仍然需要确定城镇居民基本医疗保险覆盖人口和新型农村合作医疗覆盖人口，具体测算见下文所述。

（1）城镇居民基本医疗保险参保人口预测

下文将进一步介绍城镇居民参保人口的测算。

第一，对全国人口规模、结构进行预测，详见上文。

第二，在名义城市人口预测的基础上，进一步扣除在城市工作、生活但仍参加新型农村合作医疗的农村居民人口，这部分人群的计算过程，详见城镇职工基本医疗保险相应说明，不再赘述。

注意，这部分人在 2017 年城乡居民基本医疗保险整合前参加的新型农村合作医疗，2017 年之后，参加的是城乡居民基本医疗保险，

---

① 需要强调，虽然按照国家政策，2017 年城乡居民基本医疗保险将基本整合完成，但是，整合以后仍然有 2—3 年的时间解决标准统一等问题。更为关键的是，由于两个人群存在异质性，即使城乡居民基本医疗保险完成整合以后，城镇居民和农村居民在医疗消费、就医行为、收入水平等方面仍然存在一定差别。所以，本研究在计算城乡居民基本医疗保险时，虽然在后期保险缴费、补偿比例等方面保持一致（2020 年后），但仍然尊重人群的异质性，实际计算城乡居民基本医疗保险覆盖人群时，仍然分别计算原城镇居民基本医疗保险覆盖人群和原新型农村合作医疗覆盖人口，便于分别计算医疗消费等。

② 《国务院关于整合城乡居民基本医疗保险制度的意见》（国发〔2016〕3 号），ht-tp：//www. gov. cn/zhengce/content/2016-01/12/content_ 10582. htm。

2020 年城乡居民基本医疗保险筹资标准统一完成，具体执行新的筹资政策。具体相关筹资水平设定详见下文筹资水平处。另外，计算城乡居民基本医疗保险覆盖人群时，会按照设定的比例趋势逐步扣除这部分人群中有工作的人群，将其逐步纳入城镇职工基本医疗保险，相关设定见城镇职工基本医疗保险参保人群说明。

第三，测算城镇地区就业年龄人口和退休年龄人口，进而计算非就业年龄人口规模，将人群分为三个部分，即未成年人、就业年龄人口、退休年龄人口三个群体，分别用于下文进行城镇居民基本医疗保险覆盖人群规模的计算过程。

第四，按照城镇居民基本医疗保险覆盖人群范围要求，未成年人全部纳入城镇居民基本医疗保险；就业年龄人口中，扣除就业人口，剩余人口纳入城镇居民基本医疗保险。

第五，达到退休年龄人口中，扣除城镇职工基本医疗保险和公费医疗参保人口。由于城镇职工基本医疗保险当前的退休年龄人口规模和占比，在前文已经进行了设定和论述，此处不再赘述。针对退休年龄人口中的公费医疗人口，通过《中国劳动统计年鉴》《中国人口统计年鉴》和人社部网站等公开渠道，确定这部分人群规模约为 72 万人。前文中关于城镇职工基本医疗保险参保人口预测说明部分已经详细论述、设定了公费医疗纳入城镇职工基本医疗保险的改革进程，至 2025 年，剩余公费医疗覆盖人口将完全纳入城镇职工基本医疗保险。考虑到"老人老办法"和制度转轨的平稳性，这部分老年人将维持公费医疗待遇不变，另外，考虑到我国人均寿命，本研究假设退休年龄人口中公费医疗覆盖人群占比将会逐步线性降低，截至 2050 年，该比例将基本下降为 0。[1]

（2）新型农村合作医疗参保人口预测

进一步预测新型农村合作医疗覆盖的人口规模。新型农村合作医疗

---

[1] 考虑到我国当前平均余命水平，公费医疗覆盖人群寿命相对高于普通人群，2025 年制度转轨完成，公费医疗全部转入城镇职工基本医疗保险，在此之前退休的公费医疗人口，仍然享有公费医疗待遇，这些人的剩余寿命平均约为 20 年，考虑到个人的差异性，2050 年此人群在退休年龄人口中占比将接近零。上述假设符合我国政策改革的基本趋势，但可能存在些许误差，但是，对于庞大的老年人总体规模基数来说，退休年龄人口中公费医疗人群规模误差的影响非常微小，可以忽略不计。

覆盖范围广泛，几乎覆盖了所有农村居民。然而，值得注意的是，随着我国进城农民工数量的增加，大量的新型农村合作医疗参保人口进入城市居住，这些人中，一部分参加了城镇职工或城镇居民基本医疗保险，但仍然有相当数量人口仍然参加新型农村合作医疗。也就是说，新型农村合作医疗参保人口不仅包括了所有的名义农村人口，还包括一些进入城市的农民工。① 因此，本研究要计算新型农村合作医疗覆盖人口，需要同时计算农村名义人口和在城市的参加新型农村合作医疗的人口。

新型农村合作医疗覆盖人口的计算，是在名义农村人口预测的基础上，进一步加上在城市工作、生活但仍参加新型农村合作医疗的农村居民人口，这部分人群的计算过程，详见城镇职工基本医疗保险相应说明，不再赘述。将名义农村人口和城镇中工作、生活但参加新型农村合作医疗的人口加总，即为所有参加新型农村合作医疗的人口，同时，本研究 2010—2015 年都将使用真实数据，之后将结合各个子人群的预测结果，加总获得参加新型农村合作医疗的参保人口规模变动趋势。②

城镇居民基本医疗保险、新型农村合作医疗（整合后称为城乡居民基本医疗保险）覆盖人口预测结果详见本书附录。

2. 居民个人缴费计算

正如上文所述，由于《国务院关于整合城乡居民基本医疗保险制度的意见》（2016 年 1 月 12 日）发布，要求各地开始推进城乡居民基本医疗保险试点工作，按照文件要求，2017 年将统一实施城乡居民基本医疗保险。③ 而本研究的测算时间基点是 2010 年，所以，本研究的

---

① 长期以来，由于我国三大基本医疗保险在人群覆盖设计方面存在差异，特别是新型农村合作医疗强调以家庭为单位参保，而农村居民进城务工以后，通常被要求在工作单位参加城镇职工基本医疗保险，这也就造成了部分人口存在重复参保问题。本研究在分析时也考虑到了重复参保人群。但是，由于这部分人群相对规模较小，且随着保险制度的规范化，人数呈下降趋势。特别是城乡居民基本医疗保险整合以后，新的居民医疗保险可能某种程度上不再强调以家庭为单位参保，这一定程度上也必然会降低重复参保可能性，重复参保的比例可能会在未来两大保险体系稳健运行基础上下降为零。

② 当然，2017 年后，城乡居民基本医疗保险制度实施，原新型农村合作医疗覆盖人群被纳入城乡居民基本医疗保险，并且，将于 2020 年城乡居民筹资标准实现统一。

③ 《国务院关于整合城乡居民基本医疗保险制度的意见》（国发〔2016〕3 号），http://www.gov.cn/zhengce/content/2016-01/12/content_ 10582. htm。

测算过程将包括两个阶段，即城乡居民基本医疗保险整合前后两个阶段。也正因为如此，在居民缴费水平的测算时，应当充分考虑城乡居民在整合前后的缴费标准变动状况。

1）城乡居民基本医疗保险整合前缴费设定

《国务院关于整合城乡居民基本医疗保险制度的意见》要求将在2017 年基本实现城乡居民基本医疗保险的整合工作；同时文件要求要统一筹资标准，允许 2—3 年的过渡期。① 所以，本研究设定 2020 年城乡居民基本医疗保险统一筹资标准，而 2020 年之前，筹资标准仍然基本按照原有城镇居民基本医疗保险、新型农村合作医疗各自的增长趋势增长。

在筹资具体方式方面，不同基本社会医疗保险存在显著的差异，其中，城镇职工基本医疗保险采用的是比例制，即筹资水平以工资收入为基础，按照一定的固定比例缴纳保险费；而城镇居民基本医疗保险和新型农村合作医疗则不同，缴费方式选择一个固定水平。当然，在具体的筹资过程中，城镇居民基本医疗保险和新型农村合作医疗也存在区别，新型农村合作医疗是以家庭为单位，人均缴费水平是一样的，不同人之间的缴费水平不存在差异；而城镇居民基本医疗保险则采取了人群差异化的筹资方式，不同类型的城镇居民缴费的具体额度存在一定差别。②

由于不同地区的经济水平和医疗水平存在差异，因此，我国在制定城镇居民基本医疗保险和新型农村合作医疗的具体缴费标准时，也存在显著的区域差异，同一项制度在不同地区的筹资水平都存在一定差别。特别是，国家在进行制度补贴时，也是分东、中、西部地区确定不同补贴标准的。

我国不同地区、城乡之间制度设计虽然在大致框架上一致，但在具体的缴费和补偿方面，仍然是标准和做法差别较大，而且，我国医疗保

---

① 《国务院关于整合城乡居民基本医疗保险制度的意见》（国发〔2016〕3 号），http://www. gov. cn/zhengce/content/2016-01/12/content_ 10582. htm。

② 前文已经说明，本研究在分析城乡居民基本医疗保险缴费时，仍然充分考虑制度整合的时间周期，以及城镇居民基本医疗保险、新型农村合作医疗覆盖的两个人群在收入、行为等方面的异质性，既考虑了制度整合前两个人群的筹资安排差异，也考虑了制度整合后，特别是未来筹资标准整合后，两个人群在缴费方面的逼近特征。具体研究设定，此处不再赘述。

障具有典型的碎片化特征，分散为多个统筹单元。① 所以，在计算不同险种的全国债务风险水平时，将数千个统筹单元内的债务风险规模分别计算并加总得到全国总的债务风险规模，这个思路是理想化、不现实的。同时，简单利用个别城市筹资水平替代的计算方式，也将是有偏的。考虑到国家在制定城镇居民基本医疗保险、新型农村合作医疗缴费、补贴标准时，总体上按照东、中、西分区域实施不同的标准，同时，考虑到地域内制度安排的相似性、区域间制度安排的差异性，本研究将在调查典型区域相关数据的基础上，分别计算东、中、西区域缴费标准的代表性水平，作为区域内缴费均值水平的代表水平，纳入后续的计算过程。

在城镇居民基本医疗保险、新型农村合作医疗筹资水平的具体计算过程中，本研究分东、中、西三大区域，分别选取不同规模、区位、经济发展水平的城市作为代表城市，采集 2010 年对应城市的筹资水平和结构水平，之后，分区域、分险种计算区域内的平均水平，并以平均水平作为后续区域内不同险种债务风险测算的基础。选取的城市、对应的筹资水平详见表 2-11。

表 2-11　部分城市城镇居民基本医疗保险筹资水平

（单位：元）

区域	城市	在校学生、少年儿童、18 岁以下居民	政府补助额度	老年居民	政府补助额度	其他从业居民	政府补助额度
东部	济南	100	60	500	300	500	100
	沈阳	240	120	495	198	495	40
	青岛	100	60	900	600	900	180
	石家庄	150	110	300	100	300	50
	南京	150	50	450	225	450	0

---

① 事实上，我国不同地区的三大基本医疗保险制度由于差别较大、存在分割、城乡高度碎片化特征，制度本质上分为数千个风险统筹单元，如果分别收集每个风险单元的数据再进行加权平均计算，过程浩繁、工作量巨大，本质上是不可能的，也超出了研究团队的能力。所以，我们选择了分区域调查典型地区，分别计算平均水平来作为代理水平的做法。

续表

区域	城市	在校学生、少年儿童、18岁以下居民	政府补助额度	老年居民	政府补助额度	其他从业居民	政府补助额度
中部	哈尔滨	90	60	330	265	330	60
	长沙	80	40	300	240	300	75
	武汉	100	80	420	370	420	80
	南昌	100	40	240	96	240	96
	郑州	90	40	330	80	330	80
西部	兰州	160	80	200	120	200	120
	南充	100	80	260	170	260	80
	西安	100	70	250	70	250	70
	银川	80	40	200	40	200	40
	乌鲁木齐	80	60	180	120	180	60

表2-12　部分城市新型农村合作医疗筹资水平

（单位：元）

区域	城市	筹资标准	政府补助
东部	济南	400	320
	沈阳	350	280
	青岛	250	200
	石家庄	350	280
	南京	420	315
中部	哈尔滨	290	240
	长沙	198	178
	武汉	185	155
	南昌	340	280
	郑州	550	410

续表

区域	城市	筹资标准	政府补助
西部	兰州	220	190
	南充	150	120
	西安	150	120
	银川	60	40
	毕节	140	120

按照上文说的计算区域内平均筹资水平的方法，分区域分别计算总平均筹资水平、政府补贴平均和个人筹资水平。结果见表2-13（数据是2010年的相应缴费水平）。

另外，为了预测未来城乡居民基本医疗保险的基金负债状况，本研究对两项制度未来的缴费水平变动作出设定和预测。考虑到城乡居民基本医疗保险（城镇居民基本医疗保险、新型农村合作医疗）是按固定金额而不是按收入比例缴费，其缴费金额也会随居民收入水平、经济发展水平和医疗费用状况变动而调整，所以，本研究设定城乡居民基本医疗保险（城镇居民基本医疗保险、新型农村合作医疗）筹资水平增长幅度与城镇居民可支配收入、农村居民纯收入增长幅度分别基本保持一致，并考虑居民缴费标准不是每年调整，综合考虑以往缴费水平调整的频率和未来政策的平稳性，本研究设定为每5年调整1次，每次调整后的水平将与5年线性增长的结果相一致。[1]

表2-13 城镇居民基本医疗保险平均筹资水平

（单位：元）

		东部地区	中部地区	西部地区
在校学生、少年儿童、18周岁以下居民	筹资标准	148	92	104
	政府补助额度标准	80	52	66
	个人缴费标准	68	40	38

---

[1] 考虑城乡居民基本医疗保险整合，按照文件要求，2016年开始推进整合工作，2017年基本实现两项制度整合，制度、管理等基本上可以实现一致，但筹资标准允许2—3年整合期。本研究设定筹资金额的增长幅度与城镇居民可支配收入、农村居民纯收入增幅分别保持一致。同时，考虑到标准调整并非每年进行，所以，本研究设定为每5年调整1次。

续表

		东部地区	中部地区	西部地区
老年居民	筹资标准	529	324	218
	政府补助额度标准	284.6	210.2	104
	个人缴费标准	234.4	113.8	114
其他非从业居民	筹资标准	529	324	218
	政府补助额度标准	74	78.2	74
	个人缴费标准	455	245.8	144

表 2-14 新型农村合作医疗平均筹资水平

（单位：元）

	东部地区	中部地区	西部地区
筹资标准	284	267	146
政府补助	224	217	119
个人缴费	60	50	27

2）城乡居民基本医疗保险整合后缴费设定

应该看到，在 2016 年发布《国务院关于整合城乡居民基本医疗保险制度的意见》之前，部分地区（包括部分省、市、县）已经开展了整合城乡居民基本医疗保险的试点工作，在实践上取得了一定积极效果，也积累了宝贵的整合经验。总的来看，地方实践基本上采取了"先归口、后整合"的路径，通过首先理顺管理关系，进而推进制度调整与改革。在整合后的筹资机制方面，地方探索也是多种多样的，部分地区直接将筹资和待遇机制全部进行了统一，部分地区则采取了"筹资就低不就高、待遇就高不就低、目录就宽不就窄"的方式。所以，前期地方的整合实践在筹资方式上呈现"一制一档""一制多档"并存的局面。地方整合城乡居民基本医疗保险的实践经验在一定程度上扩大了地方医疗保险基金风险池，增强了抗风险能力，同时，也解决了长期困扰我国医疗保险制度重复参保、重复补贴、重复建设等固有问题。

·109·

（1）城镇居民基本医疗保险整合中关于筹资政策的解读

2016 年 1 月 12 日，《国务院关于整合城乡居民基本医疗保险制度的意见》（以下简称《意见》）发布，要求各统筹地区要于 2016 年 12 月底前出台具体实施方案，将在 2017 年基本实现城乡居民基本医疗保险的整合工作。[①]《意见》的出台，标志着我国在全国范围内系统推进医疗保险体系改革具有了顶层方案设计，而且，国家出台统一的指导性意见，将有利于提升全国范围内两项制度改革的规范性，从而为我国整个医疗保险体系的改革与发展奠定良好的基础。

《国务院关于整合城乡居民基本医疗保险制度的意见》明确要求"坚持多渠道筹资，继续实行个人缴费与政府补助相结合为主的筹资方式，鼓励集体、单位或其他社会经济组织给予扶持或资助。各地要统筹考虑城乡居民基本医疗保险与大病保险保障需求，按照基金收支平衡的原则，合理确定城乡统一的筹资标准。现有城镇居民基本医疗保险和新型农村合作医疗个人缴费标准差距较大的地区，可采取差别缴费的办法，利用 2—3 年时间逐步过渡。整合后的实际人均筹资和个人缴费不得低于现有水平"[②]。

同时，《意见》还强调，"在精算平衡的基础上，逐步建立与经济社会发展水平、各方承受能力相适应的稳定筹资机制。逐步建立个人缴费标准与城乡居民人均可支配收入相衔接的机制。合理划分政府与个人的筹资责任，在提高政府补助标准的同时，适当提高个人缴费比重"[③]。

进一步对《意见》中关于筹资的相关内容进行解读，可以归纳我国此轮城乡居民基本医疗保险整合关于筹资机制设定的要点如下：

第一，坚持多渠道筹资。《意见》明确了整合后城乡居民基本医疗保险的筹资来源，要鼓励和坚持多渠道筹资，虽然，政府财政支持和个人缴费是当前城乡居民基本医疗保险的主要筹资来源，但是，努力建立

---

① 《国务院关于整合城乡居民基本医疗保险制度的意见》（国发〔2016〕3 号），http://www. gov. cn/zhengce/content/2016-01/12/content_ 10582. htm。
② 《国务院关于整合城乡居民基本医疗保险制度的意见》（国发〔2016〕3 号），http://www. gov. cn/zhengce/content/2016-01/12/content_ 10582. htm。
③ 《国务院关于整合城乡居民基本医疗保险制度的意见》（国发〔2016〕3 号），http://www. gov. cn/zhengce/content/2016-01/12/content_ 10582. htm。

一个筹资来源多渠道的制度，对于我国居民医疗保险筹资机制稳定有重要意义。

第二，各地要统筹考虑，并合理确定城乡统一的筹资标准。《意见》中对这一点表述较为明确，也就是说，要建立统一的筹资标准，这是整合城乡居民基本医疗保险筹资政策的近期目标。另外，这个统一的筹资标准建立后，将不会再分设不同的缴费档次，所有城乡居民都将执行统一的筹资标准。

第三，设置了统一筹资水平过渡期。考虑到当前部分地区内部经济社会发展水平仍然存在较大差异，直接将城乡居民筹资标准统一，可能存在一定困难，所以，《意见》为这些地区标准的统一提供了2—3年的过渡期。在过渡期内，地方可以通过逐步缩小档次差距，在适度提升个人缴费标准的同时，加大财政支持力度，

第四，整合后的实际人均筹资和个人缴费不得低于现有水平。考虑到整合的目标和整合后所要达到的待遇水平，城乡居民基本医疗保险基金需要保持稳定，而且，需要维持一定的增长速度，也就是说，从平均来看，人均缴费水平不能降低；同时，个人缴纳水平也不能降低，这样才能确保整合后医疗保险基金的平衡与稳定，也才能够支撑整合后补偿待遇的提升。

第五，筹资水平要基于经济发展和各方承受能力。考虑到我国老龄化背景，以及人对健康和医疗的需求，医疗费用增长在世界范围内是一个普遍的趋势。但是，从筹资来看，还是要充分考虑本地经济发展和居民收入水平，充分尊重居民、地方财政等各方的承受能力，确定一个各方都能接受的筹资标准。

第六，要建立个人缴费标准与城乡居民人均可支配收入相衔接的机制。应该看到，近些年来，随着国家对城乡居民基本医疗保险发展的支持，在财政对城镇居民基本医疗保险和新型农村合作医疗的大力补贴的情况下，城镇居民基本医疗保险和新型农村合作医疗的筹资标准逐年都有一定幅度的提高。但是，居民个人缴费的增长仍然是缺乏标准和依据的，特别是，缺乏一个固定的增长机制，这也是导致财政补贴在总筹资中占比较高的重要原因。所以，较为迫切的是建立居民个人缴费与居民

收入水平的动态衔接机制，从而建立较为稳定、合理的医疗保险筹资机制。

第七，合理调整筹资来源结构。应该看到，我国城镇居民基本医疗保险和新型农村合作医疗建立之初，个人缴费占筹资总额的比例是相对较高的，但是，随着筹资标准逐次提高，财政资金在总筹资中占比不断提高，个人缴费比例不断降低，至今财政补贴资金约占总筹资的80%，两项制度存在较为明显的福利化倾向。应当在保证总筹资水平稳步提升的基础上，逐步提升个人缴费在总筹资中的占比，直至到一个合理的比重。

当然，在待遇补偿层面，《意见》要求应保障公平，避免城乡、区域差距过大，应注重提升实际补偿水平，并应满足城乡居民基本用药需要。

（2）城镇居民基本医疗保险整合后筹资政策的设定

上文对《国务院关于整合城乡居民基本医疗保险制度的意见》（国发〔2016〕3号）中关于筹资的主要政策规定进行了解读，下文将基于上文解读，谈一下对我国城乡居民基本医疗保险整合的认识，并介绍本研究对城乡居民基本医疗保险筹资水平整合的基本设定和依据。

①关于整合城乡居民基本医疗保险的几点认识和判断

下文的几点认识和判断基于上文解读，同时，本研究还访谈了人社部、卫计委等相关部委的工作人员以及部分专家学者，本研究综合得到如下几个方面的认识和判断。这些判断和认识也将为下文城乡居民基本医疗保险整合后筹资水平设定奠定基础。

第一，整合后城乡居民基本医疗保险筹资标准一定是提高的。结合我国近年城镇居民基本医疗保险、新型农村合作医疗两项制度筹资标准的变动情况，可以判断，近年两项制度的筹资标准是不断提升的，这一方面是源于城乡居民对医疗保险待遇水平的需求，另一方面也是因为城镇居民基本医疗保险和新型农村合作医疗的筹资水平与城镇职工基本医疗保险的筹资水平相比还相去甚远，这制约了城乡居民更高水平医疗服务需求的满足。综合近年的趋势和现实需求，可以判断，整合后的城乡居民基本医疗保险其筹资水平仍然会进一步提升。从某种意义上，筹资水平的提升与城乡居民基本医疗保险整合并没有直接关系，只不过，此次整合加速了筹资水平的调整，也将直接缩小城乡居民在筹资水平方面的差距。

第二，认为城镇居民基本医疗保险的筹资水平高于新型农村合作医疗存在误判。当前，社会上存在一些误判，比如认为城镇居民基本医疗保险筹资水平高于新型农村合作医疗，农村居民的筹资与城镇居民基本医疗保险相比仍然有一定差距。其实，这种观点本身就是一种误判。从公开数据来看，我国近些年城镇居民基本医疗保险人均筹资水平和新型农村合作医疗人均筹资水平非常接近，甚至新型农村合作医疗人均筹资水平还要略微高于城镇居民基本医疗保险。造成这一现象的主要原因是，虽然城镇居民基本医疗保险的成年人筹资标准在很多地区显著高于新型农村合作医疗人均筹资标准，但是，由于城镇居民基本医疗保险不同人群的筹资存在结构性差异，儿童、学生等未成年人的筹资水平显著低于城镇成年居民，所以，人均筹资方面城镇居民基本医疗保险并没有显著优于新型农村合作医疗，二者人均筹资标准是非常接近的。[1] 从这个意义来看，如果将新型农村合作医疗筹资标准作为整合后的统一的筹资标准，该标准应基本上与当前新型农村合作医疗与城镇居民基本医疗保险人均筹资水平基本等同。当然，由于城乡居民基本医疗保险实际保障水平仍然相对较低，仍然需要进一步提高实际筹资水平。也正是基于上述判断，本研究在预测时，将城镇居民基本医疗保险中成年人筹资标准作为上限，而将新型农村合作医疗筹资标准作为下限，将此区间作为了制度整合后的筹资水平区间。

第三，整合后制度的最终目标是实现一制一档的筹资水平。按照文件规定，整合后的城乡居民基本医疗保险会采用统一的筹资政策，允许

---

① "从筹资标准来说，2014 年城镇居民基本医疗保险与新型农村合作医疗人均是 414 元和 409 元，比较接近。待遇水平有两个方面，一个是待遇范围，现在两项都是以住院为主兼顾门诊。两个制度有一些差异，新型农村合作医疗包含的范围除了住院门诊之外还有住院分娩，有的地方还要拿出部分经费做体检。新型农村合作医疗有 22 种大病保障，这是城镇居民基本医疗保险没有的。所以，不能笼统认为新型农村合作医疗的待遇水平低于城镇居民基本医疗保险；正因为两个制度水平比较接近，所以才有整合的基础。"资料来源：http://www.weixinnu.com/tag_article/1363006886。

在差异较大的地区存在 2—3 年的过渡期，但最终的制度整合目标是一制一档，这其中包括目前采取相对较低筹资水平的学生和未成年人，制度整合后，所有人的筹资标准都将走向统一。虽然当前部分地区在整合方案中仍然采用了"一制两档""一制多档"设计，但这种设计方案仅仅是过渡性的，最终目标仍然是一制一档，即所有城乡居民采用同样的筹资标准。但各地在制定本地缴费标准统筹方案时也呈现出一定的差异性，如河北省就在文件中明确了不为学生、未成年再单独设定筹资档次，而也有部分地区就采用了"一制两档"等制度设计。具体是否选择筹资标准统一的过渡期，以及过渡期内选择什么样的具体缴费档次，也往往呈现不同路径。

更为重要的是，长期一制多档将可能损耗居民医疗保险的实际保障效果，不适宜长期采用。由于考虑到区域内城乡发展水平的差异，以及原有城乡居民在个人缴费标准方面的差异，部分地区采用了"一制两档""一制多档"的制度设计。但是，从某种意义上来看，这种制度设计可能存在违反公平的可能，可能会诱致更多身体健康的人选择较低的筹资档次，从而形成"逆向选择"，反而影响了医疗保险待遇的保障能力。[1]

第四，整合后城乡居民基本医疗保险采用统一筹资标准的难度并不大。从长远来看，这主要是因为在城乡居民基本医疗保险总的筹资中，政府筹资已经占到了 80%，个人缴费在总筹资中占比约为 20%，而且，从现状和趋势来看，政府仍然会进一步补贴城乡居民参保。综合上述判断，我们认为整合城乡居民基本医疗保险后，个人缴费标准提高的难度并不大。另外，当前城镇居民基本医疗保险和新型农村合作医疗两项制度的财政补贴力度一致，这也为统一两项制度的筹资标准奠定了基础。

---

[1]　当然，城乡居民基本医疗保险制度整合最终选择统一筹资标准，某种意义上也是由现实条件限制而导致的，或者说，同等筹资水平本质也是一种"妥协"。主要是由于缺乏必要、可信的收入核查机制，无法有效地识别和判断城乡居民的收入水平，从而无法按照一定比例（像城镇职工基本医疗保险一样）缴纳保费。而实际上，在部分地区，城镇居民收入水平并不一定就高于区域内的农村居民，所以，很难确定城镇居民和农村居民采取差别化的缴费政策，也很难按照固定比例缴纳保费，选择同等筹资标准也是在这些约束条件下"不得已的选择"。

第五，认为城乡居民基本医疗保险整合后，农村居民保险待遇会大幅提升是一种误判。从补偿所覆盖的目录以及其实际补偿比例来看，城镇居民基本医疗保险的待遇水平要好于新型农村合作医疗，但是，从总的基金使用、补偿角度看，这种理解是一种误判。虽然部分地区城镇居民基本医疗保险的补偿目录要略宽于新型农村合作医疗，但是，由于城镇居民基本医疗保险人群中有相当数量的学生和未成年人，这部分人群健康状况较好，对医疗保险基金的花费十分有限，所以，平均下来，人均实际待遇水平与新型农村合作医疗是较为接近的。从这个角度上来说，城镇居民基本医疗保险和新型农村合作医疗当前实际待遇平均水平差距不大，城乡居民基本医疗保险整合后会带来新型农村合作医疗待遇大幅提升是一种误判。

另外，也应该看到制度整合并不会完全消除两个人群之间的差异，由于收入水平、优质医疗资源可及性和医疗消费习惯等方面的差异，农村居民的就医诊疗习惯也仍将长期与城镇居民存在一定差异。所以，从这个意义来讲，认为城乡居民基本医疗保险整合后农村居民医疗花费将出现井喷也是不合理的。而且，制度整合后的设计将会重点防止基金陷入债务风险，对城乡居民医疗消费的过度释放将会适度控制，特别是地方总额控制支付方式的探索，也会一定程度上抑制医疗需求的过度释放。

所以，综合来看，城乡居民基本医疗保险整合，由于待遇就高不就低，而且，随着筹资水平的提升，整合后城乡居民医疗待遇也必然会有一定程度的提升，但是，这并不意味着农村居民的医疗待遇和花费将会大幅提升至城镇居民水平，提升幅度仍然将是适度的、有限的、渐进的。

②对城乡居民基本医疗保险整合筹资水平的设定

第一，关于筹资标准的设定。基于上文分析，本研究对整合后城乡居民基本医疗保险的筹资水平进行设定。考虑到当前城乡居民人均实际筹资水平基本相当，同时，也考虑到《意见》中关于人均筹资和个人缴费水平不降低的要求，以及部分已经整合地区缴费水平的实际设定情况，本研究认为，可以将新型农村合作医疗的筹资水平作为整合后城乡居民医疗筹资水平的下限（低方案），将城镇居民基本医疗保险中成年居民的筹资水平作为整合后城乡居民基本医疗保险筹资水平的上限（高方案），而将上下限的中间水平作为城乡居民基本医疗保险整合后筹资水平的中间值，在预测时可以视为中方案水平。

相对于高方案和低方案，中方案的预测与现实实际情况可能更加接近。这主要是因为，如果将整合后城乡居民基本医疗保险人均筹资水平等于新型农村合作医疗当前人均筹资标准，将导致整合后筹资总规模基本没有变化（增长），同时，考虑到实际已经整合的部分地区，都在整合过程中提升了筹资水平，所以，本研究认为整合后城乡居民基本医疗保险筹资水平将有一定程度的提升是符合预期的。而另一方面，由于在高方案下，所有城乡居民筹资水平都达到现有城镇居民基本医疗保险成年居民的水平，这将导致整个筹资水平大幅提升。这一方案虽然可以大幅提升城乡居民基本医疗保险基金的规模和抗风险能力，但是，由于其短期内将农村居民缴费提高幅度较大，可能在现实中存在困难。而从已经整合的部分地区来看，虽然有少数地区设定整合后的筹资标准超过了原有城镇居民成年人的筹资水平，但是，整合后筹资水平介于当前城镇居民基本医疗保险成年居民筹资水平和新型农村合作医疗人均筹资水平之间的概率更高。

本研究在预测过程中将呈现中等筹资水平的评估和预测结果，并将高方案结果作为辅助说明放在本书附录中，以便进行对比，同时，也部分发挥了敏感性分析的作用。

第二，政府补贴占总筹资比例设定。综合城乡居民基本医疗保险中政府补贴占比的变动趋势，可以发现，这一比例已经从最开始的50%逐步攀升至约80%，政府补贴在城乡居民基本医疗保险筹资中占比不断提升。部分学者批评城镇居民基本医疗保险和新型农村合作医疗有过度福利的倾向，而且，由于居民缴费征收成本并不低，所以，部分学者认为没有必要将其界定为保险，直接界定为社会福利，取消居民缴费部分，这反而有利于降低征缴成本。本研究也认为，如果政府补贴比例过高，会影响保险性质的发挥，既然整个制度定义为社会保险，而且，《意见》中也提到要逐步提高个人缴费在总筹资中的占比，可以看出，国家仍然将其界定为社会保险，而不是社会福利，并且，希望其进一步向社会保险方向调整（筹资比例结构）。

综合上述原因，本研究认为，在当前政府补贴占筹资比重已经达到80%的背景下，《意见》提出要逐步、适度提高个人缴费占比，政府补贴占比应当是有所下降的。同时，考虑到不同保险制度待遇的公平性问题，以及城乡居民的实际收入水平现实，本研究认为政府补贴占总筹资比重从80%逐步下降到75%（2050年）是比较合理、符合现实的。[①]我国城镇职工基本医疗保险的筹资结构中个人筹资约占25%，企业筹资约占75%（按照文件规定，分别按照职工工资收入的2%和6%缴费）。[②]当然，考虑到政府补贴对于引导居民个人缴费、提升城乡居民筹资水平的积极作用，在相当长的时期内，政府的财政补贴力度都应当是不断加强的，这也决定政府的财政补贴比例不可能短期内下降，城乡居民基本医疗保险筹资中政府财政补贴占比下降速度（个人缴费占比提升的速度）将是一个缓慢、渐进的过程。[③]

第三，关于医疗消费的说明。在上文中，本研究已经论述，城乡居民基本医疗保险整合后，农村居民的医疗待遇会有一定幅度提升，但不会有很大幅度提升，提升幅度应当是有限的，这主要是由于收入水平、优质医疗资源可及性、就医诊疗习惯等因素决定。所以，本研究设定，在城乡居民基本医疗保险整合完成后，农村居民人均医疗花费会有小幅上升，提升至原城镇居民基本医疗保险、新型农村合作医疗消费水平的中间值。此后，二者分别按原有设定增长趋势增长。从长远来看，只有

---

① "2015年，新型农村合作医疗与城镇（城乡）居民基本医疗保险人均政府补助标准均为380元，但在个人缴费上，城镇（城乡）居民基本医疗保险缴费略高于新型农村合作医疗，因此两者的人均实际筹资分别为515元和490.3元，个人缴费占基金收入的比例分别为22.6%和18%。"资料来源：http://finance.china.com.cn/industry/medicine/yyw/20160822/3869143.shtml。

② 当然，本研究访谈的学者中也有少数人认为，政府补贴比例可以降至50%，认为个人缴费和政府补贴比例可以确定为5：5，这样与制度建立之初的筹资结构就基本一致。但是，本研究认为，不论考虑到当前政府补贴已经占比较高的现实，还是城乡居民的个人缴费能力，或者基于城镇居民基本医疗保险与城镇职工基本医疗保险制度公平等方面的因素考虑，政府补贴占比下降至50%都不甚可行。

③ 从这个意义来看，在城乡居民基本医疗保险筹资结构中，政府补贴占比长时间维持80%比例的可能性是较大的。

城乡差异彻底消失时，收入水平、医疗习惯、优质医疗资源可及性等方面无差异时，城乡居民两个人群的医疗花费水平才能达到彻底一致。

（二）债务模型具体化

下文也将进一步在前文债务模型广义公式的基础上，对城乡居民基本医疗保险的债务模型设定进行具体化。计算城乡居民基本医疗保险隐性负债的方法与城镇职工基本医疗保险隐性负债的测算方法思路相同，即计算出在一个封闭的人口内，总的医疗费用补偿与总缴费之差的现值即可。与城镇职工基本医疗保险起始年龄是工作年龄不同，城乡居民基本医疗保险的总缴费与总医疗费用补偿都从 0 岁开始计算。①

$$D' = \sum_{t=2010}^{2050} \sum_{x=0}^{100} C_x^t\, u^t\, L_x^t\, (1+i)^{(2010-t)} - \sum_{t=2010}^{2050} \sum_{x=0}^{100} G^t\, L_x^t\, (1+i)^{(2010-t)}$$

其中，各参数的假设与城镇职工基本医疗保险相同，G^t 表示具体缴费金额，此处测算使用的是静态人口模型。

同样，与城镇职工基本医疗保险一样，城乡居民基本医疗保险的基金债务预测方式与隐性负债类似，但是，具体计算过程中将基于动态人口模型进行预测，即考虑新人加入对基金收入和支出带来的影响。城乡居民基本医疗保险基金债务计算公式如下，具体解释和说明可以参见上文中对城镇职工基本医疗保险相应部分的解释和说明。

$$D = \sum_{t=2010}^{2050} \sum_{x=O}^{100} C_x^t\, u^t\, L_x^t\, (1+i)^{(2010-t)} - \sum_{t=2010}^{2050} \sum_{x=0}^{100} G^t\, L_x^t\, (1+i)^{(2010-t)}$$

---

① 应当说明，城镇居民基本医疗保险的计算是基于一个理想状态，课题组在计算过程中，对就业之前的未成年人都是纳入城镇居民基本医疗保险计算，但是，在达到就业年龄后，对人群又进行了细分，按照采集的参数和设定的趋势，分为无劳动能力、无业失业、城镇居民基本医疗保险、公费医疗几类人群。所以，此处公式仅是揭示计算城镇居民基本医疗保险隐性负债的思路过程。下文中的基金债务也适用于此处解释说明。

第三章　医疗保险体系债务评估

前面章节已经对本研究将要使用到的模型和参数设定进行了系统说明，从本章开始，本研究将基于前文模型和参数设定，对我国医疗保险体系的债务风险进行评估。本章的核心内容是在分险种（城镇职工基本医疗保险、城乡居民基本医疗保险）的前提下，对相应医疗保险隐性负债和基金债务进行测算评估，并对我国基本医疗保险体系的总体债务进行分析。①

第一节　城镇职工基本医疗保险隐性负债及
基金债务评估

我国城镇职工基本医疗保险是在原有劳保医疗、公费医疗基础上转轨建立的，是我国最重要的基本医疗保险之一。由于历史、现实原因，特别是在人口老龄化、医疗费用快速膨胀的压力下，城镇职工基本医疗保险的债务风险不容低估。根据公开资料显示，2013 年，我国有 225 个统筹地区的职工医疗保险基金当期收不抵支，医疗保险基金累计收不抵支的统筹地区也达到了一定数量。

下文将在介绍具体测算过程的基础上，对城镇职工基本医疗保险制

---

① 按照制度整合要求，城乡居民基本医疗保险在 2017 年实现基本整合，所以，本研究在估算债务水平时，并没有进一步区分城镇居民基本医疗保险和新型农村合作医疗分别的债务水平，而是统一估算城乡居民基本医疗保险的债务规模。

度的隐性负债和基金债务进行估算，旨在评估在现有制度框架、参数设定和外在环境不变的前提下，我国城镇职工基本医疗保险（2010—2050 年）的债务风险水平。

一、测算过程简述

第二章中已经对测算城镇职工基本医疗保险债务风险的模型和参数进行了详细介绍，此处不再赘述，下文仅简要介绍测算城镇职工基本医疗保险隐性负债和基金债务的大体步骤。

从测算过程来看，本研究大体上可以分为三个大的阶段：第一阶段，是人口测算阶段，具体将在全国人口预测基础上，确定全国城镇就业人口（扣除无劳动能力、失业、非劳动年龄人口、在城市的农村居民人口等），并将其细化为东、中、西区域人口数据；第二阶段，是医疗保险缴费与支出测算阶段，分区域分别计算实际缴费率、总缴费，以及实际补偿率和医疗费用，进而估算城镇职工基本医疗保险总缴费和总支出；第三阶段，计算城镇职工基本医疗保险总缴费和总支出差的现值，分别测算隐性负债和基金债务规模。[1]

具体计算过程如图 3-1 所示，图 3-1 中所对应的具体计算步骤和相应的参数设定参见第二章相关说明，此处不再赘述。[2]

二、城镇职工基本医疗保险隐性负债测算

隐性负债反映的是在一个封闭的人口系统中，即没有所谓"新人"加入的情况下，当前医疗保险体系中这一代人一生总缴费和总支出的差别情况，即反映的是当前这一代人的医疗保险统筹基金收支平衡状况。隐性负债虽然与实际制度运行中的真实债务（基金债务）不同，但是，隐性负债能够较好地反映当前制度设计框架和外在约束条件下不变情况

---

① 相应数值均为精算现值。

② 测算隐性负债将基于静态人口预测结果，而测算基金债务则将基于动态人口预测结果。此外，第二章对医疗保险、医疗费用模型以及相应的参数设定进行了详细说明，同时，针对城镇职工基本医疗保险、城乡居民基本医疗保险的模型和相关参数也进行了进一步的细化和补充说明，特别是包括相应医疗保险覆盖人口、缴费水平、医疗支出、补偿水平等关键参数的计算、设定和说明。此处不再赘述。

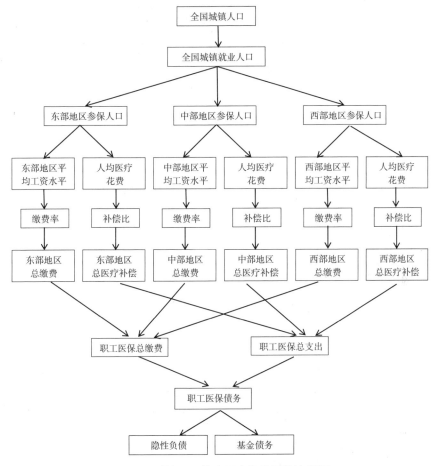

图 3-1　城镇职工基本医疗保险测算流程图

下的债务水平，能够较好地反映当前的制度设计框架是否可以较好地适应人群和环境变化需要，特别是能否较好地保证医疗保险统筹基金的收支平衡，所以，本研究将首先计算医疗保险基金的隐性负债规模。下文首先计算城镇职工基本医疗保险的隐性负债，将综合利用图表对测算结果进行呈现，同时，还将对新增债务进行计算和说明。

（一）城镇职工基本医疗保险隐性负债估算结果

如前文所述，隐性负债反映的是封闭保险系统（静态人口）中保险收支差的现值，本质上揭示的是在现有制度框架设定和外在约束不变

（或既定趋势）条件下，封闭保险系统的收支均衡状况。而且，在满足一定条件时，隐性负债还会显性化，成为显性债务。①

城镇职工基本医疗保险隐性负债的模型和相应的参数设定，包括主要测算步骤，在第二章已经有了详细说明，此处不再赘述。

在测算过程中，为了反映参数设定不同口径（参数水平）的影响，本研究依据前文中城镇职工基本医疗保险实际补偿比例的口径和医疗费用增长的不同情形（增速），分别对城镇职工基本医疗保险的隐性负债进行预测，并给出不同方案的结果。其中，根据第二章参数设定说明，城镇职工基本医疗保险的实际补偿比例中间值设定为 75%，并将 65% 和 85% 分别设定为上限、下限；同时，本研究依据的卫生消费弹性系数分别为 1、1.04、1.09，将这三个数值所对应的卫生费用的增长速度（基于特定年份 GDP 进而测算卫生费用增速），设定为医疗费用增长较好（低增速）、一般（中增速）、较差（高增速）三种情形，并结合不同实际补偿比和不同情形（增速）对城镇职工基本医疗保险隐性负债规模进行预测。②

为了更好地反映本研究测算的结果，本研究将分高、中、低方案来呈现结果的范围和口径：低方案，对应的实际补偿比例和医疗费用增速为较好情形或低水平；中方案，对应的实际补偿比例和医疗费用增速为一般情形或中等水平；高方案，对应的实际补偿比例和医疗费用增速为较差情形或高水平。在城镇职工基本医疗保险中，低方案为实际补偿比 65% 且医疗费用增速为低增速，中方案为实际补偿比 75% 且医疗费用增速为中增速，高方案为实际补偿比 85% 且医疗费用增速为高增速。③

结果显示，在低方案下，也就是实际补偿比为 65% 且医疗费用增长为较好情形（低增速）下，隐性负债约为 21.64 万亿元；在中方案下，即实际补偿比为 75% 且为医疗费用增长一般情形（中增速）下，

---

① 实际生活中，隐性负债并不存在（显现），因为人口的非封闭性，总有新的人口进入现有医疗保险体系。在现有医疗保险制度中，根据现收现付制的制度安排，当前一代人的隐性负债将可能由未来参保的新人进行补偿。

② 实际补偿比口径设定和卫生费用增长弹性系数设定的说明详见第二章，此处概不赘述。

③ 医疗费用增速的三种情形详见第二章关于医疗费用增长趋势的内容说明。

隐性负债约为 27.00 万亿元；在高方案下，即实际补偿比为 85% 且医疗费用增长为较差情形（高增速）下，隐性负债达到了 33.43 万亿元。①

表 3-1　全国城镇职工基本医疗保险隐性负债

（单位：万亿元）

补偿比	较好情形	一般情形	较差情形
65%	21.64	23.76	26.57
75%	24.74	27.00	29.99
85%	27.85	30.25	33.43

在表 3-1 列示结果的基础上，进一步利用图形呈现我国城镇职工基本医疗保险隐性负债水平变动情况，具体将分别基于不同实际补偿比，呈现医疗费用增速不同情形下城镇职工基本医疗保险隐性负债累积额的变化情况，具体见图 3-2、图 3-3、图 3-4。②

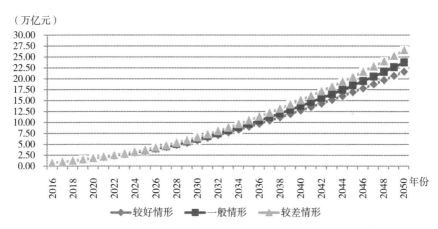

（万亿元）

图 3-2　65% 实际补偿比下城镇职工基本医疗保险累积隐性负债

从图中可以看出，在城镇职工基本医疗保险不同实际补偿比设定情况下，我国城镇职工基本医疗保险的隐性负债水平都呈显著上升趋势，

① 表中相应债务额为 2010 年的贴现数额。
② 由于反映债务累积水平的动态变化情况，本研究主要汇报了 2016—2050 年的累积额度变动情况。

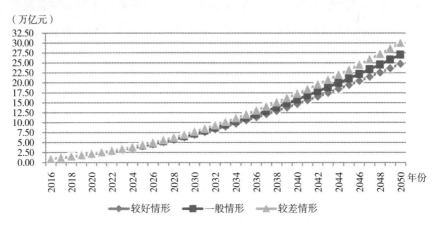

图 3-3　75％实际补偿比下城镇职工基本医疗保险累积隐性负债

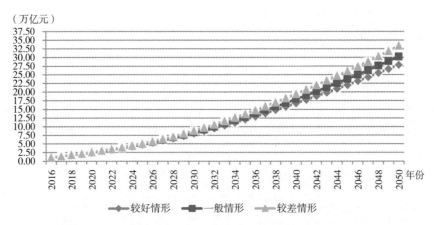

图 3-4　85％实际补偿比下城镇职工基本医疗保险累积隐性负债

而且，在后期呈加速增长趋势，这一趋势反映了我国老龄化率、经济增速放缓等多种因素的综合效应。

　　另外，从医疗费用增长速度不同情形来看，在 2030—2035 年这一时段以前，在不同实际补偿比的预测结果图形中，三种不同医疗费用增长情形对应的城镇职工基本医疗保险隐性负债水平相差不大，而在此时段之后，三种不同医疗费用增速的效应日益凸显，较差情形（医疗费用增速过快，高增速）下，城镇职工基本医疗保险隐性负债累积额的增速开始显著快于一般情形和较好情形。这表明，如果不对当前医疗费用增速加以有效控制，现有城镇职工基本医疗保险体系运行到 2030 年以后，其债务风险不断积聚，呈现显著加速趋向，如果不通过各类制度变革控制医疗费用过快增长，现有城镇职工基本医疗保险体系的债务风险巨大，且将在中后期爆发，当前城镇职工基本医疗保险制度的稳健性面临严峻挑战。

（二）当年新增隐性负债估算结果

为了进一步呈现我国城镇职工基本医疗保险隐性负债每年的变化情况，本研究对当年新增隐性负债水平进行了详细展示和说明。由于两年之间城镇职工基本医疗保险隐性负债的差距较小（以万亿元为单位），且限于篇幅，本研究将每隔五年选取一个时间节点呈现当年新增的隐性负债额度。同样，城镇职工基本医疗保险隐性负债水平当年新增额度也将分别考虑不同实际补偿比和不同医疗费用增速情形的差异，具体结果见表 3-2、表 3-3、表 3-4。同时，为了更加形象地呈现城镇职工基本医疗保险当年新增隐性负债额度，本研究还将针对这几个表格各配一个图形，反映在不同实际补偿比、不同医疗费用增速下城镇职工基本医疗保险当年新增的隐性负债额度，见图 3-5、图 3-6、图 3-7。

表 3-2　65%实际补偿比下全国城镇职工基本医疗保险当年新增隐性负债

（单位：万亿元）

年份	较好情形	一般情形	较差情形
2016	0.221	0.224	0.227
2020	0.279	0.290	0.304
2025	0.394	0.420	0.454
2030	0.548	0.596	0.659
2035	0.675	0.745	0.837
2040	0.777	0.867	0.986
2045	0.883	0.990	1.132
2050	0.995	1.115	1.276

表3-3 75%实际补偿比下全国城镇职工基本医疗保险当年新增隐性负债

（单位：万亿元）

年份	较好情形	一般情形	较差情形
2016	0.257	0.260	0.264
2020	0.328	0.339	0.354
2025	0.459	0.487	0.523
2030	0.633	0.685	0.752
2035	0.773	0.847	0.946
2040	0.882	0.977	1.104
2045	0.991	1.105	1.257
2050	1.104	1.232	1.404

表3-4 85%实际补偿比下全国城镇职工基本医疗保险当年新增隐性负债

（单位：万亿元）

年份	较好情形	一般情形	较差情形
2016	0.294	0.297	0.301
2020	0.376	0.388	0.404
2025	0.525	0.554	0.593
2030	0.718	0.773	0.844
2035	0.870	0.950	1.054
2040	0.986	1.088	1.223
2045	1.100	1.221	1.383
2050	1.214	1.349	1.532

以城镇职工基本医疗保险实际补偿比为75%情况为例，医疗费用为中增速时，城镇职工基本医疗保险当年新增隐性负债水平均呈上升趋势，2016年当年新增隐性负债规模为0.260万亿元，2035年为0.847万亿元，2050年则上升至1.232万亿元。也就是说，在现有制度框架和外在环境不变（或趋势不变）的前提下，城镇职工基本医疗保险每年新增的隐性负债额度也呈加速增长趋势，这一加速趋势在对应的图形中得到了清晰体现，而且，在2025年以后加速趋势更加明显。

（万亿元）

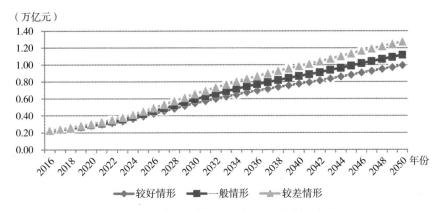

图 3-5 65%实际补偿比下城镇职工基本医疗保险
当年新增隐性负债（单位：万亿元）

（万亿元）

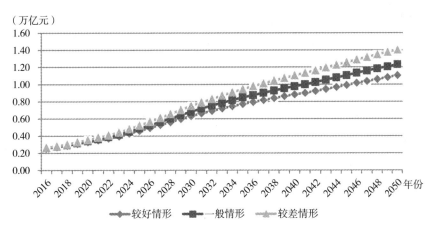

图 3-6 75%实际补偿比下城镇职工基本医疗保险当年新增隐性负债

同时，从对应的图形中可以看出，在约 2025 年之前，三种不同医疗费用增长情形下城镇职工基本医疗保险当年新增隐性负债额并没有显著差别，在约 2025 年之后，三种不同医疗费用增长情形下城镇职工基本医疗保险当年新增隐性负债额差距开始拉大。医疗费用增速较快的情形下，当年新增隐性负债额加速趋势显著快于另外两种情形，而且，时间越往后，相应差距越发明显。这表明，现有制度安排并不能很好地应对医疗费用的迅猛增长，在现有制度框架不变的情况下，如果医疗费用

（万亿元）

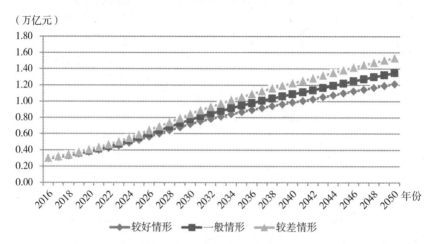

图 3-7　85%实际补偿比下城镇职工基本医疗保险当年新增隐性负债

增速得不到较好的控制，增速过快，那么，现有城镇职工基本医疗保险制度的基金债务风险将迅速增大，制度稳定性和基金可持续性都将大大降低。

另外，也应当看到，即使在同样的医疗费用增速水平下，城镇职工基本医疗保险不同实际补偿比也对城镇职工基本医疗保险当年隐性负债增加额度影响较大，而且，这种情形在医疗费用高速增长情况下将变得更加明显和严峻。实际补偿比上限、下限对应的当年新增城镇职工基本医疗保险隐性负债规模，差距也呈现不断扩大趋势。

总的来看，根据预测结果，全国城镇职工基本医疗保险系统的隐性负债规模较大，而且，城镇职工基本医疗保险年度隐性负债规模呈加速增长态势，所以，城镇职工基本医疗保险隐性负债问题严峻，亟待引起重视。

三、城镇职工基本医疗保险基金债务测算

与隐性负债不同，基金债务反映的是在开放系统（考虑"新人"进入）下医疗保险的债务水平，基本可以体现医疗保险体系实际运行中的实际盈亏状况。测算隐性负债的目的之一是评估当前医疗保险体系中所有人自身的收支平衡状况；而测算基金债务的目的之一则是考察纳

入"新人"后，即考虑新人加入医疗保险体系，医疗保险体系中所有人的收支平衡状况，更加接近实际情况。

下文将进一步测算、评估我国城镇职工基本医疗保险体系的基金债务规模，还将结合图表综合呈现当年新增基金债务水平。

（一）城镇职工基本医疗保险基金债务估算结果

测算过程中所使用到的模型、参数说明详见第二章，对测算过程中实际补偿比例口径的设定，以及三种不同医疗费用增速情形的口径设定，与前文城镇职工基本医疗保险隐性负债评估处相一致，此处概不赘述。

测算结果见表3-5。从表3-5中可以看出不同方案下测算得到的基金债务规模现值：在低方案下，即实际补偿比为65%、医疗费用为低增速（较好情形）时，城镇职工基本医疗保险基金债务为20.76万亿元；在中方案下，即实际补偿比为75%、医疗费用为中增速（一般情形）时，城镇职工基本医疗保险基金债务为26.93万亿元；在高方案下，即实际补偿比例为85%、医疗费用为高增速（较差情形）时，城镇职工基本医疗保险基金债务为34.38万亿元。

表3-5　全国城镇职工基本医疗保险基金债务

（单位：万亿元）

补偿比	较好情形	一般情形	较差情形
65%	20.76	23.27	26.59
75%	24.26	26.93	30.48
85%	27.78	30.62	34.38

为了进一步呈现研究结果，本研究进一步利用图形法，对在不同实际补偿比的情况下城镇职工基本医疗保险的基金债务规模进行呈现，同上文一样，具体也将分别呈现医疗费用增速不同的三种情形。另外，关于模型和参数的主要设定（包括三种情形的说明）与上文隐性负债的测算基本一致，具体详见第二章模型与参数设定部分的说明，此处不再赘述。

从图 3-8、图 3-9、图 3-10 可以看出，在城镇职工基本医疗保险不同实际补偿比设定情况下，我国城镇职工基本医疗保险的基金债务水平都呈显著上升趋势，而且，2030 年左右是一个重要的时间节点。在这个节点之后，城镇职工基本医疗保险基金债务呈加速上升趋势。同时，在此时点之后，不同医疗费用增速口径设定的基金债务规模差距显著拉大。在医疗费用增速为较差情形（高增速）下，城镇职工基本医疗保险的债务规模增速加快，这充分表明，在我国城镇职工基本医疗保险制度框架设定和特定环境约束下，城镇职工基本医疗保险所累积的债务风险不断加剧，如果不进行制度改革、合理控费（特别是医疗费用增速的合理控制），在 2030 年前后，城镇职工基本医疗保险基金债务的风险将加速累积，可能让制度背负巨额债务成本，威胁制度可持续性。

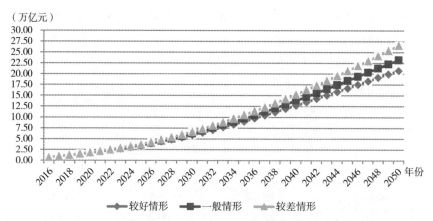

（万亿元）

较好情形　　一般情形　　较差情形

图 3-8　65%实际补偿比下城镇职工基本医疗保险累积基金债务

综合对比几个图形可以看出，适宜的实际补偿比是必要的，过低的实际补偿比无法让被保险人获得实惠，而过高的实际补偿比也可能让城镇职工基本医疗保险制度陷于更加严重的债务风险。所以，控制医疗卫生服务体系成本过快增长，特别是抑制医疗服务供给主体的营利动机，设定适宜的实际补偿比，应当综合来考虑。推进一个适宜的、稳妥的综合制度改革，是当前我国城镇职工基本医疗保险制度改革所应当考虑的。如果不尽快开展各类制度综合改革，进而控制医疗费用过快增长，现有城镇职工基本医疗保险体系的债务风险巨大，且将在中后期爆发，

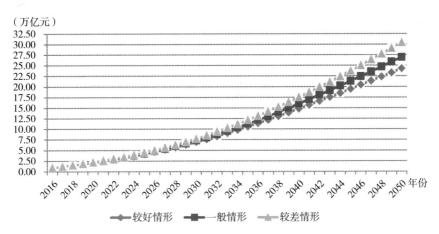

（万亿元）

图 3-9　75％实际补偿比下城镇职工基本医疗保险累积基金债务

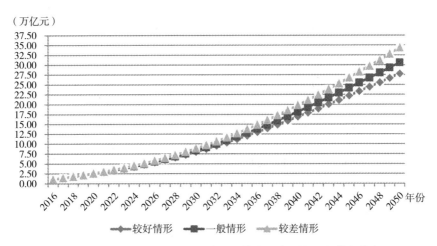

（万亿元）

图 3-10　85％实际补偿比下城镇职工基本医疗保险累积基金债务

当前城镇职工基本医疗保险制度的稳健性面临严峻挑战。这一结论与前文隐性负债评估结论具有一致性。

（二）当年新增基金债务估算结果

进一步，本研究对当年新增基金债务水平进行了测算和呈现，反映年度趋势变动情况。与隐性负债年度新增债务的呈现方式类似，本研究也将每隔五年选取一个时间节点呈现当年新增的基金债务额度。为了全面反映不同口径的测算结果，下文将综合表格和图形来全面反映2016—2050年当年基金债务新增额度变动情况，结果见表3-6、表3-7、表3-8。

表3-6　65%实际补偿比下全国城镇职工基本医疗保险当年新增基金债务

（单位：万亿元）

不同情形	较好情形	一般情形	较差情形
2016	0.221	0.224	0.227
2020	0.279	0.290	0.304
2025	0.394	0.420	0.454
2030	0.548	0.596	0.659
2035	0.678	0.752	0.850
2040	0.766	0.871	1.010
2045	0.815	0.952	1.135
2050	0.803	0.970	1.196

表3-7　75%实际补偿比下全国城镇职工基本医疗保险当年新增基金债务

（单位：万亿元）

不同情形	较好情形	一般情形	较差情形
2016	0.257	0.260	0.264
2020	0.328	0.339	0.354
2025	0.459	0.487	0.523
2030	0.633	0.685	0.752
2035	0.781	0.861	0.965
2040	0.889	1.000	1.149
2045	0.954	1.100	1.296
2050	0.956	1.134	1.375

表3-8 85%实际补偿比下全国城镇职工基本医疗保险当年新增基金债务

（单位：万亿元）

不同情形	较好情形	一般情形	较差情形
2016	0.294	0.297	0.301
2020	0.376	0.388	0.404
2025	0.525	0.554	0.593
2030	0.718	0.773	0.844
2035	0.885	0.969	1.079
2040	1.011	1.130	1.287
2045	1.094	1.249	1.457
2050	1.109	1.298	1.554

同样，以城镇职工基本医疗保险实际补偿比75%为例，对不同医疗费用增速和不同实际补偿比设定条件下城镇职工基本医疗保险基金债务规模测算结果进行说明，数据和图形分析结论主要包括以下几个方面。

第一，城镇职工基本医疗保险当年新增基金债务水平均呈上升趋势。也就是说，在现有制度框架不变的前提下（如果制度的缴费率、补偿设定、医疗卫生服务体系等外在环境保持稳定），城镇职工基本医疗保险每年新增的基金债务数额会呈加速增长趋势，这一加速趋势在对应的图形中得到了清晰体现，而且，在2030年以后，加速趋势开始明显。

第二，现行城镇职工基本医疗保险制度框架在高医疗费用增速条件下债务风险严峻，且运行时间越长，债务风险累积越严峻，2030年是重要的改革时点。从对应的图形中可以看出，在约2030年之前，三种不同医疗费用增长情形下城镇职工基本医疗保险当年新增基金债务额并没有显著差别，水平相当，但在2030年后，三种不同医疗费用增长情形下城镇职工基本医疗保险当年新增基金债务额的差距开始拉大，医疗费用增速较快的情形下，当年新增基金债务额加速趋势显著快于另外两种情形，而且，这种差距的趋势随时间增长而日益显著。这进一步表明，现有的制度框架和设定在应对医疗费用加速增长时是相对乏力的，保险制度本身也需要调整和完善，以便应对人口老龄化和医疗费用加速增长的挑战。另一方面，医疗卫生服务体系也需要进行变革，特别是要控制医疗卫生费用增速不合理增长，将医疗费用的增速降至适宜水平之内。

第三，不同实际补偿比设定对当年新增债务水平影响显著，过高实际补偿比有放大当年新增债务水平的可能。当然，与隐性负债的分析结果类似，横向对比不同实际补偿比例条件下的城镇职工基本医疗保险基金债务新增规模，即使在同样的实际补偿比例条件下，不同口径的实际补偿比例设定对当年基金债务新增水平的影响也是显著的，在较高的补偿比例设定情况下，当年新增的基金债务规模有放大趋势。

通过分析当年新增基金债务水平的变动趋势可以看出，即使在一个开放的人口系统下，新进入医疗保险体系的人口并没有彻底消除制度蕴藏的债务风险，而且，基金债务规模还有增大趋势，当年新增的基金债务水平呈加速趋势。上述分析再次表明，城镇职工基本医疗保险蕴藏巨大的债务风险，如果不改革制度设定或外在环境约束（主要是医疗卫生服务供给体系），现有制度的债务风险将不断放大，可能会危及制度可持续性。

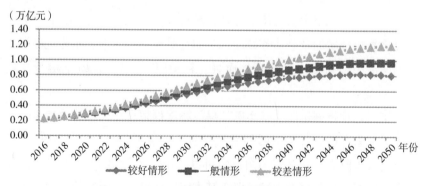

图3-11　65%实际补偿比下城镇职工基本医疗保险当年新增基金债务

四、计划终止时债务规模测算

计划终止时债务，指的保险计划终止时，制度中"老人"与"中

（万亿元）

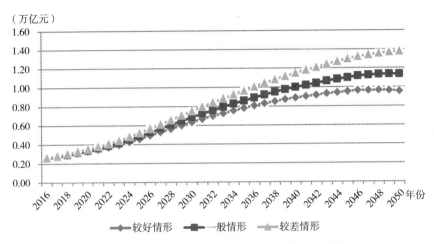

图 3-12　75%实际补偿比下城镇职工基本医疗保险当年新增基金债务

（万亿元）

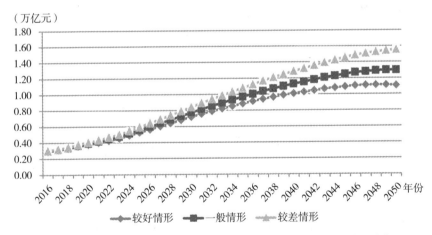

图 3-13　85%实际补偿比下城镇职工基本医疗保险当年新增基金债务

人"所积累的相应权益，即保险计划终止时，已经退休的"老人"与已经参加工作、尚未退休的"中人"所积累的权益（历史债务）总和。结合我国医疗保险实践，计划终止时的债务特指 1998 年启动的城镇职工基本医疗保险改革，标志性文件是《国务院关于建立城镇职工基本医疗保险制度的决定》（国发〔1998〕44 号），原有劳保医疗和公费医疗逐步纳入城镇职工基本医疗保险，这一制度转轨将原有隐性债务凸显，在制度转轨（终止）的那一刻，国家作为最后责任人对制度中"老人""中人"所应当承担的债务，就是计划终止时的债务。在本书中，我们将研究以 2010 年为时点的计划终止时债务，即 2010 年时仍然存在的（剩余的）、原医疗计划终止后政府应承担的债务规模。所以，下文中的"老人""中人""退休中人""在职中人"是有特定含义的，具体见第二章概念界定相关内容。

测算计划终止时债务规模，本研究将区分"老人"、退休"中人"、在职"中人"三个群体，分别计算对应的计划终止时债务，之后，加总三个群体的计划终止时债务，得到整个城镇职工基本医疗保险计划终止时债务。其中，对于个人账户划拨金额，本研究在前文参数设定中共设定了三种方案，限于篇幅，本研究下文列示的测算结果将基于中方案（70 岁及以上时，划拨比例为当地平均工资的 3.5%；70 岁以下时，划拨比例为当地平均工资的 3%）。

对城镇职工基本医疗保险中对应的"老人"群体计划终止时债务进行测算，结果如表 3-9 所示。在低方案下，也就是实际补偿比为65% 且医疗费用增长为较好情形（低增速）下，医疗保险体系中"老人"的计划终止时债务规模约为 1.35 万亿元；在中方案下，即实际补偿比为 75% 且医疗费用增长为一般情形（中增速）下，"老人"的计划终止时债务约为 1.42 万亿元；在高方案下，即实际补偿比为 85% 且医疗费用增长为较差情形（高增速）下，"老人"的计划终止时债务达到了 1.50 万亿元。[①]

表 3-9　全国医疗保险体系"老人"计划终止时债务总额

（单位：万亿元）

补偿比	较好情形	一般情形	较差情形
65%	1.35	1.36	1.38
75%	1.40	1.42	1.44
85%	1.46	1.48	1.50

---

① 表中相应债务额为 2010 年的贴现数额。

对城镇职工基本医疗保险中退休"中人"计划终止时债务总额计算，结果如表3-10所示。在低方案下，即实际补偿比为65%且医疗费用增速为较好情形（低增速）时，医疗保险体系中退休"中人"的计划终止时债务约为2.97万亿元；在中方案下，即实际补偿比为75%且医疗费用增速为一般情形（中增速）下，退休"中人"的计划终止时债务约为3.12万亿元；在高方案下，即实际补偿比为85%且医疗费用增速为较差情形（高增速）下，退休"中人"计划终止时债务达到了3.28万亿元。

表3-10 全国医疗保险体系退休"中人"计划终止时债务总额

（单位：万亿元）

补偿比	较好情形	一般情形	较差情形
65%	2.97	2.99	3.03
75%	3.09	3.12	3.15
85%	3.20	3.24	3.28

对医疗保险体系中在职"中人"计划终止时债务进行计算，结果如表3-11所示。在低方案下，即实际补偿比为65%且医疗费用增速为较好情形（低增速）时，医疗保险体系中在职"中人"计划终止时债务约为2.41万亿元；在中方案下，即实际补偿比为75%且医疗费用增速为一般情形（中增速）下，在职"中人"计划终止时债务约为2.52万亿元；在高方案下，即实际补偿比为85%且医疗费用增速为较差情形（高增速）下，在职"中人"计划终止时债务达到了2.62万亿元。

表3-11 全国医疗保险体系在职"中人"计划终止时债务总额

（单位：万亿元）

补偿比	较好情形	一般情形	较差情形
65%	2.41	2.44	2.47
75%	2.49	2.52	2.57
85%	2.54	2.57	2.62

综上，将三个群体计划终止时债务进行加总，所得即为整个城镇职工基本医疗保险计划终止时的债务总额，结果如表 3-12 所示。在低方案下，即实际补偿比为 65% 且医疗费用增速为较好情形（低增速）时，计划终止时债务总额约为 6.72 万亿元；在中方案下，即实际补偿比为 75% 且医疗费用增速为一般情形（中增速）下，计划终止时债务总额约为 7.06 万亿元；在高方案下，即实际补偿比为 85% 且医疗费用增速为较差情形（高增速）下，计划终止时债务总额达到了 7.40 万亿元。

进一步比较计划终止时债务总额与 2010 年当年国内生产总值，结果发现，在 2010 年，计划终止时的债务规模总额已经达到了当年国内生产总值的 18% 左右。

表 3-12　全国医疗保险体系计划终止时债务总额

（单位：万亿元）

补偿比	较好情形	一般情形	较差情形
65%	6.72	6.79	6.88
75%	6.98	7.06	7.16
85%	7.20	7.29	7.40

第二节　城乡居民基本医疗保险隐性负债及基金债务评估

国务院发布的《关于整合城乡居民基本医疗保险制度的意见》（2016 年 1 月）要求整合城镇居民基本社会医疗保险和新型农村合作医疗，基本上于 2017 年实现制度整合。① 城乡居民基本医疗保险是中国

---

① 《国务院关于整合城乡居民基本医疗保险制度的意见》（国发〔2016〕3 号），ht-tp：//www. gov. cn/zhengce/content/2016-01/12/content_ 10582. htm。

基本社会保险体系的重要部分，城乡居民基本医疗保险隐性负债和基金债务不仅关系到城乡居民基本医疗保险的可持续性，也关系到我国整个基本社会医疗保险体系的稳健性。

本节将在前文模型和参数设定的基础上，评估我国城乡居民基本医疗保险制度一定时期内（2010—2050 年）的隐性负债和基金债务规模，还将呈现当年新增债务水平。

一、测算过程简述

本书在第二章中详细介绍了城乡居民基本医疗保险隐性负债和基金债务测算的模型和相应参数计算、设定过程，特别是对覆盖人口测算、筹资金额测算、隐性负债模型、基金债务模型、医疗费用增长等进行了详细的说明和描述，此处不再赘述，本章仅对城乡居民基本医疗保险的测算过程做简要说明。

债务评估的本质是特定时间内系统缴费和支出的精算现值之差，在本书中是 2010—2050 年内城乡居民基本医疗保险缴费与支出的精算现值之差；而不同人口设定则影响整个系统的收支结构，在静态人口设定下，系统的基金债务仅反映系统中这一代人的收支债务情况，常被视为隐性负债，而在动态人口设定下，不断有"新人"进入系统，基金的隐性负债在特定条件下则表现为一种实际债务，也就是更加贴近制度实际运行中的债务情况，所以，常被称为基金债务。

城乡居民基本医疗保险债务风险的测算过程大体上也可以分为三个大的阶段：第一阶段，是城乡居民基本医疗保险覆盖人口测算阶段，具体将在全国人口预测基础上，扣除城镇职工基本医疗保险覆盖人口，并分别计算原城镇居民基本医疗保险、原新型农村合作医疗两个制度分别覆盖的人口（具体人口设定和测算过程详见第二章）；第二阶段，是城乡居民基本医疗保险缴费与支出测算阶段，分区域分别计算实际缴费水平和总缴费，以及实际补偿率和医疗费用，进而估算城乡居民基本医疗保险总缴费和总支出；第三阶段，计算城乡居民基本医疗保险总缴费和总支出差额的现值，并结合静态人口和动态人口设定，分别计算城乡居民基本医疗保险的隐性负债和基金债务规模。

具体计算过程如图 3-14 所示。图 3-14 中所对应的具体计算步骤和相应参数设定参见第二章，此处不再赘述。①

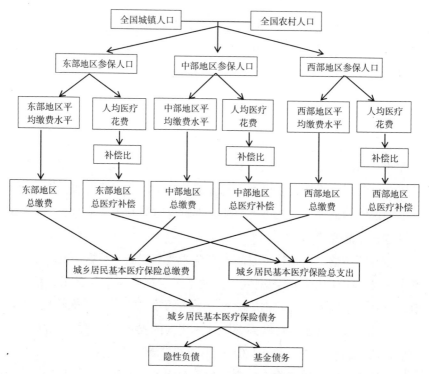

图 3-14　城乡居民基本医疗保险测算流程图

---

①　相对于城镇职工基本医疗保险而言，城乡居民基本医疗保险债务测算的过程和设定要相对复杂，主要是因为制度整合、人群差异等因素导致，这些因素是影响城乡居民基本医疗保险基金债务风险评估的关键问题。第一，虽然按照国家政策，2017 年城乡居民基本医疗保险应整合完成，这就意味着整合后的城乡居民基本医疗保险将有相对统一的参数设定。所以，城乡居民基本医疗保险基金债务的测算本质上要分为两个阶段，即制度整合前和制度整合后。第二，在具体计算过程中，还应当充分尊重两个人群的异质性，两项制度债务计算存在差异，即使城镇居民基本医疗保险、新型农村合作医疗整合为一个统一的城乡居民基本医疗保险，也并不意味着原有城镇居民基本医疗保险、新型农村合作医疗覆盖的两个人群就无差异了，特别是，两个人群在收入、就医习惯、医疗行为等方面仍然存在一定异质性。所以，本研究在计算城乡居民基本医疗保险负债时，虽然在后期保险筹资、补偿比例等方面保持一致，但仍然尊重人群的异质性，特别是在医疗花费方面，实际计算城乡居民基本医疗保险覆盖人口时，仍然分别计算原城镇居民基本医疗保险覆盖人群和原新型农村合作医疗覆盖人口，分别计算后再加总债务。具体设定请详见第二章。

二、城乡居民基本医疗保险系统隐性负债测算

如前文所述，隐性负债是封闭保险系统、静态人口的债务水平，即没有所谓"新人"加入的情况下，当前医疗保险系统中这一代人的医疗保险统筹基金收支平衡状况。由于隐性负债可以较好地反映当前制度框架和外在环境约束下一代人的缴费和支出状况，所以，隐性负债是一个保险制度运行可持续性的良好指标工具。

（一）城乡居民基本医疗保险隐性负债估算结果

隐性负债总体规模的评估关系到制度稳健运行状况的评估，对城乡居民基本医疗保险隐性负债评估具有较为现实的政策意义。如果在制度整合之后，新的城乡居民基本医疗保险仍然负有较高水平的隐性负债，表明其在人口老龄化、医疗费用快速上涨的大背景下仍然无法较为稳健的运行（无法实现个人缴费、补偿的纵向平衡）。而且，城乡居民基本医疗保险的隐性负债如果得不到较好的控制，很可能会显性化为基金债务，威胁制度实际存续状况。城乡居民基本医疗保险的模型、参数设定和测算详见第二章相应内容，此处不再赘述。

表 3-13　全国城乡居民基本医疗保险体系隐性负债

（单位：万亿元）

实际补偿比	较好情形	一般情形	较差情形
47%	11.17	12.04	13.19
57%	12.46	13.38	14.59
67%	13.74	14.72	16.00

从表 3-13 测算结果来看，整合后我国城乡居民基本医疗保险仍然面临较为严重的隐性负债问题，在低方案下（医疗费用增速情况为低增速、实际补偿比为 47%），隐性负债规模总额为 11.17 万亿元；在中方案下（医疗费用增速情况为中增速、实际补偿比为 57%），隐性负债规模总额为 13.38 万亿元；在高方案下（医疗费用增速情况为高增速、

实际补偿比为 67%），隐性负债规模高达 16 万亿元。①

进一步基于不同实际补偿比，利用图形呈现不同医疗费用增速情形下我国城乡居民基本医疗保险隐性负债水平变动情况，具体见图 3-15、图 3-16、图 3-17。②

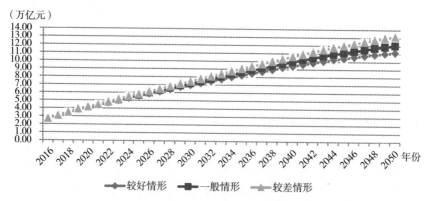

图 3-15 47%实际补偿比下城乡居民基本医疗保险累积隐性负债

从图中可以看出，在城乡居民基本医疗保险不同实际补偿比设定情况下，不论医疗费用处于何种增速水平，我国城乡居民基本医疗保险的隐性负债水平都呈显著上升趋势，这种增速趋势在整个预测时期内都保持相对稳定。

---

① 关于实际补偿比例详见第二章关于医疗费用补偿比的说明。本研究综合了典型地区调查结果、相关部门工作人员访谈结果和专家的访谈结果，以及数据统计结果（《中国卫生发展绿皮书——医改专题研究（2015 年）》，中国人民卫生出版社 2015 年版），基本上确定城镇居民基本医疗保险的实际补偿比约为 57%，新型农村合作医疗的实际补偿比约为 55%，并以当前这一时点的补偿比例，测算当前框架设定背景下的债务规模。由于城乡居民基本医疗保险需要考虑到制度整合问题，所以，城镇居民基本医疗保险、新型农村合作医疗补偿比例的设定，2017 年前后采取了不同中间值的设定方法。对于城镇居民基本医疗保险而言，2010—2014 年使用实际补偿比例为 55%（实际数据），2015—2016 年使用实际补偿比例为 57%（实际数据），新型农村合作医疗在 2010—2016 年使用实际补偿比例为 55%（实际数据）；2017 年，城镇居民基本医疗保险和新型农村合作医疗整合成统一的城乡居民基本医疗保险之后，城乡居民基本医疗保险实际补偿水平的中间值选为 57%，并上下浮动 10%为实际补偿水平的上界、下界，即采用 47%、57%、67%三个水平测算我国医疗保险体系在现有制度框架下的债务水平。本研究区分了政策补偿比（名义补偿比）与实际补偿比的差异。

② 由于需要反映债务累积水平的动态变化情况，本研究利用图形法主要汇报了 2016—2050 年的累积额度变动情况。

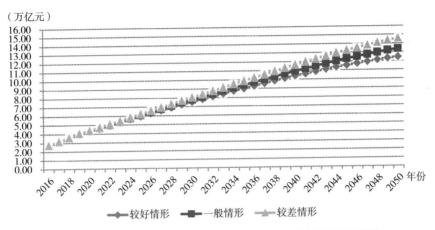

图 3-16　57%实际补偿比下城乡居民基本医疗保险累积隐性负债

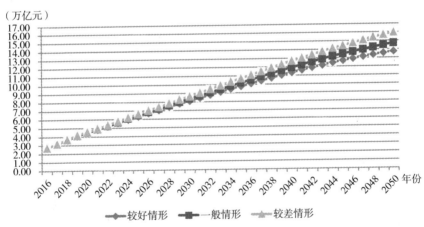

图 3-17　67%实际补偿比下城乡居民基本医疗保险累积隐性负债

　　另外，从医疗费用增长速度不同情形来看，2030 年都具有转折点的意义，即在 2030 年之前，三种不同医疗费用增速设定情形下的城乡居民基本医疗保险隐性负债规模并没有显著差异，但在 2030 年以后，三种不同医疗费用增速设定情形下的债务水平差异日益显著。这一变动趋势集中体现了我国人口、医疗等因素综合效应的结果，特别是人口老龄化所带来的人口结构变动的冲击。

分析结论表明，整合以后的城乡居民基本医疗保险继承了原城镇居民基本医疗保险和新型农村合作医疗的债务，而且，在特定的制度框架设定和外在环境因素影响下，制度的可持续性面临挑战，特别是，如果不对制度、制度运行的外在环境（特别是医疗卫生服务供给体系）进行变革，制度蕴藏的债务风险在未来运行中将不断累积，城乡居民基本医疗保险制度的稳健性和可持续性面临巨大挑战。

（二）当年新增隐性负债估算结果

同前文类似，本研究进一步对城乡居民基本医疗保险当年新增隐性负债水平进行测算和分析，以期更为清晰地反映城乡居民基本医疗保险隐性负债加速增长状况，具体仍然选用间隔 5 年的方式来呈现预测结果，结果见表 3-14、表 3-15、表 3-16 和图 3-18、图 3-19、图 3-20。①

表 3-14　47%实际补偿比下全国城乡居民基本医疗保险当年新增隐性负债

（单位：万亿元）

年份	较好情形	一般情形	较差情形
2016	0.384	0.387	0.392
2020	0.265	0.275	0.288
2025	0.262	0.280	0.303
2030	0.250	0.275	0.306
2035	0.233	0.263	0.302
2040	0.208	0.242	0.287
2045	0.165	0.201	0.249
2050	0.112	0.146	0.192

---

① 本研究结合我国城乡居民基本医疗保险筹资调整周期，设定城乡居民基本医疗保险每 5 年筹资水平调整一次，具体设定见第二章。另外，筹资水平的参数设定对于当年新增债务测算影响显著。本研究模拟发现，城乡居民基本医疗保险整合后，如果假定整合后城乡居民基本医疗保险平均筹资水平不变（大体与新型农村合作医疗人均筹资水平一致时），即低方案中，城乡居民基本医疗保险当年新增债务是逐步提高的；而当假定整合后城乡居民基本医疗保险平均筹资水平提高至原城镇居民中成年居民筹资标准，即高方案时，城乡居民基本医疗保险体系当年新增债务是递减的；而当假定整合后城乡居民基本医疗保险平均筹资标准居于中间水平时，城乡居民基本医疗保险当年新增医疗保险债务风险也是递减的，中方案就是本研究中所呈现的结果。同时，本研究也将整合后城乡居民基本医疗保险筹资水平为高方案的预测结果放在本书附录中作为参考。

表 3-15 57%实际补偿比下全国城乡居民基本医疗保险当年新增隐性负债

（单位：万亿元）

年份	较好情形	一般情形	较差情形
2016	0.395	0.399	0.403
2020	0.306	0.317	0.330
2025	0.303	0.322	0.347
2030	0.290	0.316	0.349
2035	0.271	0.303	0.344
2040	0.244	0.280	0.328
2045	0.198	0.236	0.286
2050	0.140	0.177	0.225

表 3-16 67%实际补偿比下全国城乡居民基本医疗保险当年新增隐性负债

（单位：万亿元）

年份	较好情形	一般情形	较差情形
2016	0.407	0.410	0.415
2020	0.347	0.358	0.372
2025	0.345	0.365	0.391
2030	0.329	0.357	0.392
2035	0.309	0.343	0.386
2040	0.281	0.318	0.369
2045	0.231	0.271	0.324
2050	0.169	0.207	0.259

以实际补偿比 57% 情况为例，在中方案情况下，城乡居民基本医疗保险 2016 年当年新增隐性负债水平为 0.399 万亿元，2030 年当年新增隐性负债水平为 0.316 万亿元，2050 年当年新增隐性负债水平为 0.177 万亿元。总体来看，城乡居民基本医疗保险的当年新增隐性负债水平呈下降趋势，而且，从预测图形可以判断，在制度整合之初，城乡居民基本医疗保险制度当年新增的隐性负债水平会呈下降趋势，这可能主要是由于制度整合，整个筹资标准变动导致基金当年筹资水平提升所

（万亿元）

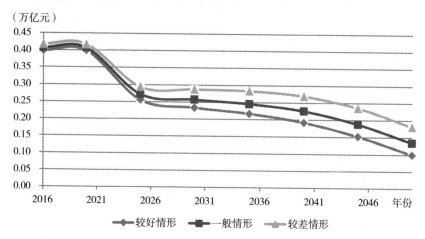

图3-18　47%实际补偿比下城乡居民基本医疗保险当年新增隐性负债

（万亿元）

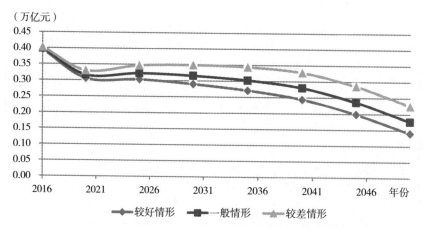

图3-19　57%实际补偿比下城乡居民基本医疗保险当年新增隐性负债

致；此后，城乡居民基本医疗保险当年新增债务水平保持稳定，2030年之后继续呈缓慢下降趋势。这一研究结论在另外两种实际补偿比设定的预测结果中具有稳健性。另外，实际补偿比越高、医疗费用增速越快，城乡居民基本医疗保险当年新增隐性负债规模增速越平稳，下降幅度越缓慢。

当年新增隐性负债水平呈下降的趋势是一个值得注意的现象，这也从一个侧面反映了城乡居民基本医疗保险整合之后的可能结果。造成这

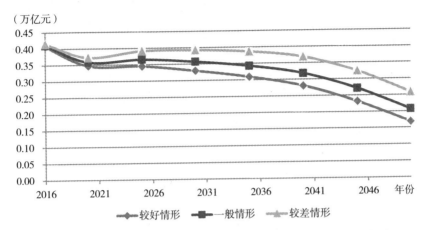

（万亿元）

图 3-20　67%实际补偿比下城乡居民基本医疗保险当年新增隐性负债

一现象的原因可能是制度整合后筹资水平提升所致。按照城乡居民基本医疗保险制度整合要求，制度整合以后，虽然短期内允许不同的筹资档次存在，但是，未来城乡居民基本医疗保险的筹资标准要求统一。2016年 1 月 12 日，《国务院关于整合城乡居民基本医疗保险制度的意见》发布，而随着城乡居民基本医疗保险的整合，原城镇居民基本医疗保险和新型农村合作医疗的筹资水平将会逐步统一，其中，文件中提出，"允许内部筹资标准差异较大的地区 2—3 年的过渡期，筹资标准将在2—3 年内趋于统一"①。综合来看，部分地区整合以后的城乡居民基本医疗保险筹资会分设不同的筹资档次，考虑到制度整合、管理统一等问题，筹资档次数量设置并不会太多，而且，档次之间差距较大的趋势也将会逐步缩小，2—3 年内将实现筹资标准的统一。政府在这一过程中可能会进一步加大对居民的补贴力度，当然，居民也会增加缴费，从而共同分担制度整合后筹资水平提升带来的成本。关于城乡居民基本医疗保险制度整合后筹资水平的具体设定和讨论详见第二章，此处不再赘述。

也正是得益于城乡居民基本医疗保险制度整合，筹资水平的提升增强了基金的收入，这直接导致城乡居民基本医疗保险基金当年新增隐性

---

① 《国务院关于整合城乡居民基本医疗保险制度的意见》（国发〔2016〕3 号），ht-tp：//www. gov. cn/zhengce/content/2016-01/12/content_ 10582. htm。

负债水平呈逐年下降趋势。当然，虽然当年新增隐性负债水平增速是下降的，但由于年度增加额仍然是正的，所以，总的隐性负债规模仍然是不断提升的。不断增长的隐性负债规模显示，这一代人在现有的制度框架设定和外界因素约束下，无法实现自身终身医疗保险收支平衡。如果不进行必要的改革和控制，必然将会影响制度的可持续性。

当然，水平适宜的实际补偿比和得到控制的医疗卫生费用增速，对城乡居民基本医疗保险隐性负债规模的影响是显著的，这的确再次提示我们，面对严重的债务风险，水平适宜的医疗保险补偿制度，以及增速适宜的医疗卫生费用，才能够共同降低城乡居民基本医疗保险隐性负债的增速。应对医疗保险体系债务风险需要从多个方面共同推进，特别是要注重医疗卫生服务体系（医疗花费）方面的协同改革。

三、城乡居民基本医疗保险系统基金债务测算

下文将进一步评估城乡居民基本医疗保险的基金债务状况，评价城乡居民基本医疗保险的稳健性与可持续性。下文首先将测算、评估我国城乡居民基本医疗保险体系的基金债务规模，还将综合分析当年新增基金债务水平。

（一）城乡居民基本医疗保险基金债务估算结果

综合考虑城乡居民基本医疗保险制度整合前后状况，并基于前文模型和参数假定情况，本研究进一步分析城乡居民基本医疗保险的基金债务状况。[①] 测算结果见表 3-17。

从表 3-17 中可以看出，在低方案下（实际补偿比设定为 47%、医疗费用低增速），城乡居民基本医疗保险基金债务现值规模达到了16.49 万亿元；在中方案时（实际补偿比设定为 57%、医疗费用中增速），城乡居民基本医疗保险基金债务现值规模达到了 20.09 万亿元；在高方案时（实际补偿比设定为 67%、医疗费用高增速），整个城乡居民基本医疗保险基金债务规模总额达到了 24.38 万亿元。基金债务的年

---

① 测算过程中所使用到的模型、参数说明详见第二章，而对测算过程中实际补偿比例口径的设定，以及三种不同医疗费用增速情形的口径设定，与前文城乡居民基本医疗保险隐性负债评估处相一致，此处概不赘述。

度增加额等数据分析将在后文进一步阐释。

表 3-17　全国城乡居民基本医疗保险基金债务

（单位：万亿元）

实际补偿比	较好情形	一般情形	较差情形
47%	16.49	17.97	19.91
57%	18.53	20.09	22.14
67%	20.56	22.21	24.38

　　进一步结合表格和图形，对不同实际补偿比的情况下城乡居民基本医疗保险的基金债务规模进行评估和预测，同样，为了体现预测的口径和上下限，本研究也将分别呈现医疗费用增速不同的三种情形。另外，关于模型和参数的主要设定（包括三种情形的说明）与上文隐性负债的测算基本一致，具体详见第二章模型与参数设定部分的说明，此处不再赘述。

　　从图 3-21、图 3-22、图 3-23 呈现的趋势可以看出，城乡居民基本医疗保险的基金债务水平都呈显著上升趋势，这一结论在不同实际补偿比设定下具有稳定性。同样，从图形趋势可以看出，2030 年左右是一个重要的时间节点，在这个节点之后，不同医疗费用增速口径设定的基金债务规模差距显著拉大，在较差情形下，城镇职工基本医疗保险的债务规模增速加快。这一结论与城镇职工基本医疗保险相应结论具有相似性。这再次表明，在现有的制度框架和外在环境不变情况下，城乡居民基本医疗保险的债务风险不断累积，由于人口结构和其他外在因素的累积影响，在 2030 年以后，不同政策设定口径导致的债务风险规模差异将较为显著。

　　图表的对比结果也表明，适宜的实际补偿比是非常重要的，较高的实际补偿比会加剧城乡居民基本医疗保险的债务风险。实际补偿比要综合民众的获得感、缴费水平和制度设计（如补偿范围）等因素综合确定。

（二）当年新增基金债务估算结果

　　为进一步呈现我国城乡居民基本医疗保险基金债务的年度动态变动

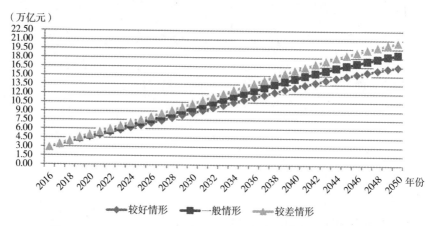

（万亿元）

图 3-21　47%实际补偿比下城乡居民基本医疗保险累积基金债务

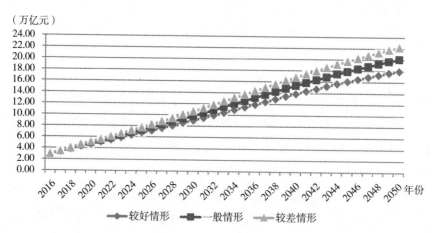

（万亿元）

图 3-22　57%实际补偿比下城乡居民基本医疗保险累积基金债务

情况，本研究对当年新增基金债务水平进行了测算，结果见表 3-18、表 3-19、表 3-20 和图 3-24、图 3-25、图 3-26。为了全面反映测算结果的范围和口径，城乡居民基本医疗保险年度新增基金债务额度的呈现将综合考虑不同实际补偿比和不同医疗费用增速情形的差异。

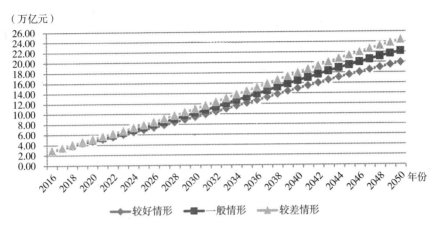

（万亿元）

图 3-23　67%实际补偿比下城乡居民基本医疗保险累积基金债务

表 3-18　47%实际补偿比下全国城乡居民基本医疗保险当年新增基金债务

（单位：万亿元）

年份	较好情形	一般情形	较差情形
2016	0.439	0.443	0.448
2020	0.332	0.344	0.360
2025	0.372	0.397	0.429
2030	0.408	0.446	0.495
2035	0.414	0.464	0.530
2040	0.386	0.446	0.526
2045	0.327	0.393	0.482
2050	0.242	0.311	0.404

表 3-19　57%实际补偿比下全国城乡居民基本医疗保险当年新增基金债务

（单位：万亿元）

年份	较好情形	一般情形	较差情形
2016	0.453	0.457	0.462
2020	0.383	0.396	0.412
2025	0.429	0.456	0.489
2030	0.470	0.510	0.562

续表

年份	较好情形	一般情形	较差情形
2035	0.478	0.532	0.601
2040	0.450	0.514	0.598
2045	0.389	0.459	0.553
2050	0.299	0.373	0.471

表 3-20　67%实际补偿比下全国城乡居民基本医疗保险当年新增基金债务

（单位：万亿元）

年份	较好情形	一般情形	较差情形
2016	0.467	0.471	0.476
2020	0.433	0.447	0.465
2025	0.487	0.515	0.550
2030	0.532	0.574	0.629
2035	0.543	0.599	0.673
2040	0.515	0.582	0.670
2045	0.451	0.525	0.624
2050	0.357	0.434	0.537

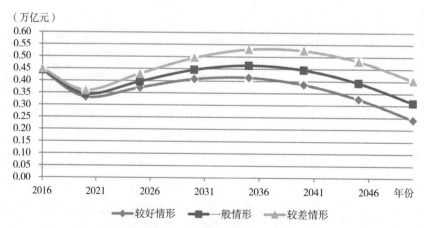

图 3-24　47%实际补偿比下城乡居民基本医疗保险当年新增基金债务

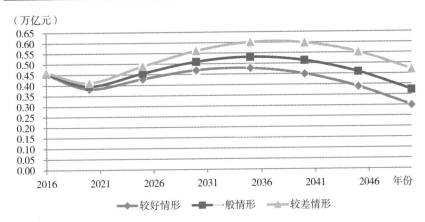

图3-25　57%实际补偿比下城乡居民基本医疗保险当年新增基金债务

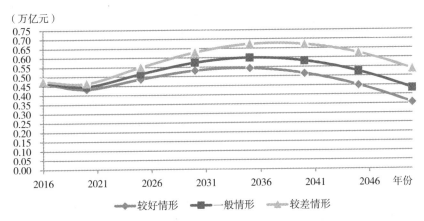

图3-26　67%实际补偿比下城乡居民基本医疗保险当年新增基金债务

同样，以城乡居民基本医疗保险实际补偿比57%为例，对不同医疗费用增速和不同实际补偿比设定条件下城乡居民基本医疗保险基金债务规模进行测算，我们可以得出如下几个方面的结论。[①]

①　筹资水平的参数设定对于当年新增债务测算影响显著。本研究模拟发现，城乡居民基本医疗保险整合后，如果假定整合后城乡居民基本医疗保险平均筹资水平不变（大体与新型农村合作医疗人均筹资水平一致时），即低方案中，城乡居民基本医疗保险当年新增债务是逐步提高的；而当假定整合后城乡居民基本医疗保险平均筹资水平提高至原城镇居民中成年居民筹资标准，即高方案时，城乡居民基本医疗保险体系当年新增债务是递减的；而当假定整合后城乡居民基本医疗保险平均筹资标准居于中间水平时，城乡居民基本医疗保险当年新增医疗保险债务风险也是递减的，中方案就是本研究中所呈现的结果。同时，本研究也将整合后城乡居民基本医疗保险筹资水平为高方案的预测结果放在本书附录中作为参考。

第一，在不同医疗费用增长情形下，城乡居民基本医疗保险当年新增基金债务水平均呈下降趋势。也就是说，在现有制度框架不变的前提下（如果制度的缴费率、补偿设定，或医疗卫生服务体系等外在环境不发生变化），城乡居民基本医疗保险每年新增的基金债务数额会总体呈下降趋势，但在整个预测过程中会出现部分时间段的波动。与前文隐性负债当年新增规模波动一致，基金债务当年新增规模的波动是由于制度整合的筹资水平统一所导致（特别是允许各地 2—3 年过渡期，之后要统一城乡居民基本医疗保险筹资标准）。

第二，应该注意到，虽然当年城乡居民基本医疗保险新增债务在降低，但城乡居民基本医疗保险的基金债务总额仍然在不断升高。也就是说，城乡居民基本医疗保险制度整合后，考虑到统一筹资标准的政策要求，由于筹资水平的调整，文件要求整合后的筹资不低于现行水平，而且，考虑到统筹城乡发展的现实情况，和部分地方统一城乡居民基本医疗保险后筹资标准提升的实践，可以基本判定，城乡居民基本医疗保险整合后，其筹资水平一定会统一，且会适度提升。这在本质上短期内延缓了城乡居民基本医疗保险基金债务的增加速度，也一定程度上提升了城乡居民基本医疗保险制度的可持续性。①

第三，实际补偿比将会影响当年新增城乡居民基本医疗保险基金债务规模。从评估结果可以看出，不同的实际补偿比例会显著影响城乡居民基本医疗保险年度基金债务的变动，实际补偿比例越高，年度新增基金债务额度越高。当然，从公共政策角度来看，城乡居民基本医疗保险的实际补偿比例设定，应当平衡缴费水平和补偿水平，特别是，在医疗费用不断增长的情况下，缴费的增长实际上无法充分满足医疗支出增长的需要。在缴费增加有限的情况下，确定一个合适的实际补偿水平

---

① 当然，评估预测研究最大的困难就在于现实政策和环境的多变性，特别是在当代中国，各领域的改革不断深化，各类政策方案不断出台，这在本质上增大了评估预测类研究的困难。所以，需要强调，本研究测算的城乡居民基本医疗保险整合所带来的统筹基金当年新增规模下降的趋势，仅是根据当前已有的政策文件和模型参数等测算的，是基于当前的框架、设定或明确化了的趋势所作出的评估和预测。应该看到，这一预测可能与多变的政策和环境带来的最终结果并不完全一致，但本研究的目标和实质是基于现有政策框架设定、要素约束和确定化了的变革趋势作出评估、预测，是理论的、潜在的水平的评估。

（主要通过确定补偿范围和政策补偿水平来综合确定）非常必要。所以，在未来，调整和完善城乡居民基本医疗保险补偿比例仍然是政策制定者和改革者所需要权衡和考量的重要问题之一。

　　总之，在一个统一的城乡居民基本医疗保险制度框架下，整个基金的债务水平仍然是不断上涨的，虽然在预测期内年度增加基金债务水平是动态下降的，但是，整个基金的债务风险规模仍然较为庞大，制度的可持续性仍然面临挑战，值得我们警惕。

第三节　我国基本医疗保险体系债务评估结论

　　上文分别对城镇职工基本医疗保险、城乡居民基本医疗保险的隐性负债和基金债务做了分险种的评估，下文将进一步对全国医疗保险体系债务水平进行总体评估与预测，具体将综合城镇职工基本医疗保险和城乡居民基本医疗保险两大基本社会保险的债务情况，对我国社会医疗保险体系债务情况做出综合评价。另外，还将在综合评估我国基本社会医疗保险体系债务风险规模的基础上，对本章研究结果进行结论性思考。

一、我国基本医疗保险体系债务合计测算

　　下文将综合前文关于城镇职工基本医疗保险、城乡居民基本医疗保险债务风险测算的结果，计算全国基本社会医疗保险体系的隐性负债和基金债务。

（一）全国医疗保险体系的总体隐性负债

1. 全国医疗保险系统隐性负债合计

　　将城镇职工基本医疗保险、城乡居民基本医疗保险隐性负债规模求和，进而获得全国基本社会医疗保险体系的隐性负债规模，结果见表

3-21。与前文相似，本研究也将呈现高、中、低不同方案的加总测算结果。需要说明，在全国医疗保险体系债务风险的测算中，假定不同医疗卫生费用增速的设定与前文相同，但对应的实际补偿比设定由于涉及两个基本医疗保险，所以，实际是综合考虑了两个险种实际补偿比例。其中，保险实际补偿比口径遵循如下设定：城镇职工基本医疗保险实际补偿比中间水平设定为75%，依据上下各10个百分点浮动，分别设定上限、下限；城乡居民基本医疗保险实际补偿比中间水平设定为57%，依据上下各10个百分点浮动，分别设定上限、下限。

表3-21　全国医疗保险体系隐性负债

(单位：万亿元)

补偿比	较好情形	一般情形	较差情形
职工65%，居民47%	32.81	35.80	39.75
职工75%，居民57%	37.19	40.38	44.58
职工85%，居民67%	41.59	44.97	49.43

从表3-21中可以发现，在低方案下（城镇职工基本医疗保险实际补偿比是65%、城乡居民基本医疗保险实际补偿比为47%，且医疗费用增速为低增速时），全国医疗保险体系隐性负债规模为32.81万亿元；在中方案下（城镇职工基本医疗保险实际补偿比为75%、城乡居民基本医疗保险实际补偿比是57%，且医疗费用增速为中增速时），隐性负债规模为40.38万亿元；在高方案下（城镇职工基本医疗保险实际补偿比为85%、城乡居民基本医疗保险实际补偿比是67%，且医疗费用增速为高增速），隐性负债的规模为49.43万亿元，达到了一个新的债务高度。

图3-27、图3-28、图3-29进一步体现了整个医疗保险体系隐性负债的变动趋势，对比几个图形可以看出：

第一，我国基本社会医疗保险系统的隐性负债规模仍然不断累积，隐性负债规模在预测时间段内不断攀升，这是一个总体趋势，也凸显了我国当前基本社会医疗保险体系债务风险的严重程度。

（万亿元）

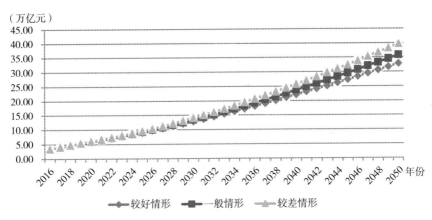

图3-27　65%（47%）补偿比下全国医疗保险体系累积隐性负债

（万亿元）

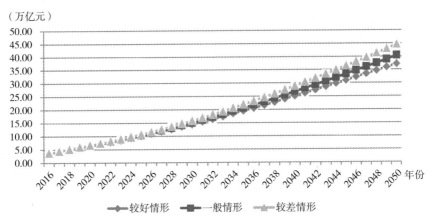

图3-28　75%（57%）补偿比下全国医疗保险体系累积隐性负债

第二，对比不同设定下的预测结果可知，实际补偿比例越高、医疗卫生费用增速越快，整个基本社会医疗保险体系的隐性负债总体规模越高，所以，一个恰当、适度的实际补偿比例和医疗卫生费用增速是整个基本社会医疗保险系统平稳运行的关键。

第三，综合几个图形可以看出，2030年是一个重要的时间点，在这个时间点之前，不同预测方案预测的隐性负债规模相差不大，但在这个时间点之后，不同预测方案测算的结果差距开始拉大，这表明这个时

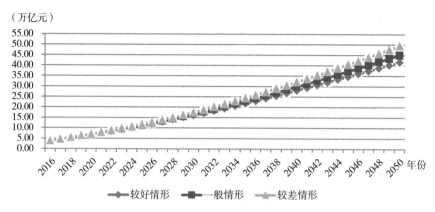

（万亿元）

图3-29　85%（67%）补偿比下全国医疗保险体系累积隐性负债

间点之前是我国医疗卫生体制改革的重要时间窗口，如果在此之前不进行较好的制度变革，在这个时间点之后，由于人口结构、卫生服务需求增长的综合累积效应，原有医疗保险制度框架的债务风险可能会被进一步放大，这是非常值得注意的。

2. 全国医疗保险系统当年新增隐性负债

进一步加总并呈现我国医疗保险体系隐性负债年度动态变化状况，结果见表3-22、表3-23、表3-24和图3-30、图3-31、图3-32。在中方案下，即中等实际补偿水平（城镇职工基本医疗保险75%、城乡居民基本医疗保险57%）为例，医疗卫生费用增速为中增速，2016年当年新增的隐性负债额度为0.659万亿元，2035年当年新增隐性负债规模为1.150万亿元，2050年当年新增隐性负债额度为1.409万亿元。①

第一，总体上，我国基本医疗保险体系的隐性负债年度增加额都是呈加速趋势上升，这是一个总体趋势，表明整个基本医疗保险体系的债务是加速度增长的。当然，正如前文所述，由于城乡居民基本医

---

① 请注意，本研究所说的补偿比是实际补偿比，不是名义补偿比或政策补偿比。另外，本研究设定的中方案补偿比（城镇职工基本医疗保险实际补偿比例75%、城乡居民基本医疗保险实际补偿比例57%）是当前实际的补偿水平，目的是在当前制度框架和待遇水平下评估医疗保险体系债务风险。具体说明请见第二章关于补偿比的说明。

疗保险制度整合的政策效应（筹资水平提升），短期内全国医疗保险基金当年新增隐性负债规模会出现短期下降，但这并不会影响隐性负债当年新增水平的总体上升趋势。[①] 这表明，我国基本医疗保险体系的债务风险不仅是累积的，而且，这种风险累积也是呈加速上升趋势的。

第二，不同方案下全国医疗保险体系当年新增债务风险差距较大，在高方案下，较高的实际补偿比和较高的医疗卫生费用增速，会显著提高年度隐性负债的增加水平，这是非常值得注意的。

表3-22 65%（47%）实际补偿比下全国医疗保险体系当年新增隐性负债

（单位：万亿元）

年份	较好情形	一般情形	较差情形
2016	0.605	0.619	0.634
2020	0.544	0.596	0.651
2025	0.656	0.724	0.799
2030	0.798	0.886	0.988
2035	0.908	1.016	1.147
2040	0.985	1.111	1.266
2045	1.048	1.188	1.364
2050	1.107	1.255	1.445

---

① 本研究评估、预测的是医疗保险体系理论上的债务风险水平，不同于现实中表现出来的医疗保险基金亏空或财政补贴。评估预测研究最大的困难就在于现实政策和环境的多变性，特别是在当代中国，各领域的改革不断深化，各类政策方案不断出台，这在本质上也增大了评估预测类研究的困难。所以，需要强调，本研究所测算到的城乡居民基本医疗保险整合所带来的统筹基金当年新增规模下降的趋势，仅是根据当前已有的政策文件和模型参数等测算的，是基于当前的框架、设定或明确化了的趋势所作出的评估和预测。应该看到，这一预测结果可能与复杂现实环境下表现出来的最终结果并不完全一致。但是，本研究的目标和实质是基于现有政策框架设定、要素约束和确定化了的变革趋势作出评估、预测，也是在现有条件约束下客观评估和预测的较优选择了。

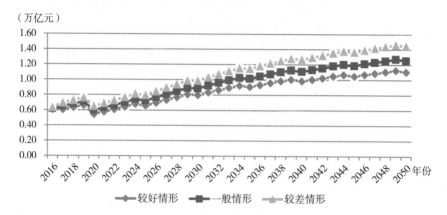

（万亿元）

图 3-30　65%（47%）实际补偿比下全国医疗保险体系当年新增隐性负债

表 3-23　75%（57%）实际补偿比下全国医疗保险体系当年新增隐性负债

（单位：万亿元）

年份	较好情形	一般情形	较差情形
2016	0.645	0.659	0.674
2020	0.603	0.656	0.712
2025	0.739	0.810	0.888
2030	0.908	1.000	1.108
2035	1.036	1.150	1.288
2040	1.124	1.258	1.423
2045	1.193	1.341	1.529
2050	1.251	1.409	1.611

表 3-24　85%（67%）实际补偿比下全国医疗保险体系当年新增隐性负债

（单位：万亿元）

年份	较好情形	一般情形	较差情形
2016	0.685	0.700	0.716
2020	0.664	0.718	0.776
2025	0.828	0.901	0.984
2030	1.025	1.122	1.236
2035	1.172	1.294	1.440

年份	较好情形	一般情形	较差情形
2040	1.273	1.416	1.592
2045	1.348	1.507	1.707
2050	1.406	1.575	1.791

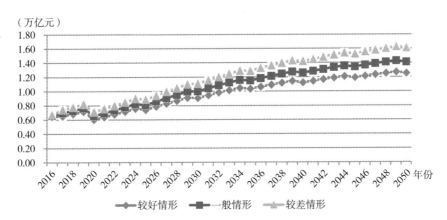

图3-31 75%（57%）实际补偿比下全国医疗保险体系当年新增隐性负债

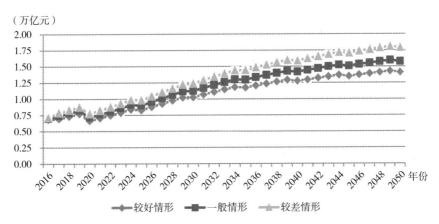

图3-32 85%（67%）实际补偿比下全国医疗保险体系当年新增隐性负债

3. 全国医疗保险体系隐性负债结构状况

上文对我国基本医疗保险体系债务风险的评估侧重于总规模，并没有反映整个债务风险的结构化特征，而债务风险的结构化分析，将有助于深入了解债务风险的来源和构成，便于相关部门制定有针对性的应对政策。

下文将首先分析我国基本医疗保险体系隐性负债的结构状况，主要是分析在不同测算方案中，城镇职工基本医疗保险、城乡居民基本医疗保险两项保险在整个医疗保险体系隐性负债总规模中的占比情况。

表 3-25 结果显示，在全国医疗保险体系隐性负债总规模中，城镇职工基本医疗保险的隐性负债一直占据了主导地位，虽然在不同方案下占比有少许波动，但比例基本均超过了 66%。这一结果表明，城镇职工基本医疗保险隐性负债风险是我国基本医疗保险体系隐性债务风险的主要来源，也应当是应对的主要对象。

表 3-25　全国医疗保险体系隐性负债中城镇职工基本医疗保险、城乡居民基本医疗保险所占比重

补偿比	运行情况	城镇职工基本医疗保险	城乡居民基本医疗保险
职工 65% 居民 47%	较好	65.96%	34.04%
	一般	66.37%	33.63%
	较差	66.83%	33.17%
职工 75% 居民 57%	较好	66.51%	33.49%
	一般	66.86%	33.14%
	较差	67.27%	32.73%
职工 85% 居民 67%	较好	66.96%	33.04%
	一般	67.27%	32.73%
	较差	67.64%	32.36%

（二）全国医疗保险体系的总体基金债务

下文将逐步呈现全国基本医疗保险体系的基金债务规模总额、当年

新增基金债务额度和基金债务的构成结构。

1. 全国医疗保险体系基金债务合计

进一步加总城镇职工基本医疗保险、城乡居民基本医疗保险的基金债务，得到全国基本医疗保险体系的基金债务状况，结果见表3-26。与前文相似，本研究也将呈现高、中、低不同方案的加总测算结果。关于高、中、低方案和测算口径的说明与上文隐性负债计算处的说明一致，此处不再赘述。

表3-26　全国医疗保险体系基金债务

（单位：万亿元）

补偿比	较好情形	一般情形	较差情形
职工65%，居民47%	37.25	41.24	46.50
职工75%，居民57%	42.79	47.03	52.62
职工85%，居民67%	48.34	52.83	58.76

从表3-26中可以发现，在低方案下，即城镇职工基本医疗保险实际补偿比是65%、城乡居民基本医疗保险实际补偿比为47%，且医疗费用增速为较好情形（低增速）时，我国医疗保险体系基金债务规模总额为37.25万亿元；在中方案下，即城镇职工基本医疗保险实际补偿比为75%、城乡居民基本医疗保险实际补偿比是57%，且医疗费用增速为一般情形（中增速）时，基金债务规模总额为47.03万亿元；高低方案下，即城镇职工基本医疗保险实际补偿比为85%、城乡居民基本医疗保险实际补偿比是67%时，且医疗费用增速为较差情况（高增速）下，整个医疗保险体系基金债务的规模为58.76万亿元，达到了一个新的债务高度。

图3-33、图3-34、图3-35进一步体现了整个医疗保险体系基金债务的变动趋势，对比几个图形的趋势，可以得出如下结论：

第一，综合几个图形可以发现，我国医疗保险体系的基金债务风险在预测期内不断累积，基金债务规模不断攀升，这一趋势凸显了我国当前基本社会医疗保险体系债务风险的严重程度，债务风险是不断累

（万亿元）

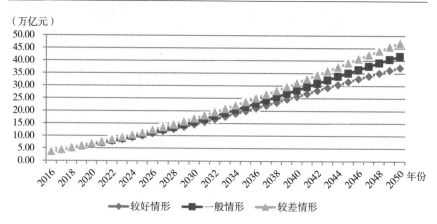

图 3-33 65%（47%）实际补偿比下全国医疗保险体系累积基金债务

（万亿元）

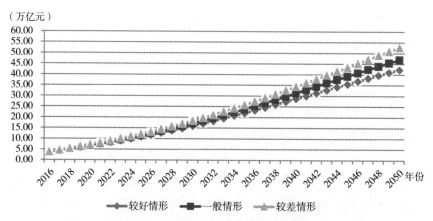

图 3-34 75%（57%）实际补偿比下全国医疗保险体系累积基金债务

积的。

第二，与隐性负债预测结果一致，对比不同设定下的预测结果可以判断，实际补偿比越高、医疗卫生费用增速越快，整个基本社会医疗保险体系的隐性负债总体规模越高，实际补偿比和医疗费用增速是影响医疗保险基金债务的两个重要因素，基本医疗保险体系的可持续性的关键在于适宜的补偿水平和医疗费用的有效控制。

第三，综合考察几个图形的加速度趋势，2030 年是一个重要的时间节点，在这个时间节点之前，不同预测方案预测的基金债务规模相差

（万亿元）

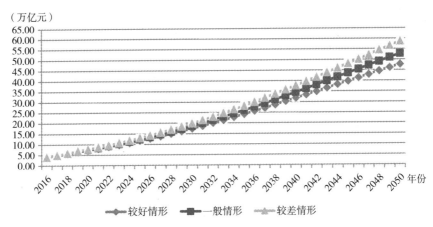

图3-35　85%（67%）实际补偿比下全国医疗保险体系累积基金债务

不大，但在此时点后，不同测算方案间的结果差异变得日渐显著。所以，我国基本社会医疗保险体系改革的重要时间窗口是当前至2030年，如果在2030年之前不能对现有医疗保险体系进行系统、有效改革，2030年之后，由于风险累积，特别是各类约束因素的显著变化（特别是人口结构老化），基金债务累积风险呈加速上升趋势，届时应对整个医疗保险体系基金债务风险的压力将会更大。

第四，不论何种方案下，我国基本医疗保险体系的基金债务规模都高于隐性负债规模，这一结论很稳健，这表明，如果维持现有制度框架设定和外界要素约束不变，新人加入我国基本医疗保险体系并不能削减原有体系中的债务风险，反而，由于新加入的人本身也不能实现终身债务的收支平衡，即存在隐性负债，新人加入的结果是整个债务风险不断累积、进一步上升。这一研究结论在不同社会医疗保险险种中也具有稳定性（详见上文）。

2. 全国医疗保险体系当年新增基金债务

下文进一步呈现我国基本医疗保险体系当年新增基金债务测算结果。同样，为了全面反映测算结果的范围和口径，全国医疗保险体系年度新增基金债务额度的呈现，将综合考虑不同实际补偿比和不同医疗费用增速情形的差异，具体结果见表3-27、表3-28、表3-29和图3-

36、图 3-37、图 3-38。①

表 3-27　65%（47%）实际补偿比下全国医疗保险体系当年新增基金债务

（单位：万亿元）

年份	较好情形	一般情形	较差情形
2016	0.660	0.677	0.694
2020	0.611	0.673	0.737
2025	0.765	0.849	0.941
2030	0.955	1.066	1.191
2035	1.092	1.231	1.393
2040	1.152	1.321	1.525
2045	1.141	1.340	1.586
2050	1.045	1.270	1.553

表 3-28　75%（57%）实际补偿比下全国医疗保险体系当年新增基金债务

（单位：万亿元）

年份	较好情形	一般情形	较差情形
2016	0.700	0.717	0.735
2020	0.672	0.735	0.801
2025	0.856	0.943	1.038
2030	1.079	1.195	1.326
2035	1.246	1.392	1.564
2040	1.335	1.514	1.731
2045	1.347	1.559	1.821
2050	1.267	1.507	1.809

---

①　由于本研究设定城乡居民基本医疗保险的筹资调整周期为 5 年，5 年之内城乡居民基本医疗保险的筹资水平保持稳定，所以，在计算全国医疗保险体系总债务时，就表现为每 5 年一个变动，有折现趋势的特征。

表3-29 85%（67%）实际补偿比下全国医疗保险体系当年新增基金债务

（单位：万亿元）

年份	较好情形	一般情形	较差情形
2016	0.742	0.759	0.777
2020	0.736	0.801	0.869
2025	0.953	1.044	1.143
2030	1.213	1.335	1.474
2035	1.415	1.570	1.752
2040	1.536	1.728	1.958
2045	1.576	1.802	2.081
2050	1.513	1.769	2.092

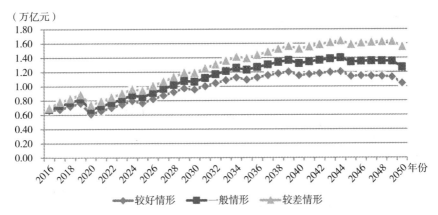

图3-36 65%（47%）实际补偿比下全国医疗保险体系当年新增基金债务

第一，我国基本医疗保险体系年度新增债务呈加速趋势。综合对比如下几个方案的预测结果，可以发现，在现有制度框架设定和外在要素约束不变的情况下（在既定的制度缴费率、补偿设定，外在环境如医疗卫生服务体系等），我国基本医疗保险体系的基金债务年度增加额是正的，且呈加速增长趋势，这是我国基本医疗保险体系基金债务年度变动的总体趋势。

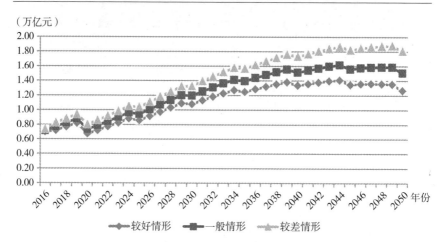

图 3-37　75%（57%）实际补偿比下全国医疗保险体系当年新增基金债务

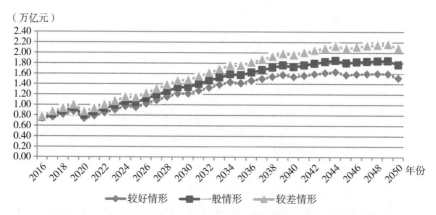

图 3-38　85%（67%）实际补偿比下全国医疗保险体系当年新增基金债务

第二，制度整合的政策变革会改变短期年度基金债务增加额的加速度，但制度改革效应时间短暂，不改变基金年度债务的加速度总趋势。①由于城乡居民基本医疗保险制度整合带来筹资标准变化，会产生短期的

---

① 再次强调，本研究估算出医疗保险体系年度新增债务水平会出现短期波动（下降），主要是基于制度变革、整合的效应而设定，特别是城乡医疗保险制度整合后筹资标准将统一，都可能会对整个医疗保险基金的债务风险带来影响（城乡居民基本医疗保险整合后要求2—3年内筹资标准要统一）。另外，由于本研究对医疗保险体系的债务风险规模加以评估，是基于特定制度框架、设定、趋势不变的前提开展预测，并不考虑在预测时点之后发生的、非趋势性的新变化的冲击，这也是债务风险评估需要说明的一点。

制度改革效应，2020年左右完成城乡居民基本医疗保险筹资标准统一，会短期内削减当年新增债务额。但是，这一制度改革效应并不能左右整个医疗保险体系基金债务年度变动的总体趋势，我国基本医疗保险体系基金债务仍然是加速增长的，这个总体趋势并不会改变。

第三，我国基本医疗保险体系年度基金债务增加额受实际补偿比和医疗费用增加速度两个方面的因素影响明显，实际补偿比例越高、医疗卫生费用增加速度越快，我国整个医疗保险体系年度新增基金债务额度越高，不同方案预测结果差异显著。这一结论再次表明，在缴费增加有限的情况下，确定一个合适的实际补偿水平，以及有效控制医疗卫生费用不合理增长，都将是我国基本医疗卫生体系变革的关键要素。

3. 全国医疗保险系统基金债务结构状况

与上文相同，本研究也将进一步测算我国基本医疗保险体系中基金债务的结构。从下列测算结果可以看出，在全国医疗保险基金债务中，城镇职工基本医疗保险的债务一直占据了主导地位，相应占比基本保持在55%以上。这一结果表明，城镇职工基本医疗保险基金债务风险是我国基本医疗保险体系基金债务风险的主要来源和首要构成因素，城镇职工基本医疗保险基金债务风险应是我国整个医疗保险制度改革的重点，制定旨在削减和应对基金债务风险的政策应当首先考虑城镇职工基本医疗保险的政策改革。这一结论与城镇职工基本医疗保险、城乡居民基本医疗保险两个险种的评估结论一致，结果具有稳健性。

表3-30　全国医疗保险系统基金债务中城镇职工基本医疗保险、
城乡居民基本医疗保险所占比重

补偿比	运行情况	城镇职工基本医疗保险	城乡居民基本医疗保险
职工65%居民47%	较好	55.74%	44.26%
	一般	56.43%	43.57%
	较差	57.19%	42.81%

补偿比	运行情况	城镇职工 基本医疗保险	城乡居民 基本医疗保险
职工 75% 居民 57%	较好	56.70%	43.30%
	一般	57.28%	42.72%
	较差	57.92%	42.08%
职工 85% 居民 67%	较好	57.46%	42.54%
	一般	57.95%	42.05%
	较差	58.51%	41.49%

二、我国基本医疗保险体系债务评估结论

综合本章上文分析结论，包括对两大基本医疗保险隐性负债和基金债务的预测结果，以及相应的对比分析，本研究可以得出如下结论：

第一，我国基本医疗保险体系的债务风险规模庞大，且不断累积，这是我国医疗保险基金债务风险的一个总体趋势。在人口老龄化趋势日益严重和医疗费用不断膨胀的压力下，城镇职工基本医疗保险、城乡居民基本医疗保险以及整个社会基本医疗保险体系的债务风险都规模庞大、不断累积。预测结果显示，不同预测方案设定情况下，基本医疗保险体系隐性负债和基金债务风险都是随时间而不断增长的，这是我国基本医疗保险体系债务风险的总体趋势，而且，这一趋势在城镇职工基本医疗保险和城乡居民基本医疗保险中也具有稳健性。这充分说明，在现有的制度框架设定和外界要素约束（特别是医疗卫生服务体系）下，我国基本医疗保险体系的债务风险是规模庞大且不断增长的，这应当是我国制定相关应对措施的基本出发点。

另外，从债务总额增长的变动趋势来看，2030 年是一个重要的时间点，在这个时间点以后，我国基本医疗保险体系的债务风险显著提升，这表明：一方面，现有基本社会医疗保险的制度框架设定和外在环境要素约束并不能够有效应对基金债务风险，而且，在 2030 年这个时间点后，现有的制度框架更加不能适应外在冲击和内在结构性变化，债

务风险累积呈加速趋势，制度改革迫在眉睫；另一方面，2030年对于我国基本医疗保险体系建设而言是一个关键的时间点，在此之前，我国应尽快完善现有基本医疗保险体系，从而有效应对基本医疗保险的债务风险冲击，在此时间窗口之后，由于人口结构等因素的变化，债务风险显著提升，应对医疗保险债务风险的压力显著增大。

第二，我国基本医疗保险体系当年新增债务风险总体呈加速趋势。测算结果表明，我国基本医疗保险体系当年新增债务风险是加速度增长的，我国基本医疗保险体系的债务风险是不断累积的，而且，累积的速度呈加速趋势。同样，这一结论在城镇职工基本医疗保险和城乡居民基本医疗保险中也具有稳健性。所以，认识我国医疗保险体系的债务风险不能停留在匀速变动的假设上面，而是应该看到这种债务风险的加速增长趋势，也应当充分重视该问题的严重性。

另外，需要强调，城乡居民基本医疗保险的年度新增隐性负债和基金债务出现了短期下降，造成这种波动的原因是政策整合等改革效应的冲击，特别是考虑到未来统筹城乡发展之后，制度整合要求筹资标准统一的发展要求，城乡居民基本医疗保险整合为短期内降低医疗保险体系当年新增债务提供了契机。

但是，应该看到，一方面，这种制度改革的效应是微弱且短期的，并没有改变整个基本医疗保险体系当年新增债务增长的根本趋势，总体上，我国基本医疗保险体系的债务风险仍然是不断累积的；另一方面，城乡医疗保险体系当年新增债务增速下降，仅仅表示整个城乡基本医疗保险基金统筹基金的债务风险的加速度在下降，但当年新增债务仍然是正的，整个统筹基金的债务风险总体上还是不断累积的。更为重要的是，统筹基金当年新增债务水平下降，其实可能伴随的是政府支持力度和个人缴费水平的增加，个人和政府可能本质上承担了更多的缴费负担。根据《国务院关于整合城乡居民基本医疗保险制度的意见》要求，整合后的城乡居民基本医疗保险最终要统一筹资水平，允许2—3年的过渡时间，而且，从近年城镇居民基本医疗保险、新型农村合作医疗筹资水平变动的趋势来看，以及《国务院关于整合城乡居民基本医疗保险制度的意见》要求整合后筹资水平不低于现有水平，所以，整合后的城乡居民基本医疗保险筹资水平提升的可能性较大，在政府补贴和居民个人缴费增长的背景下，出现的负债水平的短期下降，但这并不改变我国整个医疗保险体系债务加速增长的总体趋势。

第三，在整个医疗保险体系债务风险构成方面，城镇职工基本医疗保险的债务风险最高。从整个预测结果可以看出，城镇职工基本医疗保险在我国基本社会医疗保险体系隐性负债和基金债务中的占比分别约在65%以上、55%以上。城镇职工基本医疗保险是整个医疗保险体系债务风险的主要来源，造成这一结果的原因既包括城镇职工基本医疗保险的制度设计特征（如退休老年人不缴费），也包括历史转轨的债务承接，是各种历史、现实因素综合效应的结果。

第四，通常情况下，我国医疗保险体系基金债务规模显著高于隐性负债规模。测算结果表明，我国基本医疗保险的基金债务规模显著高于隐性负债规模，这一结论在整个医疗保险体系和单个医疗保险中均是稳定的。测算结论显示，在开放系统中，"新人"加入医疗保险体系，并没有减少体系中原有的债务风险，反而致使体系中原有的债务风险进一步恶化。造成这一问题的原因在于"新人"自身蕴含着隐性负债，即存在着收不抵支的风险。所以，"新人"加入医疗保险体系后，原有的债务风险不是减少了，而是增加了，并最终表现为基金债务规模高于隐性负债规模。这也表明，在当前制度框架设定和外在环境不变（或既定趋势）情况下，无法通过扩大基本社会医疗保险覆盖面、纳入更多新人的方式，来解决医疗保险体系债务风险。

第五，"剩余"计划终止时的债务应得到重视。1998年启动城镇职工基本医疗保险改革，我国原有劳保医疗、公费医疗计划终止，新的城镇职工基本医疗保险建立，本研究以2010年为时点，测算了"剩余"的计划终止时的医疗保险债务。结果显示，在中方案下，即实际补偿比为75%且医疗费用增速为一般情形（中增速）下，"剩余"的计划终止时债务总额约为7.06万亿元；在2010年，计划终止时的债务规模总额已经达到了当年国内生产总值的18%左右。"剩余"计划终止时的债务规模仍然较为庞大，且已经内化到整个医疗保险体系隐性负债中，应当得到重视，并积极做好各种削减和应对措施，特别是国家财政应当合理地承担对应的转轨成本，对医疗保险基金给予更多支持。

综上所述，面对医疗费用膨胀和人口老龄化的双重压力，我国基本医疗保险体系债务总规模和结构规模都面临巨大的风险压力，而且，债务风险压力随时间呈加速度增长趋势，如果不进行制度改革，并着力改善制度运行的外在环境要素约束（特别是医疗卫生服务体系），现行医疗保险体系的可持续性将面临巨大挑战。① 从债务风险突变角度来看，我国医疗保险制度改革的最佳时间窗口截至 2030 年，如果不尽早开展系统性的改革，现有的制度框架设定在既有环境要素约束下，存在放大债务风险的可能。因此，我国应当积极利用时间窗口，通过开展系统的综合改革，做好应对医疗保险体系债务风险的准备工作，最大限度地化解医疗保险体系债务风险的冲击。

---

① 推进协同性的制度体系变革是必要的选择，因为，仅仅依靠基本社会医疗保险制度变革的效应是较为有限的，而且，很可能会被不断快速增长的医疗卫生费用所吞噬。应当开展医疗保险制度、医疗服务体系、药品生产流通体系等领域的综合改革，特别是要将医疗卫生费用增长速度控制在一个适宜的范围之内，否则，单独完善基本社会医疗保险体系的效应将大打折扣。

第四章 医疗保险体系政府财政压力评估

　　政府是基本医疗保险体系的最终责任人，基本医疗保险体系债务风险会给政府财政带来压力。基于前文关于基本医疗保险体系债务测算结果，本章将进一步评估基本医疗保险体系对政府财政形成的压力。本章包括两节内容：第一节是评估数据准备与假定，将简要介绍我国卫生费用变动情况，还将预测 GDP 支出趋势，测算政府财政对基本医疗保险的补贴；第二节将对基本医疗保险体系对政府财政带来的负担和压力进行评估，并给出研究结论。

　　医疗卫生服务市场具有典型的信息不对称特征，从世界各国的经验来看，建立社会性的医疗保险计划是保障国民基本健康的重要机制。[①]事实上，社会医疗保险计划，特别是现收现付的医疗保险计划，某种意义上是基于政府的信用而运行，政府是制度信用的担保人，如果保险计划运行出现亏损，就有可能会对政府财政带来压力。另外，制度运行过程中，政府对制度的各种补贴（包括对弱势人群的参保补贴）等也会直接形成财政负担。所以，评估基本医疗保险体系对政府财政带来的压

---

　　① 我国三大基本医疗保险构成的基本医疗保险体系，与商业保险有显著的不同，并不具有完全的私人产品属性，而其对于国民健康的基本保障作用，以及其对于整个社会的正外部性，都使得三大基本医疗保险具有显著的公共产品或准公共产品属性，当然，社会保障的产品属性仍然可能存在争议。但是，总的来看，政府对社会保障体系进行资助，或承担财政最终兜底责任，都是合理的。在我国，城镇居民基本医疗保险和新型农村合作医疗是政府财政直接进行补贴资助的基本医疗保险制度，而城镇职工基本医疗保险政府并没有直接进行财政资助，而是由企业和个人共同负担，但是，必须看到，职工医疗保险的建立历史背景和制度信用，都是基于政府主办保险的国家责任。也就是说，即使目前政府并没有直接财政补贴城镇职工基本医疗保险，但是，一旦城镇职工基本医疗保险遇到债务风险，基金稳定性和可持续性出现现实困难，政府也会进行必要的干预，因为，政府对这些基本社会医疗保险制度承担最终兜底责任，是整个制度信用的基础。

力是研究医疗保险体系可持续性的重要内容。如果基本医疗保险体系造成的政府财政压力过大，政府可能无力承担基本医疗保险体系的债务风险，可能导致医疗保险体系无法稳定运行。所以，评估基本医疗保险体系对政府财政造成的压力，对于我国基本医疗保险体系健康发展十分必要。

国家财政是整个社会保障和社会福利体系的最后责任人和"兜底"者。需要说明的是，在本研究中，政府的财政负担主要有两个来源：一是前文已经说明和测算的政府"兜底"的基本医疗保险体系基金债务（风险），二是政府对基本医疗保险体系的财政补贴，主要是对参保人员的补贴（政府补贴参保以及替代部分贫困社会成员缴纳保费）。对于大多数城镇职工基本医疗保险参保人口来说，政府并没有给予直接的财政补贴，但是对于从公费医疗转到城镇职工基本医疗保险的参保人来说，则不然，实际上政府就是其雇主，承担了雇主的缴费责任，这也是政府补贴城镇职工基本医疗保险的主要构成。此外，还有政府针对城乡居民参加医疗保险的缴费补贴，以及对城乡居民基本医疗保险基金债务所要担负的"兜底"责任。政府对我国医疗保险体系补贴的构成将在下文政府财政补贴测算部分详细说明。[1] 加总基本医疗保险基金债务和参保补贴，进而可以获得最终政府财政负担规模，并将进一步计算其占政府财政支出具体比例。

考虑到基金债务的显性化特点，往往会对政府财政形成压力，所以，在评估政府财政压力时，本研究将基于基金债务估算结果，即在开放医疗保险体系、动态人口设定下，测算基金债务和政府财政补贴所造成的政府财政压力水平。

---

① 总的来看，我国政府对于医疗保险体系的财政补贴主要包括如下几个方面：第一，政府在城乡居民基本医疗保险（城镇居民基本医疗保险、新型农村合作医疗）总筹资中的直接政府补贴，即政府在保费筹资中的直接补贴；第二，政府对于部分弱势人群（低保、五保等弱势人群）的个人缴费补贴，即由于这部分人群经济困难或处于弱势地位，政府直接为其缴费参保，这也是政府财政支出在医疗保险中的重要方向；第三，政府对转入城镇职工基本医疗保险的原公费医疗人口参加城镇职工基本医疗保险的筹资补贴。其他补充说明详见下文"财政补贴支出测算"部分内容。

第一节　评估数据准备与假定

本节要交代本研究的数据评估准备和假定，其中，最为核心的是对我国 GDP 和财政支出进行预测，以及对政府支出进行预测，为后续财政负担评估做准备工作。

一、我国医疗卫生费用变动情况

需要说明，此处关于我国医疗卫生费用的增长趋势分析，以及我国医疗卫生费用结构优化的内容，旨在交代我国医疗保险费用变化的大背景和总体趋势，并非本章预测的核心内容。而且，本节所研究的医疗卫生费用占 GDP 和财政支出的比例，与本研究所关注的基本医疗保险基金债务占政府财政支出的比例也有显著区别。本节内容主要是为了解我国政府在医疗卫生方面的投入做一个简要背景说明，为下文计算医疗保险基金债务的财政负担做辅助准备工作。

全面、客观了解我国医疗卫生费用的规模和变动趋势，便于我们从宏观上和趋势上了解我国医疗卫生费用的基本状况，有助于理解我国医疗保险财政支出的宏观背景。

（一）医疗卫生费用占 GDP 比重

医疗卫生总费用占 GDP 比重是分析各国医疗卫生费用负担的重要指标，基本上反映了一个国家在医疗卫生方面的总体投入情况。

1. 国际比较

从长期来看，国家卫生总费用应当与 GDP 形成均衡稳定的互动增长关系，即二者应当是协同增长的动态关系。世界卫生组织建议医疗卫生总费用占 GDP 比重应不低于 5%。[①] 但回顾我国相关数据，医疗卫生

---

① 《中国卫生总费用的现状及结构》，http://www.cqshic.com/Html/1/tjxx/2014-03-06/1369.html.

总费用占 GDP 比重长期偏低，2000 年仅为 4.6%，此后，由于国家对医疗卫生投入力度不断加大，这一比例开始快速提升。《中国卫生统计年鉴 2011》显示，2010 年该比例达到了 5.01%，此后波动上升；《2015 年医改专题研究》显示，2013 年该比例为 5.4%。而《中国卫生统计年鉴 2015》显示这一数字在 2014 年已经上升至 5.55%。

如果对比中国与不同收入水平国家，可以发现，我国医疗卫生总费用占 GDP 比重几乎显著低于所有类型国家的平均水平，特别是 2012年，这一比例低于世界上各类型国家的平均水平。而中国与美国相比差距则更大。见图 4-1。

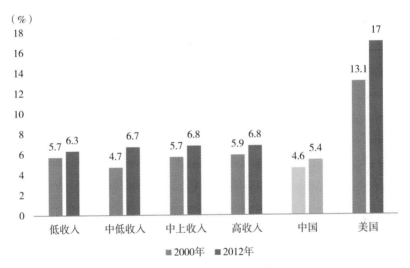

图 4-1 世界上主要国家医疗卫生费用占 GDP 比重

数据来源：《中国卫生统计年鉴 2015》。

当然，医疗卫生费用过高也并不一定是好的状态，美国医疗卫生费用规模过高，虽然催生了庞大的医疗卫生产业，但是，也浪费了大量的有限经济资源，甚至一定程度上影响了国家的健康发展。但另一方面，过低的医疗卫生费用规模是肯定存在问题的，过低的医疗卫生费用规模意味着国民健康投入不足，会影响人力资本积累和经济发展。一个适宜的、平稳的医疗卫生花费规模会更加有利于经济社会发展。

2. 趋势分析

进一步对中国医疗卫生费用占 GDP 比重的历史数据进行呈现，可以发现 2007 年、2008 年之后的数据出现快速攀升，表明近年我国医疗卫生投入力度不断加大，政府、个人和社会在医疗卫生领域投入的资源随经济增长而快速提升（见图 4-2）。我国医疗卫生费用占比的变动趋势是值得肯定的，但是，正如上文对比分析可知，这一比例仍然相对较低，甚至低于世界主要类型国家的平均水平。我国在医疗卫生和国民健康方面应当给予更多投入。

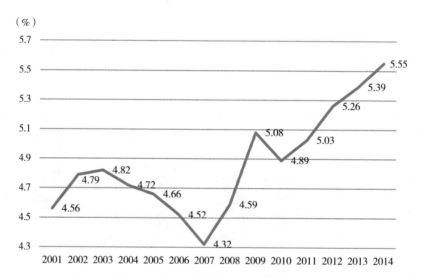

图 4-2　2001—2014 年中国医疗卫生费用占 GDP 比重

数据来源：《中国卫生统计年鉴 2015》。

（二）医疗卫生费用结构变动

进一步利用历史数据反映我国医疗卫生总费用来源结构的变动趋势，图 4-3 反映了我国 2001—2014 年医疗卫生费用结构变动的趋势。

从图 4-3 可以看出，2001 年至今，在我国医疗卫生总费用结构中，政府、社会支出占比不断提高，个人支出占比逐步下降，这是这一阶段根本的变动趋势。个人支出占医疗卫生总支出的比例从 2001 年的约 60%，不断下降至 2014 年的 32%。从当前我国医疗卫生总费用的支出格局来看，政府支出和个人支出基本上稳定在总支出的三成，而社会支出则基本稳定在四成。这种结构上的调整反映了三方责任的动态变化，国家与社会承担更多责任，个人支出在整个医疗卫生费用中占比下降表明国家和社会保护机制的逐步建立。这与我国医疗保障制度的逐步完善、国家对国民健康的日益重视紧密相关。

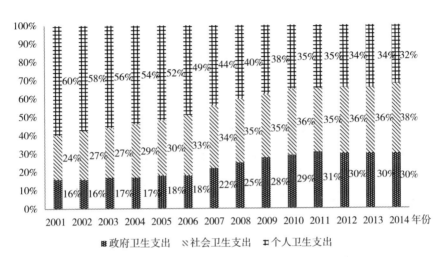

图 4-3　2001—2014 年中国医疗卫生费用内部构成

资料来源：《中国卫生统计年鉴 2015》。

二、我国 GDP 与财政支出预测

为了评估基本医疗保险体系给政府财政带来的压力，下文将进一步对我国 GDP 和财政支出进行预测，从而为财政负担评估、预测做好准备。①

正如上文所述，国家是基本医疗保险体系的最终责任人，如果基本医疗保险出现债务风险，国家有承担"制度承诺"的责任。但是，一个良好的、可持续运行的医疗保险体系所应具备的基本特质之一就是压

---

①　当然，由于政府在基本医疗保险体系中所承担的财政压力主要来源于两个方面，一个是基本医疗保险体系的基金债务，另一个则是政府对两大保险的直接补贴，所以，计算政府在基本医疗保险体系所承担的财政压力时，要预测 GDP 和财政支出水平，并对政府在基本医疗保险中所承担的补贴额度进行评估和测算。政府对基本医疗保险的财政补贴将在后文中进行论述。

力适度，否则，过高水平甚至"浪费"的医疗保险体系可能会带来灾难。① 所以，评估基本医疗保险体系的财政负担，并着力将其控制在一个适宜的比例范围之内，是我国基本医疗保险体系建设和发展的关键问题之一。

我国经济增长已经进入新常态，无法维持过去数十年的超高速增长，未来很长时间内我国将维持中高速或中速增长，这也为预测我国GDP走势提供了基本背景。

本研究在比较多方预测结果基础上，认为许宪春（2004）对我国GDP预测的方法较为合理，并将其作为本研究 GDP 增速的设定方法：第一，2010—2015 年使用实际 GDP 增速，其中，2015 年我国 GDP 的实际增长速度为 6.9%，这是预测数据的起点；第二，2015—2050 年的GDP 年度增速线性下降，每年下降 0.1 个百分点；第三，到 2050 年，增速下降至 3.4%，与中等发达国家经济增速相当，这是 GDP 线性预测的终点。② 从国际经验来看，这种设定是合理的，因为，在 2008 年经济危机之前，发达国家的平均 GDP 增长率就约为 3%。

本研究认为，许宪春（2004）的预测方法较为科学，对理论与现实的拟合性较好。上文假设可信性较高。

本研究还借鉴了宋世斌（2009）关于财政支出占 GDP 比重的设定：以当前我国财政支出占 GDP 实际比重为预测起点，设定财政支出占 GDP 比重按照过去 10 年的增速趋势保持不变，一直增长到 30%，此后维持稳定到 2050 年。③ 之所以选择这样的设定，一方面考虑到过去若干年我国财政支出占 GDP 比重的变动趋势是一直在持续增长；另一方面是考虑到我国政府在经济建设、民生建设中的重要地位，财政支出占比会相应提升；另外，也考虑了中等发达国家财政支出占 GDP 比重

---

① 虽然，政府具有更高的信用，可以在没有资金支撑的情况下，某种程度上对其所推行的制度或体系进行担保，但是，如果债务风险过高，彻底超出政府承受能力时，很可能会形成个人的挤兑，进而会引起社会动荡。

② 许宪春：《预测未来中国 GDP》，《中外管理》2004 年第 12 期，第 61—62 页。

③ 宋世斌：《我国医疗保障体系的债务风险及可持续性评估》，经济管理出版社 2009年版。

普遍较高的实际状况。综合上述三个方面的因素，本研究选定了宋世斌（2009）关于财政支出占GDP比重的设定。具体预测结果见表4-1。

表4-1 2016—2050年我国GDP及财政支出预测

（单位：亿元）

年份	GDP	政府财政支出	年份	GDP	政府财政支出
2016	699636	182067	2034	1084946	325484
2017	722664	192645	2035	1101750	330525
2018	745750	203531	2036	1117749	335325
2019	768852	214715	2037	1132897	339869
2020	791925	226183	2038	1147155	344146
2021	814923	237923	2039	1160481	348144
2022	837801	249918	2040	1172838	351851
2023	860510	258153	2041	1184192	355258
2024	883002	264901	2042	1194509	358353
2025	905226	271568	2043	1203760	361128
2026	927134	278140	2044	1211917	363575
2027	948674	284602	2045	1218956	365687
2028	969797	290939	2046	1224856	367457
2029	990451	297135	2047	1229599	368880
2030	1010586	303176	2048	1233170	369951
2031	1030152	309046	2049	1235558	370667
2032	1049100	314730	2050	1236754	371026
2033	1067380	320214			

注：本研究计算过程中，2010—2015年使用的是真实数据，限于篇幅，此处不再赘述。

三、财政补贴支出测算

基本医疗保险体系之所以会对财政形成压力，主要因为政府是社会医疗保险制度的信誉担保人，某种意义上就具有了"兜底"的责任。但是，由于基本医疗保险是具有保护性的社会制度安排，政府对其承担的责任还包括对制度和相应人群的直接补贴。从我国政府财政对社会医疗保险制度所承担的责任来看，主要包括两个方面：一个是对基本医疗保险体系债务风险所应承担的"兜底"责任；一个是对现行社会医疗保险制度和特定参保人群（如穷人）的补贴。基本医疗保险体系债务风险已经在第三章中进行了评估和预测，那么，要估算我国政府在医疗保险体系中所要承担的财政责任，本研究还应对政府对医疗保险体系的总补贴水平进行测算。

正如上文所述，我国基本医疗保险是保障国民基本医疗卫生服务需要和健康目标的基本社会制度安排，财政应当对这样的制度安排给予补贴，同时，也应当给予部分人群补贴支持，以便其（在无力参保时）具备享有基本医疗保险的权利，特别是，为了给贫困人群提供医疗保障，政府往往承担相应的财政责任。

总的来看，我国政府对于医疗保险体系的财政补贴主要包括如下几个方面：第一，政府在城乡居民基本医疗保险（城镇居民基本医疗保险、新型农村合作医疗）总筹资中的直接政府补贴，即政府在保费筹资中的直接补贴；第二，政府对于部分弱势人群（低保、五保等弱势人群）的个人缴费补贴，即由于这部分人群经济困难或处于弱势地位，政府直接为其缴费参保，这也是政府财政支出在医疗保险中的重要方向；第三，政府对转为城镇职工基本医疗保险的原公费医疗人口的补贴。[①]

以政府对城镇居民基本医疗保险和新型农村合作医疗的财政补贴为例，近年一直呈上升趋势。以 2015 年为例，《关于做好 2015 年城镇居民基本医疗保险工作的通知》（人社部、财政部）将城镇居民基本医疗保险筹资水平提高到人均不低于 500 元，其中，"政府财政补贴水平人

---

① 对于机关事业单位工作人员，政府就是其雇主，承担雇主缴费角色的责任，不论为其提供公费医疗，还是为其参加职工医疗保险缴费，政府都要履行雇主的出资责任，这也构成了政府补贴的来源之一。本研究在第二章说明，基于资料检索，我国大部分地区公费医疗已经改制为城镇职工基本医疗保险，目前剩余公费医疗覆盖的主要是中央在京国家机关、部分直属单位和三个省的省直机关公费医疗人群。综合公费医疗制度改革要求和趋势，本研究设定，这部分人群将在 2025 年彻底并入城镇职工基本医疗保险，至此，我国 1998 年启动的公费医疗改革彻底结束。

均 380 元，个人缴费人均不低于 120 元"①。《关于做好 2016 年新型农村合作医疗工作的通知》（国卫基层发〔2016〕16 号）要求，"2016年，各级财政对新型农村合作医疗的人均补助标准在 2015 年的基础上提高 40 元，达到 420 元，农民个人缴费标准在 2015 年的基础上提高 30元，全国平均达到 150 元左右"②。从近年我国主要两大基本医疗保险筹资水平和结构变动趋势可以看出，整个医疗保险体系筹资水平是在不断提升的，而且，政府在其中承担的筹资责任不断增长，目前政府出资已经占城镇居民基本医疗保险、新型农村合作医疗筹资水平的约 80%。

从一个长久趋势来看，随着医疗卫生服务支出水平的不断提升，政府对基本医疗保险的补贴水平也一定会不断提升，政府对应的财政支出增长是一种必然。考虑到前文已经对基本医疗保险体系的债务风险进行评估，特别是已经测算了基金债务的规模和变动趋势。那么，测算财政对基本医疗保险体系的补贴规模就是此处的工作内容。下文依据第二章中关于我国城镇居民基本医疗保险、新型农村合作医疗、城乡居民基本医疗保险政府补贴水平的设定，重点评估预测期内（2010—2050 年）财政对应的补贴投入情况。具体参数设定请详见第二章，此处概不赘述。

众所周知，由于我国地域辽阔、地区差异性大，不同地区的城镇居民基本医疗保险和新型农村合作医疗财政补贴水平和额度存在显著差别，这就导致了不同制度、不同地区之间的缴费和补贴水平差异，而且这些制度在不同的市、县之间碎片化成为大量的统筹单元。在如此高碎片化的制度格局下，分别估测每个统筹单元内财政补贴，之后求和得到补贴总规模的路径并不现实。③ 此处将借鉴本书前文中有关筹资水平确

---

① 人力资源社会保障部、财政部《关于做好 2015 年城镇居民基本医疗保险工作的通知》（人社部发〔2015〕11 号），http：//www. mohrss. gov. cn/SYrlzyhshbzb/ldbk/shehui-baozhang/yiliao/201502/t20150209_ 151708. htm。

② 国家卫生计生委、财政部：《关于做好 2016 年新型农村合作医疗工作的通知》（国卫基层发〔2016〕16 号），http：//www. nhfpc. gov. cn/jws/s3581sg/201605/75708452f90a43d38990bfd992a19d6b. shtml，2016 年 5 月 5 日。

③ 当前，由于城乡居民基本医疗保险整合尚未完成，城镇居民基本医疗保险和新型农村合作医疗仍然是两个独立的社会医疗保险，城镇居民基本医疗保险基本上是以市为统筹单元的，而仍有大量地区的新型农村合作医疗仍然是以县为单位的，这就导致了制度碎片化为若干个大小不等的风险统筹单元。

定的思路，运用典型地区代表法，在不同的区域内，对典型城市的政府财政补贴水平求取均值，用均值水平作为区域内测算补贴总规模的依据，并最后加总获得全国总补贴规模。

本研究分区域选择的典型城市与前文一致。同样，本研究对城镇和农村居民的个人财政补贴水平也设定了五年一次调整周期。具体设定和依据详见第二章，此处不再赘述。正是基于上文所述的研究思路，本研究加总获得了政府财政对基本医疗保险体系的分区域补贴水平，并将对应的补贴水平作为估算政府财政负担的重要依据。

另外，对于无力支付城镇居民基本医疗保险和新型农村合作医疗（整合后为城乡居民基本医疗保险）缴费的城乡居民，财政会全额资助其参保，所以，这部分人群的财政补贴水平为缴费全额补贴，高于普通城乡居民的财政补贴水平。考虑到各地在实际操作过程中主要将是否是低保户作为财政全额补贴参保的主要依据，所以，本研究检索了民政部《2014 年社会服务发展统计公报》中历年城市和农村低保人口数量，其中，农村低保人口包括了低保人口和五保供养人口，结果显示，"2010年城市低保人口规模为 2310.5 万人，农村低保、五保供养人口约为5570.3 万人；2014 年城市低保人口规模为 1877 万人，农村低保、五保供养人口约为 5736.3 万人"[1]。而且，依据国家统计局的统计年鉴和统计公报，以及本研究关于实际城镇居民基本医疗保险、新型农村合作医疗参保人口的测算思路，计算实际参加城镇居民基本医疗保险和新型农村合作医疗的人口，并计算了低保、五保供养人口分别占城镇居民基本医疗保险参保人口、新型农村合作医疗参合人口的比重，并设定这一比例相对保持稳定。[2] 梳理各地政策可以发现，基本上上述人群都是财政

---

① 民政部：《民政部发布 2014 年社会服务发展统计公报》，民政部门户网站，http://www. mca. gov. cn/article/zwgk/mzyw/201506/20150600832371. shtml，2015 年 6 月 10 日。

② 综合比较近年低保人口规模和趋势分析，发现城乡低保人口经历了"增长、保持稳定"的趋势，当前总体上低保人口规模保持稳定。当然，从一个长远的发展视角来看，考虑到贫困的动态性、相对性特征，低保制度仍然将长期发挥作用，而且，低保水平将与整个经济社会发展水平相一致，随着经济社会发展，各类经济和社会风险增高，相对贫困仍然将长期存在于社会当中，相应的"最低生活标准"也将是动态提升的。基于上述考虑，本研究设定在未来一段时间内，低保、五保供养人口分别占城镇居民基本医疗保险参保人口和新型农村合作医疗参合人口的比重保持稳定。

直接补贴参保，所以，财政对这部分人群的选择性补贴，也是整个财政负担的重要构成内容。

对于公费医疗转入城镇职工基本医疗保险的那部分人群的缴费补贴，设定参数与第二章保持一致，将基于城镇职工基本医疗保险参保人口的缴费水平作为原公费医疗人口参加城镇职工基本医疗保险的参考数值，并充分考虑剩余公费医疗覆盖人群逐步纳入城镇职工基本医疗保险的变动趋势，计算对应的政府财政补贴水平。具体测算思路和参数设定见第二章。

将政府财政对于城镇居民基本医疗保险、新型农村合作医疗（整合后的城乡居民基本医疗保险）的制度补贴和困难人群的缴费补贴加总，再加总公费医疗并入城镇职工基本医疗保险人群缴费补贴，可以得到我国基本医疗保险体系政府补贴财政总额。同样，对预测期内的补贴总额加总并进行贴现，可以得到整个基本医疗保险体系财政补贴的现值规模，具体见表4-2。①

表4-2　预测期内医疗保险体系政府补贴筹资金额

(单位：万亿元)

	原公费医疗	城镇居民	农村居民	总计
女性	0.10	4.11	5.40	9.61
男性	0.15	3.63	5.61	9.40
总计	0.25	7.75	11.01	19.01

从表4-2可以发现，政府对农村居民的财政补贴总额最高，这可能是由于农村居民的总规模较大且贫困人口规模较大。财政对原公费医疗转入城镇职工基本医疗保险的人的缴费补贴约为0.25万亿元，对城镇居民的缴费补贴约为7.75万亿元，对农村居民缴费补贴约为11.01万亿元，补贴总额现值约为19.01万亿元。

---

① 现值以2010年水平为准。

第二节　政府财政压力评估结果

在上文预测 GDP、财政支出的基础上，结合第三章我国基本医疗保险体系债务的测算结果，本节进一步评估政府财政负担规模，以及对应的财政压力（财政支出占比）。

一、政府财政负担规模

正如前文所述，政府是基本医疗保险体系的信用担保者、最终责任人，对基本医疗保险体系负有的财政责任包括对医疗保险体系的直接财政补贴和医疗保险基金债务风险（基金债务）两个部分，本研究将在加总两个部分财政负担基础上，计算政府财政的总体负担。具体而言，本部分内容将包括两个方面：一是评估预测期内政府年度财政负担，二是评估预测期内政府财政负担总额。

（一）预测期内政府年度财政负担评估

考虑到政府支出的年度特征，本研究计算政府财政负担规模时将首先以年度形式呈现，这需要将预测期内每一年的基金债务和补贴金额进行加总。另外，由于前文在评估和预测基金债务时考虑了不同方案，即综合考虑了不同的医疗费用增长速度情形和实际补偿比例，所以，当加总年度政府财政负担规模时，也将考虑不同方案下的对应数值。在不同预测方案下，我国政府对基本医疗保险体系承担的财政负担规模（包括补贴和基金债务）见表4-3、表4-4、表4-5和图4-4、图4-5、图4-6。

表4-3　65%（47%）实际补偿比下我国未来医疗保险基金当年政府负担预测

（单位：亿元）

年份	较好情形	一般情形	较差情形
2016	9125	9191	9273
2020	10597	10830	11124

年份	较好情形	一般情形	较差情形
2025	12806	13319	13975
2030	15053	15918	17039
2035	16719	17966	19600
2040	17531	19182	21367
2045	17581	19618	22340
2050	16691	19055	22239

表 4-4　75%（57%）实际补偿比下我国未来
医疗保险基金当年政府负担预测

（单位：亿元）

年份	较好情形	一般情形	较差情形
2016	9629	9698	9783
2020	11587	11835	12147
2025	14034	14579	15277
2030	16528	17447	18639
2035	18398	19724	21461
2040	19398	21154	23477
2045	19595	21763	24658
2050	18795	21310	24698

表 4-5　85%（67%）实际补偿比下我国未来
医疗保险基金当年政府负担预测

（单位：亿元）

年份	较好情形	一般情形	较差情形
2016	10133	10204	10293
2020	12578	12839	13170
2025	15263	15840	16579
2030	18003	18977	20238
2035	20078	21482	23322

续表

年份	较好情形	一般情形	较差情形
2040	21265	23125	25587
2045	21610	23907	26976
2050	20898	23565	27157

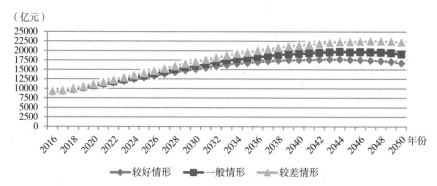

图4-4 65%（47%）实际补偿比下我国未来医疗保险基金当年政府负担预测

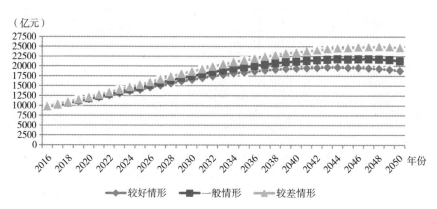

图4-5 75%（57%）实际补偿比下我国未来医疗保险基金当年政府负担预测

进一步以中方案为例对结果进行阐释，结果显示，以中等方案补偿比为例，即在城镇职工基本医疗保险实际补偿比设定为75%、城乡居民基本医疗保险实际补偿比设定为57%的条件下，同时，在医疗费用增速一般（中增速），基本社会医疗保险体系对政府2016年造成的财政负担为9698亿元，这其中包括了基金债务和基本医疗保险补贴两方

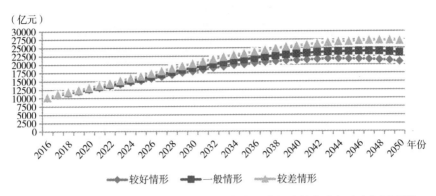

（亿元）

—◆— 较好情形 —■— 一般情形 —▲— 较差情形

图 4-6 85%（67%）实际补偿比下我国未来医疗保险基金当年政府负担预测

面的内容；政府财政对基本医疗保险承担的财政负担随时间而不断增长，至 2030 年，相应负担已经升至 17447 亿元，而到 2050 年，政府财政负担对基本医疗保险承担的负担总计为 21310 亿元。

基于上述结果，本研究需要强调两个方面，理解这两个方面对于准确、客观、合理理解本研究此处测算的结果较为重要。

第一，政府对基本医疗保险财政负担的来源构成。前文已经说明，政府在基本医疗保险体系中的财政负担水平主要是由两个方面组成的，一方面是政府对基本医疗保险体系的直接财政补贴，主要体现为政府对基本医疗保险缴费的补贴；另一方面是政府对基本医疗保险体系的债务风险兜底。

第二，预测结果可以看出，政府对基本医疗保险体系所承担的财政负担规模不断增长。从预测结果看出，政府当年财政负担变动情况总体呈上升趋势，在预测期末增长趋势放缓，且有下降趋势，但总体上，政府当年财政负担增长水平都是正的。这表明在预测期内，我国政府对基本医疗保险体系所承担的财政负担总体上呈增长趋势。

当然，与前文分析一致，在医疗费用增速较快、实际补偿水平较高的条件下，由于我国政府对基本医疗保险的财政补贴和承担的基金债务风险都将提升，也必然导致政府对整个基本医疗保险承担的财政负担水平提高，这也必将会表现在当年新增政府财政负担的水平上。这再次表明，有效控制医疗费用不合理增长，以及制定适宜、可持续的实际补偿水平，都是推进我国基本医疗保险体系平稳运行的关键措施。

需要强调，对基本医疗保险财政负担的测算是理论值（潜在水平），与政府实际承担的真实债务可能存在差异。因为上文所述基本医疗保险体系财政负担有两个来源，一部分是政府对基本医疗保险的直接财政补贴，特别是缴费补贴（如对城乡居民基本医疗保险参保的补贴和对原公费医疗人群的补贴等），另外一部分是基金债务，即统筹基金的实际债务水平。但是，由于基本医疗保险统筹基金的债务并不一定完全表现出来，本研究测算的统筹基金的债务只是理论值或潜在水平，与现实中表现出来的实际债务水平可能存在差异，这主要是政府财政可能给予不定期补贴、统筹基金历史结余、基金在区域间调剂等因素综合作用的结果。所以，本研究测算的政府财政负担水平并不一定完全表现出来，当年医疗保险基金债务规模由于各种因素影响，与最终表现出来的实际债务可能不同，这是由各种历史与现实、政策与管理等因素综合作用导致的。

（二）预测期内政府财政负担总额评估

上文评估和预测的是政府对基本医疗保险承担的年度财政负担水平，下文将进一步对预测期内债务水平总额进行评估、测算，从而反映预测期内政府对基本社会医疗保险财政负担的总额状况。

从表4-6可以看出，在预测期内，我国政府财政对基本医疗保险体系所承担的债务负担规模现值是非常庞大的，当然，由于政府是在整个预测期内平均分散财政负担，所以，每一年的理论财政负担规模会相对较小。表4-6中仍然包含了高、中、低三个方案，以中方案为例，即医疗费用增速为一般情形且基本医疗保险的实际补偿比例为中等时（城镇职工基本医疗保险的实际补偿比例为75%，城乡居民基本医疗保险实际补偿比例为57%），政府财政在预测期内将承担基本医疗保险体系约66.04万亿元的负债。当然，在高方案和低方案时，政府对基本医疗保险体系的财政负担规模也并不低：在高方案下，即医疗费用增速为高增速，且基本医疗保险体系实际补偿比例较高（城镇职工基本医疗保险的实际补偿比例为85%，城乡居民基本医疗保险实际补偿比例为67%）时，政府在预测期内对基本医疗保险体系承担的财政负担现值规模约为 77.77 万亿元；在低方案下，即医疗费用增速为低增速，且基本医疗保险体系实际补偿比例较低（城镇职工基本医疗保险的实际补偿比例为 65%，城乡居民基本医疗保险实际补偿比例为 47%）时，政府在预测期内对基本医疗保险体系承担的财政负担现值规模约为 56.26 万亿元。

表 4-6　全国医疗保险体系财政负担总值

（单位：万亿元）

补偿比	较好情形	一般情形	较差情形
职工 65%、居民和农民 47%	56.26	60.25	65.51
职工 75%、居民和农民 57%	61.80	66.04	71.64
职工 85%、居民和农民 67%	67.35	71.84	77.77

另外，为了更加清晰地反映我国政府在预测期内对基本医疗保险承担的财政负担规模，本研究还进一步利用图形对结果进行呈现，具体基于三种不同的实际补偿比例设定，每张图中呈现了三种不同医疗费用增长速度情形设定对应的财政负担累积结果。图形进一步表明，在预测期内，我国政府在基本社会医疗保险中所承担的财政负担规模是不断累积的，而且增速趋势显著，特别是在 2030 年之后，将加速增长。见图 4-7、图 4-8、图 4-9。

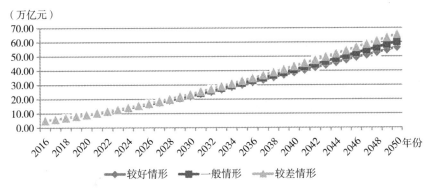

图 4-7　65%（47%）实际补偿比下我国未来医疗保险基金累积政府负担

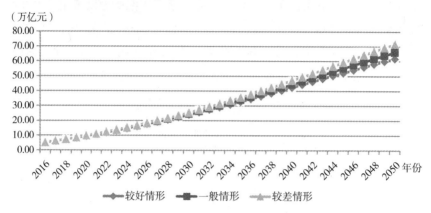

图 4-8　75%（57%）实际补偿比下我国未来医疗保险基金累积政府负担

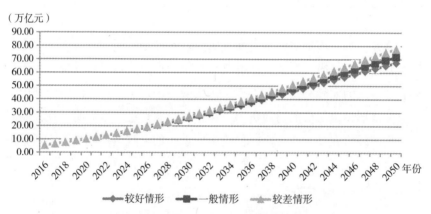

图 4-9　85%（67%）实际补偿比下我国未来医疗保险基金累积政府负担

上述分析结果呈现了我国政府对基本社会医疗保险体系所承担的债务总体情况，对我国基本医疗保险体系建设和改革有重要启示。

第一，在预测期内，我国政府财政对基本社会医疗保险承担的财政负担总额较高，且增速稳定。由于政府在我国基本社会医疗保险中所承担的"兜底"责任，而我国人口众多、老龄化问题严重、制度历史遗留与转型问题多，所以，政府在基本社会医疗保险中承担的财政负担规模是较为庞大的。众所周知，高额的政府财政负担将会给政府背上巨大的包袱，基本医疗保险体系引起的过高水平的财政支出不仅会影响政府其他功能的正常发挥，甚至会影响经济与社会持续发展，而对于基本医疗保险体系而言，其可持续性也会受到影响。

第二，政府对基本社会医疗保险所承担的财政负担总额中，基本社会医疗保险的基金债务风险占大部分。仍然需要强调，在政府对基本医疗保险承担的财政负担中，医疗保险的基金债务仍然占大部分，是政府财政负担的主要来源。

第三，不同方案差别显著。对比表 4-6 和图 4-7、图 4-8、图 4-8 中的结果可以看出，高、中、低方案结果存在显著差别，表明在不同医疗费用增长速度情况下、不同实际补偿比设定下，政府对基本社会医疗保险承担的财政负担水平是有显著区别的。这也再次表明，确定适度的医疗费用增长速度和保险制度待遇水平，是控制我国基本社会医疗保险基金债务和政府对应财政负担的关键要素。

第四，理论财政负担与实际财政负担可能出现差异。从理论上讲，基本医疗保险的基金债务应当是显性债务，但是，由于各类实际因素的影响（如基金历史结余、区域间调剂、支付待遇动态调整等），这部分债务并不一定最终表现为实际体现出来的债务。所以，理论上测算的财政负担结果，可能与实际表现出来的债务存在一定差异。

二、政府财政压力评估

上文评估、预测了我国政府对基本医疗保险承担的财政负担，下文将进一步对财政负担所造成的压力进行评估，具体包括对未来我国医疗保险体系财政负担分别占 GDP 及财政支出的比重的评估、预测。为体现年度动态特征，下文计算的具体方法为当年预测政府财政负担除以政府当年的财政支出或当年 GDP，所得到的具体比例结果。

需要强调，本研究所计算的政府对基本医疗保险承担的财政负担和对应的财政压力水平，是通过呈现我国基本医疗保险体系给政府财政支出所带来的负担，来呈现在政府"兜底"的基本医疗保险体系下，政府所面临的财政风险，并根据计算结果判断财政压力和风险是否是可控的。另外，正如前文所述，本研究测算的基本医疗保险体系债务水平、政府财政负担规模、政府对应的财政压力水平，是基于现有制度框架设定和外界要素约束不变的假设下测算的，是理论测算结果，反映了我国基本医疗保险体系的总体状况和宏观趋势，但可能与医疗保险体系年度实际债务和政府年度实际财政收支状况存在差异，这是由于多种因素影响的结果，在各类历史与现实、制度与管理因素的影响下（如基金历史结余、区域间调剂、支付待遇动态调整等），基金债务和财政负担的实际状况会有所波动，这一点在正处于剧烈改革期的当代中国更加明显。这种差异并不能表明理论预测结果的不适用，而是在说明和呈现，如果在现有各类假设（制度、管理、模型、费用、速度等）不变情况下未来会怎么样，这种预测和评估结果恰恰会支撑政策制定者更加及时、动态、科学地对现有制度、管理等进行变革和调整。这也正是本研究的重要意义所在。

（一）政府财政压力评估结果

与上文相同，为了全面地呈现不同方案下政府对基本医疗保险体系承担的财政负担所造成的政府财政压力，表4-7、表4-8、表4-9和图4-10到图4-15分别列示了政府财政压力评估的结果，分为高、中、低三个补偿比的评估方案。

表4-7　基本医疗保险体系财政压力预测（城职保65%，城乡居保47%）

年份	较好情形		一般情形		较差情形	
	医疗保险体系财政负担占GDP比例	医疗保险体系财政负担占财政支出比例	医疗保险体系财政负担占GDP比例	医疗保险体系财政负担占财政支出比例	医疗保险体系财政负担占GDP比例	医疗保险体系财政负担占财政支出比例
2016	1.304%	5.012%	1.314%	5.048%	1.325%	5.093%
2020	1.338%	4.685%	1.368%	4.788%	1.405%	4.918%
2025	1.415%	4.715%	1.471%	4.904%	1.544%	5.146%
2030	1.490%	4.965%	1.575%	5.250%	1.686%	5.620%
2035	1.518%	5.058%	1.631%	5.436%	1.779%	5.930%
2040	1.495%	4.983%	1.636%	5.452%	1.822%	6.073%
2045	1.442%	4.808%	1.609%	5.365%	1.833%	6.109%
2050	1.350%	4.499%	1.541%	5.136%	1.798%	5.994%

表 4-8 基本医疗保险体系财政压力比例预测（城职保 75%，城乡居保 57%）

年份	较好情形		一般情形		较差情形	
	医疗保险体系财政负担占GDP比重	医疗保险体系财政负担占财政支出比重	医疗保险体系财政负担占GDP比重	医疗保险体系财政负担占财政支出比重	医疗保险体系财政负担占GDP比重	医疗保险体系财政负担占财政支出比重
2016	1.376%	5.289%	1.386%	5.326%	1.398%	5.373%
2020	1.463%	5.123%	1.494%	5.232%	1.534%	5.371%
2025	1.550%	5.168%	1.611%	5.369%	1.688%	5.625%
2030	1.635%	5.452%	1.726%	5.755%	1.844%	6.148%
2035	1.670%	5.566%	1.790%	5.968%	1.948%	6.493%
2040	1.654%	5.513%	1.804%	6.012%	2.002%	6.672%
2045	1.608%	5.358%	1.785%	5.951%	2.023%	6.743%
2050	1.520%	5.066%	1.723%	5.744%	1.997%	6.657%

表 4-9 基本医疗保险体系财政压力比例预测（城职保 85%，城乡居保 67%）

年份	较好情形		一般情形		较差情形	
	医疗保险体系财政负担占GDP比重	医疗保险体系财政负担占财政支出比重	医疗保险体系财政负担占GDP比重	医疗保险体系财政负担占财政支出比重	医疗保险体系财政负担占GDP比重	医疗保险体系财政负担占财政支出比重
2016	1.448%	5.566%	1.459%	5.605%	1.471%	5.653%
2020	1.588%	5.561%	1.621%	5.677%	1.663%	5.823%
2025	1.686%	5.620%	1.750%	5.833%	1.831%	6.105%
2030	1.781%	5.938%	1.878%	6.259%	2.003%	6.675%
2035	1.822%	6.074%	1.950%	6.499%	2.117%	7.056%
2040	1.813%	6.044%	1.972%	6.572%	2.182%	7.272%
2045	1.773%	5.909%	1.961%	6.538%	2.213%	7.377%
2050	1.690%	5.633%	1.905%	6.351%	2.196%	7.320%

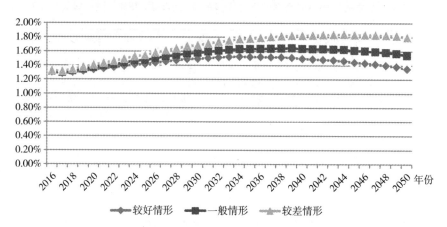

图 4-10 基本医疗保险体系财政负担占 GDP 的比例
预测（城职保 65%，城乡居保 47%）

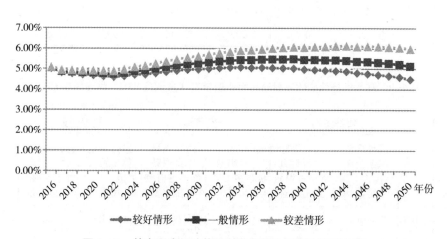

图 4-11 基本医疗保险体系财政负担占财政支出的比例
预测（城职保 65%，城乡居保 47%）

1. 低实际补偿比方案预测结果

在低实际补偿比（城镇职工基本医疗保险（简称城职保）实际补偿比例设定为 65%、城乡居民基本医疗保险（简称城乡居保）实际补偿比例设定为 47%）的预测方案中，医疗费用增速为一般情形（低增速），2016 年政府对基本医疗体系承担的财政负担占 GDP 比例为 1.314%，2035 年对应占 GDP 的比例为 1.631%，2050 年对应的比例为

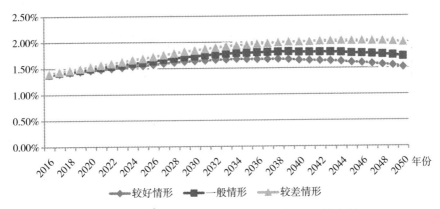

图 4-12 基本医疗保险体系财政负担占 GDP 的比例
预测（城职保 75%，城乡居保 57%）

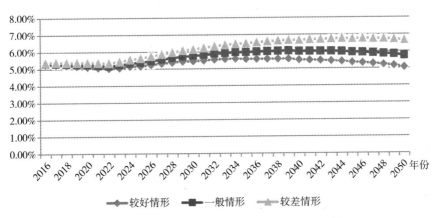

图 4-13 基本医疗保险体系财政负担占财政支出的比例
预测（城职保 75%，城乡居保 57%）

1.541%；而 2016 年财政负担占财政支出比例为 5.048%，2035 年为
5.436%，到了 2050 年相应比例为 5.136%。从对应占比的变动趋势来
看，财政负担占比呈先升后降的趋势。

　　2. 中实际补偿比方案预测结果

　　在中实际补偿比（城镇职工基本医疗保险实际补偿比例设定为
75%、城乡居民基本医疗保险实际补偿比例设定为 57%）的预测方案
中，医疗费用增速为一般情形（中增速），2016 年政府对基本医疗保险

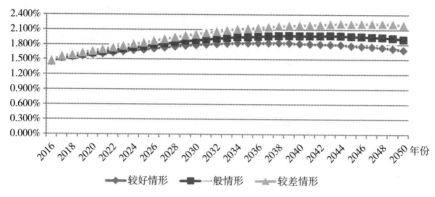

图4-14　基本医疗保险体系财政负担占 GDP 比例
预测（城职保 85%，城乡居保 67%）

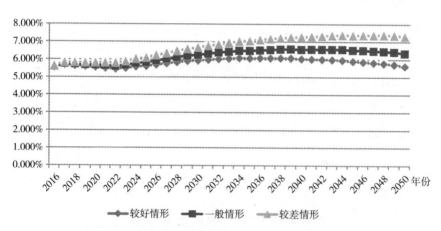

图4-15　基本医疗保险体系财政负担占财政支出比例
预测（城职保 85%，城乡居保 67%）

体系承担的财政负担占 GDP 比例为 1.386%，2035 年占 GDP 的比例为 1.790%，2050 年对应的比例为 1.723%；而 2016 年财政负担占财政支出的比例为 5.326%，2035 年为 5.968%，到了 2050 年相应比例为 5.744%。与上文结果相同，而从对应占比的变动趋势来看，财政负担占比呈先升后降的趋势。

　　3. 高实际补偿比方案预测结果

　　在高实际补偿比（城镇职工基本医疗保险实际补偿比例设定为

85%、城乡居民基本医疗保险实际补偿比例设定为67%）的预测方案中，医疗费用增速为较差情形（高增速），2016年政府对基本医疗保险体系承担的财政负担占GDP比例为1.459%，2035年占GDP的比例为1.950%，2050年对应的比例为1.905%；而2016年财政负担占财政支出的比例为5.605%，2035年为6.499%，到了2050年相应比例为6.351%。与上文结果存在相同的波动趋势，而从对应占比的变动趋势来看，财政负担占比同样呈先升后降的趋势。

（二）评估结果启示

上文的测算结果从本质上反映了整个医疗保险体系在理论上的潜在风险水平，较为全面、客观地呈现了我国基本医疗保险体系对政府财政（制度的最终兜底者）可能造成的财政压力水平。从上文我国基本医疗保险体系财政负担水平和财政压力评估结果可以看出，我国基本社会医疗保险体系的财政负担水平较高，风险突出，我国基本医疗保险体系改革显得非常迫切。

需要说明，本研究测算的政府财政负担包括两个部分：一是政府对基本社会医疗保险体系的财政补贴，二是需要兜底的、基本社会医疗保险体系运行产生的基金债务。同时，本研究测算的政府对医疗保险体系承担的财政负担，与通常的卫生总费用等指标存在区别，不能混为一谈。

1. 我国基本医疗保险体系财政负担沉重但仍可控

从上文测算结果可以看出，我国政府对基本医疗保险体系所承担的财政负担规模庞大，财政压力水平较高。以中方案为例，即基本医疗保险体系的实际补偿比为中等水平（城镇职工基本医疗保险实际补偿比例设定为75%、城乡居民基本医疗保险实际补偿比例设定为57%），且医疗费用增速为一般情形（中增速）时，2016年、2035年、2050年对应的财政负担占GDP和财政支出的比例分别为1.386%、1.790%、1.723%和5.326%、5.968%和5.744%。从这两个指标可以看出：一方面，我国基本医疗保险体系债务规模较为庞大，对国家经济发展和财政支出造成了相当的压力，特别是对于当年财政支出水平而言，在中方案下，对应的财政压力已经超过了5%，部分年份甚至超过6%；另一方面，我国基本社会医疗保险体系的财政压力仍然在可控范围之内，与国际上医疗保险制度给国家带来的财政压力相比，以及与我国 GDP 中医疗卫生总费用占比相比，我国当前基本社会医疗保险体系的债务风险仍然在可控范围之内。如果考虑到我国政府对基本社会医疗保险体系支持的决心、对医疗卫生服务体系改革的持续推进等因素，我国基本社会医疗保险体系造成的财政压力的可控性会进一步提升。

2. 测算结果表明我国医疗保险体系改革的必要性和迫切性

从理论上来说，国家是整个福利体系的最终支持者和兜底者，政府财政则代表国家履行大部分福利计划的支付职责。作为已经基本实现全面覆盖的基本社会医疗保险体系而言，其对所有国民的生活都具有不可估量的巨大影响，如果这一制度不能稳定、持续运行，则不仅会影响国民的医疗服务和健康，甚至可能会带来社会动荡，从而威胁经济社会的平稳发展。从这个意义上来说，基本社会医疗保险体系的稳健运行是一个关系国计民生的大问题。而与其他福利制度和计划一样，基本医疗保险体系如果要稳定运行，就必须要有稳定、可持续的财政支持，这也就要求基本医疗保险的保障水平和范围要适度，不能无限制地扩展保障项目和提升保障水平，即医疗保险制度应当是"适度的慷慨"。当然，医疗保障制度是否慷慨，本质上是一个相对概念，其"分母"是医疗费用的情况，"分子"是医疗保险实际报销水平，当前，我国应当着重加强对医疗费用增速的控制，特别是抑制医疗费用不合理增长，进而提高国民的获得感。

从测算结果来看，虽然整个基本医疗保险体系造成的财政压力总体仍然是可控的，但是，其压力绝对不可小觑。而应对这一压力风险最重要的措施就应当是推进"三医联动"，协同推进医疗保险、医疗卫生服务体系和药品等方面的改革。当然，从本研究的分析过程中也可以看出，当前控制医疗费用不合理增长应当是改革难度最大的，也是最难控制的，但又是影响基本医疗保险体系债务和财政压力的最重要因素。而从整个基本医疗保险体系财政压力的波动趋势来看，在预测期内存在着微弱的先升后降、总体上升的波动趋势。这表明，在2030年左右的一段时间，基本医疗保险体系对我国财政所造成的压力可能会达到一个高点，这个时候整个政府的当年财政压力达到最大值，基本社会医疗保险体系对当年财政的冲击也会达到一个峰值。为了应对这个财政压力波峰的冲击，应当尽早做好准备工作，积极推进各项改革工作，从而确保我国基本社会医疗保险体系平稳，保障我国经济社会生活平稳。

综上所述，加速推进协同并行的、全面深入的医疗保险体系改革，不仅是当前我国整个医改工作的核心，也是影响我国应对基本社会医疗保险体系财政压力的重要举措，一个全面的、体系性的变革应当加紧推行，应对我国基本社会医疗保险体系债务风险需要一个综合的改革方案，这也正是本研究下一章将要涉及的内容。①

① 需要说明的是，本书这里所呈现的基本医疗保险体系财政负担占比，仅仅是政府作为医疗保险系统最终责任人所承担的财政负担占其财政支出和 GDP 的比例。通常国际比较时对比的是卫生费用总支出占 GDP 比重，而卫生总费用是一个庞大的数据，包括很多方面的内容，本书中政府对基本医疗保险体系承担的财政负担（包括政府对医疗保险体系的补贴，以及政府所承担的医疗保险体系基金债务），与国家卫生总费用，在统计上存在差异，二者不能混为一谈，不能简单进行对比。

第五章 医疗保险体系债务风险
应对综合改革建议

在前文债务风险测算评估、财政压力测算评估的基础上，本研究将进一步探讨应对我国基本医疗保险体系债务风险的建议。具体而言，本研究主要将从核心制度改革、配套体系改革两个方面进行论述，其中，核心制度改革主要侧重医疗保险制度的直接变革，而配套体系则主要侧重外在环境、支撑、支持体系的协同改革。①

本研究的最终目标是在当前制度框架设定和外在环境不变（或既定趋势）情况下，基于模型构建和参数设定，评估、预测我国基本医疗保险体系的隐性负债和基金债务（规模、结构），以及基本医疗保险对政府财政形成的压力。这是在假定现行制度框架和外界环境约束不变的条件下进行的模拟评估，评估结果反映的是医疗保险体系债务的理论水平和潜在水平。但是，目前正处于医疗保险的变革期，多项医改政策受到学术界和社会的广泛关注和讨论，很多改革可能给医疗保险基金带来各种冲击。在这样的背景下，这些将要发生、必定发生，甚至可能发

---

① 本章的内容安排充分考虑了课题组调研和访谈的结果。课题组在对典型地区进行调研的过程中，对部分地区的医疗保险工作人员和卫生部门工作人员进行了访谈，大部分访谈结果都支持更为综合的改革；其中，部分工作人员直言不讳地告诉调查员，当前医改中，推动最好也最成功的就是医疗保险体系的全面覆盖，而其他几个方面的医改推动并不顺利，特别是以公立医院为主的医疗卫生服务体系改革。这与本研究对国内部分专家的访谈结论一致。这种不协调的局面大大降低了居民的"医改获得感"，虽然国家在医改方面投入巨量的资金、出台了一系列政策，但国民并没有感觉看病难、看病贵有所缓解。所以，如果医改要取得成功，就应该推行全面的、协调的综合改革，选择性、非协调性地推动改革，无法让医疗保险产生系统效果。课题组在总结、梳理访谈结果的基础上，认为当前进一步推动医改、降低医疗保险体系的债务风险，就应当从核心制度改革、配套体系改革两个层面同步、协调推进，这也成为了本研究综合改革建议的基本分析框架。

生的医改政策，会对我国医疗保险体系运行和基金安全产生怎样的影响，就值得我们关注和探析，而哪些制度或政策框架可以有效地削减医疗保险体系债务，更值得探讨。因此，本章第一节对各类被高度关注、可能发生的干预政策进行了专门效应探讨，并将整节分为了可能的单项政策改革效应分析和综合改革政策框架两个部分的内容。其中，可能的单项政策效应探讨，旨在对可能发生的单项改革政策展开讨论，而综合改革框架则勾勒出一个综合性的改革框架。单项政策的讨论有单一政策模拟分析的目标，而综合改革框架则是本节的最终议题，即围绕应对和削减基本医疗保险体系债务风险的目标，对整个政策改革框架进行系统性说明。

另外，在第一节第一部分内容中，即对可能的单项改革政策效应探讨中，对可能发生的或必定发生的单项改革政策，模拟分析了其政策实施效应，在分析过程中，将具体的单项政策按照目标和特征类型，分为增收、节流和体系变革三个类别的内容。其中，在增收层面，本研究主要模拟、探讨了延迟退休年龄、提高缴费水平和延长缴费年限至终身三个单项政策的改革效应；而在节流方面，则主要探讨了通过建立健全医疗卫生服务体系继而降低医疗费用增长的政策效应；在体系变革方面，则包括模拟建立统一的国民基本医疗保险的效应，以及关于提高统筹层次的讨论。需要再次强调，这些单一改革政策只是可能发生或必定发生的政策，本研究一一列出，旨在能够分别对各项单一改革政策作出客观评价、分析，为后续提出综合的改革框架奠定基础。

本研究在核心制度改革一节中所提出的综合改革框架，并不是单一制度改革政策模拟的简单综合罗列，而是在各单项政策模拟、探讨基础上，综合各项政策效应和政策的适用性提出的一个综合性的核心制度改革框架建议。

虽然，本研究关注的核心议题是在债务风险规模庞大的背景下，医疗保险体系如何改革以应对债务风险，本质上是医疗保险制度的内在改革。但是，医疗保险制度改革并不能"独善其身"，需要外界环境、支撑条件等方面的改革予以协同。所以，本研究在配套体系改革部分，外在环境改革方面将论述医疗卫生服务体系和药品生产流通体制改革，支撑条件方面将论述法制与财政体系建设。

第一节　核心制度：单项政策讨论与综合改革框架

以应对基本医疗保险体系债务风险为目标，本节旨在综合各单项政策改革效应，提出一个相对可行的综合改革框架。本节主要包括两个部分的内容，第一部分是对可能的单项改革政策效应的探讨，第二部分是综合改革框架的提出。

在本节第一部分，即在可能的单项改革政策效应探讨中，主要是模拟评估单项政策变革的影响和效应，或者讨论单项政策可能带来的影响（或实施的可能性与主要思路）。所以，在具体的单项政策评估手段中，既有基于政策模拟的方法，也有基于质性讨论的分析方法，具体分析方法的使用是由研究主题的性质和相应数据资料的可获取性综合决定的。

在本节第一部分，即在可能的单项政策改革效应探讨中，进行效应分析的具体政策被归为三个维度，一是增收，二是节流，三是体系改革。增收部分所讨论的单项政策包括延迟退休年龄、提高缴费水平、延长缴费年限至终身，节流部分所讨论的单项政策主要是指健全医疗保险体系，体系改革部分所讨论的主要是指险种并轨和提高统筹层次。在本节的第二部分，即综合改革框架部分，将在前文单项政策模拟探讨的基础上，综合提出应对基本医疗保险体系债务风险的综合改革框架，这些改革政策都是围绕核心制度即医疗保险制度改革展开的，根本目标是推进医疗保险体系核心制度框架的完善。

一、可能的单项改革政策效应探讨

对医疗保险政策改革效应的探讨，历来是整个医改的核心关注点之一，社会各界也长期高度关注一些医改单项政策（如终身缴费、延迟退休年龄等），并对这些热点单项政策进行了广泛而深入的讨论，可以说，未来医疗保险政策体系的改革，很可能会与这些单项改革政策相关，而这些被热议和关注的单项改革政策，也很可能成为医疗保险制度改革的核心内容。所以，本研究在对我国医疗保险体系改革提出框架性建议之前，优先对这些被关注、热议的改革政策进行分析和讨论，重点是模拟政策改革效果，或对政策可能效应进行探讨分析。单项政策效应探讨将为综合制度改革框架建议的提出奠定基础。

在核心制度改革中（主要是医疗保险制度改革），有很多单项政策虽然着眼点仅是一个方面，但仍可以一定程度上缓解和应对当前不断攀升的基本医疗保险基金债务问题。下文将从增收、节流和体系变革三个维度，将多个单项政策划分为不同的分析模块，分别进行模拟分析或讨论分析。

2016 年 2 月 29 日，针对医疗保险的可持续性问题，人社部副部长游钧指出，"解决这个难题，无非两条路：一个是开源，一个是节流。所谓的节流，就是要强化管理，要深化医改，把医疗费用控制下来，并且要看好用好老百姓的救命钱。同时，我们为了应对未来基金的压力，要及早地研究医疗保险基金长期平衡的策略，为参保人提供更好、更可持续的保障"。[①]

从本质上来看，医疗保险是一个互助共济的医疗负担分散机制，医疗保险基金连接收和支两个方面，同时受到各方影响，包括环境、制度、要素等方面的影响。基于这样一个判断，应对我国基本医疗保险体系基金债务风险，应当从核心的制度改革和外在配套机制改革两个方面协同推进，而不应该仅考虑某一个方面的改革。就核心的制度体系改革而言，应当从基金收入、支出和体系变革三个维度来讨论对应的改革政策，而当前被热议的主要单项改革制度也恰恰可以分为上述三个大的方面。在增收方面，本研究将讨论和分析延迟退休年龄、提高缴费水平和延长缴费至终身三项独立的政策；在节流方面，探讨多项可能的节流政

---

① 《游钧副部长出席国新办新闻发布会 介绍社会保障有关情况》，http：//www. mohrss. gov. cn/SYrlzyhshbzb/zwgk/bld/youjun/ldjh/201607/t20160711_ 243308. html，2016 年 2 月 29 日。

策以及可能带来的影响；在体系变革方面，将重点讨论建立统一的国民医疗保险、提高缴费层次的效应。

前文已经说明，单项政策效应探讨部分所使用的方法，包括基于量化分析的政策模拟方法，也包括基于质性讨论的分析方法，具体分析方法的使用是由研究主题的性质和相应数据资料的可获取性综合决定的。

（一）增收

充足的资金量和合理的基金规模是医疗保险基金保持稳定的必要条件，作为核心制度改革，以增收为目标的医疗保险制度改革是非常必要的。增收是指增加基本医疗保险的基金收入，通常，可以从缴费水平、缴费时间长度两个方面增加医疗保险基金。围绕增收的制度改革，本研究将主要从延迟退休年龄、提高缴费水平、延长缴费年限至终身三个方面进行阐述，这三项改革政策也是当前社会较为关注的三项医疗保险改革政策。

1. 延迟退休年龄

我国当前的退休年龄是在新中国成立初期确定的，公开资料显示，当前我国平均退休年龄仅有 54 岁。随着经济社会发展，我国人口的平均寿命已经有了很大程度的延长，仍然执行之前的退休年龄政策是不合时宜的，应当进行调整，从而便于更加合理、充分地利用人力资源，这一点在寿命不断延长、老龄化程度不断加深的中国，有非常重要的现实意义。也就是说，延迟退休年龄是经济社会发展和人口老龄化大背景下的必然选择。当然，由于延迟退休年龄涉及就业、不同人群劳动时间公平性等多种问题，所以，我国在制定延迟退休年龄方案时较为谨慎，未来实施的方案也将是"小步快跑"，尽量避免给社会和经济带来较大的冲击。

从我国当前实施的基本医疗保险制度的规定来看，延迟退休年龄并不会显著影响城乡居民基本医疗保险，而主要会影响当前正在实施的城镇职工基本医疗保险，主要是因为基本上我国各地都实施退休老年职工不缴费的政策，延迟退休年龄就意味着，同样一个以城镇职工身份退休的老年人，其缴费的时间拉长，而不缴费且获得医疗待遇的时间被缩短。虽然从表面看，延迟退休年龄并不会让城镇职工老年人多缴费很多年份（结合国际经验和我国实际情况，预计退休年龄延长最终不会超过 5 年），政策对城镇职工基本医疗保险基金的影响有限。但是，如果考虑到老年人相对高昂的医疗花费，延迟退休年龄对城镇职工基本医疗保险基金的影响则不可小觑，延迟退休年龄将大幅增加城镇职工基本医疗保险的基金收入，这对于缓解城镇职工基本医疗保险乃至整个基本医疗保险基金的基金风险有重要意义。

结合当前国务院、人社部等关于延迟退休年龄的权威表述，以及不同组织、机构和专家的观点，本研究认为应当秉持如下几个方面的要点来推进延迟退休。① 第一，延迟退休势在必行；第二，延迟退休会秉持"小步快跑"的步调，不会一次性改革过快，改革期间也不会出现大的间隔，延迟退休改革启动后，每年延迟 2—5 个月的改革方案被大多数机构和专家认可；第三，区分对待、分步实施，即针对不同社会群体，实施有差别的退休延迟政策，比如，对部分女性职工的退休年龄进行首先延迟，同时，平均而言，女性职工单次延迟退休调整的时间要快于男性，另外，整个调整过程要分步实施；第四，延迟退休最终方案尚未公布，预计 2022 年开始推行方案的可能性非常大，经过约二十余年的调整，到 2040—2050 年整个退休年龄调整到位的可能性很大。②

基于上文分析，本研究在评估之前作出如下假设：根据国家最晚2017 年出台延迟退休方案的要求，假定延迟退休年龄方案从 2022 年开始实施，平均每年调整 2—5 个月，至 2050 年前整个延迟退休方案基本调整到位（期间匀速线性调整），调整中充分考虑不同人群的差异，总体上，职工调整速度快于机关事业单位工作人员，女性调整速度快于男性，假定到 2050 年前调整到位，城镇职工（包括机关事业单位人员）退休年龄设定为男性、女性职工统一为 65 岁。③

---

① 不同部门、不同方案、不同专家的表述会存在差异，但在综合各方关于延迟退休年龄的表述后，本研究归纳了三个基本改革要点。

② 本研究还访谈了多位研究延迟退休的学界专家，上述归纳的几点也是在访谈专家的基础上，总结归纳而成。

③ 关于延迟退休最终目标退休年龄，本研究检索了人社部公开资料，也参考了中国社科院等单位的退休方案，综合发现，人社部、中国社科院和部分学者（如郑功成）等都认为长期来看我国的退休年龄应当男女均延到 65 岁。另外，我国也很有可能实施弹性退休年龄制度，即允许部分特殊劳动群体（如繁重体力、有毒有害工作）工作的职工提前退休。

基于上述假设，本研究对城镇职工基本医疗保险的隐性负债和基金债务进行计算，并对比改革前后债务风险的差异，测算和比较结果见下文中图表所示。需要说明，此处所有关于延迟退休年龄的测算，都是在中等实际补偿比例的设定下展开的，而改革前后比较的结果则是在中方案的框架下实施的。①

当然，需要再次强调，此处关于延迟退休政策效应的评估，是基于对单项医疗保险改革政策模拟的思路而设置的，是通过政策效应模拟的方法，来判断各单项具体政策的效应大小。所以，本研究设定的关于延迟退休政策的实施方案，仅是基于现有官方披露的资料、各类组织的报告和专家建议综合而成，与未来实际实施的具体方案和时间点也许会有一定区别。所有评估和预测都是基于现有信息对未来状况进行测量，而且，评估和预测往往是对现实状况的抽象，从理论上来说，评估和预测的设定能够与其后所发生的事实完全一致的概率是非常低的。另外，本研究旨在通过模拟测算方法，来评估单项改革政策的有效性，并为后文提出综合的改革政策方案奠定基础。

1）对城镇职工基本医疗保险基金的影响

（1）隐性负债测算结果

首先，分析延迟退休年龄对城镇职工基本医疗保险基金隐性负债的影响，结果见表5-1。从表5-1可以看出，在低方案中，也就是城镇职工基本医疗保险实际补偿比为65%，且医疗费用增速为较好情形（低增速）时，城镇职工基本医疗保险隐性负债约为20.34万亿元；在中方案下，即医疗费用增速为一般情况（中增速）下，且实际补偿比为75%时，城镇职工基本医疗保险隐性负债约为25.61万亿元；在高方案下，即实际补偿比为85%，且医疗费用增速为较差情形（高增速）时，城镇职工基本医疗保险基金隐性负债达到了32.02万亿元。

---

① 关于实际补偿比、医疗费用增速情形，和高、中、低评估预测方案设定，结果请见前文论述。

表 5-1 延迟退休年龄后全国城镇职工基本医疗保险隐性负债

（单位：万亿元）

补偿比	较好情形	一般情形	较差情形
65%	20.34	22.38	25.18
75%	23.44	25.61	28.60
85%	26.55	28.84	32.02

通过模拟对比政策冲击前后的状况（中方案），进一步展示城镇职工基本医疗保险基金隐形负债的变动情况。从图 5-1 可以看出，延迟退休年龄会一定程度上降低整个城镇职工基本医疗保险基金的隐性负债规模，而且，从逐年累积的隐性负债规模增长图来看，在 2035 年之后，延迟退休的效应就逐步开始显现，延迟退休年龄的政策效应会显著降低城镇职工基本医疗保险的隐性负债规模水平。

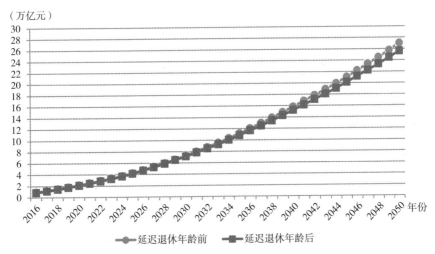

图 5-1 延迟退休年龄前后全国城镇职工基本医疗保险累积隐性负债对比

（2）基金债务测算结果

进一步，模拟分析延迟退休政策对城镇职工基本医疗保险基金债务规模的影响。从表 5-2 可以看出，与延迟退休前的退休年龄现状相比，延迟退休年龄一定程度上降低了各个方案的基金债务规模。在低方案下，即医疗费用低增速，且城镇职工基本医疗保险实际补偿比为65%时，城镇职工基本医疗保险系统的基金债务规模为19.46万亿元；在中方案下，即医疗费用增速为中增速，且城镇职工基本医疗保险补偿比为75%时，城镇职工基本医疗保险基金债务达到了25.64万亿元；在高方案下，即城镇职工基本医疗保险实际补偿比为85%，且医疗费用增速为较差情形（高增速）时，城镇职工基本医疗保险的基金债务金额达到了33.08万亿元。

表5-2　延迟退休年龄后全国城镇职工基本医疗保险基金债务

（单位：万亿元）

补偿比	较好情形	一般情形	较差情形
65%	19.46	21.97	25.29
75%	22.97	25.64	29.19
85%	26.47	29.31	33.08

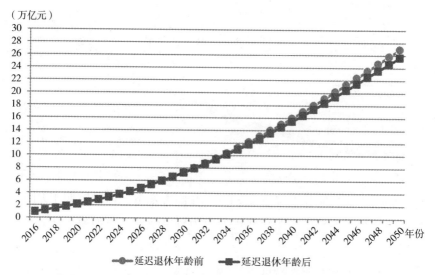

图5-2　延迟退休年龄前后全国城镇职工基本医疗保险累积基金债务对比情况

　　从延迟退休年龄前后全国城镇职工基本医疗保险累积基金债务情况的对比图形（中方案）可以看出，延迟退休年龄对城镇职工基本医疗保险基金债务规模影响显著，特别是在 2030 年之后，整个债务规模对比差异日益明显，基金债务的累积规模发生了一定程度的显著下降。这表明，实施延迟退休政策，会一定程度上显著降低城镇职工基本医疗保险基金债务规模，延迟退休政策对城镇职工基本医疗保险基金债务风险的削减是较为明显的。

（3）基金债务降幅分析

进一步对延迟退休年龄后，城镇职工基本医疗保险基金债务下降的情况进行计算，对比延迟退休政策"实施"前后城镇职工基本医疗保险基金债务规模的总下降水平。结果发现，在延迟退休年龄后，城镇职工基本医疗保险系统基金债务下降了约 1.30 万亿元，下降规模明显。而对应的下降幅度也较为显著，具体如表 5-3 所示。

表 5-3　延迟退休年龄后全国城镇职工基本医疗保险基金债务下降百分比

（单位：万亿元）

补偿比	较好情形	一般情形	较差情形
65%	6.27%	5.60%	4.90%
75%	5.34%	4.81%	4.25%
85%	4.69%	4.25%	3.79%

在低方案下，即城镇职工基本医疗保险实际补偿比为 65%，且医疗费用增速为较好情形（低增速）下，城镇职工基本医疗保险的基金债务下降了 6.27%；在中方案下，即城镇职工基本医疗保险实际补偿比为 75%，且医疗费用增速为一般情形（中增速）下，城镇职工基本医疗保险的基金债务下降了 4.81%；在高方案下，即城镇职工基本医疗保险补偿比为 85% 且医疗费用增速为较差情形（高增速）下，城镇职工基本医疗保险基金债务下降了 3.79%。所以，综合来看，不论在何种方案下，如果推行延迟退休政策，我国城镇职工基本医疗保险的基金债务规模下降幅度都较为明显，在低方案下，债务下降幅度更大。延迟退休政策对削减基金债务风险的效应是显著存在的，在医疗费用增速得到有效控制的条件下，延迟退休政策的效应更加明显。

2）对全国医疗保险基金的影响

如上文所述，从现有制度设定来看，延迟退休仅仅会影响城镇职工基本医疗保险的基金债务水平，不会影响城乡居民基本医疗保险的基金收支。下文将进一步分析延迟退休政策如果实施，其对城镇职工基本医疗保险基金产生的影响，如果放置在整个国家基本医疗保险体系中，将会产生多大的效应。表5-4、表5-5和图5-3、图5-4反映了延迟退休政策对全国医疗保险体系隐性负债和基金债务的影响。

从表5-4的估算结果可以看出：在低方案下，即低实际补偿比（城镇职工基本医疗保险实际补偿为65%、城乡居民基本医疗保险实际补偿比为47%），且医疗费用增速为较好情形（低增速）时，在"实施"延迟退休政策之后，全国基本医疗保险体系隐性负债规模约为31.51万亿元；在中方案下，即在中等实际补偿比（城镇职工基本医疗保险实际补偿比为75%、城乡居民基本医疗保险实际补偿比为57%），且医疗费用增速为一般情形（中增速）时，全国基本医疗保险体系隐性负债约为38.99万亿元；在高方案时，即高实际补偿比（城镇职工基本医疗保险实际补偿比为85%、城乡居民基本医疗保险实际补偿比为67%），且医疗费用增速为较差情形（高增速）时，全国基本医疗保险体系的隐性负债规模约48.02万亿元。

表5-4　延迟退休年龄后全国医疗保险体系隐性负债

（单位：万亿元）

补偿比	较好情形	一般情形	较差情形
职工65%，居民47%	31.51	34.42	38.37
职工75%，居民57%	35.90	38.99	43.19
职工85%，居民67%	40.29	43.56	48.02

进一步在中方案下对比"实施"延迟退休政策带来的效应，即政策效应的比较评估。从图5-3可以看出，延迟退休政策实施后，我国基本医疗保险体系隐性负债规模会一定程度上下降，虽然下降幅度比较小，但这是由全国基本医疗保险体系隐性负债的总盘子比较大导致的。

同样，大概从2030年后，整个延迟退休年龄的政策效应开始显现，政策效应随时间增长而日益显现，延迟退休政策前后效应差异较为明显。

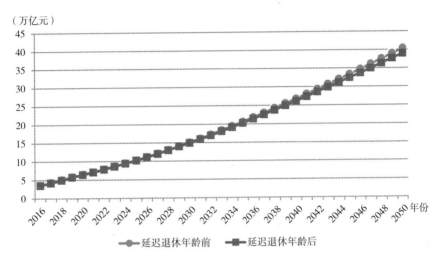

（万亿元）

图5-3　延迟退休年龄前后全国医疗保险体系累积隐性负债对比情况

同样，进一步基于中方案，评估延迟退休政策"实施"后的医疗保险基金债务规模，结果详见表5-5。在低方案下，即基本社会医疗保险实际补偿比为较低水平（城镇职工基本医疗保险实际补偿比为65%、城乡居民基本医疗保险实际补偿比为47%），且医疗费用增速为较好情形（低增速）时，全国医疗保险体系的基金债务为35.95万亿元；在中方案下，基本医疗保险实际补偿比为中等（即城镇职工基本医疗保险实际补偿比为75%、城乡居民基本医疗保险实际补偿比为57%），且医疗费用增速为一般情形（中增速）时，全国医疗保险体系基金债务约45.73万亿元；在高方案下，即高实际补偿比（即城镇职工基本医疗保险实际补偿比为85%、城乡居民基本医疗保险实际补偿比为67%），且医疗费用增速为较差情形（高增速）下，相应规模为57.46万亿元。如果对比延迟退休政策"实施"前后，可以发现，延迟退休对医疗保险体系债务风险的降低是较为显著的，图5-4较为清晰地反映了延迟退休政策对全国医疗保险体系基金债务的降低的效应（中方案）。

表5-5 延迟退休年龄后全国医疗保险体系基金债务

（单位：万亿元）

补偿比	较好情形	一般情形	较差情形
职工65%，居民47%	35.95	39.93	45.20
职工75%，居民57%	41.49	45.73	51.33
职工85%，居民67%	47.04	51.53	57.46

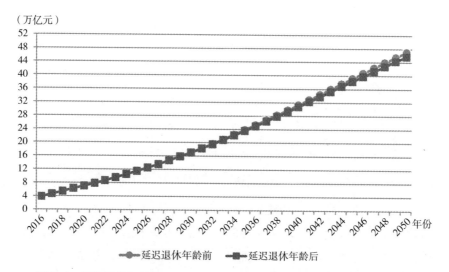

图5-4 延迟退休年龄前后全国医疗保险体系当年累积基金债务对比情况

另外，还有一点值得注意，如果进一步对比延退休政策"实施"后的基金债务和隐性负债，可以发现，基金债务的规模仍然高于隐性负债规模，这一结论与未"实施"延迟退休政策时的医疗保险债务状况相同。这表明，不论是否推行延迟退休政策，都不会从根本上改变个人一生医疗保险缴费和个人医疗实际花费的不平衡，由于个人缴纳的医疗保险统筹基金无法实现纵向平衡，存在隐性负债，那么，"新人"加入医疗保险，不仅不能缓解既有医疗保险体系的债务风险，反而有加大债务风险、促进债务风险显性化的可能，这一结论，在延迟退休政策实施前后是一致的。

3）对政府财政压力的影响

在前文测算的基础上，进一步评估延迟退休政策对政府负担医疗保险财政压力的影响，即如果"实施"延迟退休政策，原来政府对基本医疗保险体系"兜底"所承担的财政压力是否会有一定程度的下降。

进一步测算延迟退休政策实施后，政府财政对基本医疗保险体系所承担的财政负担规模，具体结果如表5-6所示。从表5-6可以看出，在低方案下，即医疗保险体系实际补偿比为较低水平（即城镇职工基本医疗保险的实际补偿比是65%、城乡居民基本医疗保险实际补偿比为47%）时，且医疗费用增速为较好情形（低增速）时，我国医疗保险体系总体政府财政负担规模为54.97万亿元；在中方案下，即基本医疗保险体系实际补偿比为中等水平时（即城镇职工基本医疗保险的实际补偿比为75%，城乡居民基本医疗保险的实际补偿比都是57%），且医疗费用增速为一般情形（中增速）时，总体政府对基本医疗保险体系的财政负担规模约为64.75万亿元；在高方案时，即在基本医疗保险体系实际补偿比较高（即城镇职工基本医疗保险实际补偿比为85%、城乡居民基本医疗保险的实际补偿比是67%），且医疗费用增速为较差情况（高增速）下，政府对基本医疗保险体系的财政负担规模约为76.48万亿元。

表5-6 延迟退休年龄后全国医疗保险体系财政负担总额

（单位：万亿元）

补偿比	较好情形	一般情形	较差情形
职工65%、居民和农民47%	54.97	58.95	64.22
职工75%、居民和农民57%	60.51	64.75	70.35
职工85%、居民和农民67%	66.06	70.55	76.48

进一步对比延迟退休政策"实施"前后，全国医疗保险体系财政负担水平，并计算财政负担的下降幅度，结果见表5-7。从表5-7可以看出，不论在何种评估方案下，延迟退休政策都会带来政府对医疗保险体系财政负担不同幅度的下降，在低方案下，财政负担下降幅度最大，最高可以达到2.30%；在中方案下，下降幅度约为1.95%；在高方案下，相应下降幅度约为1.66%。如果考虑到全国医疗保险体系财政负

担的巨大规模,这个下降比例是非常可观的,作为一项单一政策,其政策改革的效应是非常值得肯定的。

表5-7 延迟退休年龄后全国医疗保险体系财政负担下降百分比

补偿比	较好情形	一般情形	较差情形
职工65%、居民和农民47%	2.30%	2.15%	1.97%
职工75%、居民和农民57%	2.09%	1.95%	1.80%
职工85%、居民和农民67%	1.92%	1.80%	1.66%

进一步,在延迟退休年龄的政策下评估每年医疗保险体系财政负担对公共财政造成的压力,并与前文医疗保险体系财政负担的财政压力评估结果(未"实施"延迟退休政策的结果)进行对比。在延迟退休年龄的政策背景下,政府对基本医疗保险体系的年度财政负担如表5-8所示(中方案)。

从表5-8中可以发现,在延迟退休年龄后,每年医疗保险体系财政负担对政府造成的财政压力均有所下降。以2050年当年的财政压力为例,我国基本医疗保险体系财政负担占公共财政支出比例为5.491%,与延迟退休年龄前相比(5.744%),下降了约0.253个百分点。这一结果表明,延迟退休政策将一定程度上降低政府对基本医疗保险体系所承担的财政压力。

表5-8 延迟退休年龄后未来40年全国医疗保险体系财政负担
占GDP及财政支出比例预测

年份	占GDP比重	占财政支出比重	年份	占GDP比重	占财政支出比重
2016	1.386%	5.326%	2034	1.746%	5.819%
2017	1.417%	5.316%	2035	1.746%	5.819%
2018	1.441%	5.281%	2036	1.754%	5.846%
2019	1.467%	5.252%	2037	1.759%	5.865%
2020	1.494%	5.232%	2038	1.764%	5.878%
2021	1.518%	5.200%	2039	1.766%	5.888%
2022	1.541%	5.167%	2040	1.757%	5.858%

年份	占 GDP 比重	占财政支出比重	年份	占 GDP 比重	占财政支出比重
2023	1.568%	5.226%	2041	1.755%	5.851%
2024	1.598%	5.327%	2042	1.752%	5.841%
2025	1.611%	5.369%	2043	1.749%	5.831%
2026	1.639%	5.464%	2044	1.743%	5.810%
2027	1.666%	5.553%	2045	1.725%	5.750%
2028	1.690%	5.634%	2046	1.716%	5.719%
2029	1.715%	5.717%	2047	1.704%	5.679%
2030	1.684%	5.614%	2048	1.692%	5.639%
2031	1.702%	5.675%	2049	1.676%	5.586%
2032	1.719%	5.730%	2050	1.647%	5.491%
2033	1.732%	5.775%			

4）研究启示

综合上述模拟结果，可以得出如下研究结论。

第一，政策模拟结果表明，延迟退休有助于应对和削减我国医疗保险体系基金债务风险，但是，延迟退休政策对医疗保险体系基金债务的降低幅度是较为有限的，仅靠延迟退休政策无法从根本上消除医疗保险体系基金债务风险。

第二，延迟退休政策的实施要满足特定条件。综合研究发现，延迟退休政策的实施是"有条件"的，而且，其具体实施方案应当经过充分论证。概括来说，实施延迟退休政策需要满足如下几个方面的要求：医疗保险缴费方案设计应当与延迟退休方案衔接；延迟退休应当秉持小幅、渐进原则；延迟退休应针对不同人群分类实施、弹性实施；延迟退休在启动时点、推进速度、最终目标、人群选择、制度保障等方面，需要制定一个较为详细的实施方案。具体延迟退休政策和方案实施条件，将在后文综合改革框架处进行详细论述。

2. 提高缴费水平

本研究此处借鉴了平衡缴费率的概念，是要测算和评估医疗保险基金筹资水平提高到何种程度才能够实现医疗保险基金收支平衡，测算的目的就是要获得实现医疗保险基金收支平衡的具体缴费水平设定，为下文探讨这个"平衡缴费率"是否可行奠定基础。虽然，医疗保险强调当年收支平衡，支出增长必然要求收入增长，从这个角度来看，提高缴费水平在应对医疗保险体系债务风险中具有"理所应当"的政策含义，但是，考虑到国民的承受能力和经济社会条件限制，提高缴费率不可能是毫无上限的，通过过高平衡缴费率来实现医疗保险基金平衡是不可行的。①

1）平衡缴费率的设定与依据

从医疗保险基金的平衡周期来看，医疗保险基金的平衡周期是当年平衡，也就是当年的医疗保险基金收入、支出的平衡，在医疗保险基金入不敷出的背景下，提升缴费水平也是应对医疗保险基金负债风险的重要途径，也似乎被认为是"理所应当"的事情。当然，是否选择这种应对方式必然受到社会承受能力和民众认知的影响，实现收支平衡的"平衡缴费率"不能无限制地提升，过高的缴费率不仅无助于长期内缓解保险基金收支平衡，还可能带来财务机制崩溃，甚至社会动荡。本部分将模拟提高缴费率和筹资水平的单项改革政策，模拟评估其对于医疗保险体系隐性负债和基金债务的影响，从而为更深入讨论提高缴费水平单项政策的必要性和可行性奠定基础。

虽然，医疗保险讲究以收定支、当期平衡，提高缴费水平在应对医疗保险体系债务风险中具有"理所应当"的政策含义，但是，正如前文所述，考虑到国民的承受能力和经济社会条件限制，提高缴费率不可

---

① 社会保险本质上是一种国家信用，待遇具有某种意义上的"刚性"特征。从理论上讲，医疗保险是强调当期收支平衡的基金计划，主张以收定支，不会产生基金债务。事实上，在既有制度设计不变，筹资水平（缴费率）不变或难以大幅提高的前提下，由于人口快速老化、医疗费用不断膨胀，医疗保险体系也面临严重的隐性负债和基金债务风险。另外，各项具体医疗保险制度的制度设计问题，也会增加基金债务风险。城镇职工基本医疗保险中，由于部分退休老年人不缴费，随着老龄化加剧，未来可能激化缴费人口的总缴费与补偿人口的补偿总费用之间入不敷出的矛盾，而缴费率不可能一味提升以满足收支平衡，收不抵支的隐性负债和基金债务风险都可能出现；城镇居民基本医疗保险和新型农村合作医疗中，可能出现既有筹资、补贴水平无法满足医疗支出需要，从而在未来形成大赤字的问题。上述问题都表明，在人口老龄化和医疗消费增长背景下，现有制度设计和框架，可能蕴含制度性的隐性负债和基金债务问题，需要引起关注。

能是毫无上限的。虽然，所有人都知道提高缴费率将会有助于医疗保险基金收支平衡，但是，到底提高到什么水平才能实现基金平衡呢？

本研究正是要测算和评估医疗保险基金筹资水平提高到何种程度才能够实现医疗保险基金收支平衡，此处测算的目的就是要获得实现医疗保险基金收支平衡的具体缴费水平设定。

本研究综合了多为学者的研究和设定，经过反复测算和模拟，本研究发现了筹资水平提高到的一个均衡水平，在这个均衡水平处，医疗保险体系基金的债务可以消除，基金收支实现平衡。本研究测算发现，在下列筹资水平设定情况下，城镇职工基本医疗保险、城乡居民基本医疗保险和整个基本医疗保险体系可以实现基金收支平衡，彻底解决保险基金债务风险问题。具体测算结果见下文所述。

第一，实现城镇职工基本医疗保险基金收支均衡的筹资水平：对于城镇职工基本医疗保险，假定其纳入统筹基金的缴费比例从 2016 年开始逐步提高，提高速度与医疗费用增速一致，缴费比例线性增长到 10%后保持稳定，达到这个水平以后，可以基本上消除城镇职工基本医疗保险债务风险。[①]

第二，实现城乡居民基本医疗保险基金收支均衡的筹资水平：考虑到城乡居民基本医疗保险是定额筹资，而且，城乡居民基本医疗保险未来对农村居民、城镇居民将统一筹资水平，对于城乡居民基本医疗保险，将其筹资水平提高至这样一个新的比例（借鉴城镇职工基本医疗保险筹资比例的算法），即占城镇居民可支配收入的 4.35%（按政府补贴占 75%计算，个人缴费占城镇居民可支配收入的 1.09%，政府补贴占 3.26%）、占农村居民纯收入的 6%（按政府补贴占 75%计算，个人缴费占农村居民纯收入的 1.5%，政府补贴占 4.5%），可以实现城乡居民基本医疗保险基金的收支平衡，全面消除城乡居民基本医疗保险的基

---

① 测算结果显示，按照设定速度增长，城镇职工基本医疗保险中纳入统筹基金的比重，2025 年可以达到 10%。此处缴费率上限的设定借鉴了宋世斌（2009）的思想，不同的是，宋世斌是将平衡缴费率上限设定为了 12%，而本研究模拟发现上限提高到 10%时即可消除债务风险。参见宋世斌：《我国医疗保障体系的债务风险及可持续性评估》，经济管理出版社 2009 年版，第 89—90 页。

金债务。①

　　必须强调，本研究做出上述筹资水平变动的设定，并不是说（现实中）一定要将筹资水平提高到这个水平，而且，本研究设定的提高缴费水平的方案，也只是众多方案中的一个。② 本研究是要通过估算平衡缴费率（水平）的结果，强调现有医疗保险体系债务风险严重，依靠提高缴费水平来解决医疗保险体系债务问题将付出高昂代价。模拟结果也反向证明，单独依靠提高缴费率来解决医疗保险体系债务问题是不可行的，至少是代价高昂的（特别是城镇职工基本医疗保险，如果仅依靠提高缴费率，纳入统筹基金的资金占比将要达到10%）。这是本研究此处模拟测算的重要结论。

　　2）对城镇职工基本医疗保险基金的影响

　　下文将从隐性负债和基金债务两个方面，评估和分析提高缴费率（平衡缴费率）对于城镇职工基本医疗保险基金的影响。

　　（1）隐性负债测算结果

　　模拟测算提高缴费率情境下全国城镇职工基本医疗保险隐性负债规模，结果见表5-9。在提高缴费水平后，在低方案下，即实际补偿比为65%，医疗费用为低增速时，城镇职工基本医疗保险隐性负债约为3.02万亿元；在中方案下，即实际补偿比为75%，医疗费用为中增速时，城镇职工基本医疗保险隐性负债约为8.39万亿元；在高方案下，即实际补偿比为85%，医疗费用为高增速时，城镇职工基本医疗保险隐性负债规模为14.81万亿元。

---

　　① 如果与城镇职工的缴费率相比，城乡居民基本医疗保险缴费相对水平并不算高，城乡居民基本医疗保险采取统一筹资标准，占相应收入的比例最高也仅达到6%，低于城镇职工缴费率8%的标准（2%个人+6%企业缴费），而且，城乡居民基本医疗保险中，个人负担比例分别为1.09%、1.5%，也低于城镇居民个人缴费2%的标准。当然，这个测算仅仅是一个理想的模拟方案，没有考虑当缴费标准提高时，民众对于医疗保险待遇提高的要求，整个模拟的目标是在现有医疗保险债务的情况下，筹资标准提高到什么水平，才能彻底消除医疗保险基金债务。由于城乡居民基本医疗保险是定额缴费，统筹的筹资标准下，其占城乡居民的人均收入比例是存在差别的，上文描述的统一的城乡居民筹资，但分别占城乡居民收入的比例存在差异。

　　② 当然，本研究选择特定的提高缴费水平方案，也是基于综合对比各种方案后而选定的，本研究比较了相关部门和学者提出的多种建议，综合选择了上述方案。

表 5-9　提高缴费率后全国城镇职工基本医疗保险隐性负债

（单位：万亿元）

补偿比	较好情形	一般情形	较差情形
65%	3.02	5.14	7.95
75%	6.13	8.39	11.38
85%	9.23	11.63	14.81

　　同样，利用图形对比法，进一步对比提高缴费率前后城镇职工基本医疗保险隐性负债的变动情况，从图 5-5 呈现的结果可以发现，在中方案下，提高缴费率前后城镇职工基本医疗保险隐性负债规模水平差异显著，而且，越是到了预测期的后期，二者差异越大，提高缴费率带来的效应是非常明显的。可以说，如果按照这一水平提高缴费率，则可以大幅抑制城镇职工基本医疗保险隐性负债的生成和规模。

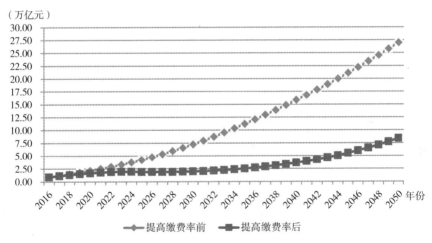

图 5-5　提高缴费率前后全国城镇职工基本医疗保险当年累积隐性负债对比

（2）基金债务测算结果

　　同样，在前文测算城镇职工基本医疗保险隐性负债规模的基础上，进一步测算城镇职工基本医疗保险的基金债务。与上文采用同样的研究假设，对城镇职工基本医疗保险基金债务进行评估和预测，结果见表 5-10。从表 5-10 可以看出，在低方案下，即城镇职工基本医疗保险实际补偿比为 65%，且医疗费用增速为较好情形（低增速）时，城镇职工基本医疗保险没有基金债务，原有基金债务被全部抵消，而且还剩余了 3.95 万亿元基金盈余；在中方案下，即城镇职工基本医疗保险实际补偿比为 75%，且医疗费用增速为一般情形（中增速）下，城镇职工基本医疗保险仍然会存在基金债务，但基金债务规模仅为 2.23 万亿元；在高方案下，即城镇职工基本医疗保险实际补偿比为 85%，且医疗费用增速为较差情形（高增速）下，城镇职工基本医疗保险基金债务金额达到了约 9.68 万亿元。

从中我们也可以发现：第一，当提高了城镇职工基本医疗保险缴费率之后，低方案的基金盈余和中方案的负债规模都相对较小，表明如果医疗费用增速和实际补偿比控制在适宜水平，提高缴费率的单项改革政策是可以达到基金收支平衡的；第二，对比提高缴费率后城镇职工基本医疗保险的隐性负债规模和基金债务规模，可以看出，在提高缴费率后，城镇职工基本医疗保险的基金债务规模都显著低于隐性负债规模，造成这一状况的主要原因是，由于个人终身缴费和医疗花费基本实现了平衡，甚至剩余，"新人"加入医疗保险体系后，不仅能够消除自身的隐性负债水平，也能够消除系统中已经存在的隐性负债水平，从而有效地化解城镇职工基本医疗保险的基金债务风险（在一定的条件下）。

表 5-10 提高缴费率后全国城镇职工基金债务

（单位：万亿元）

补偿比	较好情形	一般情形	较差情形
65%	-3.95	-1.44	1.88
75%	-0.44	2.23	5.78
85%	3.07	5.91	9.68

进一步利用图形法对比提高缴费率前后城镇职工基本医疗保险基金债务的情况差异，从图 5-6 中可以看出，在中方案下，"实施"提高缴费率的单项改革政策后，城镇职工基本医疗保险的基金债务累积规模较提高缴费率前的规模有大幅下降，而且，其随时间发展稳中有降，最终

的累积债务规模趋近于0，这表明，提高缴费率的政策改革对于应对城镇职工基本医疗保险基金债务风险是显著有效的。

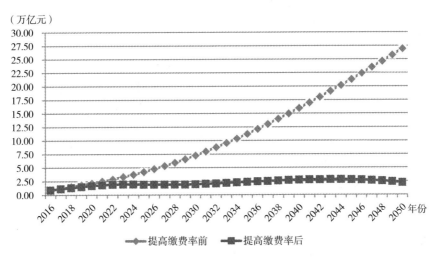

图5-6　提高缴费率前后全国城镇职工基本医疗保险当年累积基金债务对比情况

3）对城乡居民基本医疗保险基金的影响

与上文的研究思路相同，下文也将在城乡居民基本医疗保险缴费水平提升的条件下，测算城乡居民基本医疗保险的隐性负债和基金债务变动情况，从而评估提升缴费水平对城乡居民基本医疗保险基金债务风险的影响。

（1）隐性负债测算结果

从预测结果可以看出，提高缴费筹资水平（平衡缴费率）大幅降低了城乡居民基本医疗保险的债务风险水平。从表5-11可以看出，在低方案下，即实际补偿比为47%，医疗费用增速为低增速时，城乡居民基本医疗保险并没有隐性负债，原有债务风险被化解，反而存在0.92万亿元盈余；在中方案下，即实际补偿比为57%，医疗费用增速为中增速时，城乡居民基本医疗保险存在1.30万亿元隐性负债；在高方案下，即实际补偿比为67%，医疗费用增速为高增速时，隐性负债为3.91万亿元。

表 5-11　提高筹资标准后全国城乡居民基本医疗保险体系隐性负债

（单位：万亿元）

补偿比	较好情形	一般情形	较差情形
47%	-0.92	-0.04	1.10
57%	0.37	1.30	2.50
67%	1.66	2.63	3.91

　　同样，对比提高筹资水平前后城乡居民基本医疗保险隐性负债累积水平，结果可以看出，在中方案下，提高缴费水平将显著降低城乡居民基本医疗保险的债务水平，而且，从长期来看，由于缴费水平的提升，城乡居民基本医疗保险基金债务的规模可能会下降到零，城乡居民基本医疗保险的债务风险会大大削减。

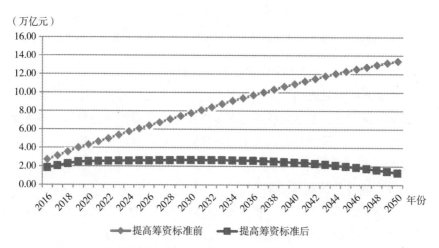

图 5-7　提高筹资标准前后城乡居民基本医疗保险累积隐性负债对比情况

（2）基金债务测算结果

　　按照同样的测算思路，进一步测算城乡居民基本医疗保险的基金债务水平变动情况，进而评估提高缴费水平对城乡居民基本医疗保险基金债务规模的影响。结果见表 5-12 和图 5-8。

　　从测算结果可以看出，在低方案下，即城乡居民基本医疗保险实际补偿比为 47%，医疗费用增速为较好情形（低增速）时，医疗保险系统并没有基金债务，原有基金债务被弥补，同时，还产生了约 2.22 万亿元的基金盈余；在中方案下，即城乡居民基本医疗保险实际补偿比为 57%，且医疗费用增速为一般情形（中增速）下，城乡居民基本医疗保险基金会产生约 1.38 万亿元的基金债务；在高方案下，即城乡居民基本医疗保险实际补偿比为 67%，医疗费用为低增速时，对应医疗保险基金债务为 5.67 万亿元。

　　与前文城镇职工基本医疗保险的测算结果类似，从测算结果我们可以看出如下结论：第一，当提高了城乡居民基本医疗保险缴费水平后（平衡缴费水平），低方案的基金盈余和中方案的负债规模都相对较小，表明如果医疗费用增速和实际补偿比控制在适宜水平，提高缴费率的单项改革政策是可以达到基金收支平衡的，这一结论与城镇职工基本医疗保险在提高缴费率后的结果一致；而且，提高筹资标准后，城乡居民基本医疗保险的基金债务是可以被消除的；第二，对比提高缴费率后城乡居民基本医疗保险的隐性负债规模和基金债务规模，可以看出，在提高缴费率后，不论是低方案下的盈余规模，还是高方案下的负债规模，城乡居民基本医疗保险基金债务规模都高于隐性负债对应的规模水平。研究表明，在合适的补偿比和医疗卫生费用增速条件下，提高筹资标准存在彻底消除城乡居民基本医疗保险债务风险的可能，提高筹资标准有可能彻底解决城乡居民基本医疗保险的债务风险。

表 5-12　提高筹资标准后全国城乡居民基本医疗保险体系基金债务

（单位：万亿元）

补偿比	较好情形	一般情形	较差情形
47%	−2.22	−0.74	1.20
57%	−0.18	1.38	3.43
67%	1.85	3.51	5.67

　　图 5-8 进一步比较了提高筹资标准前后城乡居民基本医疗保险基金债务规模的差异情况（中方案），从结果可以看出，在提高缴费标准后，我国城乡居民基本医疗保险基金的债务水平会大幅降低，甚至有趋

近于 0 的可能。

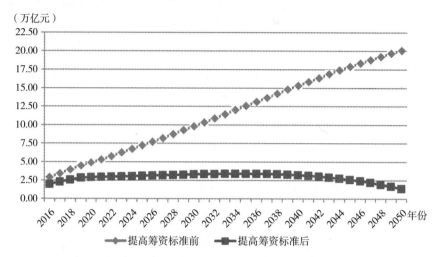

（万亿元）

图 5-8　提高筹资标准前后城乡居民基本医疗保险累积基金债务对比情况

4）对全国医疗保险基金的影响

综合上文对城镇职工基本医疗保险和城乡居民基本医疗保险的模拟评估结果，本研究进一步对提高缴费水平影响全国基本医疗保险体系债务规模的情况进行分析，结果见下文。

（1）隐性负债测算结果

从表 5-13 和图 5-9 可以看出，提高缴费水平会大幅降低全国医疗保险体系隐性负债规模。提高缴费水平后，在低方案下，即医疗保险体系实际补偿比为较低水平（城镇职工基本医疗保险实际补偿比为 65%、城乡居民基本医疗保险实际补偿比为 47%），且医疗费用增速为较好情形（低增速）时，全国基本医疗保险体系隐性负债约为 2.10 万亿元；在中方案下，即医疗保险体系实际补偿比为中等水平（城镇职工基本医疗保险实际补偿比为 75%、城乡居民基本医疗保险实际补偿比为57%），且医疗费用增速为一般情形（中增速）下，全国基本医疗保险体系隐性负债规模约为 9.68 万亿元；在高方案下，即医疗保险实际补偿比为高水平（即城镇职工基本医疗保险实际补偿比为 85%、城乡居民基本医疗保险实际补偿比为 67%），且医疗费用增速为较差情形（高增速）下，全国基本医疗保险体系隐性负债金额约18.72万亿元。

表5-13 提高筹资标准后全国医疗保险体系隐性负债

（单位：万亿元）

补偿比	较好情形	一般情形	较差情形
职工65%，居民47%	2.10	5.10	9.05
职工75%，居民57%	6.50	9.68	13.88
职工85%，居民67%	10.89	14.26	18.72

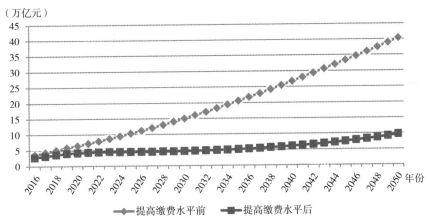

图5-9 提高缴费水平前后全国医疗保险体系当年累积隐性负债对比情况

进一步对比中方案下提高缴费水平前后全国医疗保险基金隐性负债累积规模状况的变动，结果见图5-9。从图5-9可以看出，在提高缴费水平后，全国基本医疗保险体系的隐性负债规模得到了很好的抑制，其增速改变了原有近乎直线攀高的趋势，整个基金隐性负债规模趋势变得平稳。

（2）基金债务测算结果

同样，利用与上文同样的测算思路和设定，进一步测算提高筹资标准对全国医疗保险体系基金债务规模的影响，结果见表5-14和图5-10。

表5-14   提高筹资标准后全国医疗保险体系基金债务

（单位：万亿元）

补偿比	较好情形	一般情形	较差情形
职工65%，居民47%	-6.17	-2.18	3.08
职工75%，居民57%	-0.62	3.62	9.21
职工85%，居民67%	4.92	9.41	15.35

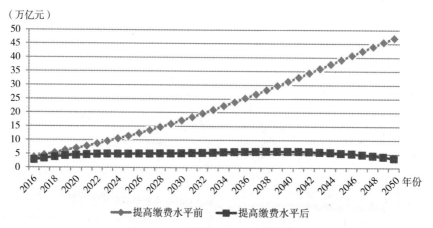

（万亿元）

→← 提高缴费水平前   ■ 提高缴费水平后

图5-10   提高缴费水平前后全国医疗保险体系当年累积基金债务对比情况

测算结果显示，在低方案下，即基本医疗保险体系实际补偿比为低水平（城镇职工基本医疗保险实际补偿比为65%、城乡居民基本医疗保险实际补偿比为47%），且医疗费用增速为较好情形（低增速）时，全国医疗保险体系，没有基金债务，原有债务被有效削减，同时，产生了约6.17万亿元的盈余；在中方案下，即基本医疗保险体系实际补偿比为中等水平（城镇职工基本医疗保险实际补偿比为75%、城乡居民基本医疗保险实际补偿比为57%），且医疗费用增速为一般情形（中增速）下，全国基本医疗保险体系基金债务规模约3.62万亿元；在高方案下，即全国基本医疗保险实际补偿比为高水平（城镇职工基本医疗保险实际补偿比为85%、城乡居民基本医疗保险实际补偿比为67%），且医疗费用增速为较差情形（高增速）下，全国基本医疗保险体系基金债务规模总额约为15.35万亿元。预测结果表明，提高筹资标准将有可能从根本上解决医疗保险体系债务风险，存在彻底消除医疗保险体系基金债务的可能。

从图 5-10 的对比结果可以看出，在中方案下，提高缴费水平后，我国基本医疗保险体系的债务水平有了明显降低，原来持续增长的趋势得到了抑制，现在整个医疗保险基金债务累积规模的变动趋势非常平稳，甚至有稳中有降的趋势。图 5-10 的结果表明，提高基本医疗保险体系缴费标准，将从根本上改变我国基本医疗保险体系债务规模庞大、债务风险不断累积的问题，而且，有可能彻底消除医疗保险体系的基金债务风险。

当然，提高基本医疗保险缴费标准也一定程度上增加了国民负担，采取这一政策改革方案应当需要十分的审慎。

（3）基金债务降幅分析

进一步计算在提高缴费水平后我国基本医疗保险基金的变动情况，主要是提高缴费水平对原有基本医疗保险体系基金债务的规模有多大幅度的降低。测算结果见表 5-15 所示。

表 5-15 提高筹资标准后全国医疗保险体系基金债务下降百分比

补偿比	较好情形	一般情形	较差情形
职工 65%，居民 47%	117.95%	105.69%	92.93%
职工 75%，居民 57%	101.56%	91.81%	81.47%
职工 85%，居民 67%	89.17%	81.15%	72.53%

从表 5-15 结果可以看出，在低方案下，由于提高了缴费水平，原有债务风险被大幅降低，降低幅度高达 117.95%，也就是说，在医疗费用增速和实际补偿比例适度的情况下，提高基本医疗保险体系的实际缴费水平，将会彻底解决医疗保险基金债务问题；在中方案下，提高筹资筹资标准会大幅降低基本医疗保险体系原有的债务水平，降低幅度高达 91.81%，这将大幅缓解我国基本医疗保险体系的既有债务水平；在高方案下，由于医疗费用增速相对较高，且医疗保险实际补偿比例相对较高，这一定程度上影响了提高筹资水平对原有医疗保险体系基金债务规模的削减作用，基金债务规模的降幅达到了 72.53%。

综上所述，提高缴费水平对降低医疗保险体系债务风险作用直接，如果其他方面控制得当，有可能彻底消除医疗保险体系债务风险。①

5）对政府财政压力的影响

下文将进一步评估提高缴费水平对我国医疗保险体系造成财政压力的影响效应，从而确定提高缴费水平后，对我国政府承担财政压力的最终影响结果。应该看到，提高缴费标准对基本医疗保险造成的政府财政压力的影响具有双向性：一方面，由于政府对我国基本医疗保险体系一直进行财政补贴，特别是对城乡居民基本医疗保险的参保居民，同时，政府也承担原公费医疗转轨成为城镇职工基本医疗保险的雇主缴费责任，这些都是政府对基本医疗保险体系财政补贴的具体体现，而提高缴费标准也意味着政府对应的补贴水平需要提升，从而增加政府的财政支出；另一方面，由于缴费水平的提高，整个医疗保险统筹基金的收支状况发生改变，基本医疗保险的基金债务水平降低，而作为最后"兜底"责任的政府，其承担的债务风险和财政压力也会随之降低。所以，在提高缴费水平后，政府对基本医疗保险承担的财政压力具体如何变化，取决于上文所述两个方向的相互作用。

为了计算提高缴费水平后，政府对基本医疗保险体系承担的财政压力水平，需要首先计算在提高缴费水平后，政府对基本医疗保险体系的具体补贴水平，计算结果见表5-16。从表5-16结果可以看出，在提高缴费水平后，在预测期内（2010—2050年），政府对整个基本医疗保险体系补贴总额的现值为19.22万亿元，其中，对农村居民、城镇居民和（原）公费医疗群体的补贴水平分别为11.01万亿元、7.75万亿元和0.46万亿元。②

---

① 当然，提高缴费水平的效果一定是增收的，本研究所设定的提高缴费水平的具体水平只是在理论上较为合理的一种，在实践中，政府相关部门可能采取完全不同的提高缴费水平的具体办法，或至少在提高缴费水平时会小心翼翼。但本研究旨在证明，在采取有限度的提高缴费水平的方案，也是完全有可能彻底消减原有基本医疗保险体系基金债务的。

② 对公费医疗人群的补贴是对转入城镇职工基本医疗保险的原公费医疗人群参加城镇职工基本医疗保险的补贴。

表5-16 提高缴费水平后医疗保险体系政府补贴筹资金额

（单位：万亿元）

	原公费医疗	城镇居民	农村居民	总计
女性	0.18	4.11	5.40	9.69
男性	0.29	3.63	5.61	9.54
总计	0.46	7.75	11.01	19.22

在计算了提高缴费水平后政府对基本医疗保险的补贴水平的基础上，进一步计算医疗保险系统整体造成财政负担的变化情况，结果如表5-17所示。从表5-17可以看出：在低方案下，即较低的实际补偿比设定（城镇职工基本医疗保险设定实际补偿比是65%、城乡居民基本医疗保险补偿比为47%），且医疗费用增速为较好情形（低增速）时，政府对基本社会医疗保险的总体财政负担为13.05万亿元；在中方案下，即在中等实际补偿比设定（城镇职工基本医疗保险实际补偿比设定为75%，城乡居民基本医疗保险实际补偿比设定为57%），且医疗费用增速为一般情形（中增速）时，政府对基本社会医疗保险的总体财政负担为22.84万亿元；在高方案下，即较高的实际医疗补偿比例（城镇职工基本医疗保险实际补偿比设定为85%，城乡居民基本医疗保险实际补偿比设定67%），且医疗费用增速为较差情况（高增速）时，政府对基本医疗保险体系的总体财政负担为34.57万亿元。

表5-17 提高缴费水平后全国医疗保险体系财政负担总额

（单位：万亿元）

补偿比	较好情形	一般情形	较差情形
职工65%、居民和农民47%	13.05	17.04	22.31
职工75%、居民和农民57%	18.60	22.84	28.44
职工85%、居民和农民67%	24.15	28.64	34.57

进一步通过与未提高缴费水平之前的政府财政负担相比，来反映提高缴费水平后整个政府财政负担的降低程度，测算结果见表5-18。从表5-18可以发现，提高缴费水平后，政府对基本医疗保险体系的财政

负担有了一定程度的降低，降低比例从 55.55%—76.80% 不等；而且，在低方案下，提高缴费水平降低政府对基本医疗保险体系财政负担的比例最大，达到了 76.80%，而在高方案下，则相应下降 55.55%。

表 5-18 提高缴费水平后全国医疗保险体系财政负担下降百分比

补偿比	较好情形	一般情形	较差情形
职工 65%、居民和农民 47%	76.80%	71.72%	65.95%
职工 75%、居民和农民 57%	69.90%	65.42%	60.31%
职工 85%、居民和农民 67%	64.15%	60.14%	55.55%

进一步测算提高缴费水平后每年医疗保险体系对公共财政造成的压力，从而动态反应提高缴费水平对政府财政负担的影响。结果如表 5-19 所示。[①]

从表 5-19 可以发现，在提高缴费率与筹资水平以后，我国医疗保险体系当年财政负担占 GDP 和公共财政支出的比重在下降，与未提高缴费率之前相比，财政负担占 GDP 和财政支出的比例都有了一定幅度的下降。这进一步证明了提高缴费率与筹资水平会显著降低医疗保险体系财政负担对公共财政的压力。而且，提高缴费率（平衡缴费率）后，到预测后期，政府医疗保险体系的财政负担占财政支出和 GDP 的比重大幅下降，表明政府当年负担有大幅减轻。

表 5-19 提高缴费水平后未来 40 年全国医疗保险体系财政负担
占 GDP 及财政支出比例预测

年份	占 GDP 比重	占财政支出比重	年份	占 GDP 比重	占财政支出比重
2016	1.102%	4.233%	2034	0.585%	1.950%
2017	1.052%	3.947%	2035	0.620%	2.065%
2018	0.995%	3.645%	2036	0.593%	1.976%
2019	0.937%	3.355%	2037	0.563%	1.876%

---

① 年度财政压力测算结果是在中方案测算基础上开展的。

续表

年份	占 GDP 比重	占财政支出比重	年份	占 GDP 比重	占财政支出比重
2020	0.840%	2.942%	2038	0.532%	1.772%
2021	0.767%	2.625%	2039	0.499%	1.663%
2022	0.692%	2.318%	2040	0.514%	1.715%
2023	0.621%	2.069%	2041	0.473%	1.576%
2024	0.556%	1.852%	2042	0.432%	1.440%
2025	0.587%	1.956%	2043	0.394%	1.313%
2026	0.588%	1.960%	2044	0.350%	1.167%
2027	0.586%	1.954%	2045	0.355%	1.184%
2028	0.582%	1.940%	2046	0.308%	1.027%
2029	0.579%	1.929%	2047	0.254%	0.848%
2030	0.626%	2.087%	2048	0.200%	0.668%
2031	0.620%	2.068%	2049	0.142%	0.473%
2032	0.612%	2.040%	2050	0.130%	0.432%
2033	0.599%	1.997%			

6）研究启示

综合上述研究结果，可以得到如下几个方面的启示。

第一，提高缴费水平削减医疗保险体系债务风险的做法是最有效、代价最高的方式，现实中并不可行。本研究模拟评估表明，通过提高缴费水平的方式来削减医疗保险体系债务是最"直接有效"的，但也是"代价高昂"的。模拟结果表明，试图通过提高缴费水平来彻底消除医疗保险体系基金债务的做法是不可行的，可能会因为负担沉重，招致国民反对和抵制，甚至影响社会稳定，最终可能事与愿违，不仅无法从根本上削减医疗保险基金债务风险，反而可能导致制度崩溃，引发社会波动。

本研究所说的提高缴费水平是一种方案模拟，现实中，提高缴费水平的决策是需要统筹考虑多方面因素而确定的，除了基金平衡之外，还要考虑民众认同和社会稳定等多种因素。所以，现实中提高缴费水平的做法是非常审慎的，甚至"小心翼翼"或尽量回避，即使不得不去提高缴费水平，也会采取更加稳妥甚至"隐蔽"的方式来推进这项政策。

本研究将在应对基金债务风险的框架建议部分，探讨结构性提升医疗保险筹资水平的思路，具体见后文相应内容。

第二，本研究测算的目的是，如果采用提高筹资水平的方式，筹资水平提高到什么程度，才能够使医疗保险基金的基金债务消除，模拟测算主要是要寻找这个平衡缴费率的边界值。本研究模拟测算的结果表明，城镇职工基本医疗保险和城镇居民基本医疗保险都要将筹资标准大幅提高，才能够实现对应医疗保险基金的收支平衡。应该看到，将筹资标准提高到这样高的水平是有代价的，特别是能否得到国民认同。以目前的筹资水平来看，如果将医疗保险筹资标准提高到这样的高度，将存在影响社会稳定的可能。

第三，筹资水平提升的可能性与条件。在当前整个社会保障缴费比例下降的大背景下（特别是养老保险），医疗保险缴费比例上升仍然是有其可能性的，至少提供了机会和时间窗口。但是否可以提高如此大的幅度，以及采用何种方式提高，仍然需要研究。一方面，当前社会保障缴费总体比例下调已经成为了社会保障改革的重要趋势，但是，总的来看，这种比例的调整更加体现在不同保险的结构性调整方面，即总体上，养老保险费率下调的可能性和比例最大，而医疗保险费率下调的可能性和空间都相对较小。随着医疗费用膨胀，以及人们对医疗保健需求的增长，都要求医疗保险的保障水平要进一步提高，从这个角度来看，提高医疗保险筹资水平有其必要性。另一方面，当前，医疗保险制度中个人账户的作用引起了很大争论，完善个人账户功能成为必然趋势，不论降低个人账户比例，还是让个人账户资金发挥更大作用，本质上都是在"扩大互助共济"，是一种变相地提高统筹基金占比的方式。总之，提高医疗保险基金筹资水平有其必要性，但至于是实质性提高缴费比例，还是通过结构调整（弱化或取消个人账户）提升统筹基金占比，还是将养老保险缴费下降部分"补贴"给医疗保险，仍然是值得商榷的。最为关键的是，提升筹资水平有赖于经济发展和国民的认可程度，特别是在医疗卫生服务价格不断走高、医疗保险基金被吞噬的大背景下。另外，在提升城乡居民基本医疗保险筹资水平的过程中，政府的作用发挥和责任承担，也将影响筹资水平提升的可能与幅度。①

总之，本研究测算表明，如果将缴费率提高到一个较高水平（平衡缴费率），是可以消除医疗保险体系基金债务风险的，同时，测算结果也表明，单独依靠提升筹资水平来解决医疗保险基金债务是较为糟糕的方式，这种方式是"代价昂贵"的，需要将整个筹资水平大幅提升，甚至大幅超出国民承受能力（按现有筹资标准）。综合考虑经济社会发展条件和国民对大幅提高筹资水平的接受程度，本研究认为，这种单独依赖提高筹资水平来解决医疗保险体系基金债务的方式是不可取的。

3. 延长缴费年限至终身的讨论

参保者终身缴费的单项政策可以说是2016年争论最为激烈的医改政策之一。关于是否实施终身缴费，特别是已经退休的城镇职工是否需要继续缴纳医疗保险费，各方各执一词，掀起了单项医疗保险政策改革的大讨论。此部分关于延长缴费年限至终身的单项政策讨论，旨在通过质性分析的方式，评估和评价单项改革政策（医疗保险终身缴费）的可行性。②

（1）关于医疗保险终身缴费的争论

从争论双方（赞成和反对）的观点来看，公平、效率、制度历史、社会承受能力等角度，都是争论双方关于是否应该实行终身缴费的出发点和关键点，可以说，围绕终身缴费问题，双方的观点各有道理，都有一定合理性。需要强调，所谓医疗保险终身缴费的争论，本质上是城镇职工基本医疗保险终身缴费的问题，也就是退休职工是否要继续缴费的问题。因为城乡居民基本医疗保险（城镇居民基本医疗保险、新型农

---

① 本研究将在应对基金债务风险的框架建议部分，探讨结构性提升医疗保险筹资水平的思路。请详见对应部分的内容。

② 本研究在后期修改过程中吸收了部分专家的建议。部分专家认为，关于退休老年人终身缴费的问题，目前仍然存在很大争论，可以说赞成和反·对都有合理性；而且，由于争论激烈，改革者出于对社会稳定和政府公信力的考虑，对是否实行、何时实行终身缴费也没有规划和设定，这一点显著区别于对延迟退休政策的态度。所以，部分专家不建议我们对终身缴费进行模拟测算，认为制度改革起始试点选择、对象选择和改革幅度，都存在很大不确定性，建议我们将模拟测算改为问题讨论。我们采纳了相关专家的建议，对终身缴费的问题采用了讨论研究的方式加以呈现。

村合作医疗）两项制度的缴费制度安排本质上就是终身缴费，而当前我国《社会保险法》沿用了城镇职工基本医疗保险的制度传统，规定退休职工不继续缴纳保险费，这就出现了城镇职工参保人员退休后不继续缴纳医疗保险的问题。所以，当前争论的核心就是城镇职工基本医疗保险退休员工是否要继续缴纳保险费的问题。

部分专家从法律、政策、医疗保险基金运行及退休职工收入的角度出发，对退休人员继续缴费表示反对。首先，部分专家认为，退休人员继续缴费的做法违反了我国现行的社保法，与法律的规定有冲突，而且，考虑到制度承诺和制度频繁变动对政府公信力的影响，如果贸然实行退休职工继续缴费，也不利于政府公信力的维持。郑功成（2016）提到，"已退休的人群在过去参加工作时，法律规定其不再缴费，这意味着协议的达成，直接让退休人员继续缴费的方案存在着较大问题"[1]。而且，既然协议已经达成，双方就应当遵守，特别是政府作为政策的制定者与执行者，需要保持一定的公信力，更应当遵守制度承诺和契约，不能朝令夕改。赵忠（2016）认为，"退休人员在职时缴纳医疗保险费，就与政府达成了隐性社会契约，如果随意改变，会威胁到正常的社会管理和运行"[2]。其次，部分反对者认为，医疗保障基金运行的危机不能成为退休人员继续缴费的理由。江宇（2016）认为，"我国医疗保险基金出现危机的原因在于医疗费用的快速增长，根源是医疗资源的过度使用与浪费，而非医疗保险基金收入低下，解决医疗保险基金的危机应主要通过"节流"的方式。"[3]也就是说，很多学者都认为，医疗保险基金的可持续运行并不是我国推行退休人员继续缴费的理由，因为，医疗保险可持续风险的最主要来源并非是医疗保险缴费问题，而是不断快速膨胀的医疗花费问题。最后，部分学者认为，如果贸然推进退休职工继续缴费，可能会进一步降低老年人退休后的实际收入水平。从现实

---

[1] 《专访郑功成（一）：退休人员缴不缴医疗保险 不能一刀切》，财新网，http：//china. caixin. com/2016-03-28/100925452. html，2016 年 3 月 28 日。

[2] 《让退休职工缴医疗保险？违法》，搜狐网，http：//mt. sohu. com/20160118/n434943060. shtml，2016 年 1 月 18 日。

[3] 《学者：退休职工医疗保险缴费不是好办法 会丧失民心》，环球视野网，http：//www. globalview. cn/html/societies/info_ 8521. html，2016 年 1 月 12 日。

出发，退休职工属于弱势群体，很有可能无力支付医疗保险费用，甚至引发老年人收入降低问题。李珍（2016）认为，尽管医疗保险基金的开源必须要做，但应该考虑到我国老年人的收入水平，不能进一步降低老年人的收入。①

而另一部分专家则分别从现收现付制的要求、医疗费用的增长、国际通行规则等角度出发，支持退休人员继续缴费，并提出了相关的缴费方案。首先，部分学者认为，我国城镇职工基本医疗保险为现收现付制，意味着需要在职职工多缴费来承担退休老人的医疗保险费用，这在老龄化快速加深的大背景下，其可持续性变得更加困难。朱恒鹏（2016）认为，"要想实现跨代精算中的平衡，需要满足两个条件，分别是经济增速快于医疗费用的增速，以及抚养比率的稳定，然而，在我国经济增速减缓及抚养比下降的情况下，将难以维持跨代精算平衡，退休人员继续缴费就成为必须"②。另外，针对退休缴费的具体方案，朱恒鹏（2016）认为，"应在对现存退休职工分类的基础上，尽早推行退休人员继续缴费政策，有利于公平的促进"。郑功成（2016）也承认，退休人员缴费是一种必然趋势，并提出几套实施方案。其次，部分专家还认为，医疗费用增长的根本原因在于人口结构的变化及医疗技术的发展，仅仅通过医疗体制改革无法维持医疗保险基金的合理运行，也就是说，在进行医疗卫生服务体系改革的基础上，由于人对医疗服务需求的无限性和医疗服务技术进步的持续性，对医疗保险筹资制度、支付制度的改革也是应当的。再次，退休人员缴费是国际上的通行做法，而且，这也体现了人群公平，特别是在当前城乡居民两大人群都已经是终身缴费的背景下。林双林（2016）提出，"国际上主要发达国家都实行退休人员缴费的政策，这表明，从国际上讲，退休人员缴费是一种必然趋势"③。表5-20综合整理了上述专家关于退休人员继续缴费的建议。

① 《退休人员或将缴医疗保险 每人每月或缴180元》，长株潭网，http：//news. czt. cc/guonei/2016/0104/76686. html，2016年1月4日。

② 《社科院朱恒鹏：退休人员缴医疗保险公平合理 且唯一可行》，凤凰财经，http：//finance. ifeng. com/a/20160128/14195804_ 0. shtml，2016年1月28日。

③ 《退休人员医疗保险费谁来缴、缴多少？》，中网资讯，http：//www. cnwnews. com/html/biz/cn_ srxy/fcmba/20160113/778519. html，2016年1月13日。

表 5-20　我国退休人员继续缴费的具体实施方案

方案一	提请全国人民代表大会修改《社会保险法》，为退休人员继续缴费政策提供法律上的基础
方案二	从某个时点开始，所有退休人员全部缴纳医疗保险费用
方案三	从某个时点开始，一定年龄以下的退休人员全部缴纳医疗保险费用，年龄之上的则无需缴纳
方案四	从某个时点开始，所有退休人员全部缴纳医疗保险费用，政策推行初期，由政府通过提高养老金的方式对退休人员进行补贴
方案五	以某个时点为界限，新参保的人员执行退休后继续缴费的政策，而该时点之前的参保人员退休后则不进行继续缴费
方案六	尽快推行退休人员继续缴费，并对退休职工进行分类：以 1998 年作为界限，之前退休的职工可由国家代缴医疗保险费用，之后退休的职工的医疗保险费用则主要由个人来承担，具体缴纳数额视地方实际情况而定

注：表格中改革方案整理自朱恒鹏、林双林等学者的建议方案。

（2）研究启示

综合上述争论和建议，并结合我国医疗保险基金运行的实际情况，本研究认为，老年人是否继续缴费虽然各有道理，但是，由于各类历史和现实因素的限制，当前直接实施退休老年人继续缴费存在一定困难。但从长远来看，退休老年人继续缴费，不仅会促进人群公平、基金平衡，而且，如果退休老年人继续缴费的时机选择恰当，可以相对较好地解决过去制度承诺、老年人贫困等问题。所以，如果可以确定一个"对象恰当、时机成熟、步骤稳妥、不降低老年人收入"的合理方案，实行退休老年人继续缴费仍然是可行的。总的来看，如果要推行退休老年人继续缴费，方案的设计最好满足如下几个方面的条件。

第一，是缴费对象的选择。在缴费对象的选择上，既应考虑到缴费对象的缴费能力，还需要考虑到政府政策的稳定性。我们认为，可以考虑选取一个时间点，规定在此时间点前后执行不同的缴费政策，即这个时间点之前退休参保（或退休）的老年人，不再继续缴纳医疗保险费，而该时点之后的老年人应当继续缴费。当然，这个时间点到底设定在何时，仍然需要进一步的研究。部分学者提出，可以考虑以 1998 年为界限，将退休参保人群分为两类，一类医疗保险费用由个人承担，一类则由国家承担，对应的理由是，1998 年之前退休的职工大多为国家做出较大的贡献，而且，由于早年缺乏资金积累，在经济上可能不具备继续缴纳医疗保险费用的能力。当然，这可能会带来的另外一个问题就是，怎么去判断这个时间点前后的参保职工为国家做的贡献大小，这个时间点的确定是较为困难的。另外，这个时间点的选择，可能没有对"中人"的利益损失给予充分考虑，因为"中人"的工作和缴费，本质上也积累了一部分退休后免费享有待遇的权利，如果不考虑"中人"积累的权益，本质上也有悖公平。① 所以，如果确定实施延长至终身缴费的政策，就需要做好调查和论证，同时，对社会的反应也要有充分的考虑和准备。

　　第二，新政策开始实施的时间点选择。任何改革都将面临一定的成本，实施延长至终身缴费政策也不例外，由于该项政策影响范围甚广，实施将涉及多个方面，包括资金、政策、管理等方面都需要做好实施准备，而且，还需要考虑政策的稳健性，政策实行的时间点要经过审慎考虑。即使可以较好地解决上文所述的政策人群范围选择问题，也应当重视进一步的政策实施时间点选择，要充分考虑政策的准备时间，以及民众的心理预期和社会接受水平，从而降低政策推行的难度，降低政策实施带来的各种冲击和震荡，从而渐进、平稳地推动政策改革。

　　第三，促进政策稳定实施的选择性补贴。考虑到老年人继续缴费会增加老年人的成本，特别是可能会影响部分较低收入老年人的生活质量，为了确保政策稳健实施，同时，也较好地保障老年人基本生活质量，应当选择部分较为困难的老年人，对其实施选择性补贴，从而确保这部分弱势退休老年职工基本生活质量不降低。

　　对部分较低收入退休老年人的选择性制度补贴，其建立需要有广泛

----

　　① 随着时间发展，"中人"已经成为了一个变动的概念。从目前来看，中人应当包括几个方面的理解，更能够综合解释中国医疗保险制度的历史和现在：第一，1998 年医疗保险改制转轨时，已经参加工作，但是尚未退休的职工，而从测算时点来看，1998 年时的部分"中人"已经退休了，成为了"老人"，部分"中人"仍然没有退休，仍然是"中人"；1998 年以后参加医疗保险的"新人"，由于其缴费也支付了当前老年人的医疗补偿，所以，本质上这些"新人"的缴费也为自己退休后不缴费积累了权益（缴费记录）。如果让当前系统中的这些"中人"都缴纳费用，那么，就会造成"中人"（部分）权益的损失。

的社会共识。另外，这种选择性补贴政策，是阶段性的、局部的、暂时的，更具有象征意义，政策改革的意义要大于这部分老年人所增加的基金规模，因为，从长远来看，如果制度理顺，未来老年人医疗保险都是终身缴费，制度长远、稳定运行就有了可靠的基础。所以，建立对转轨时期较低收入老年人的选择性制度补贴，应当是暂时、短期、局部的，政策改革者应当注重推进制度改革与保持社会稳定之间的平衡。

（二）节流

收和支影响医疗保险基金的平衡和可持续性，为了提升医疗保险基金的稳健性和可持续性，有必要对基金支出进行有效控制，将基金支出控制在一个合理、适宜的范围之内。

1. 节流关系到医疗保险基金可持续性

总的来看，政策补偿范围和补偿比例是影响医疗保险基金实际补偿比例的重要原因，因为补偿什么、补偿多少比例，直接关系到医疗保险基金支出。但是，影响医疗保险基金收支平衡更为重要的因素则是国民个人医疗卫生支出的变动，因为，医疗保险的保障范围和补偿比例不能为了简单谋求基金收支平衡而设定，医疗保险制度建立的根本原因和目标是为了回应国民对医疗卫生服务的需要，所以，从长远来看，医疗保险的保障范围和补偿水平（特别是保障范围）就要"跟随"国民对医疗卫生服务的需要和实际消费，医疗保险保障范围和补偿比例不可能过度滞后于国民医疗卫生服务现实需要，而应该与之变动趋势一致。总体上，医疗卫生费用增速是影响基金收支平衡的主要原因。在一个长期必须跟随和回应国民医疗卫生费用服务需要的前提下，有效控制医疗卫生费用是整个医疗保险基金维持稳定的关键，也是基金节流最核心的措施之一。

2. 推进医疗保险节流的主要政策探讨

总的来看，节流方面可以推进如下几个方面的政策措施：

第一，强化医疗保险对各方主体行为的引导作用。作为理性人，市场中各个主体都有自我效用（利益）最大化的动机，这也是我国医疗卫生服务市场中医疗卫生服务机构逐利的根本原因。医疗卫生服务提供方式"天然"不可能有节约医疗保险基金的动机。当前，随着我国医疗保险实现全民覆盖，医疗保险的保障水平也逐步提升，医疗保险基金的规模不断攀升，医疗保险对整个医疗的影响越来越大，其在市场上成为了最大的买家，某种程度上已经可以影响医疗机构、药品供应方和个人的行为，这赋予了医疗保险天然的谈判能力，可以通过巨量医疗保险基金来引导医疗机构和药品供应方的行为，进而发挥促进医改整体工作的作用。事实上，如果自身功能定位得当，医疗保险机构充分利用定点资格管理、医药谈判两个工具，是完全可以引导医疗卫生服务机构、医生、药品供应商和被保险人的行为的，从而推动医改工作取得实际进展。

当然，在这个过程中，还应当着力构建医药谈判市场，着力构建、形成医疗和药品的真正交易市场，利用医疗保险基金巨量资金和谈判优势，引导其他主体行为发生改变；应当进一步完善医疗保险定点资格管理工作，完善药品市场和医疗服务市场谈判机制建设；推动多点执业，完善医疗保险签约医师制度；在药的确定过程中，要积极发挥医疗保险购买方的谈判作用，强化对应的谈判能力建设；推进管办分开、重新界定医疗保险行政部门职能。具体内容将在下文应对医疗保险基金债务风险框架建议处详细论述。

第二，加强对医疗保险基金使用的监督和管理。医疗保险基金管理是整个医疗保险制度的关键，医疗保险基金安全关系到制度的存续与稳定。同时，做好医疗保险基金监督和管理工作，防止、杜绝诸如骗保、套保等违法违规行为，可以减少基金浪费，保障基金安全，提升基金使用效率。所以，应当大力强化和完善医疗保险基金的监督和管理工作。

加强对医疗保险基金使用的监督和管理，具体可以从加强基金监督管理人才队伍建设、加大违法惩罚力度、引入科学技术提升监管效能、强化医疗保险流程和节点监督审核、协调各部门在医疗保险基金监管中的行为、建立医疗保险监管的专业指标体系几个方面展开。具体内容将在下文应对医疗保险基金债务风险框架建议处详细论述。

第三，在"三医联动"框架下推进医疗保险节支工作。有效控制医疗卫生费用，就不能将控制干预手段仅停留在医疗保险体系改革方面，而是应当同时将改革的重点放在医疗卫生服务体系和药品两个方面，因为，这是整个医疗卫生费用支出最主要的两个流向，也是"三医联动"中最为重要的两项内容。应当在"三医联动"的框架中推进改革，加强对医疗卫生服务体系和药品生产流通领域的改革，重视公共卫生服务体系、基层医疗卫生服务体系、公立医院改革、分级诊疗等政策，完善药品生产、流通、谈判采购、使用、监督等各个环节，促进医药卫生服务体系的规范运转。

当然，医疗卫生服务体系改革和药品生产流通体系改革，最终的落脚点不仅仅包括医疗服务、设备、药品价格和总支出水平的下降，更应该通过完善机制，特别是完善全流程的、健康和预防优先的医疗过程管理，通过提高健康水平、减少发病率、降低重大疾病发病率，最终减少医疗卫生总花费。

第四，要平衡医疗保险节支与基本医疗需求满足。在维持基金平衡方面，节流是非常必要的，但是，节流并不能局限于医疗保险的补偿范围和水平，而更应该在医疗保险之外做改革，特别是要协同推动医疗卫生服务体系和医药生产流通体系改革，并最终提升人的健康水平，降低医疗患病率、大病发生率、住院率、疾病支出水平等，这将大幅降低医疗保险基金支出，并最终降低医疗保险体系的财务压力，提升医疗保险体系的稳健性。所以，应当平衡医疗保险节支与满足国民基本医疗卫生服务需求，要在满足国民基本医疗卫生服务需求的基础上，推动医疗保险基金节流工作。关于节流的政策，本研究还将在后文中外在环境改革部分重点阐述。

第五，建立照护保险制度、推进健康保障等。还有两项体制性的改革，也有助于节约医疗保险基金支出。一个是建立长期照护保险制度，减少这部分老年人对于医疗机构护理资源的过度占用，通过满足维持性、长期性的照护服务和日常生活照料服务，既发挥了长期照护的作用，也一定程度上可以节约医疗保险资源、降低患者负担。另一方面，促进医疗保险向健康保险转变，向健康保障转型，改变简单以医疗为重点的制度倾向，更加重视医疗保险在预防保健、康复、健康促进方面的作用，将健康融入所有政策，建立全方位、全流程的健康促进制度体系。

（三）体系变革

除了上文单项技术性政策变革外，还有一些医疗保险制度的变革也会影响医疗保险基金的平衡，这些变革不是单项改革政策，而是在体系、框架方面的根本改变，涉及保险的体系框架和统筹层次，会显著影响医疗保险基金收支平衡。本研究将讨论这些可能的体系性变革对医疗保险制度及其基金平衡的影响：一是关于建立统一国民基本医疗保险的讨论；二是关于提高医疗保险统筹层次的讨论。

1. 关于建立统一国民基本医疗保险的讨论

本部分的核心目标是模拟评估建立统一国民基本医疗保险的制度效应，研究目的不是讨论必要性或可行性，而是模拟评估建立统一国民医疗保险对医疗保险基金的影响。下文首先简略介绍建立统一国民基本医疗保险的必要性和挑战，从而让读者对这个问题有基本了解，为后续模拟测算做好铺垫工作。

关于我国未来是否需要建立统一的国民基本医疗保险，仍然是一个存在争论的问题。相当一部分学者认为，应当在未来建立统一的国民基本医疗保险，认为这是大势所趋，是经济社会发展、城乡统筹发展的必然结果，是促进公平的必然选择，而且，随着医疗保险体系改革的持续深化，建立统一国民基本医疗保险的可行性正在累积，特别是城乡居民基本医疗保险制度整合为未来进一步的医疗保险整合提供了条件。

但另一方面，也有部分观点认为没有必要建立统一的国民基本医疗保险。这些反对者的理由是，我国人口规模庞大，单个城镇职工基本医疗保险或城乡居民基本医疗保险所覆盖的参保人口规模都有几亿人，比很多国家的总人口要多，理论上保险风险池足够大了，当务之急是改变保险内碎片化的格局，提升统筹层次，扩大实际的风险分散能力；同时，由于职工和居民两大人群存在较强的异质性，将两个人群置于同一个保险制度内也可能会带来更多现实挑战。

需要强调，虽然本研究下文模拟分析的结论表明，建立统一的国民基本医疗保险后，原有的基金债务风险和财政压力都会大幅降低，但是，制度并轨的本质是城乡居民基本医疗保险的制度架构和缴费比例向城镇职工基本医疗保险靠拢（这也是制度并轨的主要路径），城乡居民个人的缴费水平（比例）本质上是提升了的。同时，基金缴费总体水平提升的同时，居民个人的缴费水平也是提升了的。当然，居民缴费水平提升的目标是与职工缴费水平趋于一致，且整个增速过程也是逐步、渐进的，综合来看，居民缴费增长水平应当是在其可承受范围之内。[①]

（1）并轨方案参数设定

制度整合的一个问题就是要克服原有制度之间的冲突，冲突包括合并前各项制度在结构、水平、管理等方面的差异。就城镇职工基本医疗保险与城乡居民基本医疗保险的制度整合而言，也存在这些冲突和差异，比如，是否要设置个人账户、统筹基金与个人账户之间的比例、缴费水平等方面。但是，由于本研究评估测算主要关注统筹基金的平衡问题，筹资水平的整合问题是本研究关注的核心。[②] 所以，本研究在制度整合为统一国民基本医疗保险方面，主要关注统筹基金的缴费比例问题。而且，设定总体的整合思路是，在整合过程中，城镇职工的筹资比例与（实际）补偿比例保持不变，而城乡居民的筹资比例（占居民收入水平）逐步提高，在并轨后，与城镇职工的筹资比例保持一致，其补偿水平也在并轨后达到和城镇职工基本医疗保险一样的水平。[③]

为了模拟评估两大基本医疗保险整合为统一的国民基本医疗保险的制度效应，本研究对合并的时间，以及合并后的缴费比例做出设定。本研究设定，城乡居民基本医疗保险和城镇职工基本医疗保险从 2035 年开始整合，主要是城乡居民基本医疗保险筹资水平向城镇职工基本医疗保险靠拢，合并后的筹资水平，城乡居民基本医疗保险的筹资标准占人

---

① 由于本研究关注的核心问题是统筹基金的平稳性和债务风险评估，所以，居民个人的缴费负担并非是本研究关注的核心问题，但是，根据本研究模拟方案的假设，居民缴费负担应当是在可控范围之内。由于本研究设定的是并轨后城乡居民基本医疗保险覆盖人群的筹资水平占其收入比例，与城镇职工基本医疗保险筹资占比趋于一致，所以，从理论上来说这个筹资占比应当是可以承受的。特别是，在城乡居民基本医疗保险筹资占比中，大头是由政府财政补贴的，这一点与城镇职工基本医疗保险筹资中大头是由企业缴纳的是等同的。

② 本研究主要关注的是医疗保险基金的债务问题，主要研究统筹基金的债务风险，个人账户问题并不是本研究关注的核心问题。而且，从现在制度改革的趋势来看，政策的发展方向是进一步完善个人账户的功能，很可能会弱化个人账户的比例，并推动个人账户在诸如门诊统筹等方面发挥积极作用。

③ 当前，城乡居民基本医疗保险的缴费水平如果折算成为占居民收入的比例，则要显著低于城镇职工基本医疗保险职工纳入统筹基金的缴费比例。

均收入的比重将会达到与城镇职工基本医疗保险筹资同样的水平。[①] 城乡居民基本医疗保险筹资标准提升过程与前文一致，设定为每五年一次调整，逐步向这个比例靠近，并于 2050 年达到缴费比例一致。与之对应，随着缴费比例日益提高，城乡居民基本医疗保险的补偿水平也逐步接近城镇职工基本医疗保险，变动幅度与缴费水平变动同步，并最终与城镇职工基本医疗保险实际比例相一致。至此，我国统一的国民基本医疗保险形成。在上述设定基础上，进一步测算评估我国医疗保险体系的债务风险，结果见下文中各表格。

仍然需要强调两点：第一，本研究设定我国基本医疗保险体系整合开始的时间为 2035 年，整合完成的时间为 2050 年，这个设定是本研究综合考虑多种因素，同时，综合多位专家的建议而确定的。另外，这个时间点的选择，充分考虑了城乡居民基本医疗保险整合后稳定运行一段时间，同时，也考虑了 2050 年我国达到中等发达国家水平，国民对于公平发展的要求进一步提升，在这一阶段完成国民基本医疗保险整合是可行的。第二，不同的参数设定会得到完全不同的测算结果，本研究的测算结果，仅是基于特定参数设定得到结果，目标是评估医疗保险制度并轨的效应，本研究并不强调本研究设计的并轨方案的可行性。[②]

（2）并轨后全国医疗保险体系债务风险变化

根据本研究的设定，城乡居民基本医疗保险和城镇职工基本医疗保险并轨后，仅对城乡居民基本医疗保险的债务状况产生影响，因为，制度并轨的本质是城乡居民基本医疗保险的制度设计结构接近城镇职工基本医疗保险，改变了城乡居民基本医疗保险的缴费水平和实际补偿水平，在改变城乡居民基本医疗保险基金债务风险的基础上，改变了全国医疗保险体系的基金债务总体情况。

按照本研究的设定，对并轨后全国医疗保险体系的隐性负债水平进行测算，结果见表 5-21。从测算结果可以看出，在低方案下，即低实

---

① 城镇职工基本医疗保险实际缴费比例详见第二章各典型城市实际缴费分布和具体比例测算。

② 当然，本研究在设定这些整合参数时，也是经过大量文献检索、比较，并访问了相关领域学者，最后由研究团队综合判断确定的。

际补偿比（合并后的制度实际补偿比为 65%），且医疗费用增速为低增速时，全国医疗保险体系隐性负债为 12.61 万亿元；在中方案下，即中等实际补偿比（即实际补偿比为 75%），且医疗费用增速为中增速，全国医疗保险体系隐性负债为 20.24 万亿元；在高方案下，即高实际补偿比（实际补偿比为 85%），且医疗费用增速为高增速，全国医疗保险体系的隐性负债规模达到了 29.36 万亿元。[①] 如果对比本研究前文中并轨前的全国医疗保险体系隐性负债水平，可以发现，医疗保险体系的隐性负债水平在很大程度上降低了。图 5-11 反映了中方案下，统一国民医疗保险建立后隐性负债规模下降情况。后文将会进一步对比和测算并轨前后的债务风险变化。

表 5-21　并轨后全国医疗保险体系隐性负债

（单位：万亿元）

补偿比	较好情形	一般情形	较差情形
职工 65%，居民 47%（65%）	12.61	15.66	19.69
职工 75%，居民 57%（75%）	17.00	20.24	24.52
职工 85%，居民 67%（85%）	21.40	24.83	29.36

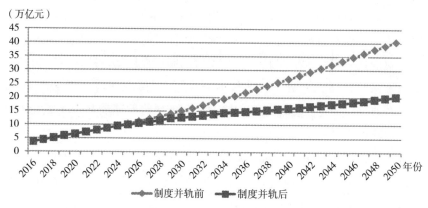

图 5-11　并轨前后全国医疗保险体系累积隐性负债对比情况

---

① 医疗费用增速水平的设定与前文相同，此处不再赘述。

　　进一步测算和评估并轨后全国医疗保险体系基金债务的规模状况，结果见表5-22和图5-12。结果显示，在低方案时，即并轨后的医疗保险体系实际补偿比为65%，且医疗费用增速为低增速时，全国医疗保险体系基金债务规模为2.65万亿元；在中方案时，即实际补偿比设定为75%，且医疗费用增速为中增速时，全国医疗保险体系基金债务为12.53万亿元；在高方案下，即并轨后的医疗保险体系实际补偿比为85%，且医疗费用增速为高增速时，全国医疗保险体系的基金债务规模达到了24.40万亿元。如果对比并轨前全国医疗保险体系的基金债务规模，可以发现并轨后显著降低了医疗保险体系的基金债务规模。

表5-22　并轨后全国医疗保险体系基金债务

（单位：万亿元）

补偿比	较好情形	一般情形	较差情形
职工65%，居民47%（65%）	2.65	6.74	12.14
职工75%，居民57%（75%）	8.19	12.53	18.26
职工85%，居民67%（85%）	13.74	18.33	24.40

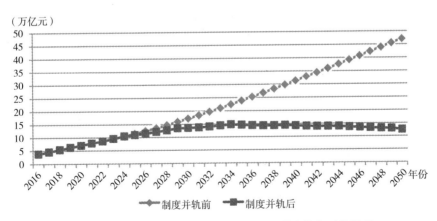

图5-12　并轨前后全国医疗保险体系累积基金债务对比情况

　　经过对比可以发现，模拟按照本研究设定的并轨方案，并轨后的全国医疗保险体系的基金债务总体上会显著下降，这在不同方案测算结果中都是稳定的。结果如表5-23所示，在低方案下，整个医疗保险体系基金债务下降比例为92.29%；在中方案下，基金债务下降比例为71.61%；在高方案下，基金债务下降比例为56.32%。

表5-23　并轨后全国医疗保险体系基金债务下降百分比

补偿比	较好情形	一般情形	较差情形
职工65%，居民47%（65%）	92.29%	82.43%	72.16%
职工75%，居民57%（75%）	79.48%	71.61%	63.27%
职工85%，居民67%（85%）	69.77%	63.29%	56.32%

（3）并轨后全国医疗保险体系财政负担变化

进一步，基于上文设定，测算、评估并轨后全国医疗保险体系的财政负担变化，测算过程中的其他假设与前文相同，测算结果见表5-24。从测算结果可以看出，在低方案下，即实际补偿比为65%，且医疗费用增速为低增速时，并轨后医疗保险体系造成的政府财政负担规模为44.34万亿元；在中方案下，即实际补偿比为75%，且医疗费用增速为中增速时，并轨后医疗保险体系造成的政府财政负担规模为54.22万亿元；在高方案下，即医疗保险体系实际补偿比为85%，且医疗费用增速为高增速时，并轨后医疗保险体系造成的政府财政负担规模为66.10万亿元。

表5-24　并轨后全国医疗保险体系财政负担总额

（单位：万亿元）

补偿比	较好情形	一般情形	较差情形
职工65%，居民47%（65%）	44.34	48.43	53.84
职工75%，居民57%（75%）	49.88	54.22	59.96
职工85%，居民67%（85%）	55.43	60.03	66.10

进一步对比制度并轨前后我国医疗保险体系财政负担的下降水平，可以发现，制度整合为统一的国民基本医疗保险后，政府承担的财政负担总体规模也会显著下降。从表5-25可以看出，在低方案下，即医疗

保险体系实际补偿比为 65%，且医疗费用增速为低增速时，并轨后的统一医疗保险体系财政负担相对下降 12.32%；在中方案下，即医疗保险体系实际补偿比为 75%，且医疗费用增速为中增速时，并轨后国民基本医疗保险体系财政负担降幅达到 10.15%；在高方案下，即医疗保险体系实际补偿比为 85%，且医疗费用增速为高增速时，并轨后医疗保险体系政府财政负担降幅为 8.30%。

表 5-25 并轨后全国医疗保险体系财政负担总额下降百分比

补偿比	较好情形	一般情形	较差情形
职工 65%，居民 47%（65%）	12.32%	11.22%	10.01%
职工 75%，居民 57%（75%）	11.10%	10.15%	9.08%
职工 85%，居民 67%（85%）	10.10%	9.26%	8.30%

进一步评估制度并轨为统一的国民基本医疗保险后，政府年度财政负担的变动状况。结果显示，制度并轨为统一的国民基本医疗保险后，医疗保险体系对于政府造成的每年度财政压力也有所减轻。对比医疗保险体系并轨前后每年度造成的财政压力，可以发现，政府在医疗保障方面的支出占其公共财政支出的比重显著降低。这表明，虽然制度并轨后可能带来政府在城乡居民基本医疗保险补贴方面的支出增加，但是，由于个人缴费比例（占纯收入水平）提升，最终也降低了医疗保险基金对应的债务风险，进而导致全国医疗保险体系财政负担占 GDP 和财政支出的比例下降。

表 5-26 医疗保险并轨后未来 40 年全国医疗保险体系财政负担
占 GDP 及财政支出比例预测

年份	占 GDP 比重	占财政支出比重	年份	占 GDP 比重	占财政支出比重
2016	1.386%	5.327%	2034	1.618%	5.394%
2017	1.417%	5.316%	2035	1.222%	4.073%
2018	1.441%	5.282%	2036	1.246%	4.152%
2019	1.467%	5.252%	2037	1.268%	4.226%
2020	1.494%	5.232%	2038	1.289%	4.295%

年份	占 GDP 比重	占财政支出比重	年份	占 GDP 比重	占财政支出比重
2021	1.518%	5.200%	2039	1.307%	4.355%
2022	1.541%	5.167%	2040	1.231%	4.102%
2023	1.568%	5.226%	2041	1.245%	4.152%
2024	1.598%	5.327%	2042	1.260%	4.201%
2025	1.512%	5.039%	2043	1.276%	4.254%
2026	1.543%	5.144%	2044	1.287%	4.292%
2027	1.573%	5.242%	2045	1.199%	3.996%
2028	1.600%	5.333%	2046	1.211%	4.035%
2029	1.627%	5.424%	2047	1.217%	4.055%
2030	1.535%	5.115%	2048	1.221%	4.072%
2031	1.559%	5.197%	2049	1.223%	4.076%
2032	1.581%	5.270%	2050	1.125%	3.750%

（4）研究启示

综合上文研究结果，本研究可以得到如下几个方面的启示。

第一，建立统一国民基本医疗保险的思路可以显著削减医疗保险体系债务，但会增加国民筹资负担。上文研究结果表明，在建立统一国民基本医疗保险体系的框架下，本研究设定的方案并轨思路，可以大幅度削减医疗保险体系基金债务，绝大部分基金债务都可以被消除，也可以大幅度削减政府对医疗保险体系承担的财政负担。

但是，建立统一的国民基本医疗保险、实现医疗保险制度统一并轨是有代价的。一方面，制度并轨需要得到国民认同；另一方面，医疗保险并轨还需要政府有充裕的财政能力来补贴城乡居民筹资水平的提高。正如本研究假设中所述，在城乡居民基本医疗保险、城镇职工基本医疗保险两大保险框架基本稳定，且经济社会发展到一定水平时，才能够推动统一国民基本医疗保险制度建立，这也是本研究假设 2035 年才启动制度并轨的重要原因。

总的来说，建立统一国民医疗保险的单项政策，具有显著地削减医疗保险体系债务风险的作用，但是，此项政策本质是提升了城乡居民基本医疗保险的筹资水平，会增加城乡居民和政府财政补贴的筹资负担，只有当得到国民支持，且经济社会发展和财政能力可以支撑时，这一方案才有具备实施的条件。因此，建立统一国民基本医疗保险还不具备立即实施的条件，在 2035 年以后实施可能更加适宜。

第二，要正确看待未来国民基本医疗保险建立的趋势。前文已经论述，对是否需要建立一个统一的国民基本医疗保险，仍然存在一定分歧。但是，如果从经济社会长期发展和促进公平、正义的社会发展目标来看，应当将未来建立统一的国民基本医疗保险作为发展方向，至少从制度发展的方向上，应当将这一取向作为重要发展目标。不过，也应该认识到，建立统一的国民基本医疗保险虽然是一个总体趋势，但仍将是一个缓慢的过程，不可能一蹴而就，只能在若干条件具备时，才有实现的可能。同时，当前较为迫切的工作应当是大力消除制度碎片化、提升制度统筹层次、提升医疗保险制度的保障能力。

2. 关于提高医疗保险统筹层次的讨论

（1）提升统筹层次的必要性

从我国医疗保险制度的发展过程来看，我国一直在努力提高医疗保险统筹层次。提高统筹层次虽然并不能从总体上削减医疗保险体系的基金债务，但是，由于医疗保险基金可以在更大范围内调剂，风险池变大，区域或局部的医疗保险基金债务风险会由于区域间基金的互助共济而有所降低，甚至消除，从而改善了部分区域医疗保险收支的均衡性。当然，也应该看到，如果在更高层次实现基金的统筹，由于管理效率的提升和管理成本的降低，医疗保险资金的使用可能会更加规范、高效，制度的稳定性和可持续性将会大大增强，同时，医疗保险体系的基金债务可能会相对降低，但这种基金债务的降低水平相对于其他政策的影响仍然是较低的。

（2）统筹层次提升的障碍

提高统筹层次有助于在更大范围内实行统一的医疗保险计划，并且，保障更多人能够公平地享有待遇，被看作是医疗保险体系最重要的改革之一。但是，由于历史和现实原因，我国医疗保险体系的统筹层次长期是比较低的，呈现高度碎片化的特征。总的来看，除了历史原因、体制遗留问题等，阻碍医疗保险统筹层次提高的原因主要包括地区、部门、险种利益等多方面的原因。一方面，不同地区之间由于经济发展、（常住）人口结构等方面的差异，医疗保险基金使用状况差别显著，部分地区由于历史债务较重，特别是以前的老工业基地，老年人口多、退休人口多，整个医疗保险体系基金债务严重，很多地区存在入不敷出的风险。而另外一些地区则由于经济发展较快、人口年龄结构较轻，医疗保险基金整体运营状况良好，基金出现结余，甚至部分地区正在酝酿或已经开始降低医疗保险缴费比例。正是由于不同地区之间的状况差异，部分医疗保险基金状况较好的地区并不愿意与其他地区统筹，避免本地区"吃亏"，这是阻碍医疗保险统筹层次提升的最重要障碍之一。另一方面，不同部门和险种的利益，也是影响医疗保险统筹层次提升的重要原因，这一问题在医疗保险管理权并未统一的情况下会长期存在。由于我国的医疗保险的管理主要分布在人社和卫计两个部门，其中，城镇职工基本医疗保险和城镇居民基本医疗保险基本上都已经实现了市级统筹，而新型农村合作医疗在不少地区仍然是县级统筹（此轮城乡居民基本医疗保险整合将基本解决农村居民保险市级统筹的问题），这样，不同险种、不同地区之间交叉、叠错，形成了高度碎片化的医疗保险体系。可以说，上述两个方面的因素是导致我国医疗保险体系长期存在碎片化和低统筹层次的根本原因。

（3）提升统筹层次的有利条件

当然，随着经济社会发展和政策改革进度加快，提高医疗保险统筹层次已经具备了更多的条件。一方面，从全社会来看，构建更加公平、层次更高、覆盖全体国民的医疗保险体系已经成为共识，如何避免医疗保险待遇差异过大、有效解决医疗保险碎片化等问题，在上述各方面已经形成了广泛的共识，这为医疗保险统筹层次提升，克服地区、部门利益和历史遗留障碍奠定了基础。另一方面，这些年来，由于管理分割、制度碎片所带来的医疗保险运行成本高昂、保障效果大打折扣等问题较为严重，加上对应的医疗卫生服务体系和药品生产流通体系改革缓慢，看病贵、看病难等问题始终困扰我国居民，制度碎片化、管理高成本等问题被广为诟病，而且，制度之间在待遇、缴费方案等方面的不公平性也引起了一定程度的批评。更为重要的是，由于经济社会快速发展，特别是部分地区城乡统筹发展工作显著推进，部分地区的城乡发展差异日益缩小，或者，地方政府为了进一步缩小城乡居民在社会保障领域的待遇差异，开始推进更为公平、无差异的医疗保险制度安排，部分地方甚至已经实现了部分医疗保险的省级统筹，医疗保险制度之间的整合也一定程度上得到了改善。

（4）稳步、适度提升统筹层次

综合上述分析可知，我国医疗保险统筹层次的提高是大势所趋，而且，应当尽快推进医疗保险的整合，稳步提升医疗保险统筹层次。当前，将医疗保险提升至省级统筹将是一个重要的目标，而且，随着国家在提升统筹层次方面的力度日益加强，这一目标实现的时间进度被显著缩短了。当前，医疗保险制度的大整合也为医疗保险制度体系统筹层次的提升提供了条件，特别是城乡居民基本医疗保险的整合，一定程度上横向打破了原有管理权限分散于不同部门的制度管理格局（虽然改革方案并没有确定整合后的管理主体）。随着改革的持续推进，一个统一的、覆盖所有城乡居民的医疗保险制度逐步建立和形成，本身就已经在一定程度上加速了医疗保险提升统筹层次的进程，因为，整合后的城乡居民基本医疗保险基本将实现市级统筹，这实质上推动新型农村合作医疗实现市级统筹的进度。比如，青海省就以此次城乡居民基本医疗保险整合为契机，推动实现了城乡居民基本医疗保险省级统筹。这也表明，此次医疗保险制度整合为医疗保险体系统筹层次的提升提供了契机和条件。

就我国目前而言，提升统筹层次的工作还是应当加强的，因为，当前我国医疗保险体系的现状仍然碎片化严重、统筹层次偏低。当然，正如本研究前文所述，提升医疗保险统筹层次是一个渐进的、有条件的过程，不是统筹层次越高越好，而是要选择与经济社会发展和国民需求相适应的统筹层次。并且，统筹层次提升也受到制度格局、部门管理等方面的影响，其实现需要一定的时间和必要的经济、社会基础，需要选择适度的改革步伐，逐步推进实现。

二、应对基金债务风险的框架建议

下文将以削减和应对医疗保险体系基金债务风险为切入点，以我国基本医疗保险体系政策综合改革为抓手，对医疗保险体系综合改革提出一个一揽子的框架性建议。

上文对可能、必要的单项政策进行了评估模拟、探讨，主要是评估和探讨这些单项政策在削减医疗保险基金债务方面的效应，从而便于对上述单项医疗保险改革政策效应作出客观评价。单项政策评估的结论发现，各单项政策对降低医疗保险基金债务都有一定的作用，部分政策对医疗保险基金债务的削减作用较为显著。但是，单项政策模拟、探讨的结论也表明，应对我国医疗保险金债务风险是一项系统工程，单项政策改革的效应是有限的，有些单项政策的实施条件也是值得商榷的（特别是大幅提升缴费水平），未必能够获得国民的认可。所以，本研究还是认为，应当综合各单项政策的精髓或方向，结合各方面的条件和约束，设定一个综合的政策框架，通过组合多种改革措施，全面预防、应对医疗保险体系债务风险。

需要说明，下文的医疗保险综合改革框架，既不是与上文毫无关系的单项政策的再次阐释，也不是照搬上文单项政策研究结论，而是在一个统一的目标和相对完整的一揽子框架下，讨论如何综合地去改革医疗保险体系（核心制度安排），进而削减和应对基本医疗保险基金的债务负担。另外，本研究在构建整个综合改革政策建议框架时，还将充分考虑各单项政策之间的协同整合，从而构建一个综合发挥各单项政策效果、充分调适各单项政策协同性的综合政策改革框架。另外，限于篇幅，本研究重点是勾勒整个医改核心政策框架，是要点性说明，而不是详述具体的方案设计。

（一）综合改革框架目标设定

本研究认为，以削减和应对基金债务风险为切入点的医疗保险体系改革框架，需要秉持这样一个基本改革目标：基本医疗保险体系改革应当以建立一个覆盖全民、兼顾公平与效率、充分保障国民基本医疗和健康需要、具有良好基金稳健性的国民基本医疗保险体系为改革目标。

需要强调，医疗保险基金的债务风险问题，仅是整个医疗保险体系的问题之一，其实，医疗保险体系仍然存在很多其他方面的问题。本研究虽然关注的核心问题是医疗保险体系的基金债务风险，并且，以削减医疗保险体系债务风险为目标和切入口，但是，本研究仍然将落脚点放在了探讨制度改革框架方面，而且，将其与医疗保险体系制度框架改革与完善相整合。这主要是因为，债务风险的降低离不开整个医疗保险制度的完善，特别是从一个体系性改革的思路来看，独立的、仅削减医疗保险体系基金债务风险的改革方案几乎是不存在的，改革有其综合性特点，削减医疗保险基金债务风险的改革框架，离不开其他方面的改革，这些改革内容是相互连接、紧密相关的。所以，此部分内容以应对基本医疗保险体系基金债务风险为目标和切入口，改革的落脚点放在了制度框架和内容设计两个方面。

具体来说，在这一综合改革框架目标中，应当充分注重如下几个方面的内容：

第一，统筹兼顾国民基本医疗服务需要和基金收支平衡。建立社会医疗保险制度的根本目标就是要满足国民基本医疗卫生服务需求、促进国民健康，这是制度存在和发展的根本目标。但是，这一目标的实现离不开稳健的医疗保险基金支持。医疗保险基金的长期平衡和稳健运行，是医疗保险体系改革的核心问题之一，也是改革的核心目标之一，如何兼顾国民基本医疗服务需要、筹资能力和基金长期平衡稳健，是各项改革政策的出发点和决策的重要依据。我国基本医疗保险体系虽然定位在保障国民基本医疗卫生服务需求方面，但事实上，在我国国民灾难性医疗卫生支出方面，也发挥了日益重要的作用，保障能力日益增强。所以，在改革过程中应当首要关注的是平衡保障待遇与基金支出之间的关系。

第二，改革过程中应当充分秉持若干基本原则。以削减和应对医疗保险体系债务风险为切入点，以我国基本医疗保险体系综合改革为抓手，应当确立和坚持若干原则，才能充分保障改革顺利进行。其中，应当坚持以人为本、立足国情，同时，还应当兼顾公平与效率，兼顾城乡之间、人群之间、供需之间、不同制度之间的协同性。我国长期以

"广覆盖、保基本、多层次、可持续"作为我国保障制度建设的根本方针，在医疗保险制度综合改革方案中也应当得到坚持。

第三，保险体系整合是根本趋势。从长远来看，制度上逐步趋近、趋同，并建立一个统一的国民基本医疗保险体系是社会医疗保险制度发展的重要方向和目标。当前，正在形成的城镇职工基本医疗保险、城乡居民基本医疗保险两大基本医疗保险体系，将构成未来相当一段时间内我国基本医疗保险体系的基本格局，而且，这两大基本医疗保险在长期也应当逐步改革、趋近。虽然仍然存在分歧，但不论从社会公平，还是从经济社会发展的角度来看，两项基本医疗保险制度的趋近、趋同，提升制度体系的公平性，应当被视为重要的改革方向。

第四，改革过程中注重协调几个重要关系。基本医疗保险体系改革过程中应注重协调几个重要关系，包括各项保险制度内部的协同，以及保险、医疗、药品等方面的协同，这些方面的协调、互动对于改革成败非常重要。另外，要协调保障内容与保障水平之间的关系，还要充分考虑基金预算约束；同时，要充分平衡保大病和保小病的关系，重视预防和小病的补偿工作，引导个人和家庭改变健康观念和医疗卫生行为，避免灾难性家庭支出。当然，还应当协调社会保险、商业保险、慈善、救助等制度安排之间的关系，协同发挥风险分散的组合作用。

第五，从医疗保障向健康保障转变是改革的根本方向。从医疗保险诞生之日，医疗保险就担负了分散疾病经济风险和促进健康等使命，具有分散风险和促进健康的双重属性。从医疗保障的改革方向来看，促进整个医疗保障（核心是医疗保险体系）向健康保障方向转变，既是弥补过去医疗保障偏重医疗、对健康重视不足的问题，更是反映了社会发展阶段和民众对健康的诉求，这应当是我国医疗保障体系改革的根本方向。

（二）综合改革框架核心内容

本研究认为，以削减和应对医疗保险体系债务风险为切入点，以我国基本医疗保险体系政策综合改革为抓手，我国医疗保险体系综合改革框架应主要包括两个方面：一是制度框架改革与完善，二是内容设计改革与完善。下文一揽子的综合改革框架内容的要点，都是围绕上文提出的改革框架目标而设定。①

1. 制度框架改革与完善

科学、合理、公平的制度框架能够提升制度运行效率、降低制度运行成本，降低医疗保险体系债务风险，首先要有完善的制度框架。同时，科学、合理、公平的制度框架能够为应对基金债务风险的单项改革政策提供运行载体，甚至能够提升这些单项改革政策的实施效果。所以，本研究认为，医疗保险综合改革框架的核心，首要是完善现有医疗保险体系制度架构，建立科学、合理、公平的制度框架。总的来看，制度框架改革与完善主要是整个医疗保险体系框架的改革和完善，包括如下几个方面的关键内容。

1）进一步夯实、完善现有制度框架

当前，包括医疗保险制度在内的我国各项制度改革都进入了密集期，制度改革和制度整合不断推进，城镇职工基本医疗保险、城乡居民基本医疗保险两大基本医疗保险格局正在逐步形成，这将构成我国基本医疗保险体系的基本框架。但是，制度整合和改革仍然面临不少挑战，现有制度框架仍然需要进一步夯实和完善。

（1）进一步整合现有基本医疗保险制度框架

由于历史和现实等因素的影响，我国医疗保险制度碎片化、多元分割等问题较为严重，影响了制度运行和公平性。不同的人被分割在不同的医疗保险制度之内，不同制度之间在筹资、待遇方面仍然存在不公平的问题，另外，城乡之间、区域之间制度待遇差异显著，异地就医、转移接续等仍然面临很多挑战。②

在上述背景下，我国应当加快基本医疗保险制度整合进程，以建立统一国民基本社会医疗保险为方向，加快制度架构整合与完善。

从发展路径来看，我国基本医疗保险体系的框架应当进一步整合。

---

① 本研究所要论述的综合改革方案框架的内容要点，不是具体的实施方案或内容设计，这是由本研究的定位所决定的。一个庞大的、全面的综合医改方案设计不是本研究的目标，本研究是以应对医疗保险体系债务风险为切入点，旨在对我国医疗保险体系的相应改革方案进行框架性勾勒。

② 孙翎：《中国社会医疗保险制度整合的研究综述》，《华东经济管理》2013年第2期，第33—34页。

当前，我国基本医疗保障主要包括城镇职工基本医疗保险、城镇居民基本医疗保险、新型农村合作医疗，另外，还有部分公费医疗和其他形式的医疗保险（保障）。从整合来看，目前正在推进城乡居民基本医疗保险整合，这项改革 2017 年在全国范围内基本实行，基本上各地都是基于国家"六统一"的方案推进的；同时，在这个过程中，也应当继续推进公费医疗向城镇职工基本医疗保险并轨。本研究调查发现，目前仅有中央在京国家机关、部分直属单位和三个省的省直机关仍然保留了公费医疗制度，全国绝大部分地区都已经完成了公费医疗并入城镇职工基本医疗保险改革，应当继续推进这一并轨改革进程。另外，在未来条件允许情况下，还应当大力推进城镇职工基本医疗保险与城乡居民基本医疗保险的进一步整合，在条件允许情况下探索建立统一的国民基本医疗保险。

当前制度整合的重点仍然是城镇居民基本医疗保险与新型农村合作医疗整合为统一的城乡居民基本医疗保险，部分省份已经出台了较为明确的城乡居民基本医疗保险整合方案。但是，城乡居民基本医疗保险制度的整合仍然面临诸多挑战，比如制度整合过程中无法回避的管理权问题，在此次制度整合中并没有得到充分解决。而且，城乡居民基本医疗保险的整合仍然存在很多其他挑战，比如，城乡居民基本医疗保险的运行环境仍然面临较大差异，制度整合后的补偿制度可能会加剧制度风险，制度的穷帮富在城市和农村两个居民人群中体现得可能会更加明显。同时，制度整合的一些细节（设计）问题仍然需要探索和规范，这都给制度整合本身带来了挑战。与此同时，医疗保障体系旧有的问题仍然存在，制度运行成本、缴费与待遇公平等多个方面的问题，都困扰着基本医疗保险体系的改革和完善。

从发展趋势来看，进一步整合现有制度框架应该大体包括如下几个方面的统一：覆盖人群统一、筹资制度统一、待遇水平统一、保险目录统一、定点管理统一、基金管理统一、经办服务统一、信息化服务体系统一。应通过实现上述多方面的统一，夯实现有制度框架，构建完善的基本医疗保险制度体系。

（2）大力推进多层次医疗保障体系建设

从传统的医疗保障体系建设而言，我国应当大力推进以基本医疗保险为核心的多层次医疗保障体系建设，要各层次相互衔接、密切结合，建立完善的多层次医疗保障体系。

①推进社会保险与商业保险相衔接

一方面，我国应当继续大力发展和完善基本医疗保险体系；另一方面，我国还应当大力发展商业保险、慈善救助等，鼓励工会等各类社会组织和团体通过各种渠道和形式建立各类医疗保障互助关系。由于商业保险与医疗保险具有较好的互补性，以及商业保险在制度形式、管理运营等方面都更加具有规范性，商业保险可以很好地与社会保险相互衔接。

在衔接社会保险与商业保险关系过程中，一方面，要重视商业医疗保险对高层次医疗卫生服务需求的保障和满足，商业医疗保险、社会医疗保险共同构成一个多层次、相互补充的医疗保险体系；另一方面，积极发挥商业保险在专业技术方面的优势，可以参与、承接一部分社会保险业务，在社会医疗保险基金费用控制、精细管理等方面发挥商业保险的优势。

②推进保险与救助相衔接

另外，医疗救助在整个医疗保障体系中具有托底的功能，医疗救助特别是大病救助在整个医疗保障体系中发挥了日益重要的作用，特别是对于部分因病致贫、因病返贫的人口而言，医疗救助对缓解大病冲击有重要的意义。

另一方面，还应当重视大病保险制度的发展，还要继续推进大病保险制度的建设和完善，让大病保险制度在应对家庭灾难性医疗支出方面发挥更为积极的作用，可以有效地缓解家庭大额医疗支出负担。同时，也要同样重视基本医疗保险与大病保险制度的衔接，在报销水平、报销程序方面做到无缝链接，缩短制度衔接的时间成本、降低制度衔接的经济成本。

应该说，基本医疗保险、医疗救助、大病保险是目前我国基本社会医疗保障体系的核心内容，应当实现三者的无缝衔接，从保障水平、报销程序等方面给国民带来更多便利，提升国民福利整体水平。

③推进保险与福利相衔接

医疗福利可以较好地保障公众的一般性公共卫生服务需求，可以在一些关系重大的卫生服务和疾病方面发挥作用，在这方面，福利或公共品的提供方式会比保险机制的效果更加明显。特别是，医疗福利还可实行普惠、特惠相结合，注重对部分弱势人群的特惠支持，有针对性地提升部分人群的福利水平，在这方面可以和社会救助发挥同样的积极作用。应当重视医疗保险和医疗福利之间的无缝衔接，医疗福利要弥补保险和救助等方面的空缺，在公众需要的、必要的卫生服务等方面发挥作用。

总之，应当建立一个以基本医疗保险为核心，以医疗救助托底，以商业保险为补充，以医疗福利（公共卫生等）为辅助的综合医疗保障体系，形成一个多层次、保障全面的综合制度框架。

2）尽快建立长期照护（护理）保险制度

考虑到我国老龄化、少子化等问题日益加剧的现实情况，以及我国慢病、疾病谱发展等方面的影响，建立长期照护（护理）保险制度非常必要。公开数据显示，"截至 2015 年年底，我国 60 岁以上老年人口已超 2.2 亿，其中失能和半失能人数超过 4000 万，需要被长期照料看护"①。这些失能人口长期需要照料，而且，目前又基本不属于医疗保险保障范围，迫切需要建立长期照护（护理）保险。当前，我国社会医疗保障体系框架建设的核心内容，就是尽快建立长期照护（护理）保险制度，并让其在整个国民社会保障体系中发挥积极作用，从这个意义上说，长期照护（护理）保险将成为我国第六大险种。②

虽然并不能简单将长期照护（护理）保险划入医疗保障范畴，但是，由于长期照护（护理）保险兼有养老和医疗的作用，所以，长期照护（护理）保险制度对于整个医疗保障体系而言也是较为重要的。

从功能定位来看，长期照护（护理）保险旨在为失能者提供照护服务，通常以被保险人失能（包括身体失能、失智、精神疾病等）为

---

① 权敬：《我国启动长期护理保险制度》，http://www.csgyb.com.cn/news/gaoceng/20160718/13627.html，2016 年 7 月 18 日。

② 从长期照护保险的本身定位而言，照护保险的名字要显著优于护理保险，更加符合这个保险本身的功能定位，即日常生活照料是重要的保障内容。但由于我国官方已经普遍使用长期护理保险，所以，本研究使用了照护（护理）保险的方式。

获得保险的根本前提，而以获得服务为主要的补偿方式。从国际上长期照护（护理）保险的性质来看，相当数量国家的长期照护（护理）保险制度是社会保险性质，当然，不少国家都建立了商业照护（护理）保险机制。

一方面，长期照护（护理）保险应当被视为一个独立的险种，其筹资、管理、运营、支付等方面都应当被视为一个独立的新险种。但另一方面，长期照护（护理）保险又与医疗保险紧密相连、无法分割。通常来讲，照护（护理）保险与医疗保险的关系可以分为两个方面加以说明：一是长期照护（护理）保险连接了生活照护与医疗护理，对于老年人来说，长期照护与在医疗机构住院是有本质区别的，而长期照护（护理）保险则提供了针对生活和护理两个方面的支持，这有助于为老年人提供整合式的照料服务；二是由于长期照护（护理）保险解决了长期生活照护（护理）的问题，所以，长期照护保险会显著降低医疗保险的支出。

2016 年 7 月，"人社部印发了《关于开展长期护理保险制度试点的指导意见》，并在全国范围启动了长期护理保险制度的试点。将会用 1 到 2 年的时间，探索为长期失能人员基本生活照料和医疗护理，提供保障的社会保险制度，首批包括上海、广州、山东青岛、河北承德、吉林长春等 15 个试点城市，试点期间，该制度主要覆盖职工基本医疗保险参保人群"①。

当前，部分地方进行了长期照护（护理）保险的有益探索，其中，山东青岛市、江苏南通市、吉林长春市三个地方的试点工作取得了一定成效，得到了社会广泛关注。当前，关于长期照护（护理）保险的发展，应当重视如下几个方面：第一，鼓励试点城市和地方探索，在既有模式经验基础上，探索符合我国国情的长期照护（护理）保险模式；第二，鼓励探索以长期照护（护理）保险为核心的长期照护保障制度建设；第三，协调好长期照护（护理）保险的资金来源问题，建立更

---

① 《我国启动长期护理保险制度》，新华网，http://news. xinhuanet. com/gongyi/ 2016-07/19/c_ 129155637. htm。

为稳定的筹资来源，协调好长期照护（护理）保险与医疗保险和养老保险的关系；第四，建立统一的、跨部门（主要是人社、民政、卫健）的失能评估体系，为长期照护失能等级评定、服务提供、待遇确定等提供基础；第五，要以"整合照料"理念，推进长期照护（护理）保险建设，整合各方资源和政策，统一推进长期照护（护理）保险体系建设；第六，还应当积极鼓励商业长期照护（护理）保险发展，形成多层次的长期照护（护理）保险体系；第七，要积极借鉴国外经验，特别是日本、韩国的长期照护保险经验，完善我国长期照护（护理）保险模式。

3）以构建全民健康保险为制度发展方向

2016 年 10 月 25 日，中共中央、国务院印发了《"健康中国 2030"规划纲要》，提出"健康是促进人的全面发展的必然要求，是经济社会发展的基础条件"，认为我国当前健康领域存在诸多问题，如"工业化、城镇化、人口老龄化、疾病谱变化、生态环境及生活方式变化等，也给维护和促进健康带来一系列新的挑战，健康服务供给总体不足与需求不断增长之间的矛盾依然突出，健康领域发展与经济社会发展的协调性有待增强，需要从国家战略层面统筹解决关系健康的重大和长远问题"[1]。并且，明确要求"把健康融入所有政策"，要"将促进健康的理念融入公共政策制定实施的全过程，加快形成有利于健康的生活方式、生态环境和经济社会发展模式，实现健康与经济社会良性协调发展"[2]。

参照健康《"健康中国 2030"规划纲要》，我国医疗保险体系仍然存在一系列问题，主要包括：第一，医疗费用增长过快，整个医疗保险基金支付风险加剧；第二，医疗卫生服务体系改革滞后，公立医疗机构公益性不足，整个医疗卫生服务体系公平性不足，以药养医问题较为严重，耗费了大量医疗资源；第三，现有医疗保险体系对重特大疾病保障不足；第四，人群分割、区域分割、制度分割、管理分割、资源分割等问题长

---

[1] 《中共中央、国务院印发〈"健康中国 2030"规划纲要〉》，http：//www.moh.gov.cn/guihuaxxs/s3586s/201610/21d120c917284007ad9c7aa8e9634bb4.shtml。

[2] 《中共中央、国务院印发〈"健康中国 2030"规划纲要〉》，http：//www.moh.gov.cn/guihuaxxs/s3586s/201610/21d120c917284007ad9c7aa8e9634bb4.shtml。

期存在，制约了我国医疗保障体系整合作用的发挥；第五，对医疗保险隐性负债和基金债务问题认识不足，低估了医疗保险体系基金债务风险。

当前，我国医疗保障体系的根本发展方向之一，就是推动医疗保险向健康保险转变，推动全民健康保障事业。从实现路径来看，其根本路径应当是"增强医疗保险在预防、康复方面的功能，促进医疗保险向健康保险转变"。众所周知，医疗并不是目的，健康才是目的，医疗仅仅是保持或恢复健康的方式，所以，我们当前医疗保险改革中应当坚持健康理念，让健康目标融入整个医疗保险改革全过程，要转变医疗保险管理和支付的理念，重视对小病、保健等方面的投入，注重对国民健康行为、医疗机构医疗行为的引导，逐步将以"治疗"为核心的保障体系，逐步改变为以"健康"为核心的保障体系。① 还应当积极地推进不同的支付和控费机制，深化医疗卫生服务体系改革，积极有效地利用资源，更好地满足国民日益增长的健康保障需要。

当然，构建全民健康保险具有长期性，且需要充分协调多种关系。应当充分协调长期改革方向和短期制度改革任务的关系，协调好制度完善、框架整合之间的关系，协调好医疗服务与健康保障之间的关系，协调好多方主体之间的利益关系。

2. 内容设计改革与完善

下文是直接以削减和应对医疗保险体系债务风险为切入点的改革内容，并且，将这些独立的改革内容统一于一个框架内。总的来看，应当重点推进如下四个方面的内容设计改革：第一，强化医疗保险对医改的引领作用；第二，加强医疗保险基金监督与管理；第三，在条件允许时，推动部分制度改革；第四，促进医疗保障向健康保障转型。

1）强化医疗保险对医改的引领作用

医疗保险除了发挥分散疾病经济风险的作用之外，一定程度上也是促进医疗卫生服务体系发展、引导国民医疗行为与决策的重要工具，从完善医疗保险的作用角度来看，应当积极发挥医疗保险对医改工作的引

---

① 世界卫生组织研究发现，"影响人类健康的因素中，15%是生物学因素，17%是环境因素，60%是人的生活方式，8%是医疗的因素"。而通过支付方式可以一定程度上影响医疗机构的行为，一定程度上抑制以药养医、大处方、大检查等行为的发生。

领、促进作用，促进医疗保险在"三医联动"框架下发挥更加积极的作用。随着我国医疗保险实现全民覆盖，医疗保险的保障水平也逐步提升，医疗保险基金的规模不断攀升，医疗保险对整个医疗活动的影响越来越大，某种程度上已经可以影响医疗机构、药品供应方和个人的行为，某种程度上已经成为了整个医改工作的"牛鼻子"。特别是医疗保险机构已经成为医疗服务市场和药品市场最大的购买方，这赋予了医疗保险机构天然的谈判能力，可以通过巨量医疗保险基金来引导医疗机构和药品供应方的行为，进而发挥促进医改整体工作的作用。

自我国新一轮医改启动以来，我国在多项医改工作中取得了积极进展，其中，最为显著的成绩就是医疗保险覆盖面的扩展和保障水平的提升。但是，由于其他几个领域改革的滞后，一定程度上抑制了医疗保险作用的发挥。总体上，我国医改并未从根本上摆脱原有看病贵、看病难的问题。而且，有限的资源无法满足无限的需求扩张，而医疗卫生服务体系的改革进度相对滞后，一定程度上消耗了医疗保险快速发展的积极效应。应该看到，长期以来，我国扭曲的医疗卫生服务体制并没有根本改变，包括 2009 年之后，卫生、发改部门推进药品集中招标采购，也未能从根本上解决以药养医问题。

2015 年，国家放开了药品的定价，基本上确立了由市场来确定药品价格的机制，这实际上为医疗保险基金引领药品市场改革提供了机遇。如果医疗保险管理部门能够积极发挥最大购买方的谈判作用，引导市场形成良好的交易机制，从制度和机制上彻底消除医药腐败的条件，可能会引领医药市场取得改革突破。与此同时，医疗保险机构还可以利用医疗保险定点管理工具，通过谈判协商、改变支付制度，直接影响医疗机构行为，促进医疗机构彻底改变以药养医、过度医疗等问题，为整个医改取得突破提供契机。

当前，发挥医疗保险对整个医改的引领性工作，应当重点从如下几个方面着手。①

---

① 部分观点参考了昝馨、朱恒鹏、彭晓博：《改革医疗保险定点和支付制度引领医改走出深水区》，《行政管理改革》2016 年第 6 期。

（1）着力构建医药市场供求双方良性互动机制，形成供求双方健康市场

这应当是医疗保险基金对整个医疗卫生改革发挥引领作用的切入点和根本方向，即改变之前由发改委等部门利用行政手段进行管控的价格形成方式，而是着力构建、形成医疗和药品的真正交易市场，医疗保险基金以采购方（需方）的角色出现，利用自身巨量资金和最大采购方的市场地位，引导、迫使各类医疗机构、医疗执业资格获得者（医师）、药品供应商与之谈判，由供需双方通过谈判机制来确定最终的价格。整个过程是一个市场谈判过程，医疗保险部门利用定点资格和支付方式两项工具引导整个市场，行政力量不再干预市场价格形成，所有医疗服务、药品交易的价格都是由供需双方谈判形成，价格的变动是由市场机制形成。

（2）还应当进一步完善各类具体改革机制，为医疗保险引领医改工作奠定基础

第一，完善医疗保险定点和谈判机制建设。应当进一步完善医疗保险定点资格管理工作，完善药品市场和医疗服务市场谈判机制建设，特别是谈判流程、关键指标、机制约束等方面，通过完善医疗保险定点管理和医药谈判机制，为医疗保险引导医药行为奠定基础。应当重视医疗保险的谈判能力建设，要完善医疗保险主导和参加谈判的规范建设，促进医疗保险谈判规范化、制度化、科学化；同时，要注重谈判过程中各方利益和诉求的充分协调，从标准、质量、价格、管理等方面尽量达到多方满意。

第二，加快推动多点执业，完善医疗保险签约医师制度。让医生这一重要的人力资源能够自由流动，至少短期内应当实现多点执业，这将有助于医疗人力资源的优化配置，特别是促进资源向基层倾斜；还应当大力推进医疗保险签约医师制度，可以让医疗保险的制约作用直接影响到个人，通过加大对医生个人微观主体行为的干预、引导，可以更加准确地修正一些违规行为，通过强化医生的声誉机制和自我约束机制，改进医疗保险对微观诊疗行为的干预。

第三，在药品的确定过程中，要积极发挥医疗保险作为购买方的谈

判作用，强化对应的谈判能力建设；另外，还应当重视对药品质量控制和合理用药行为主导。当然，也应该发挥医疗保险对医药引导作用的动态性调整，根据市场价格的调整等及时对制度支付引导作出对应的调整。

第四，推进管办分开、重新界定医疗保险行政部门职能。应鼓励经办体制管办分开，医疗保险行政部门定位在规则制定和行为监管方面，而将专门的经办业务委托给商业保险机构或其他专门社会组织，管办分开后，管理方和经办方的角色、职能定位更加明确，有利于通过竞争机制不断提升经办专业化水平、降低经办成本。

总之，当前改革的方向是应强化医疗保险的定点资格功能、签约医师制度和支付功能，更重要的是发挥医疗保险对卫生资源的配置作用，以及对医疗机构、医生个人、药品供应商和参保个人的行为引导作用，让医疗保险一定程度上成为改革的牵引，通过成本控制、利益调节、待遇补偿等多个功能的发挥，引领医疗卫生服务体系、个人的观念和行为全面改变。

2）加强医疗保险基金监督与管理

医疗保险基金监督、管理是整个医疗保险制度稳健运行的关键，科学、有效的监督管理将有助于控制医疗保险支出快速增长。概括来说，加强医疗保险基金监管，应重点做好如下几个方面的工作：

第一，加强基金监督管理人才队伍建设。首先，要在基层成立功能相对独立的基金管理部门，从机构设置方面确定监督管理工作的独立地位；其次，应当继续加强监督管理队伍建设，加大培训力度，提升监管队伍的专业化水平；再次，还应当重视监管队伍配套的设施、技术手段建设，让基金监管队伍能够充分获得信息，并能够有相应的检查、干预技术手段；最后，还应当调动监管人员和其他监督人员的积极性，利用绩效手段鼓励监管人员加大监管力度，通过奖励等方式鼓励社会监督，提升工作人员的积极性。

第二，加大违法惩罚力度。由于医疗关系的复杂性，在医疗保险基金监管过程中，应当提高机构和个人的违法成本，抑制相关主体违法、投机动机。一方面，针对违规的医疗机构，可以加大对医疗机构的惩罚力度，加大罚款数额，甚至取消定点资格，在总额预付方面降低给予的资金规模；另一方面，针对执业医师，较为严重地违反基金管理规定时，可以直接取消其执业医师的处方权，同时，建立专业技术人员诚信体系，建立专业技术人员诚信档案，并将诚信体系与技术职称、处方资格、执业地点（定点机构）等挂钩，形成对违法违规行为的有效威慑；而针对药店等机构的违法行为，在加大罚款力度的同时，问题严重的可以直接取消其定点资格。通过加大惩罚力度、提升违法成本，从而引导相应机构的行为，降低违法的可能性；加大对参保人员违法、违规的处理力度，降低参保人员骗保或联合机构合谋骗保的可能性。

第三，积极引入科学技术手段提升监管效能。一方面，应当积极利用互联网技术，规范相关主体行为的记录管理（实时上传诊疗和用药数据），降低监管部门获取信息成本，便于实现对各主体行为的动态监管。同时，通过设定程序模块，可以阻止部分违法行为发生，或者，当机构或个人行为不符合规定（如超出范围或限额）时，可以启动程序拒绝支付，也可以增加对违法行为的报警功能。通过技术手段，比对机构进货、销售记录，确保机构和个人没有套取医疗保险基金、违规使用医疗保险基金的行为。通过加大新技术手段的引入和使用，提升监督管理效能。

第四，重点强化医疗保险流程和节点监督审核。依据医疗保险工作流程，应当重点做好流程监督和节点监督，对医疗保险基金使用的全流程，以及医疗费用报销过程中的"初审、复审、复核、审批"四个关键节点，加强重点审核工作，在材料的完整性、真实性、有效性、合理性、合法性等方面重点加强监督检查，并在节点检查方面设置违法触发机制，便于及时发现和处理相应问题。另外，探索建立分级监控警戒机制，利用关键节点和指标，设定不同的警戒等级，将监管对象（特别是机构）分为不同类型（如常规、重点、全面三类），做到分类精确监督、分类精确管理，提升监督管理的精准性和监管效能。

第五，协调各部门在医疗保险基金监管中的行为。我国医疗保险基金的监督管理行为涉及多个部门，包括人社、财政、审计、卫生，以及各个地方相关政府部门，各个部门在整个监督管理过程中要密切配合、协调行动，才能提升监督管理的整体效果。这就需要各个部门之间做好自身定位，密切配合。其中，人社部门应当重点加强基金监管，同时，制定各类监管和惩罚措施，并且，应当在整个监管过程中发挥统领作用；财政部门则依据财政管理规定进行检查，主要是依据财政规定和会计准则进行监督，主要关注基金拨付、使用，防止账户挤占、挪用等问题；审计部门重点做好审计工作，与医疗保险中心合作开展审计。另外，还应当积极发挥其他部门、用人单位和其他社会公众的积极性，参加整个基金监管工作。最后，还应当加强和完善各部门参加的联席会议制度、部门联动机制，通过建立稳定、低成本、高效率的部门合作机制，促进各部门通力做好基金监督管理工作。

第六，建立医疗保险监管的专业指标体系。医疗保险基金的监督管理工作是一项专业性较强的工作，有必要建立一整套专业的监督管理指标体系，特别是建立和完善一整套监管指标统计制度，根据地方基金使用实际情况，确定一系列专业指标的参考数值，包括住院人次、人次均住院费用和增长率、平均住院床日、医疗总费用和增长率、药品、医用耗材和检查总费用、增长率及占医疗费用比例、参保人就医频次等指标，利用统计方法和信息化手段（开发相应的信息化系统）加强对这些关键统计指标的监督管理，大幅提升监督管理的专业性和针对性。

3）条件允许时推动部分制度改革

本研究前文已经对几项政策进行了效应评估，但是，上文的政策效应评估仅是对于可能实施的单项改革政策进行效应评估，评估结果虽然证明了各单项政策对于削减和应对我国医疗保险体系债务风险有显著作用，但是，同时也发现，很多单项政策的实施需要特定条件，甚至是"代价高昂"的，部分单项改革政策可能难以获得国民认可。如果条件不成熟贸然推进某些单项改革政策，可能会引发社会矛盾、损害社会稳定。

所以，本研究认为，部分可能实施的单项改革政策应当在条件允许、时机恰当的情况下推动。下文将重点说明，在哪些条件允许的情况下，主要的单项改革政策可以如何推动。

以削减和应对医疗保险体系债务风险为切入点，在满足一定条件和时机的情况下，可以尝试推进如下几项改革：第一，小幅、渐进推进延迟退休政策；第二，适当条件下尝试终身缴费改革；第三，审慎调整医疗保险筹资水平与结构；第四，稳步、适度提升医疗保险统筹层次；第五，适时推进统一的国民基本医疗保险建设。

（1）小幅、渐进推进延迟退休政策

前文单项政策评估结果显示，延迟退休政策对于削弱我国医疗保险体系债务风险有较为显著的作用。而且，从国家发展规划来看，延迟退休政策是势在必行的。下文将综合官方已经披露的信息，以及本研究访谈的多位专家的意见，对这一改革方案再提出一些框架性的思考。总的来看，我国延迟退休年龄政策应当采取小幅、渐进的步伐，并且，方案设定还应当科学合理，信息也应当尽早披露，并充分考虑公众的适应和接受能力（适应时间），只有在满足上述条件下，推进延迟退休政策才是可行的。

正如前文单项政策效应模拟评估时已经说明，在我国经济社会发展特别是人口老龄化背景下，我国人口寿命延长、劳动年龄延长，延迟退休是老年人力资源开发、利用的必然要求，也是我国调整医疗保险基金收支、促进医疗保险基金平衡的重要举措。当前我国执行的退休标准，是在新中国成立之初确定的，当时我国的人均预期寿命是非常低的，只有四十几岁，而现在人均预期寿命已经约 74 岁，如果仍然继续执行之前的退休标准，既浪费了劳动力资源，也会给社保基金带来巨大压力。

本研究访谈了部分专家，也综合了官方披露的观点和信息，认为在医疗保险改革方面，应当与延迟退休政策相契合，总的来看，应当注意协调好如下几个方面的问题：

第一，医疗保险缴费方案设计应当与延迟退休方案衔接。从某种意义来说，延迟退休方案并非仅影响到老年人的就业和退休问题，或者仅影响到养老金的收支问题，而是会影响到与之相关的各项基本制度的运行问题，其中，就包括基本医疗保险制度。从改革的契合性来看，医疗保险缴费等相关制度改革应当与延迟退休政策实施保持一致，当一个城镇职工的就业状态延长时，其缴费的时间也同步变长，而不缴费的时间则同步变短（在现有城镇职工基本医疗保险的制度设定下），这不仅增加了其缴纳保费的时间和总金额，而且，也会对应减少其在不缴费情况下消耗医疗资源的时间和金额，从而最终总体上改善城镇职工基本医疗保险基金的收支平衡。同时，医疗保险应当做好精算，动态测算延迟退休政策实施后，各年份当年的医疗保险基金收支状况，并根据估算结果进行必要调整，以适应延迟退休政策的效果。

第二，延迟退休应当秉持小幅、渐进原则。从目前各方披露的方案来看，小幅、渐进是各方设计的延迟退休政策的重要特征，没有采取一步到位的大幅度改革，主要是考虑制度改革的平稳性和国民对改革的接受程度。采取小幅、渐进的改革方案，可以较好地平滑政策变革带来的冲击，让不同年龄的人群逐步适应和接受政策。当然，医疗保险的基金平衡测算也应当充分考虑延迟退休政策小幅、渐进的特点，而且，要充分估计小步快跑的时间长度。可以预期，城镇职工基本医疗保险缴费资金的增加也是对应逐步、小幅度增长的。

第三，延迟退休会针对不同人群分类实施、弹性实施。由于当前我国不同类型人群的退休年龄是不一样的，比如男女职工、男女干部的退休时间通常都存在一定差异，所以，延迟退休政策很可能针对不同人群实行不一样的方案，即对人群分类实施不同的延迟退休方案，实行差别延迟退休的方案。可能女职工、女干部的延迟退休政策会早于男性职工。另外，允许部分工作类型的职工申请提前退休。

第四，政策的实施时间。从现有官方和学者公布的资料来看，延迟退休方案可能将于 2022 年全面实施。综合各方资料和意见，本研究认为，下文的实施方案具有较大的可能性：假定延迟退休年龄方案从 2022 年开始实施，平均每年调整 2—5 个月，至 2050 年前整个延迟退休方案基本调整到位（期间匀速线性调整），调整中充分考虑不同人群的差异。总体上，职工调整速度快于机关事业单位工作人员，女性调整速度快于男性，2050 年前调整到位后，城镇职工（包括机关事业单位人员）退休年龄设定为男性、女性职工统一为 65 岁。①

（2）适当条件下尝试终身缴费改革

下文将进一步探讨在适当条件下尝试终身缴费改革，对推进终身缴

①　此处说明与前文单项政策模拟处一致，相应依据可详见前文单项政策模拟处。

费的条件和改革内容做较为详细的说明。当然，本研究认为，尝试终身缴费是需要有适当的前提条件，如果不具备这些前提条件，本研究并不主张推进终身缴费，因为，在缺乏相应条件时（特别是在不合宜的时间点），盲目尝试终身缴费改革，可能会事与愿违，带来较为糟糕的结果。

从前文的单项政策效应分析可知，实施终身缴费对城镇职工基本医疗保险乃至整个医疗保险基金会产生积极影响。但正如前文所述，由于这一制度改革涉及范围非常广，涉及人群庞大，而且，牵涉我国医疗保险的制度承诺问题，如果处理不当，可能会影响社会稳定。

与前文单项政策模拟后的政策讨论一致，本研究认为，当前直接实施退休老年人继续缴费存在一定困难，但长期来看，退休老年人继续缴费，不仅会促进人群公平、基金平衡，而且，如果退休老年人继续缴费的时机选择恰当、方案合理，可以相对较好地解决制度承诺、老年人贫困等问题。

如果要尝试医疗保险终身缴费，本研究认为，应当在缴费对象的选择、新政策实施的时间点、促进稳定的选择性制度补贴等几个方面做好准备工作，才能够保证政策稳定实施。

第一，在缴费对象的选择方面。可以考虑一个过往的时间点（如前文所述的1998年），用此时间点前后的参保人群来区分，在此时间点之前退休（或参保，依据时间点来确定）的老年人继续实施原有不缴费政策，而在此时间点之后，则有条件的推行终身缴费政策。当然，这个时间点的选择，可能没有对"中人"的利益损失给予充分考虑，因为"中人"的工作和缴费，本质上也积累了一部分退休后免费享有待遇的权利，如果不考虑"中人"积累的权益，本质上也有悖公平。所以，时间点的选择一定要考虑"老人""中人"权益的平衡，要平衡权益积累和现实改革迫切性。这也是整个改革中最为困难的。

第二，制度外化解债务方式要求政府承担适当责任。不论是1998年改革以前的劳保医疗（本质上是国家保障），还是现行的带有现收现付特征的医疗保险制度，在职职工工作和缴费本质上积累两种权益，即在职期间医疗报销的权益和退休后医疗报销的权益，而制度的最终承诺者就是政府。制度转轨，政府是第一责任人，应当承担主要的制度转轨成本。所以，从这个意义上来说，如果要推行终身缴费制度，政府应当对"老人"和"中人"所积累的医疗保险权益予以补偿，弥补转轨成本。一方面，政府应当为退休"老人"缴费埋单，另一方面，至于未退休的"中人"，政府应当为其退休后缴费部分埋单。当然，政府所要承担的这笔筹资的规模大小、年度分布还需要测算。所以，总体上，实施老年人终身缴费的政策要审慎，其制定和实施应当充分考虑各方利益诉求，充分尊重历史制度承诺和现实基金状况，还应合理划分各方责任，在精算基础上确定最终的实施方案。

第三，在政策实行进度方面。建议考虑积极稳妥的政策改革思路，可以先开展区域试点，并进行充分的宣传、引导，消除不理解的社会对立情绪；也可以考虑逐步实施方案，从纵向时间、横向区域、人群类别等方面，逐步推进延迟退休政策，从而降低政策推行的难度，降低政策实施过程带来的各种冲击和震荡，渐进、平稳地推动政策改革。

第四，应当充分重视改革过程中的各种成本的补偿问题。考虑到改革过程中的利益受损者，应当对这部分人群给予重视。可以对部分利益受损人群，特别是改革过程中可能利益受损的部分较为困难的老年人，对其实施选择性补贴，从而确保这部分弱势退休老年人基本生活质量不降低。

第五，重视终身缴费改革与延迟退休等其他改革政策的配套协同。建议终身缴费改革应当与其他改革政策相配合、协同，特别是与已经明确纳入国家规划的延迟退休政策配合、协同，在制度实施的人群、时间点、效应方面相互衔接，发挥制度改革的综合效应和优势。

总的来看，尝试实施终身缴费政策一定要积极、审慎，对方案的设计要科学、对象选择要合理、政策实施时间点要充分考虑政策冲击效应，并做好对利益受损者的补偿预案，只有这样才能将方案实施带来的社会冲击降低到最小程度。

（3）审慎调整医疗保险筹资水平与结构

本研究在前文中对提升医疗保险筹资水平的效应模拟发现，通过提升筹资水平来解决医疗保险债务风险的代价是"较为昂贵"的，只有在筹资水平提升到相当的水平，才能彻底消除医疗保险体系基金债务，从现有筹资水平来看，提升到这样的筹资水平是不可能的（或代价高昂的），这一单项改革政策可能无法得到国民认同。所以，应当审慎看待通过提升筹资水平而削减医疗保险体系债务风险的政策，并且，从社会稳定角度来考虑，应当尽量避免采用此类政策。

但是，面对日益增长的医疗保险体系基金债务风险，不能完全放弃"增收"类型的政策，可以采用"结构性"调整的办法，适度提升医疗保险筹资水平。需要强调，下文提出的一系列政策是采用"结构性"调整的思路，来改善医疗保险基金的筹资和收入，而并不是盲目的、不设定条件的提升医疗保险筹资标准。

第一，继续加大财政支持，逐步提升城乡居民基本医疗保险筹资标准，促进医疗保险"结构性"增收。从我国医疗保险制度的发展趋势来看，城乡居民基本医疗保险与城镇职工基本医疗保险应当是一个趋近、趋同的过程，这是经济社会发展的必然要求，也是实现社会公平的重要体现。当前，城乡居民基本医疗保险的筹资水平占居民收入比例还比较低，可以适度、逐步向城镇职工基本医疗保险筹资比例靠拢。在这个过程中，居民个人缴费和政府财政补贴的水平都将不断提升，如果参照城镇职工基本医疗保险的筹资结构，居民个人筹资负担是可以承受的。[①] 所以，逐步提升城乡居民基本医疗保险筹资水平，可以"结构性"提升整个医疗保险体系的筹资水平，实现保险基金增收。推进这一方案的两个条件，一是"结构性"提升城乡居民基本医疗保险筹资水平，向城镇职工基本医疗保险筹资水平靠拢，二是政府要保持相对的财政支持力度不变。

第二，优化个人账户，充分发挥个人账户作用，在条件允许时，可以尝试降低个人账户占比、提升统筹基金占比。从当前医疗保险累计结存的基金结构来看，个人账户基金在整个医疗保险基金中的占比较高，但是，个人账户基金的作用发挥却较为有限。可以尝试进一步优化个人

[①] 理论上，我国城镇职工基本医疗保险个人和雇主分别按照职工工资的2%、6%的比例缴费，所以，在整个筹资结构中，个人筹资占25%、政府补贴75%。

账户作用，发挥个人账户基金在门诊统筹等方面的作用，让这部分"沉淀"资金发挥更大的作用。如果个人账户能够在门诊统筹、小病保障等方面发挥更大的作用，也将有助于减轻其对统筹基金支付的压力，相当于变相地提高了统筹基金的规模和使用效率。另外，在条件允许时，特别是国民接受的前提下，也可以尝试优化个人账户占比，将个人账户占比调低，对应将统筹账户占比提高，从而增加统筹基金规模，更加积极地使用"沉淀"资金。当然，这一改革的重要前提就是国民能够接受，认可调低个人账户占比、提升统筹基金占比的方案，否则，这一方案将难以实施，因为个人账户具有"私人产权"的性质。

第三，探索建立长期照护（护理）保险制度，降低医疗保险基金支付压力。从我国目前长期照护（护理）保险的筹资来源看，"青岛模式"从医疗保险基金中划拨了一部分资金建立长期医疗护理保险，虽然，这减少了医疗保险基金，但由于护理保险制度可以大幅降低老年人在医院的护理支出，降低了部分老年人不合理的基金花费，所以，总体上还是给医疗保险基金节约了资金，这也是人社部门大力推进长期照护（护理）保险建设的重要原因之一。另外，更重要的是，在社会保障特别是养老保险筹资比例下调的时间窗口，可以探索在养老保险筹资比例下调的同时，"划拨"或调整部分比例的养老保险筹资，来建立长期照护（护理）保险制度，这样，既没有直接增加医疗保险基金的负担，又通过建立长期照护保险制度而降低医疗保险基金支付压力，本质上具有为医疗保险基金"增收"的效应。实现这一结构性改革的前提就是养老保险筹资比例大幅下降，给结构性建立长期照护（护理）保险制度留出了筹资空间，同时，这项改革也应当获得国民支持和社会认可。

第四，尝试利用特定时间窗口提升医疗保险筹资水平。可以利用养老保险筹资比例下调的时间窗口，尝试小幅提升医疗保险筹资比例，在养老保险筹资比例降低部分拿出一小部分用以提升医疗保险筹资水平，从而以最小代价实现提升医疗保险筹资规模，避免简单、贸然提升医疗保险筹资水平招致国民反对。当然，上述观点仅是本研究提出的建议，该建议的实施有特定的条件要求，一是养老保险筹资比例大幅下降，给医疗保险筹资水平小幅提升留出空间，同时，该项改革政策应获得社会和国民认可。

总之，本研究认为在不具备条件的情况下贸然提升医疗保险筹资水平是不恰当的，而且，前文单项政策模拟结果表明，简单通过提升筹资水平方式来解决医疗保险债务风险的代价是"较为昂贵"的，可能无法得到国民认同，甚至会引起社会波动，导致制度破产。所以，在不得不"增收"的背景下，本研究认为应当审慎调整医疗保险筹资水平与结构。上文所提出的可能的提升医疗保险筹资水平的建议，都是有特定条件和前提的，在具备相应条件时，可以适时、适度、有限地尝试推进部分改革，从而改善医疗保险基金收支状况。

（4）稳步、适度提升医疗保险统筹层次

前文已经说明，统筹层次的提升是必然趋势，但也不能一蹴而就，提升统筹层次应当是一个渐进过程，应当与经济社会发展、医疗保险基金状况和医疗保险制度改革相适应。

总的来看，稳步、适度提升统筹层次，当前应当重视如下几个方面：

第一，当前应夯实市级统筹、促进省级统筹。当前，我国医疗保险基本上实现了市级统筹，部分地区新型农村合作医疗仍然是县级统筹，但城乡居民基本医疗保险整合为实现市级统筹提供了机遇。应当不断夯实市级统筹，在市级统筹管理、基金运营等方面不断规范，提升市级统筹基金利用的效率。与此同时，鼓励部分地区条件具备时，积极推动实现省级统筹，这将进一步扩大基金风险池，增强医疗保险基金抗风险的能力。

第二，积极利用制度整合契机推动统筹层次提升。应该看到，城乡居民基本医疗保险整合为提升统筹层次提供了契机，例如，青海省就以此次城乡居民基本医疗保险整合为契机，推动实现了城乡居民基本医疗保险省级统筹。各地应当积极利用制度整合契机，实现市级统筹乃至省级统筹。

第三，统筹层次提升后，要强化基层控费意识和控费能力。统筹层次提升也不是没有风险的，少数地区的经验表明，统筹层次提升后，基层的控费意识会受到影响，对费用使用和监管的力度有可能会下降，这可能会放大医疗保险基金支出风险。所以，在提升统筹层次的同时，应当同步强化基层管理机构的控费意识，增强其控费能力。

（5）适时推进统一的国民基本医疗保险建设

前文已经论述，推进统一的国民医疗保险建设对于削减医疗保险体系债务效果显著，但是，推进统一的国民医疗保险建设是需要条件的，而且，目前并不具备试点推进的条件。

第一，在条件具备时可以尝试推进建立统一的国民基本医疗保险。前文单项政策讨论处已经论证，推进建立统一的国民基本医疗保险需要满足特定条件：一是经济社会发展要达到一定水平，全社会对建立统一的国民基本医疗保险具备物质基础和认识基础；二是要获得国民支持，建立统一的国民基本医疗保险的本质是提升了城乡居民基本医疗保险的筹资水平，一定程度上提升了城乡居民的缴费负担，获得国民支持是建立统一的国民基本医疗保险的重要条件；三是财政补贴具有对应能力，由于城乡居民基本医疗保险中政府给予较高比例的财政补贴，按照这一制度架构，只有当政府具有相应财政能力时，才能稳定推进统一的国民基本医疗保险制度建设。

第二，要"适时"选择统一的国民医疗保险制度整合时机。所谓"适时"，就是要选择时机，在满足特定条件的时间点，推进统一的国民医疗保险制度建设。本研究在单项政策模拟处，对试点推行统一的国民基本医疗保险的时间点选择进行了较为充分的论证，认为2035年之后启动制度并轨进程较为合宜，整个并轨进程持续到2050年应可以基本完成。当然，这仅是本研究在详细论证后的建议，是一个相对较为可行的方案，而实际公共政策的制定还需要考虑更多因素。

第三，要将建立统一的国民基本医疗保险作为根本发展方向。本研究一再说明，当前并不具备建立统一的国民基本医疗保险的条件，也并非所有学者都支持建立统一的国民基本医疗保险。但本研究认为，应当将建立统一的国民基本医疗保险作为重要的发展方向，即使目前并不具备条件，也应当在长远战略设计中，将其作为重要的发展方向。而且，一定要认识到，建立统一的国民基本医疗保险虽然是一个总体趋势，但仍将是一个缓慢的过程，不可能一蹴而就，只能在若干条件具备时，才有实现的可能。同时，当前较为迫切的工作应当是大力消除制度碎片化、提升制度统筹层次、提升医疗保险制度的保障能力。

4）促进医疗保障向健康保障转型

前文已经论述，我国已经启动了"健康中国"建设，医疗保障向健康保障转型是大势所趋。当前，推动医疗保障向健康保障转型，应当注重如下两个方面。

（1）协调大病、小病

预防与治疗、小病与大病是医改过程中需要处理好的重要关系，应当平衡好大病与小病之间的关系，最大限度地优化医疗资源使用。从平衡保大病和保小病的关系来看，可以从如下几个方面进行改革：第一，进一步完善医疗保险中个人账户的作用。本研究认为，尝试从弱化个人账户的比例、积极发挥个人账户资金作用两个方面来进行，可以考虑利用部分个人账户沉淀资金开展诸如门诊统筹、支持长期照护（护理）保险等制度建设。第二，还应当特别重视预防、保健服务的支付和利用，协调好大病住院补偿和小病补偿，特别是要重视医疗保险对预防、保健服务的支持，较好地满足国民对基本医疗和预防保健的需要，降低国民因为小病未得到及时治疗而演化成为大病的可能。第三，进一步推进各种基层首诊、分级诊疗、双向转诊的制度安排，可以通过医疗保险的补偿制度安排，引导患者在基层医疗机构率先就诊。当然，单独依靠医疗保险制度是无法实现这一目标的，还应当协同推进家庭医生、慢病管理、基层医疗卫生服务体系建设等多方面政策。

（2）促进健康保障发展路径

本研究在综合改革框架目标中已经论述，促进医疗保障（核心是医疗保险体系）从医疗保障、疾病保障向健康保障、健康促进转变，是整个医疗保障制度发展的根本方向之一。由于特定的历史、经济、社会、政治、管理水平等原因，我国的医疗保障制度长期重视医疗、疾病，对预防、保健、康复、小病重视不足，这种制度设计思路与倾向，一定程度上有利于集中资源分散大病风险与家庭灾难性支出，但是，由于对健康保障理念的投入不足，对小病、保健、预防以及国民健康行为改善投入不足，也导致了医疗保障制度没有能够通过降低小病发病率、提升国民健康水平而最终降低医疗总支出。

在我国老龄化趋势不断加剧、医疗费用快速膨胀的大背景下，除了整个制度理念方面的转型外，还应当在具体政策内容设计中凸显健康保障的理念与思路。

第一，将健康融入所有政策，建立全方位、全生命周期的健康保障制度框架。"健康中国"纲要提出，要将健康融入所有政策，在公共政策制定时充分考虑健康的作用和要求，这与世界卫生组织提出的"将健康融入万策"的思想是一致的。同时，在进行健康保障建设时，还应当重视全方位、全周期的建设要求，这应在健康保障政策体系建设中得到充分贯彻。

第二，应当协同促进基层社区的健康管理、慢病管理。在加强基层基本医疗卫生服务体系建设的同时，应促进基层健康管理、慢病管理和分级诊疗体制的完善，做好健康管理和老年人慢病管理等工作。另外，还应大力促进供给体系方面的改革，完善家庭医生、家庭病床等制度建设。特别是要利用好基层诊疗补偿比例高的优势和慢病管理等制度工具，促进国民健康行为改变，进而降低不必要的医疗卫生支出。

第三，进一步理顺保大病与保小病、住院与门诊的关系。在诊疗程序引导、资金比例分配、卫生设备与人力资源投入方向等方面进行大幅改革，完善个人账户的作用，推动门诊统筹，积极利用好个人账户沉淀资金。进一步改革和完善医疗保险体系的支付结构，形成大病、小病合理使用医疗保险资金的格局。

第四，以支付促改革。通过完善付费方式改革，引导医疗机构行为改变，抑制医疗机构不合理的营利动机。同时，增强医疗保险经办机构的谈判能力，促进医疗保险机构与医疗机构建立合理的谈判协商机制和风险分担机制。最终目标是将医疗机构的行为从重视治疗向重视健康改变，使医疗机构的行为与健康保障的目标相一致，促进"健康中国"目标实现。

第五，不断完善医疗保障自身框架体系。不断调整和优化现有医疗保障体系，推动老年健康保障、照护（护理）保险等方面的试点等工作，通过建立更为专业化和相对独立的照护保障等制度安排，降低医疗保险制度的支付压力，同时，提升特定人群的健康水平和生活质量。主要包括医疗卫生体系综合改革，以及法制与财政支持体系建设。

第二节　配套体系：外在环境与支撑条件协同改革

正如前文所述，核心制度改革需要有对应的配套体系改革，才能确保制度改革顺利进行，否则，核心制度改革无法推进，整个以应对和削减债务为切入点的医疗保险改革框架可能会事倍功半。本节将从外在环境和支撑条件两个方面论述配套体系协同改革，主要包括医疗卫生服务体系综合改革，以及法制与财政支持体系建设。

一、外在环境：医疗卫生服务体系综合改革

上一节讨论的是应对基本医疗保险体系债务风险最核心的改革——综合框架改革，但是，正如前文所述，独立的医疗保险改革无法从根本上解决医疗保险体系的债务风险，因为，不考虑医疗卫生服务体系和药品生产流通体系改革，而仅仅推动医疗保险改革是无法成功的。所以，应对医疗保险体系债务风险，应当在大力推动基本医疗保险体系改革的同时，坚持"三医联动"的方向，推进医疗卫生服务体系和药品生产流通体系协同改革。

（一）推动医疗卫生服务体系综合改革

医疗保险制度运行的外在环境，包括诸如医疗卫生服务体系、就医习惯、经济发展水平等多种限定性环境因素，但与医疗保险基金支出直接相关的外在环境因素中，首要的就是医疗卫生服务体系。特别是在营利性动机驱动下，医疗卫生服务支出很可能缺乏有效限制，大量新增医

疗保险基金被新增医疗支出消耗掉，大大降低了城乡居民的获得感。所以，应当加大对医疗卫生服务体系的改革力度，做到与医疗保险体系改革同步。总的来看，在医疗卫生服务体系改革方面，应当重点推进如下几个方面的改革。

1. 公立医院改革

2009年启动的新一轮医改期间，曾经将公立医院改革作为五项重点改革内容之一，而且，在五项改革任务中，公立医院改革是难度最大的，因为公立医院改革远远不是政府财政增加投入的问题，而是整个医疗卫生体制，特别是医疗卫生服务供给体系的根本性变革，而由于公立医院在我国医疗卫生服务体系中的独特作用，公立医院改革是最为关键也是难度最大的。从改革的实际效果来看，公立医院改革进度远远滞后于医疗保险改革整体进度。2011年是三年新医改收官之年，在五项医疗改革中，公立医院改革的实际进度是相对缓慢的，还需要进一步加快改革步伐。虽然，截至目前，我国开展公立医院改革的省份和城市的数量已经非常多，但是，公立医院改革还未取得各方共同认可的成果。

从本研究关心的核心问题来看，如何有效地控制医疗卫生费用增速，特别是控制医疗卫生费用不合理快速增长，是整个医疗卫生服务体系改革的核心和关键。在这一方面，应当要求公立医疗机构对自己重新定位，特别是改变公立医疗机构过分追求利润的动机。促进公立医疗机构回归公益性，应当被视为整个公立医院改革的核心工作之一。在营利动机刺激下，公立医疗机构也采取了以利润为导向的经营方针，这也是造成当前我国"看病贵、看病难"的原因之一。公立医疗机构非公益性，甚至是过度追求利润的动机，使得基本医疗保险体系的作用被大大削弱，虽然医疗保险的保障水平不断提升，但是，居民的获得感没有同步增强。

当然，公立医院改革还应当理顺价格关系，逐步调整、完善现有医疗服务的价格形成机制，特别是让医生、护士的劳动价值得到尊重和充分体现，这样才能理顺生产要素的关系，促进各类生产要素价格与成本和市场调节相一致。另外，还应当推进公立医疗机构"管办分开"，更加科学、清晰地划定卫生部门和公立医疗机构的关系和边界，同时，通过完善公立医院的法人治理机制，促进公立医院管理机制的完善，提升公立医疗机构的治理水平。

应大力推进公立医疗机构改革，促进公立医疗机构回归公益性，完善公立医疗机构治理水平，让公立医疗机构充分发挥促进社会公平、保障国民基本医疗卫生服务需求的作用，通过公立医疗机构角色调整，最终实现保障国民健康、降低国民医疗负担的综合目标。所以，应当将推进公立医疗机构改革、完善公立医疗机构治理作为应对、削减基本医疗保险体系债务风险的重要途径。

2. 基层医疗卫生改革

众所周知，满足城乡居民基本医疗卫生服务需求、促进合理的分级诊疗格局形成、缓解大医院人满为患的就医紧张局面，都需要我国不断加强基层医疗卫生服务体系建设。而且，一定程度上，患者的就医习惯、基层医疗薄弱也是导致我国基本医疗保险体系债务风险不断攀升的重要原因。一方面，由于基层医疗卫生服务体系薄弱，在硬件、软件方面均存在不足，特别是在人才建设方面，专业人才缺乏，基层医生的诊疗水平和服务能力较为有限，这直接导致了患者对基层医疗卫生服务体系的不信任，进而直接到大医疗机构就诊。另一方面，由于医疗服务具有典型的信息不对称特征，医生具有显著的信息优势地位，信息不充分的患者往往优先考虑去大医院找"好"医生就诊。这种就医习惯也直接导致了基层医疗卫生服务体系往往无法发挥守门人的作用。总之，由于基层医疗卫生服务体系服务能力的不足，一定程度上推动了患者向高层次医疗机构聚集，部分地加剧了医疗卫生费用过度膨胀，增大了医疗保险基金支出的风险。

事实上，基层医疗卫生服务体系应当是民众健康和医疗服务的主要提供者，特别是在基本、常见医疗服务供给方面，基层医疗服务体系具有方便、廉价、沟通效率高等优势，而且，公共卫生、保健等服务也都需要加强基本医疗卫生服务体系。如果基层医疗卫生服务体系作用发挥充分，可以大幅降低大医院的负担，有助于推动大型医疗机构转型，基层医疗卫生服务机构与大型医疗机构都更能够回归"本位"，最后将有助于综合降低医疗费用的不合理增长。① 所以，控制医疗费用不合理增长、削减医疗保险体系债务风险，就应当大力加强基层医疗卫生服务体系建设。②

加强基层医疗卫生服务体系建设，应着重从如下几个方面着手。

第一，要加强"人"的建设。一方面，要大力引进急需的各类人才，为各类人才发挥作用提供条件和空间，夯实基层医疗卫生服务体系人才队伍规模，优化队伍结构；另一方面，还应当在待遇、职称、发展空间方面进行完善，适当向基层医疗卫生服务人员倾斜，引导卫生人力资源主动流向基层；另外，继续加强基层全科医生队伍建设，扩大和保证全科医生规模，提升全科医生服务能力，完善、落实全科医生执业资格、行为规范、技术标准、薪酬待遇等一系列政策，并协调报销、转诊等多种制度安排，为全科医生充分发挥作用创造条件；最后，应当将农村作为医疗卫生人力资源队伍建设的重点，改革机制、加大支持力度，促进高层次医务人员长期、短期（交流、实践）相结合，提升农村医疗卫生服务水平，共同服务于农村医疗卫生事业发展。

第二，要继续加大投入力度。在财政经费、设备设施等方面给予重点支持，特别是农村地区和一些基层医疗卫生服务体系较为薄弱的城市社区。改变医疗卫生服务投入的"倒三角"结构，平衡各层级医疗卫生服务体系的投入力度，形成医疗卫生资源在不同层级医疗卫生服务机构的合理分布。

第三，以机制促建设。可以通过建立和完善多种制度、机制安排，来推动基层医疗卫生服务体系建设。在加强基层医疗卫生服务体系方面，将一些合理的做法常态化、机制化，形成对基层医疗卫生服务体系的持续、稳定支持；同时，改革制度激励机制，通过建立"医联体""对口支持"等多种方式，加强基层医疗卫生服务体系建设，通过完善医生多点执业、自由执业等制度，引导优质医疗资源下沉，进而引导病

---

① 陈晓嫱：《基层医疗卫生服务体系卫生资源配置的若干思考》，《中国卫生事业管理》2012年第6期，第406页。

② 《六部门：建立以全科医生为重点的基层医疗卫生队伍》，http：//www. gov. cn/gzdt/2010-04/01/content_ 1571324. htm，2010年4月1日。

人"下沉",夯实"分级诊疗"的基础和条件,进而优化整个就医结构、控制医疗费用过快膨胀。

3. 医生执业改革

优质医疗资源的配置和分布是影响患者流向的根本原因,我国出现"看病难、看病贵"主要发生在大医院,主要是优质医疗资源供不应求,而且,主要集中在城市的少数大型医疗机构。

从这个角度来说,引导医生合理分布,逐步改变医生在少数大型医疗机构高度集中的现状,就需要让医生可以多点执业、自由执业。医生多点执业、自由执业虽然不会短期改变优质医疗资源的总量,但是,当优质医疗资源向基层、民营医疗机构流动时,会同步引导、优化患者就医结构,可以一定程度上削弱大型医疗机构的"垄断"地位,促进医疗服务供给竞争。此外,医生多点执业、自由执业,还有助于形成以高水平医生为首的医疗团队,既有助于人才培养,也可以发挥高水平医生的"品牌"作用,优化医疗资源布局。

我国已经启动了医生多点执业的改革,但是,很多地方医生多点执业推动还很不充分,究其原因,主要是因为医生已经被医院高度管理,其职称、待遇等方面被医院高度"控制",特别是医生的处方权等往往由医院主导。所以,当前的改革方向应当是进一步为医生执业"松绑"。一方面,要继续落实医生多点执业政策,包括可以不经过医院批准开展多点执业(备案登记即可);另一方面,可以探索医疗保险"授予"医生处方权的做法,让医生具有在医疗保险制度内开具处方的权利,改变医疗保险通过医院给医生处方权的机制,这样,可以更大限度地激励医生,同时,减少对医生的限制,为医生多点执业、自由执业松绑。①

4. 社会办医改革

我国"看病贵、看病难"的重要原因之一是医疗卫生资源供给不足,特别是优质医疗资源供给不足。为各类社会资本和资源进入医疗卫生服务领域创造条件,通过增加医疗卫生服务资源供给,特别是优质医

---

① 《刘国恩:医疗市场必须开放　推动医生多点、自由执业》,http://www.chinairn.com/news/20131126/101453743.html。

疗卫生资源供给，缓解医疗卫生资源总体供求状况，促进医疗卫生服务供给者的竞争，丰富医疗服务供给内容和层次，进而给予国民更多的就医选择权、适度降低医疗卫生服务价格，也是推进我国医疗卫生服务体系改革的重要任务之一，对削减和应对基本医疗保险体系债务风险非常必要。

综观我国社会化办医的总体状况，仍然总体规模相对较小，小、弱、劣的民营资本医疗机构数量较多，而且，部分民营医疗机构技术水平低，存在非规范经营问题，出现了一些坑害患者的事件，这让人们对社会资本办医的信任感大打折扣。[①] 另一方面，支持社会化办医政策的实际落实情况并不乐观，仍然有待加强，非公立医疗机构在相当一部分地区仍然被视为"二等公民"，而支持社会化办医的很多政策在现实中会遇到各类障碍，社会资本办医的"玻璃门"问题也并不鲜见。

当前，加大社会办医支持力度，首要是落实各类支持政策，让很多支持性政策能够扎实落地，成为对社会资本办医的实实在在的支持。要鼓励社会资本医疗机构发展特色诊疗服务和高水平服务，丰富我国整体医疗服务体系的服务能力和内容。特别是要清楚阻碍社会资本办医的各类"隐性"限制，不得无理阻碍社会资本进入医疗卫生服务市场。同时，还应当规范社会办医疗机构的准入条件，特别是加强对社会资本办医的规范管理，清理、规范医疗卫生服务市场行为，严厉打击虚假宣传、低劣诊疗服务坑害患者等行为，在规范社会办医市场的同时，恢复民众对于社会办医疗机构的信任。其次，还应当主动维护市场公平竞争，减少对公立医疗非必要的、影响市场公平竞争的支持，对公立医疗机构、社会办医疗机构一视同仁，鼓励不同种类、不同性质医疗机构公平竞争，从而促进医疗卫生服务市场服务内容创新、服务质量提升、服务价格下降。最后，还应当大力解决优质医疗人力资源的自由流动问题，加快落实医生多点执业、自由执业政策，促进医疗人力资源能够自由流动，特别是向民办医疗机构流动、向基层流动。

---

① 《全国加快推进社会办医现场经验交流会议在武汉召开》，http：//wsb. moh. gov. cn/mohylfwjgs/s3582/201206/55210. shtml，2012 年 6 月 21 日。

（二）推动药品生产和流通体制综合改革

"医"和"药"是整个医疗卫生服务体系的两项关键内容，在完善医疗服务供给机构改革的同时，还应当大力推进药品生产、流通体制改革，从而在医疗卫生服务体系改革中形成合力。同时，医、药改革与医疗保险体系改革应协同，实现"三医联动"，才有助于应对和削减我国基本医疗保险体系的债务风险。

药品生产、流通体制改革的根本目标应当是在确保药品创新、稳定药品质量的同时，最大幅度地减少药品生产、流通环节中非必要成本，进而降低患者药品使用成本和负担。总的来看，应当重点推动如下几个方面改革。

第一，继续推进药品价格机制改革。一方面，应当落实全面取消药品加成政策，基于科学的调查、测算，尽早确定区域内合理的医疗机构补偿，从而保证药品加成取消政策顺利实施，同时，注重药品价格改革与其他服务价格改革的联动；另一方面，应当积极借鉴各类价格改革经验，包括总结部分地区"两票制"改革经验，大幅降低药品生产、使用的中间环节费用。此外，最迫切的是，积极落实药品价格市场形成机制，改革原有国家定价的价格形成机制。2015 年 5 月，《关于印发〈推进药品价格改革意见〉的通知》发布，要求"自 2015 年 6 月 1 日起，除麻醉、一类精神药品仍暂时由国家发展改革委实行最高出厂价格和最高零售价格管理外，对其他药品政府定价均予以取消，不再实行最高零售下家管理，按照分类管理的原则，通过不同的方式由市场形成价格"①。应当积极落实这一政策，同时，加强市场管理，对串通涨价等干扰市场价格的行为给予打击。"医疗保险机构应当及时掌握价格变动情况，分析不同类别药品价格波动对参保人和基金的影响，通过临时固化支付标准、临时救济政策以及联合物价部门打击恶意涨价等综合措

---

① 国家发展改革委、国家卫生计生委、人力资源和社会保障部、工业和信息化部、财政部、商务部、食品药品监管总局：《关于印发〈推进药品价格改革意见〉的通知》（发改价格［2015］904 号），http：//www. sdpc. gov. cn/zcfb/zcfbtz/201505/t20150505_ 690664. html。

施，管控增加参保人负担和基金支出的风险"。① 促进市场化药品价格形成机制的充分建立是当前重要的改革工作。

第二，应当大力完善医疗保险药品支付标准，并发挥其在整个药品市场价格形成中的作用。一方面，应当进一步建立和完善医疗保险药品支付标准，坚持保障基本的原则，综合参保人员的基本医疗需求和客观评估参保人支付能力，来确定药品需求，进而优化药品支付标准；同时，应当促进合理用药，打击不合理的用药行为，强化医疗保险支付的引领作用，加大诊疗行为的检查和处罚力度；还应当坚持信息和程序公开、透明，逐步推进医疗保险药品支付水平改革，利用加权平均、地区价格参考、药物经济学评价等多种方式，综合确定医疗保险药品支付标准，并建立动态调整机制。另一方面，要积极促进医疗保险支付标准引导整个药品流通市场价格，发挥医疗保险支付药品价格在整个药品市场价格机制形成方面的引导作用。

第三，总结、吸收部分地区改革经验，推进药品生产、流通体制完善。我国部分地区在药品生产、流通等方面进行了宝贵的改革探索，取得了较好的实践经验，比较有代表性的包括安徽和福建三明等地方的实践探索。应当积极总结、吸收上述地方的宝贵经验，丰富我国药品生产、流通体制综合改革方案。

二、支撑条件：法制与财政支持体系建设

本章的核心目标是探索应对基本医疗保险体系债务风险的综合改革建议，其中，医疗保险核心制度改革是应对医疗保险体系债务风险的主体改革，也是本章探讨的核心，主要集中在第一节；而作为核心制度改革的配套改革，本章第二节则重点讨论了外在环境改革（医疗卫生服务体系改革）和支撑条件改革（法制与财政支持体系改革）。本部分所要讨论的核心问题是，法制与财政支持体系改革如何配套医疗保险核心制度改革，进而更好地去应对基本医疗保险体系的债务风险。

---

① 熊先军：《药品价格由市场机制确定的几个常识》，《中国社会保障》2015 年第 7 期。

（一）进一步完善法律政策支持体系

建立完善的医疗保险法律支持体系是我国依法治国和社会主义法律体系建设的重要内容。虽然，近年来我国医疗保险法律体系日益完善，但是，由于我国医疗保险法律体系建设起步较晚，建设过程中受到历史、现实等多方面因素的制约，社会保险法律体系建设仍然存在很多不足。在医疗保险的法律政策支持体系建设方面，我国仍然存在诸如立法滞后于现实需要、立法层次与效力较低、执法不力等多方面的问题，可以总体概括为如下几个方面。[①]

第一，医疗保险体系立法建设滞后于现实需要。首先，我国医疗保险体系发展、建设仍然存在立法滞后于现实需要的问题，立法工作不能与现实需要协同，我国仍然缺乏针对医疗保险的单项法律，而医疗保险的发展和实践要求有配套的法律体系，但目前医疗保险立法工作尚不能满足上述需要。其次，医疗保险法律体系应当包括法律、行政法规、部门规章、各类操作规范等多个层次，但总的来看，我国医疗保险体系立法层次比较低，立法主体基本上是地方，基本上发布的是暂行规定、实施意见、实施办法等，缺乏专项立法。再次，由于医疗保险法律所要协调的关系较为复杂，对医疗保险立法的整体性、衔接性、精细化都提出了要求，但是，目前医疗保险法律体系在整体性、相互衔接方面存在不足。

第二，医疗保险执法方面存在一定不足。由于法律体系建设存在的局限，以及执法主体的自身局限，我国医疗保险执法方面仍然存在一些不足。首先，由于医疗保险的复杂性，执法过程中涉及医疗保险中心、卫生、药品等多个部门，现实中各个部门的协调性不足，一定程度上影响了执法的联动效果。其次，我国医疗保险体系执法工作的规范性仍然需要提升，存在违反法律程序简化、调整执法流程等问题，一定程度上影响了医疗保险体系执法效果。最后，医疗保险基金的监管工作还存在不足，部分地区出现了巨额骗保问题，凸显了医疗保险基金监管工作的

---

① 本部分内容参考了张再生、李亚男：《中国医疗保险法律体系的发展与改革》，《中国卫生政策研究》2015 年第 4 期。

缺陷。

当然，我国医疗保险法律体系中还存在一些司法问题，主要是法律体系尚不能有效适应医疗纠纷快速增多的现实需要，现有司法程序和法律救济在解决医疗领域纠纷方面仍然存在成本较高、偏离实际需要等问题。

加强医疗保险法律支撑对于医疗保险体系健康、平稳发展非常重要。总的来看，推进我国医疗保险体系法制建设，应当从如下几个方面着手。

第一，进一步完善医疗保险法律支持体系建设工作。如前文所述，我国医疗保险法律支持体系的建设存在诸多不足，其中，首要的是医疗保险体系立法工作滞后。应当加快医疗保险立法工作，特别是推动单项立法、专项立法工作，在更高层面出台专门法律，特别是要探索出台《医疗保险法》，完善专门的卫生监督条例，强化卫生监督的作用和地位。另外，应当提升立法质量，特别是适应医疗领域问题复杂的现实情况，出台针对性、专业性更强的法律。在立法过程中，还应当让相关医疗领域工作人员（包括医务、法律、社会团体等方面）参与到立法工作中，集中各方人员的力量和智慧，提升立法工作的针对性和现实性。总之，应当不断加强医疗保险法律体系建设，最终形成包括不同层次、专业化、系统化的医疗保险法律体系。

第二，提升医疗保险执法水平与效果。首先，应当进一步完善法律规制，为执法所涉及的各个部门之间的协同、配合提供条件，降低部门之间合作的成本，促进形成一个良好的合作体系。其次，应当进一步通过完善立法工作，降低现实执法和操作过程中的不确定性，减少不确定性空间，进而减少自由裁量权，提升操作的规范性。再次，应当进一步加强医疗保险执法队伍建设，在编制、设施、资金等方面给予充分保障，同时，加大宣传教育、转变观念，建立起一支素质高、能力强、服务好的执法队伍。再次，要通过加强立法和执法工作，加强对合法利益的保护，对违反医疗保险法律的行为加大惩罚力度。

第三，要不断完善司法解决医疗纠纷的配套机制。一方面，应当同时大力完善医疗纠纷解决机制，特别是充分发挥纠纷调解机制的作用，解决未进入司法程序的各类争议和纠纷问题，这要求完善相应法律机制，并重视执行机制。另一方面，要以保护参保人、患者利益作为医疗保险司法领域机制建设和立法工作的重要标准，在执法过程中充分保护这些利益。另外，还应当着力降低司法成本，改进司法解决的程序。最后，应当扩大监督，特别是要将各类司法行为和执法置于公开监督下，并为公开监督提供充分条件。

（二）进一步完善公共财政支持体系

近年来，我国一直加大财政对于医疗保险和医疗卫生事业的支持力度，在医疗改革特别是医疗保险全面覆盖方面，取得的成绩斐然。但是，总的来看，我国财政对于医疗保险体系发展的支持仍然存在一些问题，特别是财政投入在医疗卫生方面的投入总量和结构都存在问题。

总的来看，我国医疗卫生投入的财政支持仍然存在如下几个方面的问题：第一，从投入总量来看，政府财政投入医疗卫生服务的经费总量还相对较低，前文已经论述，我国卫生总费用占 GDP 比重比其他各类型的国家都低，而在整个卫生支出的结构中，政府投入近些年才有一定幅度提升，这从一个侧面也反映了我国财政对医疗卫生服务投入的总量还不足。第二，从财政支出结构来看，政府财政预算中对于医疗支出的规模相对较低，影响了政府直接财政支持。第三，从医疗卫生资源层级配置来看，我国财政对医疗卫生的投入呈现"倒三角"，即对基层医疗卫生投入力度相对较低，这也直接导致了基层医疗资源配置水平相对较低，特别是农村地区仍然需要加大财政投入力度。第四，从基层财政支持来看，基层政府在保险筹资、卫生服务支出等方面都要配套支持，而分税制下，部分地方政府无力承担各方面的配套经费，这一定程度上影响了医疗卫生体系和医疗保险的运行效率。第五，从保险筹资来看，目前政府对城乡居民基本医疗保险筹资水平的支持，从力度上还需要进一步提升，从结构上则需要逐步扭转医疗保险"福利化"的倾向。

不论我国医疗保险事业发展，还是整个医疗卫生改革成败，都需要重视财政支持在其中的积极作用，要在规模上加大财政支持力度，也要在结构上进行调整优化，还应当创新管理体制、提升财政支持效率。

第一，进一步强化政府在医疗保险和医疗卫生事业中的主体责任，加大财政支持力度。首先，要明确界定政府与市场边界，清晰界定政府和市场在筹资、医疗活动中的各自边界，政府要担负政府应当承担的责任，同时，弥补市场机制可能存在的缺陷。政府要强化自身在医改和医疗保险事业发展中的主导地位，积极、合理地设置医疗卫生财政支持力度，还应当重视协调不同层级政府部门的财政出资责任。其次，围绕医疗保险和医疗卫生服务需要，应进一步加大对地方的财政转移支付，缓解地方政府在医疗卫生发展方面财力不足的现状，促进财权、事权相匹配，从而有助于实现公共服务均等化。再次，完善医疗保险支出纳入财政预算的制度安排，做好财政预算中有关医疗保险支出的设定，充分发挥财政预算支持医疗保险的积极作用。通过提升财政对医疗卫生服务体系支持的规范性、科学性，推动医疗卫生服务体系健康发展，支持我国医改整体工作有序推进。最后，要确保政府财政对公共卫生的支持力度，财政要在基层医疗体系建设、公共卫生、防疫、母婴保护等方面投入更多资金，提升公共健康水平。

第二，完善税收体制改革，支持医疗卫生事业发展。首先，可以发挥税收体制对医疗保险的支持，特别是对商业保险发展的支持，确定各类税收优惠政策支持个人商业保险、团体商业保险等险种的快速发展。其次，通过税收优惠政策，鼓励多种类型医疗卫生服务机构充分发展，特别是鼓励补缺型、高质量医疗卫生服务机构的发育、发展，丰富我国医疗卫生服务供给、提升医疗卫生服务质量，进而促进竞争、降低价格。再次，还应当重视财税政策对公益性医疗机构、公益性医疗服务项目的支持，对非营利性、慈善性、公益性的各类机构、项目和具体工作给予更为充分的财政支持，为加快建设托底性、公益性的医疗卫生服务支撑体系提供财税支持。

第三，积极利用财税手段引导各方行为。首先，应当积极发挥财政补贴对城乡居民基本医疗保险缴费水平与结构的引导作用，政府不断加大支持力度，提升城乡居民基本医疗保险总体筹资水平，同时，适当提升个人缴费在总筹资中的占比，促进个人缴费和政府财政补贴结构的优化。其次，应当处理好补供方、补需方之间的关系，长期、短期之间的关系，促进补贴结构的优化和效率提升。从长期来看，应当从补供方逐步转化为补需方，给患者和被保险人以更大幅度的自由，通过"用脚投票"方式来推进医疗服务体系竞争和效率提升。再次，加大财政对于弱势人群和落后地区的支持，特别是支持医疗保险、医疗卫生服务体系向老人、残疾人、儿童等弱势人群倾斜，支持诸如长期照护保险制度、大病保险、医疗救助等机制，从而更大程度上保障这些弱势人群的利益。再次，推进财政平衡补贴门诊、住院的关系，平衡补贴预防保健、小病与大病住院之间的关系，通过协调推进财政支持结构，为医疗保障向健康保障转型奠定基础。最后，通过调整公共财政支持结构，统筹城乡医疗保险和医疗卫生服务体系建设协调发展，促进城乡发展平衡，缩小城乡国民健康和医疗服务获得方面的差距，促进健康中国实现。

第四，完善投入的规范和调整机制。财政投入应当有基于内部和外部评价的投入调整机制，从而能够积极、有效、及时地对财政投入进行规范和调整，综合开展长期、短期的财政投入行为管理。特别应当重视建立激励、约束机制，确保财政部门能够科学合理地支持医疗卫生事业发展，同时，也应当将各类社会政策指标与财政投入设定、调整机制相关联，比如，积极将"大健康"等政策内化到财政支持中，让财税政策成为引导、实现"健康融入万策"的重要抓手和工具。

当然，应对和削减基本医疗保险体系债务风险是一项系统工程，本研究在配套体系改革中仅对最为关键的外在环境、支撑条件两个方面的内容进行了分析，事实上，仍然有其他方面的改革与医疗保险核心制度改革紧密相关，共同作用于应对和削减医疗保险体系债务风险，但限于篇幅，本研究并没有充分展开论述。

总之，应当充分认识我国基本医疗保险体系债务风险的严峻性，以及其对我国财政支出和社会稳定的潜在风险，政府相关部门和社会各界都应当对基本医疗保险体系债务风险给予高度重视，并紧密配合、协同各项改革，通过不断改革和完善基本医疗保险体系和配套的各类政策体系、优化资金、人才、技术、设备设施等各类要素的配置和使用，从而最大程度上为应对我国基本医疗保险体系债务风险做好准备，保障国民基本医疗卫生服务需求和健康需求，维护医疗保险体系稳定和社会稳定。

参考文献

［1］ A. Blomqvist, Johansson, P. O., 1997," Economic Efficiency and Mixed Public/Private Insurance", *Journal of Public Economics* , 66 (3), pp. 505-516.

［2］ Arrow, K. J., 1972," Essays in the Theory of Risk-Bearing", *Journal of Political Economy*, 27 (6), pp. 90-120.

［3］ Arrow, K. J., 1965," Uncertainty and the Welfare Economics of Medical Care: Reply (The Implications of Transaction Costs and Adjustment Lags) ", *American Economic Review*, 55 (1), pp. 154-158.

［4］ Auxier, A. L., 1994," Old-Age Security in Comparative Perspective", *Journal of Risk and Insurance* , 61 (3), pp. 550-553.

［5］ Bellis, C., Lyon, R., Klugman, S. A., et al., 2010, *Understanding Actuarial Management: the Actuarial Control Cycle* , Institute of Actuaries of Australia: Society of Actuaries.

［6］ Benjamin, D., Rozelle S., 2000," Aging, Wellbeing, and Social Security in Rural Northern China", *Population & Development Review* , 26 (1), pp. 89-116.

［7］ Besley, T., 1989," Publicly Provided Disaster Insurance for Health and the Control of Moral Hazard", *Journal of Public Economics* , 39 (2),pp. 141-156.

［8］ Boland, V. F., 1965," Uncertainty and the Welfare Economics of Medical care: Comment", *American Economic Review* , 55 (1), pp. 140-154.

［9］ Bovenberg, L., Petersen, C., 2010," Public Debt and Pension

Policy", *Fiscal Studies*, 13 (3), pp. 1-14.

[10] Bowen, R. M., DuCharme, L., Shores, D., 1995," Stakeholders' Implicit Claims and Accounting Method Choice", *Journal of Accounting and Economics*, 20 (3), pp. 255-295.

[11] Breyer, F., Felder S, 2006, "Life Expectancy and Health Care Expenditures: A New Calculation for Germany Using the Costs of Dying", *Health Policy*, 75 (2), pp. 178-186.

[12] Brown, D., Feldstein, M., Lapan, H., 1970, "The Rising Price of Physicians' Services: A Clarification", *Review of Economics & Statistics*, 52 (2), pp. 121-133.

[13] Brown, R. L., Prus, S. G., 2004, "Social Transfers and Income Inequality in Old Age: A Multinational Perspective", *North American Actuarial Journal*, 8 (4), pp. 30-36.

[14] Clemente, J., Marcuello, C., Montañés, A., et al., 2004, "On the International Stability of Health Care Expenditure Functions: Are Government and Private Functions Similar?", *Ournal of Health Economics*, 23 (3), pp. 589-613.

[15] Daykin, C. D., Lewis, D., 1999, "A Crisis of Longer Life: Reforming Pension Systems", *British Actuarial Journal*, 5 (1), pp. 357-375.

[16] Dong M., Guo Y., Yang H., 2005, "Actuarial Analysis of Implicit Pension debt in Social Pension System with Stochastic Interest Rate", *Systems Engineering*, 5, p. 12.

[17] Estelle, J., Guillermo, M., Augusto, I., 2006, "The Payout Stage in Chile: Who Annuitizes and Why?", *Journal of Pension Economics & Finance*, 5 (2), pp. 121-154.

[18] Eichner, M., McClellan, M. B., 1998, Wise, D. A., *Insurance or Self-insurance? Variation, Persistence, and Individual Health Accounts*, University of Chicago Press, pp. 19-49.

[19] Foster, R. S., 2000, "Trends in Medicare Expenditures and

Financial Status, 1966-2000", *Health Care Financing Review*, 22 (1), pp. 35-51.

[20] Frazier, M. W., 2006, "Pensions, Public Opinion, and the Graying of China", *Asia Policy*, 1 (1), pp. 43-68.

[21] Gilbert, N., Gilbert, B., 1989, *The Enabling State: Modern Welfare Capitalism in America*, Oxford University Press.

[22] Gilbert, N., Van Voorhis, R. A., 2003, *Changing Patterns of Social Protection*, Transaction Publishers.

[23] Goford, J., 1985, "The Control Cycle: Financial Control of a Life Assurance Company", *Journal of the Staple Inn Actuarial Society*, 28, pp. 99-114.

[24] Grenno, J. V., 2010, "Spanish Pension System: Population Aging and Immigration Policy", *Hacienda Pública Española*, (195), pp. 37-64.

[25] Grossman, M., 1972, "On the Concept of Health Capital and The Demand for Health", *Journal of Political Economy*, 80 (2), pp. 223-255.

[26] Hagist, C., Klusen, N., Plate, A., et al., 2005, "Social Health Insurance—the Major Driver of Unsustainable Fiscal Policy?", *Fzg Discussion Papers*, (10).

[27] Hagist, C., Kotlikoff, L., 2009, "Who's Going Broke? Comparing Growth in Public Healthcare Expenditure in Ten OECD Countries", *Hacienda Publica Espanola/Revista de Economia Publica*, 188 (1), pp. 55-72.

[28] Halter, W. A., Hemming, R., 1987, "The Impact of Demographic Change on Social Security Financing", *IMF Economic Review*, 34 (3), pp. 471-502.

[29] Hansen, P., King, A., 1996, "The Determinants of Health Care Expenditure: A Cointegration Approach", *Journal of Health Economics*, 15 (1), pp. 127-137.

［30］Herd, R., Hu, Y. W., Koen, V., 2010, "Providing Greater Old-Age Security in China", *Oecd Economic Surveys* , （28）, pp. 173 – 200.

［31］Hinz, Richard, P., Robert, H., Richard, H., 2005, *Old Age Income Support in the 21st Century* , Washington, DC: World Bank.

［32］Hitiris, T., Posnett, J., 1992, "The Determinants and Effects of Health Expenditure in Developed Countries", *Journal of Health Economics* , 11 （2）, pp. 173–181.

［33］Hogan, C., Lunney, J., Gabel, J., et al., 2001, "Medicare Beneficiaries' Costs of Care in the Last Year of Life", *University of Glasgow*, 20 （4）, pp. 188–195.

［34］Holzmann, R., Palacios, R., Zviniene, A., 2001, "On the Economics and Scope of Implicit Pension Debt: An International Perspective", *Empirica* , 28 （1）, pp. 97–129.

［35］Holzmann, R., Palacios, R., Zviniene, A., 2001, "Reporting the Implicit Pension Debt in Low-and Middle-Income Countries", *Pensions An International Journal* , 6 （4）, pp. 355–384.

［36］Hyman, D. N., 2014, *Public Finance: A Contemporary Application of Theory to Policy* , Cengage Learning.

［37］James, E., 2002, "How Can China Solve Its Old-Age Security Problem? The Interaction between Pension, State Enterprise and Financial Market Reform", *Journal of Pension Economics & Finance* , 1 （1）, pp. 53–75.

［38］Jia K., Zhang X., Wang M., et al., 2007, "Reform of State Pension in China and Implicit Pension Debt", *Finance & Trade Economics* , 9, p. 6.

［39］Kane, C., Palacios, R., 1996, "The Implicit Pension Debt", *Finance and Development-English Edition* , 33 （2）, pp. 36–38.

［40］Kotlikoff, L. J., Smetters, K., Walliser, J., 1999, "Privatizing Social Security in the United States—Comparing the Options", *Review of*

Economic Dynamics , 2（3）, pp. 532-574.

［41］Leu, R. E., 1986, "The Public-Private Mix and International Health Care Costs", *Public and Private Health Services* , pp. 41-63.

［42］Lundin, D., 2000, "Moral Hazard in Physician Prescription Behavior", *Journal of Health Economics* , 19（5）, pp. 639-662.

［43］Ma, C. T. A., 1998, "Health-Care Payment Systems：Cost and Quality Incentives—Reply", *Journal of Economics & Management Strategy*, 7（1）, pp. 139-142.

［44］Margherita Giannoni, Theodore Hitiris, 2002, "The Regional Impact of Health Care Expenditure：The Case of Italy", *Applied Economics* , 34（14）, pp. 1829-1836.

［45］Mcguire, T. G., Pauly, M. V., 1991, "Physician Response to Fee Changes with Multiple Payers", *Journal of Health Economics* , 10（4）,pp. 385-410.

［46］Montás, H. P., 2006, "Actuarial Forecasts for The New National Pension Scheme in The Dominican Republic", *International Social Security Review* , 59（2）, pp. 105-116.

［47］N. R. Vasudeva Murthy, Victor Ukpolo, 1994, "Aggregate Health Care Expenditure in the United States：Evidence from Cointegration Tests", *Applied Economics* , 26（8）, pp. 797-802.

［48］Newhouse, J. P., 1992, "Medical Care Costs：How Much Welfare Loss?", *Journal of Economic Perspectives* , 6（3）, pp. 3-21.

［49］Newhouse, J. P., 1977, "Medical-Care Expenditure：A Cross-National Survey", *Journal of Human Resources* , 12（1）, pp. 115-125.

［50］Nugent, J. B., 1985, "The Old-Age Security Motive for Fertility", *Population and Development Review* , 11（1）, pp. 75-97.

［51］Parkin, D., Mcguire, A., Yule, B., 1987, "Aggregate Health Care Expenditures and National Income：Is Health Care A Luxury Good?", *Journal of Health Economics*, 6（2）, pp. 109-127.

［52］ Polackova，H.，1998，*Contingent Government Liabilities：A Hidden Risk for Fiscal Stability*，World Bank Publications.

［53］ Sauerborn，R.，Nougtara，A.，Latimer，E.，1994，"The Elasticity of Demand for Health Care in Burkina Faso：Differences across Age and Income Groups"，*Health Policy and Planning*，9（2），pp. 185-192.

［54］ Selden，T. M.，1997，"More on the Economic Efficiency of Mixed Public/Private Insurance"，*Journal of Public Economics*，66（66），pp. 517-523.

［55］ Zhao Yaohui，Xu Jianguo，2001，"China's Urban Pension System：Reforms and Problems"，*Cato Journal*，21，pp. 395.

［56］ Van，D. E.，Wagstaff，A.，Bleichrodt，H.，et al.，1997，"Income-Related Inequalities in Health：Some International Comparisons"，*Journal of Health Economics*，16（1），pp. 93-112.

［57］ Wang Y.，2001，*Implicit Pension Debt，Transition Cost，Options and Impact of China's Pension Reform：A computable General Equilibrium Analysis*，World Bank Publications.

［58］ Wang Z.，Rettenmaier，A. J.，2008，"Deficits，Explicit Debt，Implicit Debt，and Interest Rates：Some Empirical Evidence"，*Southern Economic Journal*，pp. 208-222.

［59］ 蔡江南、徐昕、封寿炎：《公立医院需要什么样的"管办分离"》，《中国医院院长》2008 年第 14 期。

［60］ 蔡景峰：《中国医学通史（现代卷）》，人民卫生出版社 2001 年版。

［61］ 蔡仁华：《中国医疗保障制度改革实用全书》，中国人事出版社 1998 年版。

［62］ 蔡志明、王光明：《国有企业与国有医院——建立现代医院制度的深层次思考》，《中国医院》2004 年第 2 期。

［63］ 曹普：《改革开放前中国农村合作医疗制度》，《当代中国史研究》2007 年第 1 期。

［64］ 曹荣桂：《公立医院改革进展与挑战》，《中国医院》2010 年

第 6 期。

[65] 曹晓兰:《医疗保险理论与实务》,中国金融出版社 2009 年版。

[66] 曹秀有:《新型农村合作医疗保险的现状与解决对策》,《医院管理论坛》2010 年第 11 期。

[67] 陈敏章:《卫生部部长陈敏章同志在全国卫生工作会议上的报告(摘要)》,《中国卫生经济》1994 年第 3 期。

[68] 陈少晖:《清偿隐性负债:实现养老保险制度转型的首要前提》,《理论与改革》2001 年第 2 期。

[69] 陈少晖:《我国养老保险隐性负债清偿的对策思考》,《开放潮》2000 年第 11 期。

[70] 陈滔、谢洋:《中国商业健康保险发展展望》,《西南金融》2010 年第 1 期。

[71] 陈文辉:《发展商业健康保险 完善医疗保障体系》,《中国社会保障》2006 年第 7 期。

[72] 陈文选、毛世瑞、赵建华:《我国医药工业面临的挑战及对策》,《中国药房》1993 年第 1 期。

[73] 陈小嫦:《基层医疗卫生服务体系卫生资源配置的若干思考》,《中国卫生事业管理》2012 年第 6 期。

[74] 陈阳春、马爱霞:《新医改对商业医疗保险发展的影响》,《中国医药技术经济与管理》2009 年第 6 期。

[75] 陈玉梅、黄志强:《城镇居民基本医疗保险制度研究》,《理论界》2007 年第 11 期。

[76] 程晓明:《医疗保险学》,复旦大学出版社 2010 年版。

[77] 仇雨临:《中国医疗保障体系的现状与完善》,《北京劳动保障职业学院学报》2004 年第 3 期。

[78] 邓大松、刘昌平:《改革开放 30 年:中国社会保障制度改革回顾、评估与展望》,中国社会科学出版社 2009 年版。

[79] 邓大松:《2007—2008 中国社会保障改革与发展报告》,人民出版社 2008 年版。

［80］邓汉慧、徐彪：《医疗保险中成本转嫁及其规避》，《财政研究》2014 年第 7 期。

［81］邓力群：《当代中国的卫生事业（上)》，中国社会科学出版社 1987 年版。

［82］董朝晖：《我国医疗保险改革中的隐性债务及解决途径探讨》，《中国卫生经济》2004 年第 7 期。

［83］董朝晖：《镇江市职工医疗保险隐性债务及解决方案探讨》，北京大学硕士学位论文，2002 年。

［84］董效菊：《我国商业健康保险市场信息不对称问题研究》，广东工业大学硕士学位论文，2005 年。

［85］杜乐勋、张文鸣：《中国医疗卫生发展报告》，社会科学文献出版社 2007 年版。

［86］杜立金、焦宪福：《基本养老保险负债构成与管理研究》，《山东财政学院学报》2009 年第 4 期。

［87］封进、张涛：《医疗服务体系中多元所有制模式比较及中国的选择》，《江海学刊》2009 年第 6 期。

［88］冯梦雷：《养老保险精算模型简介及应用研究》，南开大学硕士学位论文，2008 年。

［89］葛延风、王晓明：《报告六：对中国医疗服务体系建设和有关改革的反思与建议》，《中国发展评论（中文版)》2005 年第 A01 期。

［90］葛延风、贡森：《中国医改：问题·根源·出路》，中国发展出版社 2007 年版。

［91］龚向光：《从公共卫生内涵看我国公共卫生走向》，《卫生经济研究》2003 年第 9 期。

［92］龚幼龙：《卫生服务研究》，复旦大学出版社 2002 年版。

［93］顾昕：《走向全民健康保险：论中国医疗保障制度的转型》，《中国行政管理》2012 年第 8 期。

［94］顾昕：《政府甩手不再定价，行不行》，http：//www. china-healthreform. org/index. php/case/medicine. html，2014 年 12 月 14 日。

［95］关信平、安妮、陈卫民等：《城市贫困人群社会救助政策及

其效果研究》，《中国卫生经济》2003年第5期。

［96］国家卫生计生委规划与信息司：《2013年我国卫生和计划生育事业发展统计公报》，http：//www. nhfpc. gov. cn/guihuaxxs/s10742/201405/886f82dafa344c3097f1d16581a1bea2. shtml，2014年9月2日。

［97］韩德、乔善波：《从"江阴模式"看新型农村医疗保险制度的创建》，《保险研究》2005年第9期。

［98］韩海鹏：《社会养老保险隐性债务的成因及对策》，《青海金融》2008年第12期。

［99］韩俊、罗丹等：《中国农村卫生调查》，上海远东出版社2007年版。

［100］韩子荣：《中国城乡卫生服务公平性研究》，中国社会科学出版社2009年版。

［101］郝义彬：《公益化医改的改革路径探讨》，《管理观察》2009年第5期。

［102］何怀宏：《公平的正义：解读罗尔斯〈正义论〉》，山东人民出版社2002年版。

［103］何丽：《黑龙江省社会养老保险隐性债务精算研究》，吉林大学硕士学位论文，2009年。

［104］何文炯、李建军、刘柏惠等：《如何化解医疗保险困境》，《财政监督》2016年第6期。

［105］何文炯、徐林荣：《基本医疗保险"系统老龄化与基金可持续性研究"》，中国劳动社会保障出版社2007年。

［106］贺梦阳：《新生劳动力医疗保险"隐性债务"问题研究——基于社会医疗保险基金风险控制的思考》，《中外企业家》2016年第8期。

［107］侯达：《随机利率下的养老保险隐性负债精算模型研究》，哈尔滨工程大学硕士学位论文，2015年。

［108］侯文若：《社会保障制度改革攻坚的前瞻性问题》，《开放潮》1998年第10期。

［109］胡宏伟：《中国农村合作医疗政策取向的历史回顾与评析》，《广西经济管理干部学院学报》2006 年第 1 期。

［110］黄健元、刘洋、徐春兰等：《基本养老保险隐性债务规模精算分析——以江苏省为例》，《南京农业大学学报（社会科学版）》2009年第 2 期。

［111］黄玲：《公立医院改革应走"去行政化"之途及其基本思路》，《重庆行政：公共论坛》2013 年第 1 期。

［112］黄晓光：《试论我国城镇职工基本医疗保险的改革》，《南京医科大学学报（社会科学版）》2001 年第 2 期。

［113］贾康、张晓云、王敏等：《关于中国养老金隐性债务的研究》，《财贸经济》2007 年第 9 期。

［114］李军：《人口老龄化与我国城镇医疗保险基金收支趋势》，《国家行政学院学报》2008 年第 2 期。

［115］李淑霞、马唯为、李淑文等：《我国医疗卫生支出的公共政策研究》，《中国卫生经济》2002 年第 7 期。

［116］李伟光、邢昀、王凤明：《关于设立医疗保险缴费年限的几点思考》，《中国卫生经济》2002 年第 3 期。

［117］李亚青、申曙光：《退休人员不缴费政策与医疗保险基金支付风险——来自广东省的证据》，《人口与经济》2011 年第 3 期。

［118］李迎生、张瑞凯、乜琪：《公益·公平·多元·整合："新医改"的社会政策内涵》，《江海学刊》2009 年第 5 期。

［119］林闽钢：《中国农村合作医疗制度的公共政策分析》，《江海学刊》2002 年第 3 期。

［120］《六部门：建立以全科医生为重点的基层医疗卫生队伍》，http：//www. gov. cn/gzdt/2010 - 04/01/content_ 1571324. htm，2010年 4 月 1 日。

［121］刘成生：《关于完善社会保障体系的若干思考》，《财税与会计》2002 年第 12 期。

［122］刘翠霄：《我国养老保险的历史债务问题》，《法学研究》2003 年第 6 期。

［123］刘国恩：《必须打破公立医院一统天下的局面》，http：//www. chinahealthreform. org/index. php/professor/liuguoen. html，2013年11月6日。

［124］刘国恩：《医疗市场必须开放 推动医生多点、自由执业》，http：//www. chinairn. com/news/20131126/101453743. html，2013年11月26日。

［125］刘佳英、石睿：《退休职工该不该缴医疗保险》，《新一代》2016年第4期。

［126］刘金伟：《当代农村中国卫生公平问题研究》，社会科学文献出版社2009年版。

［127］刘锦林、吴静娴、毛瑛：《中国医疗保险制度隐形债务测算研究——基于西部B市城镇职工基本医疗保险制度的分析》，《统计与信息论坛》2014年第10期。

［128］刘昆仑：《政府购买公共服务在卫生服务领域的可行性探讨》，《中国卫生经济》2009年第1期。

［129］刘喜华、张晶、郑蕾：《我国城镇职工养老保险隐性债务的精算模型方法》，《青岛大学学报（自然科学版）》2008年第1期。

［130］刘小羽：《评述我国城镇医疗保险制度改革的推进》，《聊城大学学报（社会科学版）》2007年第2期。

［131］刘晓婷、杨一心：《基本医疗保险最低缴费年限研究》，《中国卫生经济》2010年第4期。

［132］刘永东、邓一婷：《中国城镇基本养老保险的改革效应研究——基于个人账户规模的分析》，《经济师》2006年第12期。

［133］娄婷：《医疗保险费用支出现状研究及控费改革前瞻》，《天津社会保险》2015年第6期。

［134］卢仿先、黄符春：《基本养老保险隐性负债问题的测算》，《保险职业学院学报》2004年第6期。

［135］罗冲：《新医改下商业健康保险该如何发展》，《商场现代化》2010年第5期。

［136］马其波、唐根富：《我国农村医疗救助资金筹集现况研究》，

《国公共卫生》2007 年第 7 期。

[137] 孟庆跃、严非：《中国城市卫生服务公平与效率评价研究》，山东大学出版社 2005 年版。

[138] 彭俊、宋世斌、冯羽：《人口老龄化对社会医疗保险基金影响的实证分析——以广东省珠海市为例》，《南方人口》2006 年第 2 期。

[139] 钱信忠：《中国卫生事业发展与决策》，中国医药科技出版社 1992 年版。

[140] 乔益洁：《中国农村合作医疗制度的历史变迁》，《青海社会科学》2004 年第 3 期。

[141] 饶克勤、尹力：《中国居民健康转型、卫生服务需求变化及其对经济、社会发展的影响（之二）》，《中国卫生经济》2000 年第 9 期。

[142] 人力资源和社会保障部：《2013 年度人力资源和社会保障事业发展统计公报》，http://www. mohrss. gov. cn/SYrlzyhshbzb/dong-taixinwen/shizhengyaowen/201305/t20130528_ 103939. htm，2014 年 9 月 2 日。

[143]《“三改联动”重在医疗卫生和医疗保险制度改革》，http://health. sohu. com/20080718/n258221603. shtml，2008 年 7 月 18 日。

[144] 石萌：《数据挖掘在医疗保险参保人员老龄化问题中的应用研究》，贵州财经学院硕士学位论文，2010 年。

[145] 宋世斌、张人旭、李致炜：《广东省社会医疗保险隐性债务及医疗保险基金运行的精算分析》，国际应用统计学术研讨会，2008 年。

[146] 宋世斌：《我国医疗保障体系的债务风险及可持续性评估》，经济管理出版社 2009 年版。

[147] 宋晓梧：《坚持保基本的原则》，《中国医疗保险》2012 年第 3 期。

[148] 孙东雅：《商业健康保险与医疗保障体系建设》，《中国医疗保险》2009 年第 5 期。

[149] 孙健夫、田贵贤：《基本养老保险隐性负债的一个测算模

型——以河北省为例》，中国财政学会 2007 年年会暨第十七次全国财政理论讨论会，2013 年。

［150］孙金婷：《基本医疗保险基金会计与财务问题研究》，西南财经大学硕士学位论文，2012 年。

［151］孙翎：《中国社会医疗保险制度整合的研究综述》，《华东经济管理》2013 年第 2 期。

［152］田丰：《养老金隐性债务的构成、预测与影响因素分析》，中南大学硕士学位论文，2013 年。

［153］《万名医师支援农村卫生开始实施》，人民网，http：//health. people. com. cn/GB/22118/3494720. html，2005 年 6 月 24 日。

［154］汪朝霞、梁君林：《诠释与模拟：养老金隐性债务及其显性化》，《人口与发展》2008 年第 3 期。

［155］王保真、周云：《强化政府对医疗卫生的有效监管》，《卫生经济研究》2007 年第 8 期。

［156］王鸿勇、翟强：《城市卫生服务体系的问题、弊端与改革策略》，《中国卫生经济》2000 年第 5 期。

［157］王虎峰：《论争中的中国医改——问题、观点和趋势》，《中共中央党校学报》2008 年第 3 期。

［158］王虎峰：《中国社会医疗保险统筹层次提升的模式选择——基于国际经验借鉴的视角》，《经济社会体制比较》2009 年第 6 期。

［159］王虎峰：《解读中国医改》，中国劳动社会保障出版社 2007 年版。

［160］王伟全：《中国参加基本医疗保险人数逾亿》，《中国劳动保障报》2003 年 7 月 27 日。

［161］王文娟、陈岱云：《中国医疗保险的现状与发展趋势分析》，《理论导刊》2009 年第 10 期。

［162］王晓红、王智明、常滨琪：《2010—2013 年徐州市中医院医疗保险总额预付制下经济运行情况》，《中国中医药信息杂志》2015 年第 1 期。

［163］王晓军：《社会保险精算管理》，科学出版社 2011 年版。

［164］王新军：《城镇企业养老保险隐性债务规模及未来偿付能力精算分析》，《保险研究》2006 年第 12 期。

［165］王燕、徐滇庆、王直等：《中国养老金隐性债务、转轨成本、改革方式及其影响——可计算一般均衡分析》，《经济研究》2001年第 5 期。

［166］卫生部医疗监督服务监管司：《全国加快推进社会办医现场经验交流会议在武汉召开》，http：//wsb. moh. gov. cn/mohylfwjgs/s3582/201206/55210. shtml，2012 年 6 月 21 日。

［167］乌日图：《以国务院〈决定〉为指导 加快城镇职工基本医疗保险制度的建立》，《中国劳动》1999 年第 1 期。

［168］吴洪：《后医改时代商业医疗保险的定位与出路》，《深圳大学学报（人文社会科学版）》2009 年第 3 期。

［169］吴玉梅：《城镇职工养老保险隐性债务及其补偿机制研究》，山东财经大学硕士学位论文，2012 年。

［170］伍凤兰：《中国农村合作医疗的制度变迁》，武汉大学博士学位论文，2008 年。

［171］夏永祥、CHEN Qun 等：《江苏省构建城乡医疗保险一体化体系的实证研究》，软科学国际研讨会，2012 年。

［172］谢佳：《我国养老保险转制成本问题探析》，载《经营管理者》2008 年第 15 期。

［173］薛义等：《我国卫生体制与医疗保障概述》，中国社会出版社 2006 年版。

［174］严强：《西方现代政策科学发展的历史轨迹》，《南京社会科学》1998 年第 3 期。

［175］杨洁、王净：《人口老龄化对医疗保障的影响及对策研究述评》，《医学与哲学》2015 年第 1 期。

［176］杨一心：《职工医疗保险历史债务研究》，浙江大学硕士学位论文，2010 年。

［177］《医改新方向：建立立体医疗保健体系》，http：//finance.sina. com. cn/roll/20090625/01552913149. shtml，2014 年 9 月 18 日。

［178］翟洪源、王翔：《完善医疗保险付费机制的实践与思考》，《江苏卫生事业管理》2012 年第 6 期。

［179］詹明月：《养老保险制度改革与隐性养老负债的清偿》，《北京工商大学学报（社会科学版）》2001 年第 2 期。

［180］展凯、彭浩然：《我国养老保险制度改革与隐性债务问题研究》，《国际经贸探索》2010 年第 8 期。

［181］张敏：《我国养老保险隐形债务成因及偿还途径分析——以焦作市为例》，郑州大学硕士学位论文，2012。

［182］张人旭：《我国城镇居民医疗保障"隐性债务"问题研究》，中山大学硕士学位论文，2008 年。

［183］张迎斌、刘志新、柏满迎等：《我国基本养老金隐性债务变化趋势分析——基于改进精算测算模型的实证研究》，《中国管理科学》2013 年第 5 期。

［184］章艳：《中国社会养老保险隐性负债问题研究》，华东师范大学硕士学位论文，2010 年。

［185］赵建：《老龄化背景下我国养老保险隐性负债问题研究》，对外经济贸易大学硕士学位论文，2014 年。

［186］赵曼、吕国营：《社会医疗保险中的道德风险》，中国劳动社会保障出版社 2007 年版。

［187］赵曼：《中国医疗保险制度改革回顾与展望》，《湖北社会科学》2009 年第 7 期。

［188］郑成艳：《关于医疗保险基金使用率的探讨》，《时代经贸旬刊》2006 年第 11Z 期。

［189］郑功成：《中国社会保障改革与发展战略——理念、目标与行动方案》，人民出版社 2008 年版。

［190］郑双胜：《我国城镇职工基本养老保险制度研究综述》，《贵州财经大学学报》2009 年第 3 期。

［191］中国国家统计局：《中国统计年鉴 2008》，中国统计出版社 2008 年版。

［192］《中行发布四季度经济金融展望报告》，http：//finance.

chinanews. com/fortune/2014/09 – 26/6632365. shtml，2014 年 9 月 26 日。

［193］中华人民共和国国家统计局：《2009 年国民经济和社会发展统计公报》，http：//www. stats. gov. cn/tjsj/tjgb/ndtjgb/qgndtjgb/201002/t20100225_ 30024. html。

［194］中华人民共和国国家统计局：《2013 年国民经济和社会发展统计公报》，http：//www. stats. gov. cn/tjsj/zxfb/201402/t20140224_ 514970. html。

［195］中华人民共和国民政部：《国务院办公厅转发民政部等部门关于建立城市医疗救助制度试点工作意见的通知》，http：//www. gov. cn/gongbao/content/2005/content_ 63211. htm，2005 年 3 月 14 日。

［196］中华人民共和国民政部：《关于进一步完善城乡医疗救助制度的意见》，http：//www. mca. gov. cn/article/zwgk/fvfg/zdshbz/200906/20090610031974. shtml，2009 年 6 月 22 日。

［197］中华人民共和国民政部最低生活保障司：《城市医疗救助试点工作评价研究（摘要）》，http：//dbs. mca. gov. cn/article/csyljz/llyj/200712/20071200005888. shtml，2007 年 12 月 17 日。

［198］中华人民共和国民政部最低生活保障司：《2007 中国医疗卫生发展报告》，http：//dbs. mca. gov. cn/article/csyljz/llyj/200712/20071200005888. shtml，2007 年 12 月 17 日。

［199］中华人民共和国人力资源和社会保障部：《2007—2013 年劳动和社会保障事业发展统计公报》，http：//www. mohrss. gov. cn/SYrlzyhshbzb/zwgk/szrs/ndtjsj/，2014 年 9 月 3 日。

［200］中华人民共和国卫生部：《国家卫生服务研究——1993 年全国卫生服务总调查分析报告》，1994 年 11 月 1 日。

［201］中华人民共和国卫生部：《国家卫生服务研究——1998 年第二次国家卫生服务调查分析报告》，1999 年 7 月。

［202］周坚、陈华：《新型农村合作医疗医疗保险基金过度结余及其优化》，《中国财政》2010 年第 8 期。

［203］朱恒鹏、余晖：《基本药物制度实施情况的分析和政策建

议》，《医院领导决策参考》2011 年第 22 期。

　　［204］朱俊利、赵鹏飞、ZHUJun-li 等：《人口老龄化背景下北京市城镇职工基本医疗保险隐性负债测算研究》，《中国卫生经济》2015年第 6 期。

　　［205］朱敏、王得雷：《建立退休人员医疗保险资金保障机制的思考》，《卫生经济研究》2006 年第 10 期。

　　［206］朱晓涛：《我国养老保险隐性债务问题初探》，《劳动保障世界（理论版）》2013 年第 8 期。

　　［207］宋世斌：《我国社会医疗保险体系的隐性债务和基金运行状况的精算评估》，《管理世界》2010 年第 8 期。

　　［208］许宪春：《预测未来中国 GDP》，《中外管理》2004 年第12 期。

　　［209］胡宏伟、张小燕：《医疗保险体系隐性负债：概念、规模、因素与化解方式——一个基于国内外研究的述评》，《广西经济管理干部学院学报》2012 年第 3 期。

　　［210］温勇、尹勤：《人口统计学》，东南大学出版社 2006 年 5月版。

　　［211］王晓军：《对我国养老金制度债务水平的估计与预测》，《预测》2002 年。

附录1　城乡居民医疗保险体系筹资水平变化情况

根据制度整合文件要求，本研究假设城乡居民基本医疗保险筹资水平于2020年实现统筹区域内统一。详细内容见正文。

附表1-1　东部地区城市居民平均筹资水平变化情况

（单位：元）

年份	在校学生，少年儿童，18周岁以下居民			老年居民			其他非从业居民		
	筹资标准	政府补助额度	个人缴费	筹资标准	政府补助额度	个人缴费	筹资标准	政府补助额度	个人缴费
2010	148	80	68	529	285	244	529	74	455
2011	148	80	68	529	285	244	529	74	455
2012	148	80	68	529	285	244	529	74	455
2013	148	80	68	529	285	244	529	74	455
2014	148	80	68	529	285	244	529	74	455
2015	190	103	87	680	366	314	680	95	585
2016	190	103	87	680	366	314	680	95	585
2017	190	103	87	680	366	314	680	95	585
2018	190	103	87	680	366	314	680	95	585
2019	190	103	87	680	366	314	680	95	585
2020	667	533	133	667	533	133	667	533	133
2021	667	533	133	667	533	133	667	533	133
2022	667	533	133	667	533	133	667	533	133
2023	667	533	133	667	533	133	667	533	133
2024	667	533	133	667	533	133	667	533	133

年份	在校学生，少年儿童，18周岁以下居民			老年居民			其他非从业居民		
	筹资标准	政府补助额度	个人缴费	筹资标准	政府补助额度	个人缴费	筹资标准	政府补助额度	个人缴费
2025	768	615	154	768	615	154	768	615	154
2026	768	615	154	768	615	154	768	615	154
2027	768	615	154	768	615	154	768	615	154
2028	768	615	154	768	615	154	768	615	154
2029	768	615	154	768	615	154	768	615	154
2030	852	681	170	852	681	170	852	681	170
2031	852	681	170	852	681	170	852	681	170
2032	852	681	170	852	681	170	852	681	170
2033	852	681	170	852	681	170	852	681	170
2034	852	681	170	852	681	170	852	681	170
2035	944	756	189	944	756	189	944	756	189
2036	944	756	189	944	756	189	944	756	189
2037	944	756	189	944	756	189	944	756	189
2038	944	756	189	944	756	189	944	756	189
2039	944	756	189	944	756	189	944	756	189
2040	1047	838	209	1047	838	209	1047	838	209
2041	1047	838	209	1047	838	209	1047	838	209
2042	1047	838	209	1047	838	209	1047	838	209
2043	1047	838	209	1047	838	209	1047	838	209
2044	1047	838	209	1047	838	209	1047	838	209
2045	1161	929	232	1161	929	232	1161	929	232
2046	1161	929	232	1161	929	232	1161	929	232
2047	1161	929	232	1161	929	232	1161	929	232
2048	1161	929	232	1161	929	232	1161	929	232
2049	1161	929	232	1161	929	232	1161	929	232
2050	1287	1030	257	1287	1030	257	1287	1030	257

根据制度整合文件要求，本研究假设城乡居民基本医疗保险筹资水平于 2020 年实现统筹区域内统一。详细内容见正文。

附表 1-2　中部地区城市居民平均筹资水平变化情况

（单位：元）

年份	在校学生，少年儿童，18 周岁以下居民			老年居民			其他非从业居民		
	筹资标准	政府补助额度	个人缴费	筹资标准	政府补助额度	个人缴费	筹资标准	政府补助额度	个人缴费
2010	92	52	40	324	210	114	324	78	246
2011	92	52	40	324	210	114	324	78	246
2012	92	52	40	324	210	114	324	78	246
2013	92	52	40	324	210	114	324	78	246
2014	92	52	40	324	210	114	324	78	246
2015	117	66	51	412	267	145	412	99	313
2016	117	66	51	412	267	145	412	99	313
2017	117	66	51	412	267	145	412	99	313
2018	117	66	51	412	267	145	412	99	313
2019	117	66	51	412	267	145	412	99	313
2020	512	409	102	512	409	102	512	409	102
2021	512	409	102	512	409	102	512	409	102
2022	512	409	102	512	409	102	512	409	102
2023	512	409	102	512	409	102	512	409	102
2024	512	409	102	512	409	102	512	409	102
2025	594	476	119	594	476	119	594	476	119
2026	594	476	119	594	476	119	594	476	119
2027	594	476	119	594	476	119	594	476	119
2028	594	476	119	594	476	119	594	476	119
2029	594	476	119	594	476	119	594	476	119
2030	659	527	132	659	527	132	659	527	132
2031	659	527	132	659	527	132	659	527	132
2032	659	527	132	659	527	132	659	527	132
2033	659	527	132	659	527	132	659	527	132
2034	659	527	132	659	527	132	659	527	132

年份	在校学生，少年儿童，18周岁以下居民			老年居民			其他非从业居民		
	筹资标准	政府补助额度	个人缴费	筹资标准	政府补助额度	个人缴费	筹资标准	政府补助额度	个人缴费
2035	731	585	146	731	585	146	731	585	146
2036	731	585	146	731	585	146	731	585	146
2037	731	585	146	731	585	146	731	585	146
2038	731	585	146	731	585	146	731	585	146
2039	731	585	146	731	585	146	731	585	146
2040	810	648	162	810	648	162	810	648	162
2041	810	648	162	810	648	162	810	648	162
2042	810	648	162	810	648	162	810	648	162
2043	810	648	162	810	648	162	810	648	162
2044	810	648	162	810	648	162	810	648	162
2045	898	719	180	898	719	180	898	719	180
2046	898	719	180	898	719	180	898	719	180
2047	898	719	180	898	719	180	898	719	180
2048	898	719	180	898	719	180	898	719	180
2049	898	719	180	898	719	180	898	719	180
2050	996	797	199	996	797	199	996	797	199

根据制度整合文件要求，本研究假设城乡居民基本医疗保险筹资水平于2020年实现统筹区域内统一。详细内容见正文。

附表1-3 西部地区城市居民平均筹资水平变化情况

（单位：元）

年份	在校学生，少年儿童，18周岁以下居民			老年居民			其他非从业居民		
	筹资标准	政府补助额度	个人缴费	筹资标准	政府补助额度	个人缴费	筹资标准	政府补助额度	个人缴费
2010	104	66	38	218	104	114	218	74	144
2011	104	66	38	218	104	114	218	74	144
2012	104	66	38	218	104	114	218	74	144

续表

年份	在校学生，少年儿童，18周岁以下居民			老年居民			其他非从业居民		
	筹资标准	政府补助额度	个人缴费	筹资标准	政府补助额度	个人缴费	筹资标准	政府补助额度	个人缴费
2013	104	66	38	218	104	114	218	74	144
2014	104	66	38	218	104	114	218	74	144
2015	132	84	48	276	132	144	276	94	182
2016	132	84	48	276	132	144	276	94	182
2017	132	84	48	276	132	144	276	94	182
2018	132	84	48	276	132	144	276	94	182
2019	132	84	48	276	132	144	276	94	182
2020	311	249	62	311	249	62	311	249	62
2021	311	249	62	311	249	62	311	249	62
2022	311	249	62	311	249	62	311	249	62
2023	311	249	62	311	249	62	311	249	62
2024	311	249	62	311	249	62	311	249	62
2025	361	288	72	361	288	72	361	288	72
2026	361	288	72	361	288	72	361	288	72
2027	361	288	72	361	288	72	361	288	72
2028	361	288	72	361	288	72	361	288	72
2029	361	288	72	361	288	72	361	288	72
2030	400	320	80	400	320	80	400	320	80
2031	400	320	80	400	320	80	400	320	80
2032	400	320	80	400	320	80	400	320	80
2033	400	320	80	400	320	80	400	320	80
2034	400	320	80	400	320	80	400	320	80
2035	443	355	89	443	355	89	443	355	89
2036	443	355	89	443	355	89	443	355	89
2037	443	355	89	443	355	89	443	355	89
2038	443	355	89	443	355	89	443	355	89
2039	443	355	89	443	355	89	443	355	89
2040	491	393	98	491	393	98	491	393	98

续表

年份	在校学生，少年儿童，18周岁以下居民			老年居民			其他非从业居民		
	筹资标准	政府补助额度	个人缴费	筹资标准	政府补助额度	个人缴费	筹资标准	政府补助额度	个人缴费
2041	491	393	98	491	393	98	491	393	98
2042	491	393	98	491	393	98	491	393	98
2043	491	393	98	491	393	98	491	393	98
2044	491	393	98	491	393	98	491	393	98
2045	545	436	109	545	436	109	545	436	109
2046	545	436	109	545	436	109	545	436	109
2047	545	436	109	545	436	109	545	436	109
2048	545	436	109	545	436	109	545	436	109
2049	545	436	109	545	436	109	545	436	109
2050	604	483	121	604	483	121	604	483	121

根据制度整合文件要求，本研究假设城乡居民基本医疗保险筹资水平于2020年实现统筹区域内统一。详细内容见正文。

附表1-4　三大区域农村居民平均筹资水平变化情况

（单位：元）

年份	东部地区			中部地区			西部地区		
	筹资标准	政府补助	个人缴费	筹资标准	政府补助	个人缴费	筹资标准	政府补助	个人缴费
2010	284	224	60	267	217	50	146	119	27
2011	284	224	60	267	217	50	146	119	27
2012	284	224	60	267	217	50	146	119	27
2013	284	224	60	267	217	50	146	119	27
2014	284	224	60	267	217	50	146	119	27
2015	393	309	83	394	320	74	216	176	40
2016	393	309	83	394	320	74	216	176	40
2017	393	309	83	394	320	74	216	176	40
2018	393	309	83	394	320	74	216	176	40

年份	东部地区			中部地区			西部地区		
	筹资标准	政府补助	个人缴费	筹资标准	政府补助	个人缴费	筹资标准	政府补助	个人缴费
2019	393	309	83	394	320	74	216	176	40
2020	667	533	133	512	409	102	311	249	62
2021	667	533	133	512	409	102	311	249	62
2022	667	533	133	512	409	102	311	249	62
2023	667	533	133	512	409	102	311	249	62
2024	667	533	133	512	409	102	311	249	62
2025	768	615	154	594	476	119	361	288	72
2026	768	615	154	594	476	119	361	288	72
2027	768	615	154	594	476	119	361	288	72
2028	768	615	154	594	476	119	361	288	72
2029	768	615	154	594	476	119	361	288	72
2030	852	681	170	659	527	132	400	320	80
2031	852	681	170	659	527	132	400	320	80
2032	852	681	170	659	527	132	400	320	80
2033	852	681	170	659	527	132	400	320	80
2034	852	681	170	659	527	132	400	320	80
2035	944	756	189	731	585	146	443	355	89
2036	944	756	189	731	585	146	443	355	89
2037	944	756	189	731	585	146	443	355	89
2038	944	756	189	731	585	146	443	355	89
2039	944	756	189	731	585	146	443	355	89
2040	1047	838	209	810	648	162	491	393	98
2041	1047	838	209	810	648	162	491	393	98
2042	1047	838	209	810	648	162	491	393	98
2043	1047	838	209	810	648	162	491	393	98
2044	1047	838	209	810	648	162	491	393	98
2045	1161	929	232	898	719	180	545	436	109
2046	1161	929	232	898	719	180	545	436	109

续表

年份	东部地区			中部地区			西部地区		
	筹资标准	政府补助	个人缴费	筹资标准	政府补助	个人缴费	筹资标准	政府补助	个人缴费
2047	1161	929	232	898	719	180	545	436	109
2048	1161	929	232	898	719	180	545	436	109
2049	1161	929	232	898	719	180	545	436	109
2050	1287	1030	257	996	797	199	604	483	121

附录2　未来40年城镇化率变化情况

附表2-1　未来40年我国城镇化率设定

（单位:%）

年份	城镇化率	年份	城镇化率
2011	51.27	2031	69.08
2012	52.57	2032	69.78
2013	53.73	2033	70.48
2014	54.67	2034	71.18
2015	55.62	2035	71.88
2016	56.56	2036	72.57
2017	57.51	2037	73.27
2018	58.45	2038	73.97
2019	59.40	2039	74.67
2020	60.34	2040	75.37
2021	61.14	2041	76.00
2022	61.95	2042	76.62
2023	62.75	2043	77.25
2024	63.56	2044	77.87
2025	64.36	2045	78.50
2026	65.16	2046	79.13
2027	65.97	2047	79.75
2028	66.77	2048	80.38
2029	67.58	2049	81.00
2030	68.38	2050	81.63

附录3 分险种人均住院费用变化情况

2011—2014 年为实际数据，之后为预测数据。说明详见正文。

附表 3-1 不同情形下城职保参保人口人均住院费用

（单位：元）

年份	较好情形		一般情形		较差情形	
	男性	女性	男性	女性	男性	女性
2011	808.84	930.00	808.84	930.00	808.84	930.00
2012	889.25	1022.46	889.25	1022.46	889.25	1022.46
2013	948.31	1090.36	948.31	1090.36	948.31	1090.36
2014	1015.23	1167.30	1015.23	1167.30	1015.23	1167.30
2015	1050.61	1207.98	1053.32	1211.10	1056.72	1215.00
2016	1086.21	1248.91	1091.79	1255.33	1098.78	1263.37
2017	1121.96	1290.02	1130.55	1299.90	1141.36	1312.32
2018	1157.80	1331.23	1169.56	1344.75	1184.38	1361.79
2019	1193.67	1372.47	1208.73	1389.79	1227.78	1411.69
2020	1229.49	1413.66	1248.00	1434.94	1271.47	1461.93
2021	1265.20	1454.71	1287.29	1480.12	1315.38	1512.41
2022	1300.71	1495.55	1326.52	1525.22	1359.41	1563.03
2023	1335.97	1536.09	1365.61	1570.17	1403.48	1613.71
2024	1370.89	1576.24	1404.48	1614.85	1447.50	1664.32
2025	1405.39	1615.91	1443.04	1659.19	1491.37	1714.77
2026	1439.41	1655.02	1481.20	1703.07	1535.00	1764.93

年份	较好情形		一般情形		较差情形	
	男性	女性	男性	女性	男性	女性
2027	1472.85	1693.47	1518.88	1746.40	1578.29	1814.70
2028	1505.64	1731.17	1555.99	1789.07	1621.13	1863.96
2029	1537.71	1768.04	1592.45	1830.98	1663.42	1912.59
2030	1568.97	1803.99	1628.15	1872.03	1705.07	1960.47
2031	1599.35	1838.91	1663.01	1912.12	1745.95	2007.48
2032	1628.76	1872.74	1696.95	1951.14	1785.98	2053.50
2033	1657.14	1905.37	1729.87	1988.99	1825.03	2098.40
2034	1684.41	1936.72	1761.69	2025.57	1863.02	2142.08
2035	1710.50	1966.72	1792.32	2060.79	1899.83	2184.40
2036	1735.34	1995.28	1821.67	2094.54	1935.36	2225.26
2037	1758.86	2022.32	1849.68	2126.74	1969.51	2264.53
2038	1781.00	2047.77	1876.25	2157.29	2002.19	2302.10
2039	1801.69	2071.56	1901.32	2186.11	2033.30	2337.87
2040	1820.87	2093.62	1924.80	2213.12	2062.75	2371.73
2041	1838.50	2113.89	1946.64	2238.23	2090.44	2403.57
2042	1854.52	2132.30	1966.76	2261.37	2116.31	2433.31
2043	1868.88	2148.82	1985.12	2282.47	2140.25	2460.84
2044	1881.54	2163.38	2001.65	2301.47	2162.22	2486.10
2045	1892.47	2175.94	2016.29	2318.32	2182.12	2508.98
2046	1901.63	2186.48	2029.02	2332.95	2199.91	2529.43
2047	1908.99	2194.94	2039.78	2345.32	2215.52	2547.38
2048	1914.54	2201.32	2048.55	2355.41	2228.90	2562.77
2049	1918.24	2205.58	2055.29	2363.16	2240.01	2575.55
2050	1920.10	2207.71	2059.99	2368.56	2248.82	2585.67

2011—2014 年为实际数据，之后为预测数据。说明详见正文。

附表 3-2 不同情形下城镇居民基本医疗保险参保人口人均住院费用

（单位：元）

年份	较好情形		一般情形		较差情形	
	男性	女性	男性	女性	男性	女性
2011	374.98	431.15	374.98	431.15	374.98	431.15
2012	408.89	470.14	408.89	470.14	408.89	470.14
2013	434.35	499.42	434.35	499.42	434.35	499.42
2014	462.99	532.34	462.99	532.34	462.99	532.34
2015	478.58	550.26	479.73	551.59	481.16	553.24
2016	494.26	568.30	496.63	571.02	499.58	574.41
2017	510.01	586.41	513.66	590.60	518.22	595.84
2018	525.80	604.56	530.79	610.30	537.04	617.49
2019	541.60	622.72	547.99	630.08	556.03	639.31
2020	557.38	640.87	565.24	649.90	575.13	661.28
2021	573.11	658.95	582.49	669.74	594.33	683.35
2022	588.76	676.95	599.71	689.54	613.58	705.49
2023	604.30	694.81	616.88	709.28	632.85	727.64
2024	619.69	712.51	633.95	728.91	652.09	749.77
2025	634.90	730.00	650.89	748.39	671.28	771.83
2026	649.90	747.25	667.66	767.67	690.36	793.77
2027	664.66	764.22	684.23	786.72	709.29	815.54
2028	679.14	780.87	700.54	805.48	728.04	837.09
2029	693.30	797.15	716.58	823.92	746.55	858.37
2030	707.11	813.03	732.29	841.98	764.78	879.34
2031	720.54	828.47	747.65	859.64	782.69	899.93
2032	733.56	843.44	762.60	876.83	800.23	920.09
2033	746.12	857.88	777.11	893.51	817.35	939.78
2034	758.20	871.77	791.15	909.65	834.02	958.95
2035	769.77	885.07	804.67	925.20	850.18	977.53
2036	780.78	897.74	817.63	940.11	865.79	995.47

年份	较好情形		一般情形		较差情形	
	男性	女性	男性	女性	男性	女性
2037	791.22	909.74	830.01	954.34	880.80	1012.74
2038	801.06	921.05	841.77	967.86	895.18	1029.26
2039	810.26	931.62	852.86	980.62	908.87	1045.01
2040	818.79	941.44	863.27	992.58	921.85	1059.93
2041	826.64	950.47	872.96	1003.72	934.06	1073.97
2042	833.78	958.68	881.89	1013.99	945.47	1087.10
2043	840.19	966.04	890.04	1023.36	956.05	1099.26
2044	845.85	972.55	897.39	1031.81	965.76	1110.43
2045	850.73	978.16	903.91	1039.31	974.57	1120.56
2046	854.83	982.87	909.58	1045.83	982.45	1129.62
2047	858.13	986.66	914.38	1051.35	989.38	1137.58
2048	860.61	989.52	918.29	1055.84	995.32	1144.41
2049	862.27	991.43	921.31	1059.31	1000.25	1150.08
2050	863.11	992.39	923.41	1061.72	1004.17	1154.59

2011—2014 年为实际数据，之后为预测数据。说明详见正文。

附表 3-3　不同情形下新型农村合作医疗参保人口人均住院费用

（单位：元）

年份	较好情形		一般情形		较差情形	
	男性	女性	男性	女性	男性	女性
2011	233.51	305.91	233.51	305.91	233.51	305.91
2012	254.62	333.57	254.62	333.57	254.62	333.57
2013	270.48	354.34	270.48	354.34	270.48	354.34
2014	288.31	377.70	288.31	377.70	288.31	377.70
2015	298.02	390.42	298.74	391.36	299.63	392.53
2016	307.79	403.21	309.26	405.15	311.10	407.55
2017	317.59	416.06	319.87	419.04	322.71	422.76

年份	较好情形		一般情形		较差情形	
	男性	女性	男性	女性	男性	女性
2018	327.43	428.94	330.53	433.01	334.43	438.11
2019	337.26	441.83	341.25	447.05	346.25	453.60
2020	347.09	454.70	351.98	461.11	358.15	469.19
2021	356.89	467.54	362.73	475.19	370.10	484.85
2022	366.63	480.30	373.45	489.24	382.09	500.55
2023	376.31	492.98	384.14	503.24	394.09	516.27
2024	385.89	505.53	394.77	517.17	406.07	531.97
2025	395.37	517.95	405.32	530.99	418.02	547.62
2026	404.71	530.19	415.77	544.67	429.90	563.19
2027	413.90	542.22	426.08	558.18	441.69	578.63
2028	422.91	554.03	436.24	571.50	453.36	593.92
2029	431.73	565.59	446.23	584.58	464.89	609.02
2030	440.33	576.86	456.01	597.40	476.24	623.90
2031	448.70	587.81	465.57	609.92	487.40	638.51
2032	456.80	598.43	474.89	622.12	498.32	652.82
2033	464.62	608.68	483.92	633.96	508.98	666.79
2034	472.15	618.53	492.66	645.41	519.36	680.38
2035	479.35	627.97	501.08	656.44	529.42	693.57
2036	486.21	636.95	509.16	667.02	539.14	706.30
2037	492.71	645.47	516.87	677.12	548.49	718.55
2038	498.83	653.49	524.19	686.70	557.44	730.27
2039	504.56	661.00	531.10	695.76	565.97	741.45
2040	509.88	667.96	537.58	704.25	574.05	752.03
2041	514.77	674.37	543.61	712.15	581.66	762.00
2042	519.21	680.19	549.17	719.43	588.77	771.31
2043	523.20	685.42	554.25	726.09	595.35	779.94
2044	526.73	690.03	558.82	732.08	601.40	787.86
2045	529.77	694.02	562.88	737.40	606.89	795.05
2046	532.32	697.36	566.41	742.03	611.79	801.48

年份	较好情形		一般情形		较差情形	
	男性	女性	男性	女性	男性	女性
2047	534.37	700.05	569.40	745.94	616.11	807.12
2048	535.92	702.08	571.84	749.13	619.80	811.97
2049	536.96	703.43	573.72	751.59	622.88	816.00
2050	537.47	704.11	575.02	753.30	625.32	819.19

附录 4 分险种人均门诊费用变化情况

2011—2014 年为实际数据，之后为预测数据。说明详见正文。

附表 4-1 不同情形下城镇职工基本医疗保险参保人口人均门诊费用

（单位：元）

年份	较好情形		一般情形		较差情形	
	男性	女性	男性	女性	男性	女性
2011	2248.48	2793.82	2248.48	2793.82	2248.48	2793.82
2012	2472.02	3071.57	2472.02	3071.57	2472.02	3071.57
2013	2636.18	3275.55	2636.18	3275.55	2636.18	3275.55
2014	2822.22	3506.71	2822.22	3506.71	2822.22	3506.71
2015	2920.57	3628.91	2928.11	3638.28	2937.54	3650.00
2016	3019.52	3751.87	3035.03	3771.14	3054.47	3795.29
2017	3118.91	3875.36	3142.80	3905.04	3172.83	3942.36
2018	3218.54	3999.16	3251.23	4039.77	3292.44	4090.97
2019	3318.25	4123.04	3360.13	4175.08	3413.07	4240.87
2020	3417.83	4246.78	3469.29	4310.72	3534.53	4391.78
2021	3517.09	4370.11	3578.51	4446.43	3656.58	4543.43
2022	3615.82	4492.79	3687.56	4581.93	3778.98	4695.53
2023	3713.83	4614.57	3796.23	4716.95	3901.50	4847.76
2024	3810.90	4735.19	3904.27	4851.20	4023.87	4999.81
2025	3906.82	4854.37	4011.46	4984.38	4145.83	5151.35
2026	4001.37	4971.85	4117.55	5116.21	4267.12	5302.05

年份	较好情形		一般情形		较差情形	
	男性	女性	男性	女性	男性	女性
2027	4094.34	5087.36	4222.30	5246.36	4387.45	5451.56
2028	4185.50	5200.63	4325.47	5374.55	4506.54	5599.54
2029	4274.64	5311.39	4426.80	5500.46	4624.11	5745.63
2030	4361.54	5419.37	4526.05	5623.78	4739.87	5889.47
2031	4445.98	5524.29	4622.97	5744.21	4853.53	6030.69
2032	4527.76	5625.90	4717.31	5861.43	4964.79	6168.93
2033	4606.65	5723.93	4808.82	5975.14	5073.36	6303.84
2034	4682.46	5818.13	4897.27	6085.04	5178.95	6435.04
2035	4754.99	5908.25	4982.42	6190.83	5281.28	6562.18
2036	4824.04	5994.04	5064.03	6292.24	5380.05	6684.91
2037	4889.41	6075.28	5141.87	6388.97	5475.00	6802.89
2038	4950.95	6151.73	5215.74	6480.75	5565.84	6915.76
2039	5008.46	6223.19	5285.42	6567.33	5652.32	7023.21
2040	5061.79	6289.46	5350.71	6648.45	5734.18	7124.93
2041	5110.79	6350.35	5411.41	6723.88	5811.17	7220.59
2042	5155.32	6405.68	5467.36	6793.40	5883.06	7309.92
2043	5195.25	6455.28	5518.38	6856.79	5949.64	7392.65
2044	5230.45	6499.03	5564.32	6913.88	6010.69	7468.50
2045	5260.83	6536.78	5605.05	6964.48	6066.03	7537.26
2046	5286.30	6568.42	5640.42	7008.43	6115.47	7598.70
2047	5306.77	6593.85	5670.35	7045.61	6158.87	7652.62
2048	5322.18	6613.00	5694.72	7075.90	6196.07	7698.84
2049	5332.48	6625.80	5713.46	7099.19	6226.96	7737.23
2050	5337.64	6632.22	5726.52	7115.40	6251.43	7767.64

2011—2014 年为实际数据，之后为预测数据。说明详见正文。

附表 4-2　不同情形下城镇居民基本医疗保险参保人口人均门诊费用

（单位：元）

年份	较好情形		一般情形		较差情形	
	男性	女性	男性	女性	男性	女性
2011	1503.50	1868.15	1503.50	1868.15	1503.50	1868.15
2012	1639.45	2037.08	1639.45	2037.08	1639.45	2037.08
2013	1741.54	2163.93	1741.54	2163.93	1741.54	2163.93
2014	1856.34	2306.58	1856.34	2306.58	1856.34	2306.58
2015	1918.86	2384.25	1923.48	2389.99	1929.22	2397.13
2016	1981.74	2462.39	1991.24	2474.19	2003.08	2488.89
2017	2044.89	2540.85	2059.52	2559.03	2077.80	2581.74
2018	2108.20	2619.51	2128.21	2644.38	2153.28	2675.53
2019	2171.54	2698.22	2197.18	2730.08	2229.39	2770.10
2020	2234.81	2776.83	2266.32	2815.98	2306.00	2865.29
2021	2297.88	2855.20	2335.49	2901.93	2382.97	2960.92
2022	2360.63	2933.17	2404.55	2987.75	2460.15	3056.83
2023	2422.93	3010.57	2473.38	3073.27	2537.41	3152.82
2024	2484.64	3087.26	2541.83	3158.31	2614.57	3248.70
2025	2545.64	3163.05	2609.75	3242.71	2691.49	3344.27
2026	2605.79	3237.80	2676.99	3326.26	2767.99	3439.33
2027	2664.96	3311.31	2743.40	3408.78	2843.91	3533.66
2028	2723.01	3383.43	2808.84	3490.08	2919.06	3627.04
2029	2779.79	3453.99	2873.13	3569.97	2993.28	3719.26
2030	2835.17	3522.81	2936.14	3648.26	3066.38	3810.09
2031	2889.02	3589.72	2997.69	3724.74	3138.19	3899.32
2032	2941.20	3654.55	3057.64	3799.23	3208.52	3986.70
2033	2991.57	3717.14	3115.83	3871.53	3277.18	4072.02
2034	3040.01	3777.32	3172.10	3941.45	3344.00	4155.04
2035	3086.38	3834.94	3226.31	4008.81	3408.79	4235.54
2036	3130.55	3889.82	3278.30	4073.41	3471.37	4313.31

年份	较好情形		一般情形		较差情形	
	男性	女性	男性	女性	男性	女性
2037	3172.41	3941.84	3327.94	4135.08	3531.57	4388.10
2038	3211.84	3990.83	3375.07	4193.65	3589.21	4459.73
2039	3248.72	4036.66	3419.56	4248.93	3644.12	4527.96
2040	3282.95	4079.19	3461.29	4300.78	3696.15	4592.60
2041	3314.43	4118.30	3500.12	4349.02	3745.12	4653.44
2042	3343.06	4153.87	3535.93	4393.53	3790.88	4710.31
2043	3368.75	4185.79	3568.63	4434.15	3833.30	4763.02
2044	3391.42	4213.96	3598.09	4470.76	3872.24	4811.40
2045	3411.01	4238.30	3624.23	4503.24	3907.56	4855.29
2046	3427.44	4258.71	3646.96	4531.49	3939.15	4894.54
2047	3440.66	4275.14	3666.21	4555.40	3966.91	4929.03
2048	3450.62	4287.52	3681.90	4574.89	3990.73	4958.63
2049	3457.29	4295.81	3693.98	4589.90	4010.53	4983.22
2050	3460.63	4299.96	3702.40	4600.37	4026.23	5002.73

2011—2014 年为实际数据，之后为预测数据。说明详见正文。

附表4-3 不同情形下新型农村合作医疗参保人口人均门诊费用

（单位：元）

年份	较好情形		一般情形		较差情形	
	男性	女性	男性	女性	男性	女性
2011	1071.47	1297.52	1071.47	1297.52	1071.47	1297.52
2012	1168.36	1414.85	1168.36	1414.85	1168.36	1414.85
2013	1241.12	1502.96	1241.12	1502.96	1241.12	1502.96
2014	1322.93	1602.03	1322.93	1602.03	1322.93	1602.03
2015	1367.48	1655.98	1370.78	1659.97	1374.87	1664.92
2016	1412.30	1710.25	1419.07	1718.45	1427.50	1728.66
2017	1457.30	1764.75	1467.73	1777.37	1480.75	1793.15

年份	较好情形		一般情形		较差情形	
	男性	女性	男性	女性	男性	女性
2018	1502.41	1819.38	1516.68	1836.65	1534.55	1858.29
2019	1547.56	1874.05	1565.83	1896.17	1588.79	1923.97
2020	1592.65	1928.65	1615.10	1955.84	1643.38	1990.08
2021	1637.59	1983.08	1664.39	2015.53	1698.23	2056.51
2022	1682.31	2037.23	1713.62	2075.14	1753.24	2123.12
2023	1726.71	2090.99	1762.67	2134.54	1808.30	2189.79
2024	1770.69	2144.25	1811.45	2193.61	1863.29	2256.39
2025	1814.16	2196.90	1859.85	2252.22	1918.10	2322.76
2026	1857.03	2248.81	1907.77	2310.25	1972.62	2388.78
2027	1899.20	2299.87	1955.10	2367.57	2026.72	2454.30
2028	1940.56	2349.96	2001.73	2424.03	2080.28	2519.16
2029	1981.03	2398.97	2047.55	2479.52	2133.17	2583.21
2030	2020.50	2446.76	2092.45	2533.89	2185.27	2646.30
2031	2058.87	2493.23	2136.32	2587.02	2236.45	2708.27
2032	2096.06	2538.26	2179.04	2638.75	2286.56	2768.96
2033	2131.96	2581.74	2220.51	2688.97	2335.50	2828.22
2034	2166.48	2623.54	2260.61	2737.53	2383.11	2885.88
2035	2199.52	2663.55	2299.25	2784.32	2429.29	2941.79
2036	2231.00	2701.68	2336.30	2829.19	2473.89	2995.80
2037	2260.83	2737.80	2371.67	2872.02	2516.79	3047.76
2038	2288.93	2771.83	2405.26	2912.70	2557.87	3097.50
2039	2315.22	2803.66	2436.97	2951.09	2597.00	3144.89
2040	2339.61	2833.20	2466.70	2987.10	2634.07	3189.78
2041	2362.04	2860.36	2494.37	3020.61	2668.97	3232.05
2042	2382.44	2885.07	2519.90	3051.52	2701.59	3271.54
2043	2400.75	2907.24	2543.20	3079.74	2731.82	3308.15
2044	2416.91	2926.81	2564.20	3105.16	2759.57	3341.75
2045	2430.87	2943.71	2582.83	3127.72	2784.74	3372.24
2046	2442.58	2957.89	2599.03	3147.34	2807.26	3399.50

年份	较好情形		一般情形		较差情形	
	男性	女性	男性	女性	男性	女性
2047	2452.00	2969.30	2612.74	3163.95	2827.04	3423.45
2048	2459.10	2977.90	2623.92	3177.49	2844.01	3444.01
2049	2463.85	2983.65	2632.53	3187.91	2858.12	3461.10
2050	2466.23	2986.54	2638.53	3195.18	2869.31	3474.65

附录 5　城镇职工基本医疗保险参保人口规模及其结构分布

限于篇幅，此处仅以年龄段形式列示部分年份参保人口结构。说明详见正文。

附表 5-1　未来 40 年城镇职工基本医疗保险参保人口静态预测结果

（单位：万人）

	年龄段	2010 年	2020 年	2030 年	2040 年	2050 年
女性人口	20—24 岁	1041	841	1149	0	0
	25—34 岁	2150	3625	2996	1828	0
	35—44 岁	2620	3182	4976	3544	2098
	45—54 岁	1470	2708	3106	4009	2877
	55 岁+	3666	6472	11385	15812	21138
男性人口	20—24 岁	1161	1078	1508	0	0
	25—34 岁	2706	4609	4287	2678	0
	35—44 岁	3370	3991	6301	5058	3026
	45—54 岁	2359	4430	4896	6626	5242
	55—60 岁	763	1405	2133	2122	2516
	60 岁+	2428	4460	8150	12029	16079

限于篇幅，此处仅以年龄段形式列示部分年份参保人口结构。说明详见正文。

附表 5-2　未来 40 年城镇职工基本医疗保险参保人口动态预测结果

（单位：万人）

	年龄段	2010 年	2020 年	2030 年	2040 年	2050 年
女性人口	20—24 岁	1041	841	1149	1875	1389
	25—34 岁	2150	3625	2996	3827	5181
	35—44 岁	2620	3182	4976	3544	4434
	45—54 岁	1470	2708	3106	4009	2877
	55 岁+	3666	6472	11385	15812	21138
男性人口	20—24 岁	1161	1078	1508	2414	1766
	25—34 岁	2706	4609	4287	5516	7372
	35—44 岁	3370	3991	6301	5058	6385
	45—54 岁	2359	4430	4896	6626	5242
	55—60 岁	763	1405	2133	2122	2516
	60 岁+	2428	4460	8150	12029	16079

附录6 城镇居民基本医疗保险参保人口规模及其结构分布

限于篇幅，此处仅以年龄段形式列示部分年份参保人口结构。说明详见正文。

附表6-1 未来40年城镇居民基本医疗保险参保人口静态预测结果

（单位：万人）

	年龄段	2010年	2020年	2030年	2040年	2050年
女性人口	0—4岁	1286	0	0	0	0
	5—14岁	2502	1683	0	0	0
	15—24岁	2847	2340	918	0	0
	25—34岁	950	1411	1039	619	0
	35—44岁	1141	1226	1707	1214	729
	45—54岁	1530	2750	2717	3842	2602
	55—64岁	386	1184	2239	2232	2861
	65岁+	162	1030	2563	4349	5796
男性人口	0—4岁	1532	0	0	0	0
	5—14岁	2937	2003	0	0	0
	15—24岁	2861	2636	944	0	0
	25—34岁	333	491	412	212	0
	35—44岁	386	403	571	455	291
	45—54岁	554	975	944	1331	1024
	55—64岁	812	1484	2563	2426	3294
	65岁+	150	936	2297	3869	5049

限于篇幅，此处仅以年龄段形式列示部分年份参保人口结构。说明详见正文。

附表6-2 未来40年城镇居民基本医疗保险参保人口动态预测结果

（单位：万人）

	年龄段	2010 年	2020 年	2030 年	2040 年	2050 年
女性人口	0—4 岁	1286	2326	1819	1920	2040
	5—14 岁	2502	3544	5061	4084	4474
	15—24 岁	2847	2340	3188	4124	3347
	25—34 岁	950	1411	1039	1330	1793
	35—44 岁	1141	1226	1707	1214	1517
	45—54 岁	1530	2750	2717	3842	2602
	55—64 岁	687	1344	1985	1987	2527
	65 岁+	470	1240	2204	3740	4985
男性人口	0—4 岁	1532	2718	2097	2170	2255
	5—14 岁	2937	4190	5892	4686	5025
	15—24 岁	2861	2636	3609	4555	3658
	25—34 岁	333	491	412	537	696
	35—44 岁	386	403	571	455	572
	45—54 岁	554	975	944	1331	1024
	55—64 岁	927	1549	2454	2322	3143
	65 岁+	436	1127	1975	3327	4342

附录7 新型农村合作医疗参保
人口规模及其结构分布

限于篇幅，此处仅以年龄段形式列示部分年份参保人口结构。说明详见正文。

附表7-1 未来40年新型农村合作医疗参保人口静态预测结果

（单位：万人）

	年龄段	2010 年	2020 年	2030 年	2040 年	2050 年
女性人口	0—4 岁	2161	0	0	0	0
	5—14 岁	4204	1756	0	0	0
	15—24 岁	6983	3418	1382	0	0
	25—34 岁	6131	5673	2690	1009	0
	35—44 岁	7447	4967	4456	1960	630
	45—54 岁	5656	5986	3879	3232	1220
	55—64 岁	4330	4464	4613	2790	2000
	65 岁+	3870	5071	5949	6238	4498
男性人口	0—4 岁	2574	0	0	0	0
	5—14 岁	4936	2089	0	0	0
	15—24 岁	7267	4004	1641	0	0
	25—34 岁	6292	5877	3138	1192	0
	35—44 岁	7774	5057	4580	2271	739
	45—54 岁	5902	6144	3884	3270	1393
	55—64 岁	4446	4511	4592	2718	1975
	65 岁+	3586	4607	5332	5549	3918

限于篇幅，此处仅以年龄段形式列示部分年份参保人口结构。说明详见正文。

附表 7-2 　未来 40 年新型农村合作医疗参保人口动态预测结果

（单位：万人）

	年龄段	2010 年	2020 年	2030 年	2040 年	2050 年
女性人口	0—4 岁	2161	2427	1224	799	459
	5—14 岁	4204	3698	3407	1699	1007
	15—24 岁	6983	3418	2910	2486	1062
	25—34 岁	6131	5673	2690	2124	1554
	35—44 岁	7447	4967	4456	1960	1327
	45—54 岁	5656	5986	3879	3232	1220
	55—64 岁	4330	4464	4613	2790	2000
	65 岁+	3870	5071	5949	6238	4498
男性人口	0—4 岁	2574	2835	1412	903	507
	5—14 岁	4936	4371	3966	1949	1131
	15—24 岁	7267	4004	3434	2889	1217
	25—34 岁	6292	5877	3138	2498	1801
	35—44 岁	7774	5057	4580	2271	1550
	45—54 岁	5902	6144	3884	3270	1393
	55—64 岁	4446	4511	4592	2718	1975
	65 岁+	3586	4607	5332	5549	3918

附录8 典型地区城镇职工基本医疗保险缴费率调研整理

附表8-1 典型地区城镇职工基本医疗保险缴费率（限于篇幅，仅列示部分地区）

省/直辖市/自治区	市	医疗保险		省/直辖市/自治区	市	医疗保险		省/直辖市/自治区	市	医疗保险	
		公司比例	个人比例			公司比例	个人比例			公司比例	个人比例
北京	北京	10.00%	2.00%	湖北	宜昌	7.00%	2.00%	贵州	贵阳	7.50%	2.00%
天津	天津	10.00%	2.00%	湖北	襄樊	8.00%	2.00%	云南	昆明	10.00%	2.00%
河北	石家庄	8.00%	2.00%	湖北	荆州	7.00%	2.00%	陕西	西安	7.00%	2.00%
河北	廊坊	7.00%	2.00%	湖北	十堰	8.00%	2.00%	甘肃	兰州	6.00%	2.00%
河北	唐山	6.50%	2.00%	江西	南昌	6.00%	2.00%	青海	西宁	6.00%	2.00%
河北	邯郸	6.50%	2.00%	江西	九江	8.00%	2.00%	宁夏	银川	6.00%	2.00%
河北	沧州	6.50%	2.00%	江西	上饶	6.00%	2.00%	浙江	杭州	11.50%	2.00%
河北	秦皇岛	6.50%	2.00%	湖南	长沙	8.00%	2.00%	浙江	宁波	11.00%	2.00%
河北	保定	7.50%	2.00%	湖南	株洲	7.00%	2.00%	浙江	温州	9.50%	2.00%
山东	济南	9.00%	2.00%	湖南	常德	6.00%	2.00%	浙江	嘉兴	8.00%	2.00%
山东	烟台	7.00%	2.00%	湖南	衡阳	7.00%	2.00%	浙江	海宁	7.00%	2.00%
山东	威海	8.00%	2.00%	湖南	岳阳	7.00%	2.00%	浙江	义乌	7.00%	2.00%
山东	日照	7.00%	2.00%	湖南	湘潭	6.00%	2.00%	浙江	慈溪	9.00%	2.00%
山东	青岛	9.00%	2.00%	山西	太原	7.00%	2.00%	江苏	无锡	7.00%	2.00%
山东	济宁	6.00%	2.00%	广东	广州	8.46%	2.00%	江苏	苏州	9.00%	2.00%
山东	泰安	7.00%	2.00%	广东	省医保	8.26%	2.00%	江苏	常州	8.00%	2.00%
山东	潍坊	7.00%	2.00%	广东	佛山	6.50%	2.00%	江苏	徐州	9.00%	2.00%
山东	淄博	6.50%	2.00%	广东	珠海	6.00%	2.00%	江苏	南通	8.00%	2.00%
山东	临沂	6.00%	2.00%	广东	惠州	6.50%	2.00%	江苏	扬州	7.00%	2.00%
内蒙	呼和浩特	6.00%	2.00%	福建	省医保	8.00%	2.00%	江苏	昆山	8.00%	2.00%

续表

省/直辖市/自治区	市	医疗保险		省/直辖市/自治区	市	医疗保险		省/直辖市/自治区	市	医疗保险	
		公司比例	个人比例			公司比例	个人比例			公司比例	个人比例
内蒙	包头	6.00%	2.00%	福建	福州	8.00%	2.00%	江苏	常熟	7.50%	2.00%
新疆	乌鲁木齐	7.50%	2.00%	福建	厦门	7.00%	2.00%	江苏	连云港	7.00%	2.00%
新疆	喀什	7.50%	2.00%	福建	泉州	7.50%	2.00%	江苏	镇江	9.00%	2.00%
新疆	库尔勒	6.00%	2.00%	福建	莆田	7.00%	2.00%	江苏	江阴	9.00%	2.00%
新疆	阿勒泰	6.00%	2.00%	广东	深圳	6.00%	2.00%	江苏	宜兴	9.00%	2.00%
辽宁	沈阳	8.00%	2.00%	广西	桂林	8.50%	2.00%	江苏	泰州	9.00%	2.00%
辽宁	大连	8.00%	2.00%	广东	江门	6.50%	2.0%	江苏	太仓	8.00%	2.00%
辽宁省	鞍山	7.00%	2.00%	海南	海口	8.00%	2.00%	江苏	盐城	8.00%	2.00%
吉林	长春	7.00%	2.00%	广东	汕头	6.00%	2.00%	江苏	淮安	7.00%	2.00%
黑龙江	哈尔滨	7.50%	2.00%	四川	成都	6.50%	2.00%	江苏	张家港	8.00%	2.00%
黑龙江	大庆	8.00%	2.00%	四川	省医保	6.50%	2.00%	安徽	合肥	8.00%	2.00%
黑龙江	牡丹江	7.00%	2.00%	四川	德阳	7.00%	2.00%	安徽	芜湖	6.50%	2.00%
河南	郑州	8.00%	2.00%	四川	绵阳	7.00%	2.00%	安徽	马鞍山	8.00%	2.00%
河南	洛阳	7.00%	2.00%	四川	泸州	7.00%	2.00%	上海	上海	12.00%	2.00%
湖北	武汉	8.00%	2.00%	重庆	重庆	9.00%	2.00%				

附录9 城乡居民基本医疗保险高筹资方案下医疗保险体系债务情况

正文中已经列示城乡居民基本医疗保险筹资水平统一后的中等筹资方案下的预测结果，此处仅提供高筹资方案下的预测结果，作为正文补充。

一、高筹资方案下城乡居民基本医疗保险隐性负债及基金债务评估

（一）高筹资方案下城乡居民基本医疗保险系统隐性负债测算

附表9-1 全国城乡居民医保体系隐性负债

（单位：万亿元）

补偿比	较好情形	一般情形	较差情形
47%	9.36	10.24	11.38
57%	10.65	11.57	12.78
67%	11.94	12.91	14.19

附表9-2 47%实际补偿比下全国城乡居民基本医疗保险当年新增隐性负债

（单位：万亿元）

年份	较好情形	一般情形	较差情形
2016	0.384	0.387	0.392
2020	0.202	0.212	0.224
2025	0.200	0.218	0.241
2030	0.190	0.215	0.246

续表

年份	较好情形	一般情形	较差情形
2035	0.173	0.203	0.242
2040	0.148	0.182	0.227
2045	0.106	0.141	0.189
2050	0.054	0.089	0.135

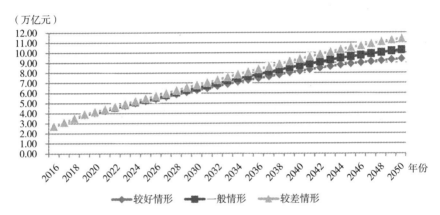

附图9-1　47%实际补偿比下城乡居民基本医疗保险累积隐性负债

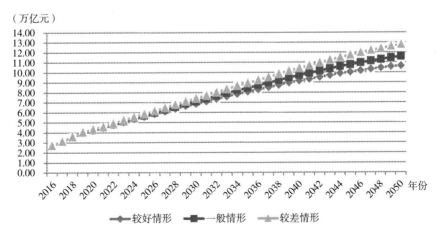

附图9-2　57%实际补偿比下城乡居民基本医疗保险累积隐性负债

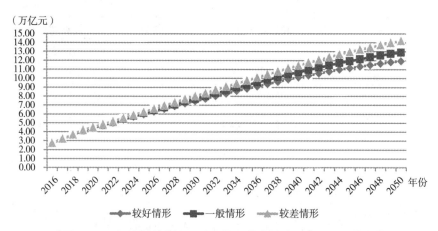

附图 9-3　67%实际补偿比下城乡居民基本医疗保险累积隐性负债

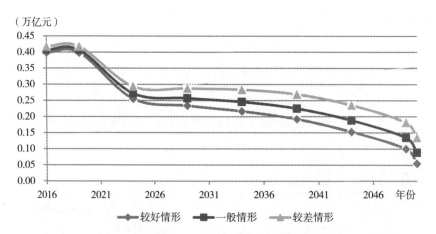

附图 9-4　47%实际补偿比下城乡居民基本医疗保险当年新增隐性负债

附表 9-3　57%实际补偿比下全国城乡居民基本医疗保险当年新增隐性负债

（单位：万亿元）

年份	较好情形	一般情形	较差情形
2016	0.395	0.399	0.403
2020	0.243	0.253	0.267
2025	0.242	0.261	0.285
2030	0.230	0.256	0.289

续表

年份	较好情形	一般情形	较差情形
2035	0.211	0.243	0.284
2040	0.184	0.220	0.267
2045	0.139	0.177	0.227
2050	0.083	0.119	0.168

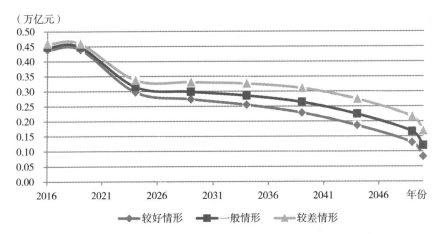

附图9-5　57%实际补偿比下城乡居民基本医疗保险当年新增隐性负债

附表9-4　67%实际补偿比下全国城乡居民基本医疗保险当年新增隐性负债

（单位：万亿元）

年份	较好情形	一般情形	较差情形
2016	0.407	0.410	0.415
2020	0.284	0.295	0.309
2025	0.283	0.304	0.329
2030	0.269	0.297	0.332
2035	0.249	0.283	0.326
2040	0.220	0.258	0.308
2045	0.172	0.212	0.265
2050	0.111	0.150	0.201

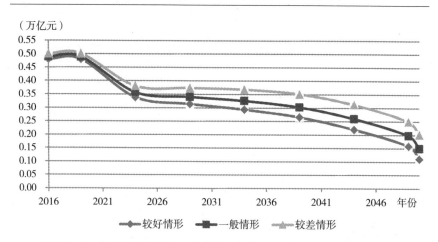

附图9-6　67%实际补偿比下城乡居民基本医疗保险当年新增隐性负债

（二）高筹资方案下城乡居民基本医疗保险系统基金债务测算

附表9-5　全国城乡居民基本医疗保险体系基金债务

（单位：万亿元）

补偿比	较好情形	一般情形	较差情形
47%	13.60	15.08	17.02
57%	15.63	17.20	19.25
67%	17.67	19.32	21.49

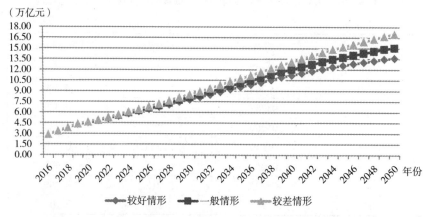

附图9-7　47%实际补偿比下城乡居民基本医疗保险累积基金债务

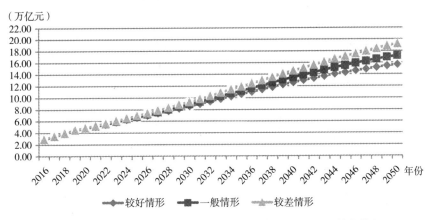

附图9-8 57%实际补偿比下城乡居民基本医疗保险累积基金债务

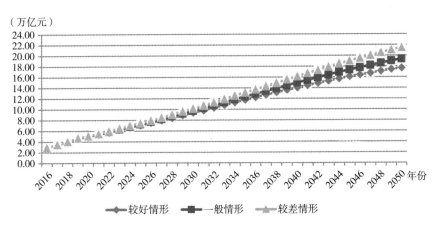

附图9-9 67%实际补偿比下城乡居民基本医疗保险累积基金债务

附表9-6 47%实际补偿比下全国城乡居民基本医疗保险当年新增基金债务

（单位：万亿元）

年份	较好情形	一般情形	较差情形
2016	0.439	0.443	0.448
2020	0.255	0.267	0.283
2025	0.288	0.313	0.345
2030	0.316	0.354	0.404
2035	0.315	0.366	0.432

续表

年份	较好情形	一般情形	较差情形
2040	0.282	0.342	0.421
2045	0.218	0.284	0.373
2050	0.130	0.199	0.291

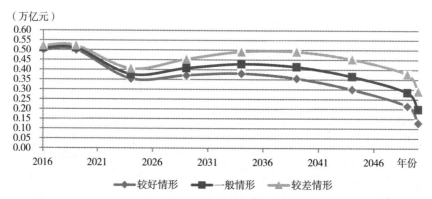

（万亿元）

附图9-10　47%实际补偿比下城乡居民基本医疗保险当年新增基金债务

附表9-7　57%实际补偿比下全国城乡居民基本医疗保险当年新增基金债务

（单位：万亿元）

年份	较好情形	一般情形	较差情形
2016	0.453	0.457	0.462
2020	0.305	0.318	0.335
2025	0.346	0.372	0.406
2030	0.378	0.419	0.471
2035	0.380	0.433	0.503
2040	0.346	0.410	0.494
2045	0.280	0.350	0.444
2050	0.187	0.260	0.358

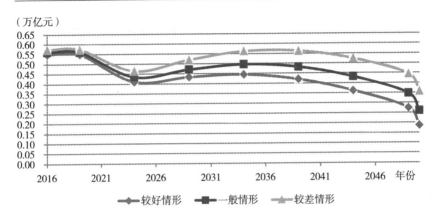

附图 9-11 57%实际补偿比下城乡居民基本医疗保险当年新增基金债务

附表 9-8 67%实际补偿比下全国城乡居民基本医疗保险当年新增基金债务

（单位：万亿元）

年份	较好情形	一般情形	较差情形
2016	0.467	0.471	0.476
2020	0.356	0.370	0.387
2025	0.403	0.431	0.467
2030	0.440	0.483	0.538
2035	0.445	0.501	0.574
2040	0.411	0.478	0.566
2045	0.342	0.416	0.515
2050	0.245	0.322	0.425

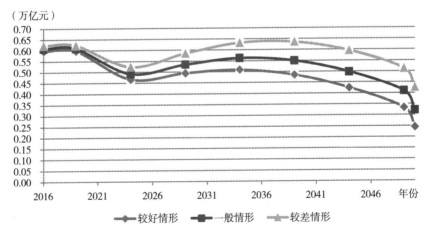

附图 9-12 67%实际补偿比下城乡居民基本医疗保险当年新增基金债务

三、高筹资方案下全国医疗保险体系债务合计测算结果

(一) 高筹资方案下全国医疗保险体系的总体隐性负债

附表9-9　全国医疗保险体系隐性负债

（单位：万亿元）

补偿比	较好情形	一般情形	较差情形
职工65%，居民47%	31.00	34.00	37.95
职工75%，居民57%	35.39	38.57	42.78
职工85%，居民67%	39.79	43.17	47.62

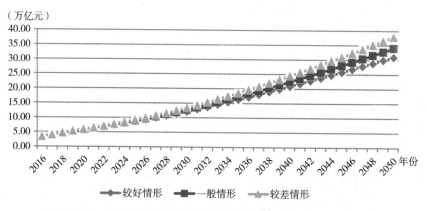

附图9-13　65%（47%）补偿比下全国医疗保险体系累积隐性负债

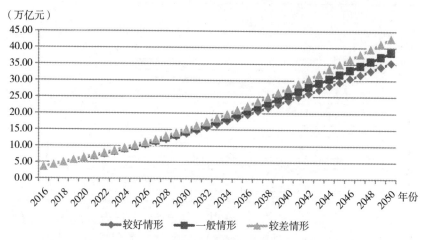

附图9-14　75%（57%）补偿比下全国医疗保险体系累积隐性负债

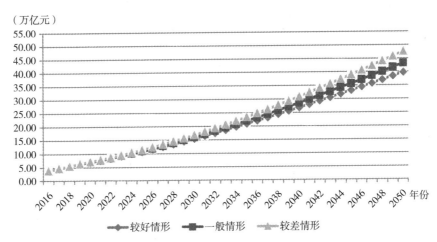

（万亿元）

较好情形　　■一般情形　　▲较差情形

附图 9-15　85%（67%）补偿比下全国医疗保险体系累积隐性负债

附表 9-10　65%（47%）补偿比下全国医疗保险体系当年新增隐性负债

（单位：万亿元）

年份	较好情形	一般情形	较差情形
2016	0.605	0.611	0.619
2020	0.481	0.502	0.528
2025	0.594	0.638	0.695
2030	0.738	0.810	0.905
2035	0.848	0.948	1.079
2040	0.925	1.049	1.212
2045	0.989	1.131	1.321
2050	1.050	1.204	1.411

附表 9-11　75%（57%）补偿比下全国医疗保险体系当年新增隐性负债

（单位：万亿元）

年份	较好情形	一般情形	较差情形
2016	0.653	0.659	0.667
2020	0.570	0.592	0.621
2025	0.701	0.748	0.809
2030	0.863	0.940	1.041

续表

年份	较好情形	一般情形	较差情形
2035	0.984	1.090	1.230
2040	1.066	1.197	1.372
2045	1.130	1.282	1.484
2050	1.187	1.351	1.572

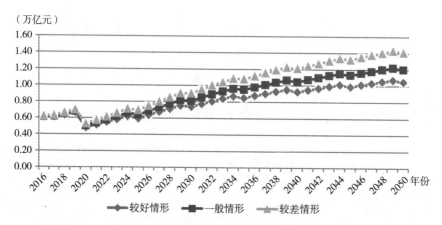

附图 9-16　65%（47%）补偿比下全国医疗保险体系当年新增隐性负债

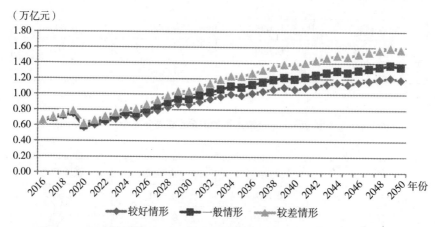

附图 9-17　75%（57%）补偿比下全国医疗保险体系当年新增隐性负债

附表 9-12　85%（67%）补偿比下全国医疗保险体系当年新增隐性负债

（单位：万亿元）

年份	较好情形	一般情形	较差情形
2016	0.701	0.707	0.716
2020	0.660	0.683	0.713
2025	0.808	0.858	0.922
2030	0.988	1.070	1.176
2035	1.120	1.232	1.380
2040	1.207	1.346	1.531
2045	1.272	1.432	1.647
2050	1.325	1.499	1.733

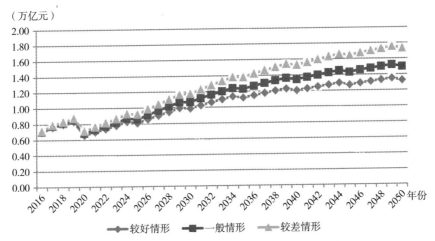

附图 9-18　85%（67%）补偿比下全国医疗保险体系当年新增隐性负债

（二）高筹资方案下全国医疗保险体系的总体基金债务

附表 9-13　全国医疗保险体系基金债务

（单位：万亿元）

补偿比	较好情形	一般情形	较差情形
职工 65%，居民 47%	34.36	38.34	43.61
职工 75%，居民 57%	39.90	44.13	49.73
职工 85%，居民 67%	45.45	49.94	55.87

（万亿元）

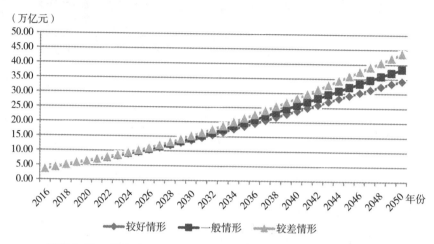

附图 9-19　65%（47%）补偿比下全国医疗保险体系累积基金债务

（万亿元）

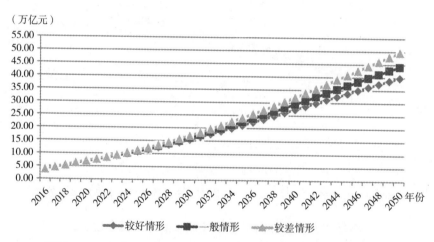

附图 9-20　75%（57%）补偿比下全国医疗保险体系累积基金债务

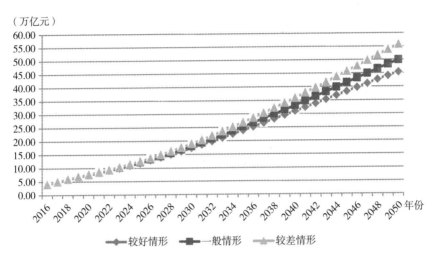

附图9-21 85%（67%）补偿比下全国医疗保险体系累积基金债务

附表9-14 65%（47%）补偿比下全国医疗保险体系当年新增基金债务

（单位：万亿元）

年份	较好情形	一般情形	较差情形
2016	0.660	0.667	0.675
2020	0.534	0.557	0.587
2025	0.682	0.733	0.799
2030	0.864	0.950	1.063
2035	0.993	1.118	1.281
2040	1.048	1.213	1.432
2045	1.032	1.236	1.508
2050	0.933	1.169	1.487

附表9-15 75%（57%）补偿比下全国医疗保险体系当年新增基金债务

（单位：万亿元）

年份	较好情形	一般情形	较差情形
2016	0.711	0.717	0.726
2020	0.633	0.658	0.689
2025	0.805	0.859	0.929

续表

年份	较好情形	一般情形	较差情形
2030	1.011	1.103	1.222
2035	1.161	1.294	1.468
2040	1.235	1.410	1.643
2045	1.234	1.450	1.740
2050	1.143	1.395	1.733

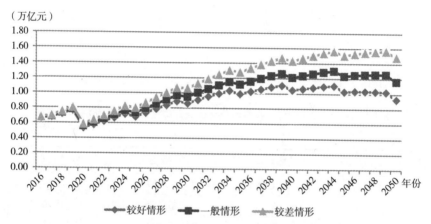

附图 9-22　65%（47%）补偿比下全国医疗保险体系当年新增基金债务

附表 9-16　85%（67%）补偿比下全国医疗保险体系当年新增基金债务

（单位：万亿元）

年份	较好情形	一般情形	较差情形
2016	0.761	0.768	0.777
2020	0.732	0.758	0.791
2025	0.928	0.985	1.059
2030	1.159	1.256	1.382
2035	1.329	1.470	1.654
2040	1.421	1.607	1.854
2045	1.435	1.665	1.972
2050	1.353	1.620	1.979

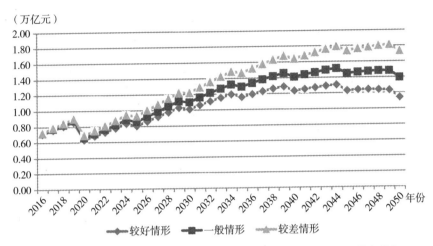

（万亿元）

附图9-23 75%（57%）补偿比下全国医疗保险体系当年新增基金债务

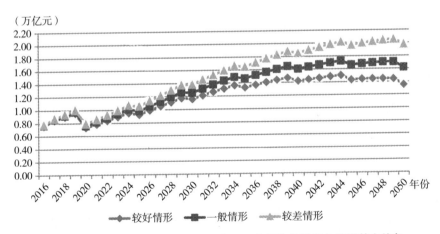

（万亿元）

附图9-24 85%（67%）补偿比下全国医疗保险体系当年新增基金债务

附录 10 分性别人口死亡率 Lee-Carter 模型估计结果

限于篇幅，本研究仅列示了部分年份的 Lee-Carter 模型死亡率估算结果。

附表 10-1 中国女性人口死亡率预测结果

（单位：‰）

年龄（岁）	2010 年	2020 年	2030 年	2040 年	2050 年
0	1.056	0.394	0.147	0.055	0.021
1	0.573	0.290	0.147	0.075	0.038
2	0.393	0.157	0.063	0.025	0.010
3	0.316	0.122	0.048	0.019	0.007
4	0.289	0.127	0.056	0.024	0.011
5	0.256	0.129	0.065	0.033	0.017
6	0.212	0.116	0.064	0.035	0.019
7	0.212	0.115	0.062	0.034	0.018
8	0.202	0.119	0.071	0.042	0.025
9	0.230	0.147	0.094	0.061	0.039
10	0.224	0.156	0.109	0.076	0.053
11	0.219	0.162	0.119	0.088	0.065
12	0.216	0.151	0.105	0.074	0.052
13	0.210	0.114	0.062	0.033	0.018
14	0.231	0.147	0.093	0.059	0.038
15	0.229	0.121	0.064	0.034	0.018
16	0.251	0.148	0.087	0.051	0.030
17	0.262	0.154	0.091	0.054	0.032

年龄（岁）	2010 年	2020 年	2030 年	2040 年	2050 年
18	0.252	0.123	0.060	0.029	0.014
19	0.278	0.130	0.061	0.029	0.013
20	0.285	0.119	0.050	0.021	0.009
21	0.303	0.141	0.065	0.030	0.014
22	0.325	0.138	0.059	0.025	0.011
23	0.338	0.139	0.058	0.024	0.010
24	0.349	0.140	0.056	0.023	0.009
25	0.345	0.160	0.074	0.034	0.016
26	0.370	0.175	0.083	0.039	0.019
27	0.360	0.173	0.083	0.040	0.019
28	0.413	0.195	0.092	0.044	0.021
29	0.439	0.209	0.100	0.048	0.023
30	0.475	0.239	0.120	0.061	0.031
31	0.486	0.266	0.146	0.080	0.044
32	0.496	0.313	0.197	0.124	0.078
33	0.598	0.329	0.181	0.100	0.055
34	0.619	0.374	0.226	0.136	0.082
35	0.658	0.381	0.221	0.128	0.074
36	0.700	0.447	0.285	0.182	0.116
37	0.749	0.520	0.361	0.250	0.174
38	0.821	0.526	0.337	0.216	0.138
39	0.962	0.588	0.359	0.220	0.134
40	0.982	0.650	0.430	0.284	0.188
41	1.152	0.784	0.534	0.363	0.247
42	1.183	0.830	0.582	0.408	0.286
43	1.324	0.924	0.644	0.450	0.314
44	1.492	1.068	0.765	0.547	0.392
45	1.507	1.080	0.773	0.554	0.397
46	1.642	1.120	0.765	0.522	0.356
47	2.011	1.357	0.915	0.617	0.417

续表

年龄（岁）	2010 年	2020 年	2030 年	2040 年	2050 年
48	2.128	1.591	1.190	0.890	0.666
49	2.409	1.682	1.175	0.820	0.573
50	2.519	1.732	1.191	0.819	0.563
51	2.641	1.877	1.334	0.948	0.673
52	2.968	1.962	1.297	0.857	0.567
53	3.407	2.335	1.600	1.096	0.751
54	3.542	2.468	1.720	1.198	0.835
55	3.876	2.596	1.739	1.165	0.780
56	4.231	2.960	2.072	1.450	1.014
57	4.731	3.203	2.169	1.468	0.994
58	5.397	3.729	2.576	1.779	1.229
59	6.085	4.165	2.851	1.952	1.336
60	6.704	4.581	3.131	2.140	1.462
61	7.552	4.819	3.074	1.961	1.251
62	8.158	5.687	3.964	2.763	1.926
63	9.638	6.774	4.761	3.347	2.352
64	10.675	7.685	5.532	3.983	2.867
65	11.067	7.919	5.666	4.054	2.901
66	13.065	9.392	6.752	4.854	3.489
67	14.198	10.369	7.572	5.530	4.039
68	16.818	11.928	8.460	6.000	4.255
69	19.828	13.940	9.800	6.890	4.844
70	21.146	15.372	11.175	8.124	5.906
71	24.563	17.879	13.014	9.473	6.895
72	26.900	19.876	14.686	10.851	8.017
73	30.041	22.343	16.618	12.360	9.193
74	33.306	24.540	18.081	13.322	9.816
75	34.512	26.137	19.794	14.991	11.353
76	41.986	30.188	21.706	15.607	11.221
77	46.716	36.581	28.644	22.430	17.564

续表

年龄（岁）	2010 年	2020 年	2030 年	2040 年	2050 年
78	52.471	42.307	34.111	27.503	22.175
79	63.400	48.576	37.218	28.516	21.848
80	67.253	53.811	43.056	34.451	27.565
81	74.931	54.795	40.070	29.302	21.427
82	82.287	60.937	45.126	33.418	24.747
83	91.660	68.376	51.007	38.050	28.384
84	98.581	79.270	63.742	51.256	41.216
85	106.232	79.883	60.069	45.170	33.967
86	117.934	92.250	72.159	56.444	44.151
87	132.217	111.324	93.732	78.920	66.449
88	143.388	122.539	104.722	89.496	76.483
89	143.388	118.851	98.514	81.656	67.683
90	162.554	128.625	101.778	80.534	63.724
91	174.373	137.977	109.178	86.389	68.358
92	191.524	151.548	119.916	94.886	75.081
93	200.131	158.358	125.305	99.150	78.455
94	202.989	160.620	127.094	100.566	79.576
95	217.547	172.140	136.210	107.779	85.283
96	220.992	174.865	138.367	109.486	86.633
97	213.193	168.694	133.483	105.622	83.576
98	207.338	164.061	129.817	102.721	81.280
99	258.768	204.756	162.018	128.201	101.442
100+	436.344	345.267	273.201	216.177	171.055

附表 10-2　中国男性人口死亡率预测结果

（单位：‰）

年龄（岁）	2010 年	2020 年	2030 年	2040 年	2050 年
0	1.160	0.529	0.241	0.110	0.050
1	0.673	0.374	0.208	0.115	0.064
2	0.501	0.246	0.121	0.060	0.029

年龄（岁）	2010 年	2020 年	2030 年	2040 年	2050 年
3	0.416	0.205	0.101	0.050	0.025
4	0.371	0.219	0.129	0.076	0.045
5	0.371	0.204	0.112	0.061	0.034
6	0.347	0.214	0.132	0.082	0.050
7	0.343	0.209	0.127	0.078	0.047
8	0.349	0.212	0.129	0.078	0.047
9	0.369	0.368	0.367	0.366	0.365
10	0.351	0.254	0.184	0.134	0.097
11	0.371	0.276	0.206	0.153	0.114
12	0.362	0.296	0.242	0.198	0.162
13	0.387	0.310	0.248	0.198	0.159
14	0.447	0.347	0.270	0.210	0.163
15	0.463	0.357	0.275	0.212	0.163
16	0.520	0.390	0.292	0.219	0.164
17	0.554	0.382	0.264	0.182	0.125
18	0.594	0.386	0.251	0.163	0.106
19	0.651	0.460	0.326	0.230	0.163
20	0.659	0.466	0.329	0.233	0.165
21	0.689	0.629	0.574	0.524	0.478
22	0.750	0.559	0.416	0.310	0.231
23	0.789	0.526	0.351	0.234	0.156
24	0.816	0.566	0.392	0.272	0.188
25	0.798	0.537	0.361	0.243	0.163
26	0.814	0.599	0.440	0.324	0.238
27	0.856	0.678	0.538	0.426	0.338
28	0.943	0.635	0.427	0.287	0.193
29	0.948	0.899	0.853	0.810	0.768
30	1.054	0.770	0.563	0.412	0.301
31	1.114	0.881	0.697	0.552	0.437
32	1.146	1.000	0.872	0.760	0.663

年龄（岁）	2010 年	2020 年	2030 年	2040 年	2050 年
33	1.275	1.075	0.907	0.765	0.645
34	1.419	1.092	0.841	0.647	0.498
35	1.453	1.216	1.017	0.851	0.713
36	1.549	1.223	0.966	0.763	0.602
37	1.639	1.327	1.076	0.871	0.706
38	1.838	1.494	1.215	0.988	0.803
39	2.036	1.761	1.524	1.318	1.140
40	2.101	1.699	1.374	1.110	0.898
41	2.467	2.371	2.279	2.191	2.105
42	2.569	2.144	1.789	1.494	1.247
43	2.773	2.359	2.006	1.706	1.451
44	3.104	2.827	2.574	2.344	2.134
45	3.179	2.706	2.303	1.961	1.669
46	3.386	2.776	2.277	1.867	1.531
47	4.189	3.614	3.118	2.690	2.321
48	4.415	3.731	3.153	2.665	2.252
49	4.796	4.223	3.719	3.275	2.884
50	4.915	4.093	3.408	2.838	2.363
51	5.234	4.461	3.801	3.240	2.761
52	5.802	5.065	4.421	3.859	3.369
53	6.511	5.494	4.637	3.913	3.302
54	6.756	5.515	4.502	3.675	3.000
55	7.357	5.933	4.784	3.858	3.111
56	7.922	6.590	5.483	4.561	3.794
57	8.865	6.648	4.986	3.739	2.804
58	9.894	7.770	6.102	4.793	3.764
59	10.866	8.159	6.126	4.600	3.453
60	11.955	8.866	6.575	4.876	3.616
61	13.103	9.866	7.429	5.594	4.212
62	13.989	9.734	6.773	4.713	3.279

年龄（岁）	2010 年	2020 年	2030 年	2040 年	2050 年
63	16.339	12.178	9.076	6.765	5.042
64	17.656	13.315	10.041	7.572	5.711
65	18.303	13.972	10.667	8.143	6.216
66	21.281	15.549	11.361	8.301	6.065
67	23.015	17.915	13.945	10.855	8.449
68	26.894	19.984	14.849	11.034	8.199
69	31.276	23.442	17.571	13.170	9.871
70	32.292	24.364	18.383	13.870	10.465
71	37.301	27.837	20.773	15.503	11.569
72	40.469	30.384	22.812	17.127	12.859
73	45.345	34.665	26.500	20.259	15.487
74	50.494	39.730	31.261	24.597	19.354
75	50.537	40.329	32.182	25.682	20.494
76	61.014	45.206	33.493	24.815	18.385
77	66.930	52.025	40.440	31.435	24.435
78	73.196	57.589	45.309	35.648	28.046
79	87.271	68.965	54.498	43.067	34.033
80	91.171	72.208	57.188	45.293	35.872
81	99.700	76.436	58.600	44.926	34.443
82	108.355	85.582	67.595	53.389	42.168
83	120.341	93.782	73.085	56.955	44.386
84	129.188	92.242	65.862	47.026	33.577
85	138.551	104.785	79.248	59.935	45.328
86	149.460	120.972	97.914	79.251	64.145
87	163.938	125.703	96.386	73.907	56.670
88	180.525	140.087	108.708	84.358	65.462
89	180.525	148.735	122.543	100.963	83.184
90	202.260	165.528	135.467	110.866	90.732
91	206.564	169.051	138.350	113.225	92.663
92	223.859	183.205	149.934	122.705	100.421

续表

年龄（岁）	2010 年	2020 年	2030 年	2040 年	2050 年
93	222.697	182.254	149.156	122.068	99.900
94	221.906	181.607	148.626	121.635	99.545
95	225.362	184.435	150.941	123.529	101.095
96	220.996	180.862	148.016	121.136	99.137
97	187.727	153.635	125.734	102.900	84.213
98	179.424	146.840	120.173	98.349	80.488
99	255.106	208.777	170.862	139.833	114.438
100+	507.276	415.152	339.758	278.056	227.560

责任编辑:陈 登

图书在版编目(CIP)数据

医疗保险体系隐性负债、基金负债与财政压力评估/胡宏伟 著. —北京:
人民出版社,2019.1
ISBN 978-7-01-020323-2

Ⅰ.①医… Ⅱ.①胡… Ⅲ.①医疗保险-基金管理-研究-中国②医疗
保险-财政管理-研究-中国 Ⅳ.①F842.684

中国版本图书馆 CIP 数据核字(2019)第 009351 号

医疗保险体系隐性负债、基金负债与财政压力评估
YILIAO BAOXIAN TIXI YINXING FUZHAI JIJIN FUZHAI YU CAIZHENG YALI PINGGU

胡宏伟 著

人民出版社 出版发行
(100706 北京市东城区隆福寺街99号)

中煤(北京)印务有限公司印刷 新华书店经销

2019 年 1 月第 1 版 2019 年 1 月北京第 1 次印刷
开本:710 毫米×1000 毫米 1/16 印张:23.25
字数:344 千字

ISBN 978-7-01-020323-2 定价:68.00 元

邮购地址 100706 北京市东城区隆福寺街 99 号
人民东方图书销售中心 电话 (010)65250042 65289539